W0302305

WILLIAM VON H

Die EVOLUTI des Miteinar

WILLIAM VON HIPPEL

Die EVOLUTION des Miteinander

Ein Evolutionsforscher erklärt, wie soziale Kooperation den Aufstieg der Menschheit ermöglichte

riva PREMIUM

Bibliografische Information der Deutschen Nationalbibliothek
Die Deutsche Nationalbibliothek verzeichnet diese Publikation in der Deutschen Nationalbibliografie. Detaillierte bibliografische Daten sind im Internet über http://dnb.d-nb.de abrufbar.

Für Fragen und Anregungen
info@rivaverlag.de

1. Auflage 2020
© 2020 by riva Verlag, ein Imprint der Münchner Verlagsgruppe GmbH
Nymphenburger Straße 86
D-80636 München
Tel.: 089 651285-0
Fax: 089 652096

Die amerikanische Originalausgabe erschien 2018 bei HarperCollins unter dem Titel *The Social Leap*. © 2018 by HarperCollins. All rights reserved.
Published by arrangement with HarperWave, an imprint of HarperCollins Publishers, LLC.

Alle Rechte, insbesondere das Recht der Vervielfältigung und Verbreitung sowie der Übersetzung, vorbehalten. Kein Teil des Werkes darf in irgendeiner Form (durch Fotokopie, Mikrofilm oder ein anderes Verfahren) ohne schriftliche Genehmigung des Verlages reproduziert oder unter Verwendung elektronischer Systeme gespeichert, verarbeitet, vervielfältigt oder verbreitet werden.

Übersetzung: Dr. Heide Lutosch/Rita Gravert
Redaktion: Werner Wahls
Umschlaggestaltung: Georg Feigl
Umschlagabbildung: shutterstock.com/Arthimedes
Satz: Carsten Klein, Torgau
Druck: GGP Media GmbH, Pößneck
Printed in Germany

ISBN Print 978-3-7423-0862-7
ISBN E-Book (PDF) 978-3-7453-0505-0
ISBN E-Book (EPUB, Mobi) 978-3-7453-0506-7

Weitere Informationen zum Verlag finden Sie unter

www.rivaverlag.de

Beachten Sie auch unsere weiteren Verlage unter www.m-vg.de

Inhalt

*Für meinen Vater,
meinen ersten und
besten Naturkundelehrer,
und für meine Mutter,
deren über 50-jährige Laufbahn
mir ein inspirierendes Vorbild war.*

Vorwort

Als mein Sohn acht Jahre alt war, machten wir uns eines Morgens auf den Weg zum Sandboarden. Unser Ziel waren die Sanddünen der Insel Moreton am anderen Ende der Brisbaner Bucht, an der wir leben. Unsere Fähre kam am frühen Nachmittag an, und wir liefen von der Anlegestelle aus am Strand entlang, bis wir einen Pfad durch den Wald fanden, der uns zu den gewaltigen Dünen im Innern der Insel führte. Ich hatte ein altes Snowboard so umgebaut, dass mein Sohn barfuß darauf fahren konnte, und als er erst einmal gelernt hatte, das Gleichgewicht zu halten, amüsierte er sich prächtig (was zu einem nicht ganz geringen Teil darauf beruhte, dass ich das Board hochschleppte und er damit nach unten sauste). Obwohl das Besteigen der riesigen Sanddünen auf Dauer wirklich anstrengend ist, konnte ich ihn erst zum Schlussmachen bewegen, als die Sonne vollständig untergegangen war.

Als wir im Sternenlicht über die offenen Dünen zurückliefen, war mein Sohn fröhlich und gesprächig, doch sobald wir den Wald betraten, änderte sich seine Stimmung. Wir konnten kaum erkennen, wo wir hintraten, und der Wald, der uns vorhin noch vollkommen ungefährlich vorgekommen war, schien uns nun bedrohlich zu umzingeln. Ich bemerkte, wie seine Stimme anfing zu zittern – kurz darauf verstummte er. Als unter meinem Fuß ein Zweig laut knackte, erschrak er fast zu Tode. Ich versuchte, ihn zu beruhigen, doch er war sicher, dass wir von wilden Tieren verfolgt wurden. Nichts, was ich sagte, konnte ihm seine Angst nehmen: Er war fest davon überzeugt, dass jeden Moment ein Rudel Dingos aus dem Gebüsch brechen würde, um uns zu fressen. Ich muss gestehen, dass ich selbst ein wenig Angst hatte, obwohl ich natürlich wusste, dass höchstens die Gefahr bestand, dass wir uns auf dem schwach beleuchteten Pfad den Knöchel verstauchten.

Aus welchem Grund war das Glücksgefühl meines Sohnes so schnell in Angst umgeschlagen? Und warum hatte auch ich Angst, obwohl ich doch ganz genau wusste, dass die einzigen Tiere, die uns an diesem Abend fressen würden, die Mücken waren? So überraschend es klingen mag: Die Antwort liegt in den speziellen Wahrnehmungskompetenzen unserer frühen Vorfahren. Menschen haben hervorragende Augen, aber ziemlich mittelmäßige Ohren und Nasen, sodass andere Tiere uns im Dunkeln viel einfacher erkennen können als wir sie. Tagsüber agierten unsere Vorfahren als wilde Raubtiere, doch nachts wurden sie selbst zur Beute, und die Geschöpfe der Nacht haben in den letzten paar Millionen Jahren jeden unserer potenziellen Vorfahren als Mahlzeit verspeist, der naiv genug war, sich nach Sonnenuntergang draußen herumzutreiben. Es war für unsere im Mondlicht die Wälder durchstreifenden Vorfahren weniger wahrscheinlich, dass sie überlebten und sich fortpflanzten, wodurch auch die Wahrscheinlichkeit sank, dass sie ihren Hang zum nächtlichen Umherwandern weitervererbten. Auf genau diese Art und Weise formt die Evolution unser Denken und Fühlen. Und aus diesem Grund müssen wir auch nicht aufgefordert werden, im Dunkeln Angst zu haben: Es liegt in unserer Natur.

Wenn Sie im Zoo die Menschenaffen besuchen und etwas Zeit bei den Schimpansen verbringen, können Sie der Evolution förmlich zusehen. Schimpansen sehen aus wie entfernte Cousins von uns, und genau das sind sie auch. Die Unterschiede, die sie uns gegenüber aufweisen, sind einfach zu erklären: Dass sich Beine wie ihre nach dem Verlassen der Wälder in Beine wie unsere entwickelten, liegt nahe. Und wie die Evolution langsam ein zweites Paar Hände in Füße umgestaltet hat, als unsere Vorfahren aufhörten, auf Bäume zu klettern und stattdessen anfingen, lange Wanderungen auf zwei Beinen zu unternehmen, kann man sich ebenfalls leicht ausmalen.

Weniger augenfällig ist die Rolle, die die Evolution bei der Ausgestaltung unseres Denkens und Fühlens spielte. Wir neigen dazu, die Evolution in anatomischen Begriffen zu denken, dabei sind mentale Voraussetzungen für das Überleben genauso wichtig wie Körperteile. Vorlieben, die den Fähigkeiten nicht entsprechen, sind ebenso kräftezehrend wie Gliedmaßen, die nicht zum Lebensstil passen. Im Verlauf der letzten sechs bis sieben Millionen Jahre hat sich unser Körper ein wenig, unsere Psyche dagegen massiv verändert. In der Tat ist unsere Entwicklung weg von den Schimpansen überwiegend durch Anpassungen unseres Intellekts und unseres Gehirns gekennzeichnet.

Die wichtigsten Veränderungen in unserer Psyche betreffen das soziale Funktionieren, speziell unsere Fähigkeit zur Zusammenarbeit. Ein schönes Beispiel dazu ist die Art, wie Schimpansen kleinere Affen jagen. Die Affenjagd ist für Schimpansen eine der wenigen Aktivitäten, die sie als Gruppe unternehmen, denn die kleineren Affen können sehr viel schwerer entkommen, wenn sie aus allen Richtungen von Schimpansen angegriffen werden. Doch selbst wenn die Schimpansen gelegentlich als Gruppe jagen, beteiligen sich längst nicht alle daran. Ein paar von ihnen bleiben mitten im Chaos untätig sitzen und begnügen sich mit der Rolle des Zuschauers. Wenn die Jagd zu Ende ist, werden sich ein paar glückliche Schimpansen ihre Beute gesichert haben, doch der Rest von ihnen geht leer aus. Weil Fleisch allerdings sehr nahrhaft ist, drangsalieren die Schimpansen, die nichts abbekommen haben, ihre erfolgreicheren Artgenossen normalerweise so lange, bis sie ihnen etwas abgeben. So weit, so wenig überraschend. Bemerkenswert ist jedoch, dass die Schimpansen, die bloß zugesehen haben, mit genauso großer Wahrscheinlichkeit einen Affen-Snack ergattern können, wie die Schimpansen, die sich aktiv an der Jagd beteiligt haben. Ihre Mit-Schimpansen unterscheiden nicht oder nur geringfügig zwischen Drückebergern und Mithelfern.

In scharfem Kontrast dazu achten Kinder schon im Alter von vier Jahren sehr genau darauf, wer mithilft und wer nicht. Wenn Kinder Süßigkeiten oder Sticker für eine Aufgabe bekommen, die sie im Team erledigen sollen, geben sie Kindern, die nicht mitgeholfen haben, nichts von ihrer Belohnung ab, teilen sie aber mit denen, die sich beteiligt haben. Das mag nicht besonders freundlich erscheinen – und vielleicht kommt es einem sogar wie ein Verhalten vor, das man ihnen abgewöhnen sollte, denn schließlich sollte man brüderlich und schwesterlich teilen –, aber vom evolutionären Standpunkt aus ist es gewissermaßen systemrelevant. Tiere, die nicht zwischen Helfern und Zuschauern unterscheiden, sind nicht in der Lage, leistungsfähige Teams zu bilden und aufrechtzuerhalten.

Wir neigen dazu, uns Tiere, die in Gruppen leben, als Teamplayer vorzustellen, aber in Wirklichkeit leben viele Tiere in Gruppen, ohne viel miteinander zu tun zu haben. So schließen sich Gnus und Zebras zwar aus Sicherheitsgründen zu großen Gruppen zusammen, zeigen aber keine echten Anzeichen von Teamarbeit. Es ist einfach so, dass in großen Gruppen die Wahrscheinlichkeit steigt, dass jemand anders rechtzeitig die sich anschleichenden Löwen bemerkt. Jedes Individuum kann es sich dadurch leisten, ein wenig unaufmerksamer zu sein. Obwohl Schimpansen deutlich stärker aufeinander angewiesen sind, als Gnus oder Zebras, verlangt auch ihnen ihre Lebensweise selten echte Teamarbeit ab. Folglich sind ihre Kooperationsfähigkeiten begrenzt, und sie ziehen es vor, allein zu handeln. Völlig anders war das bei den frühen Menschen: Nachdem wir die Bäume verlassen hatten, basierte unser pures Überleben auf unserer Fähigkeit zur Zusammenarbeit. Diese Notwendigkeit hat, wie wir sehen werden, unsere Psyche mehr geprägt als alles andere.

Als unsere Vorfahren aus der Sicherheit des Regenwaldes vertrieben wurden, hatten sie schwer damit zu kämpfen, in der unbekannten und gefährlichen Welt der Savanne zu überleben. Sie waren kleiner, langsamer und schwächer als die anderen Raubtiere und wären verloren gewesen, wenn sie nicht zufällig auf eine soziale Lösung ihres Problems gestoßen wären. Ihre Lösung war so gut, dass sie auf eine völlig neue evolutionäre Bahn katapultiert wurden. Unsere Vorfahren sind genau deshalb immer klüger geworden, weil es ihnen gelang, sich die neuen kooperativen Fähigkeiten für ihre Sicherheit und ihren Lebensunterhalt umfassend zunutze zu machen. Mit der Zeit wurde Homo sapiens so klug, dass er – vor allem durch die Erfindung des Ackerbaus – anfing, seine Umgebung so zu verändern, dass sie zu seinen Plänen passte. Die Landwirtschaft machte uns hartherziger (und ruinierte unsere Zähne), aber sie ließ auch die Literatur, den Handel und die Wissenschaft erblühen.

Klüger heißt nicht unbedingt weiser, denn ob nun zu unserem Vorteil oder Nachteil: Die meisten unserer uralten Instinkte haben wir bislang nicht abschütteln können. Vor allem die Angst, bei der Partnerwahl leer auszugehen, ist in unserem Innern noch immer äußerst dominant, was dazu führt, dass wir stets im Blick haben, wie gut oder schlecht wir im Vergleich zu anderen Mitgliedern unserer Gruppe dastehen. Dieses ständige soziale Vergleichen ist für das menschliche Glück hinderlicher als alles andere. Und es erklärt unsere entsetzliche Neugier in Bezug auf die Probleme unserer Mitmenschen.

Wir werden also noch immer von den Geistern unserer evolutionären Vergangenheit heimgesucht, aber mit ihrer Hilfe können wir auch einige der grundlegendsten Fragen in Bezug auf die Natur des Menschen beantworten. Zum Beispiel die Frage, in welchem Zusammenhang unsere sozialen Kompetenzen, die sich in der Savanne herausgebildet haben, mit unserer Fähigkeit und Neigung zur Innovation stehen. Oder die Frage, welchen Einfluss unsere soziale Veranlagung auf die Art und Weise hat, wie wir Menschen als Anführer agieren und welchen Anführern wir folgen. Wie erklärt darüber hinaus diese Veranlagung unsere bedauerliche Tendenz zum Stammesdenken und zu Vorurteilen? Die Urgeschichte des Menschen, in der sich der Anpassungsprozess an das Leben in der Savanne abgespielt hat, kann uns also einen neuen Blick auf moderne Menschheitsprobleme eröffnen.

Zwar haben wir unter den schlechten Angewohnheiten unserer Vorfahren noch heute zu leiden, doch unter den frühen Menschen hat sich gleichzeitig auch ein Motivationssystem herausgebildet, das uns immer dann belohnt, wenn wir unsere Sache gut machen. Dieses Motivationssystem heißt Glück. Unsere Angst vor Dunkelheit zeigt, dass sich unsere Antriebskräfte so entwickelt haben, dass sie dem Zweck unseres Überlebens und Wohlergehens dienen. Der Zweck, dem schlechte Gefühle (genau wie gute Gefühle) dienen, ist also überaus wichtig, und das ist der Grund dafür, dass sich noch heute in unserem Inneren vieles um Glück und um das Streben nach Glück dreht: Wenn wir ein gutes Leben führen, kommen wir damit also hauptsächlich den Ansprüchen unserer evolutionären Vergangenheit nach. Und weil diese Ansprüche oft im Widerspruch zueinander stehen, besteht »Glück« auch darin, nach und nach herauszufinden, wie man ihnen dennoch gerecht werden kann. In diesem Prozess kann es hilfreich sein zu verstehen, welchen Druck unsere Vergangenheit noch immer auf uns ausübt. Und dadurch wird auch klarer werden, warum auf unserem Weg zum Glück so viele Fallstricke lauern.

Woher wissen wir, was unsere frühen Vorfahren dachten und taten?

Die Tiefen unserer Vergangenheit werden nicht umsonst »Urgeschichte« genannt: Es gibt aus dieser Zeit keine schriftlichen Zeugnisse. Wissenschaftler haben zwar eine überaus große Zahl von Fossilien und anderen Hinweisen aus unserer fernen Vergangenheit gefunden, aber oft eröffnen diese Funde sehr unterschiedliche Interpretationsmöglichkeiten. Und weil Methoden und Verhaltensweisen nicht zu Fossilien werden können, ist es schwierig herauszufinden, wie genau unsere Vorfahren die zahlreichen Probleme, mit denen sie auf ihrem Weg zur Menschwerdung konfrontiert waren, gelöst haben. Trotz dieser Schwierigkeiten ist es Evolutionsforschern bemerkenswerterweise immer wieder gelungen, aus kleinen Hinweisen wichtige Informationen zu filtern, und erst durch ihre brillanten Einfälle und ihre harte Arbeit kann ich heute eine einigermaßen vollständige Geschichte erzählen.

Also: Woher wissen wir, was wir wissen? Dazu drei Beispiele: 1. Wie die DNA von Läusen darauf hindeutet, wann wir Kleidung erfunden haben. 2. Wie Kirchenbücher die Wichtigkeit von Großmüttern offenbaren. 3. Wie uralte Zähne nahelegen, was unsere Vorfahren taten, um Inzucht zu vermeiden.

Woher wissen wir, wann Kleidung erfunden wurde?

Menschen haben das einzigartige Vergnügen, Wirtstier von drei verschiedenen Läusearten zu sein: von Kopfläusen (*Pediculus humanus capitis*), Filzläusen (*Phthirus pubis*) und Menschenläusen (*Pediculidae*). Die verwickelte Geschichte, wie es dazu kam, dass wir diesen abstoßenden kleinen Parasiten ein Zuhause bieten, das ihnen gleichzeitig als Mahlzeit dient, beginnt mit jenen Kopfläusen, die meine Kinder aus dem Kindergarten mit nach Hause brachten. Die Vorfahren der menschlichen Kopfläuse haben vor ungefähr 25 Millionen Jahren angefangen, Primaten zu befallen, also ungefähr zu der Zeit, als sich die Altweltaffen (also alle Affen Eurasiens und Afrikas) in »Geschwänzte Altweltaffen« und »Menschenartige« aufsplitteten.

Als sich unsere direkteren Vorfahren vor sechs oder sieben Millionen Jahren wiederum von den Vorfahren der Schimpansen abspalteten, konnten die uns begleitenden Läuse noch frei herumstreunen, denn unsere Vorfahren waren ziemlich behaarte Leute. Diese urzeitliche Laus war die einzige Art, die uns in dieser Phase plagte, aber ein paar Millionen Jahre später zogen wir uns eine neue Läuseart zu, wahrscheinlich von den Gorillas. So ganz klar ist mir ehrlich gesagt nicht, wie unsere Vorfahren das geschafft haben, aber ich gehe mal davon aus, dass sie einfach in unmittelbarer Nähe von Gorillas gelebt und vielleicht ab und an mit ihnen das Bett geteilt haben, um sich warmzuhalten. Aber was auch immer der Grund war, vor etwa drei Millionen Jahren wurden wir zu Wirten von zwei unterschiedlichen Läusearten.

Als wir auf unserem evolutionären Weg weitergingen, verloren wir dann nach und nach unsere dichte Körperbehaarung (und unsere Angewohnheit, mit Gorillas zu verkehren). Unsere neuerworbene Haarlosigkeit stellte für »unsere« beiden Läusearten ein Problem dar, denn sie waren auf einen Urwald aus Haaren angewiesen, um ihre Eier abzulegen. Beide Läusearten waren also gezwungen, sich zu spezialisieren. Die Laus, die uns schon am längsten begleitet hatte, zog sich auf den nördlichsten Teil unseres Körpers zurück und wurde Kopfexpertin. Die Laus, die wir uns von den Gorillas eingefangen hatten, zog in unsere Äquatorregion und wurde Unterleibsspezialistin.

Die Entspannungspolitik zwischen den beiden Läusearten währte etwa eine Million Jahre, bis vor nur 70 000 Jahren eine dritte Läuseart, nämlich die Menschenlaus, als Ableger unserer Kopflaus die Bühne betrat. Diese neue Laus hatte sich herausgebildet, um auf unserem Körper zu leben, aber genau wie die Laus, von der sie abstammte, konnte sie ihre Eier nicht auf unserer (nun unbehaarten) Haut ablegen, weil sie sofort zu Boden gefallen und abgestorben wären. Als Ersatz nutzte diese neue Laus Kleidung. Aus diesem Grund liefert das Auftauchen der Menschenlaus einen ziemlich brauchbaren Hinweis darauf, wann wir angefangen haben müssen, Kleidung zu tragen, nämlich vor rund 70 000 Jahren.

Klar, die schwierigere Frage lautet natürlich: Warum kümmerten wir uns plötzlich um Klamotten? Was war geschehen? Zu dieser Zeit waren unsere Vorfahren immerhin schon über eine Million Jahre lang unbehaart durch die Gegend gelaufen, und die meisten von ihnen lebten noch im warmen afrikanischen Klima – aber eben nicht alle! Wie wir sehen werden, hatte *Homo sapiens* kurz vor der Ankunft der Menschenlaus begonnen, aus Afrika auszuwandern. Vielleicht führte die Migration in kältere Klimazonen zur Erfindung von Kleidung. Oder Kleidung war schon viel früher erfunden worden, um uns nicht nur vor der Kälte, sondern auch vor der Sonne zu schützen. Es könnte aber auch sein, dass unsere Vorfahren sich vielleicht nur schmücken oder von anderen unterscheiden wollten. Was auch immer der Grund war, von diesem Punkt an müssen zumindest einige unserer Vorfahren die meiste Zeit Kleidung getragen haben, weil die Menschenlaus sonst ausgestorben wäre.

Die Entwicklungsgeschichte der Menschenlaus bietet hervorragende Hinweise auf die Erfindung der Kleidung, doch woher kennen wir eigentlich die zeitlichen Einzelheiten dieses Prozesses? Und woher wissen wir, dass wir unsere Filzläuse vor drei Millionen Jahren von den Ahnen der Gorillas bekommen haben? Um solche Fragen zu beantworten, stützen sich Wissenschaftler auf die »molekulare Uhr«, ein Verfahren, das auf der Basis von DNA-Mutationsraten Prozesse zeitlich einordnen hilft. Wenn sich zwei Arten aufspalten, werden die zufälligen Mutationen in ihrer DNA nicht mehr von beiden Arten geteilt, sie gehören exklusiv jeweils einer der beiden Arten. Weil wir die durchschnittliche Mutationsgeschwindigkeit der unterschiedlichen DNA-Stränge kennen, können wir die spezifischen, von beiden Arten geteilten Mutationen auf den Strängen der DNA zählen, um herauszufinden, ab wann die zwei Arten getrennte Wege einschlugen.

Wenn zum Beispiel ein bestimmter DNA-Strang einer bestimmten Art mit einer Durchschnittsrate von einmal alle 20 Generationen mutiert und wir im Schnitt 50 spezifische Mutationen auf der DNA der zuvor verwandten Arten finden, dann wissen wir, dass sie seit etwa 1000 Generationen getrennt sind. Wenn wir auf diese Weise rückwärts zählen, kommen wir früher oder später zu jenem gemeinsamen Vorfahren, der den beiden nachkommenden Arten genetisch am nächsten ist.

Indem man die Anzahl der Mutationen in der DNA von Menschenläusen und Kopfläusen (die sehr nah miteinander, aber nicht mit der Filzlaus verwandt sind) untersucht, erhält man ziemlich gute Belege dafür, dass unsere Vorfahren vor mindestens 70 000 Jahren aufgehört haben müssen, nackt herumzulaufen. Mit der gleichen Methode haben wir außerdem ziemlich gute Belege dafür, dass unsere Filzlaus sich vor ungefähr drei Millionen Jahren von dem Ahnen der Gorilla-Laus abgespalten haben muss.

Woher kennen wir die Wichtigkeit von Großmüttern?

In Finnland hat die evangelisch-lutherische Kirche seit dem 18. Jahrhundert akribische Aufzeichnungen über alle Geburten, Hochzeiten und Todesfälle angefertigt. Auf Grundlage dieser hervorragenden Datenquelle konnten Mirkka Lahdenperä und ihre Kolleginnen und Kollegen von der Universität Turku die Lebensverläufe von über 500 Frauen nachzeichnen sowie die ihrer Kinder und Enkelkinder, und zwar aus fünf finnischen Bauern- und Fischergemeinden zwischen 1702 und 1823. Dabei stießen sie unter anderem auf mehrere wichtige Erkenntnisse über Großeltern. Am bemerkenswertesten war vielleicht ihre Entdeckung, dass Großmütter ab ihrem 50. Lebensjahr pro Jahrzehnt zwei zusätzliche lebende Enkelkinder bekamen.

Dieser Effekt zeigte sich am deutlichsten in Familien, in denen die Großeltern mit ihren Enkelkindern im selben Dorf lebten. Das schien auf drei Faktoren zurückzuführen zu sein:

1. Eine noch lebende Großmutter im selben Dorf zu haben, erlaubte es den Töchtern, früher eigene Kinder zu bekommen (mit einem Durchschnittsalter von 25,5 Jahren gegenüber 28 Jahren).
2. Eine noch lebende Großmutter verkürzte außerdem das Intervall zwischen den Geburten, denn Töchter von lebenden Großmüttern bekamen alle 29,5 Monate ein Kind, Töchter von verstorbenen Großmüttern nur alle 32 Monate.
3. Eine noch lebende Großmutter, die noch keine 60 Jahre alt war (und daher mit größerer Wahrscheinlichkeit ihre tatkräftige Hilfe anbieten konnte), erhöhte die Überlebensraten ihrer Enkelkinder um 12 Prozent. Diese größeren Überlebensraten manifestierten sich jedoch erst nach der Entwöhnung: Kinder, die noch gestillt wurden, wiesen unabhängig davon, ob ihre Großmütter noch lebten oder nicht, ähnliche Überlebensraten auf.

Zu dieser Zeit starb in Finnland (wie überall sonst) fast die Hälfte der Kinder an Krankheiten und Verletzungen, bevor sie das Erwachsenenalter erreichten, weshalb dem positiven Einfluss von Großmüttern auf das Überleben und die Fortpflanzung große Bedeutung zugemessen wurde.

Woher wissen wir, was unsere Vorfahren taten, um Inzucht zu vermeiden?

Tiere, die in kleinen Gruppen leben, profitieren in vielfacher Hinsicht von dieser Lebensweise, sind jedoch mit dem Problem der Inzucht konfrontiert. Das Risiko, sich mit engen Verwandten zu paaren, ist schlicht sehr hoch.

Wenn man sich mit engen Verwandten fortpflanzt, sind verschiedene negative Folgen vorprogrammiert – die Wichtigste ist jedoch, dass bedenkliche Gene mit größerer Wahrscheinlichkeit aufeinandertreffen können. Ich zum Beispiel trage ein Gen für das Tay-Sachs-Syndrom in mir, das zum Glück rezessiv vererbt wird (was bedeutet, dass man, wenn man das Gen nicht von beiden Eltern bekommt, keine Konsequenzen zu fürchten hat). Wenn beide Eltern das Tay-Sachs-Gen in sich tragen, liegt die Chance, dass eines der Kinder zwei Tay-Sachs-Gene erbt und die Krankheit bekommt, bei 25 Prozent. Die meisten Patienten zeigen ab dem Alter von sechs Monaten Symptome der Krankheit: Erst verlieren sie ihr Seh- und Hörvermögen, dann nach und nach die Fähigkeit zu schlucken und sich zu bewegen. Bald darauf sterben sie.

Das Gen für das Tay-Sachs-Syndrom ist selten (eines von 250 Mitgliedern der Allgemeinbevölkerung trägt es in sich), es gibt also so gut wie kein Risiko, dass Leute wie ich ein Kind bekommen, das Tay-Sachs hat, weil die Wahrscheinlichkeit, dass ich mich in jemanden verliebe, der ebenfalls das Tay-Sachs-Gen in sich trägt, äußerst gering ist. Wenn man aber mit Mitgliedern seiner eigenen Familie Kinder bekäme, zum Beispiel mit Geschwistern oder Cousins, wäre die Wahrscheinlichkeit, dass der Partner ebenfalls das Tay-Sachs-Gen in sich trägt, sehr viel höher, und es gäbe ein viel größeres Risiko, dass unsere Kinder diese furchtbare Krankheit bekommen.

Der übliche Weg, auf dem Tiere, die in kleinen Gruppen leben, das potenzielle Inzucht-Problem lösen, ist, dass entweder die Männchen oder die Weibchen bei Geschlechtsreife die Gruppe verlassen. Damit wird die Wahrscheinlichkeit, sich mit einem nahen Verwandten zu paaren, dramatisch gesenkt. Man darf jedoch nicht vergessen, dass die Tiere nicht bewusst aus diesem Grund ihre Gruppe verlassen. Vielmehr ist es so, dass Artgenossen, die eine Reiselust entwickelt haben und zu einer anderen Gruppe abgewandert sind, mit größerer Wahrscheinlichkeit Inzuchtprobleme vermeiden konnten. Und weil Tiere, die den Hang geerbt haben, zur Zeit der Geschlechtsreife abzuwandern, die größeren Reproduktionserfolge verzeichnen konnten, wurde in der Konsequenz der Hang zum Gruppenwechsel innerhalb der Art immer größer.

Schimpansen lösen das Inzuchtproblem, indem sich die Weibchen neue Gruppen suchen, sobald sie geschlechtsreif sind. Im Vergleich dazu sind die Lösungen der menschlichen Jäger und Sammler flexibler und vielfältiger (mehr dazu in Kapitel 3), und die Forscher haben sich gefragt, ob unsere entfernten Vorfahren in dieser Hinsicht mehr den Schimpansen oder mehr uns heutigen Menschen ähneln. Doch wie erschließt man sich solche Informationen, wenn man nur ein paar zufällige Fossilienreste zur Verfügung hat und sich ansonsten nichts erhalten hat, das einem Auskunft darüber geben könnte, wie unsere Vorfahren gelebt haben?

Wissenschaftler konnten dieses spezielle Problem lösen, indem sie den Strontium-Gehalt in den Zähnen unserer Vorfahren maßen. Strontium ist ein Metall, das in ähnlicher Weise vom Körper aufgenommen wird wie Kalzium, weshalb es sich hauptsächlich in unseren Knochen und Zähnen findet. Es gibt vier verschiedene Formen von Strontium, und ihr jeweiliger Anteil variiert mit der örtlichen Bodenbeschaffenheit. Je nachdem kommt das Strontium in der einen Form sehr häufig vor, in der anderen Form relativ häufig und in den verbleibenden beiden Formen selten.

Weil sich Strontium während des individuellen Wachstums in den Zähnen einlagert, ist es möglich, durch eine Analyse von urzeitlichen Zähnen den Anteil der jeweiligen Strontium-Formen zu ermitteln. Wenn das Strontium-Verhältnis, das in den Zähnen gefunden wurde, dem Verhältnis im örtlichen Grundgestein entspricht, ist der Mensch, dem die Zähne gehörten, mit großer Sicherheit in derselben Region aufgewachsen, in der seine Zähne gefunden wurden. Wenn sich allerdings das Verhältnis der verschiedenen Strontium-Formen von dem des örtlichen Grundgesteins unterscheidet, ist er mit ziemlicher Sicherheit erst nach seiner Kindheit in diese Region gezogen.

Als Sandi Copeland und ihre Kolleginnen und Kollegen vom Max-Planck-Institut für Evolutionäre Anthropologie das Strontium-Verhältnis in den Zähnen diverser *Australopithecus africanus* untersuchten (unserer Vorfahren von vor ein paar Millionen Jahren, mehr zu ihnen in Kapitel 1 und 2), fanden sie heraus, dass die größeren Zähne zu der Umgebung passten, die kleineren aber nicht. Weil Männer typischerweise größer sind als Frauen und deshalb auch größere Zähne haben, legen diese Ergebnisse nahe, dass weibliche *Australopithecina* wahrscheinlich ihre Gruppen verließen und auf diese Weise – genau wie die Schimpansen – Inzucht vermieden.

Wie man an diesen drei Forschungsmethoden sehen kann, nutzen Wissenschaftler eine Vielzahl von Ansätzen, um unserer Vergangenheit auf die Spur zu kommen. Manchmal erlauben die Untersuchungsergebnisse sehr sichere Schlussfolgerungen, zum Beispiel, wenn wir sehen, dass am gleichen Ort wohnende Großmütter mit einer verminderten Kindersterblichkeit zusammenkommen. In anderen Fällen ermöglichen die Ergebnisse begründete Vermutungen, beispielsweise wenn wir annehmen, dass kleinere Zähne weiblich sind und es darum wahrscheinlich die Frauen waren, die ihre Herkunftsgruppen verließen, wenn sie geschlechtsreif wurden. In wieder anderen Fällen sorgen die wissenschaftlichen Daten nur für gewisse zeitliche Grenzen, innerhalb derer wir unsere Theorien aufstellen können, so, wie wir durch das Auftauchen von Menschenläusen den Zeitpunkt festschreiben können, an dem wir spätestens Kleidung erfunden haben müssen. Welches aber der *früheste* Zeitpunkt gewesen sein könnte, lässt sich daraus nicht mit Sicherheit erschließen – vielleicht nahmen sich die Läuse ja alle Zeit der Welt, um sich an die neugewonnenen Möglichkeiten anzupassen.

In diesem Zusammenhang ist es wichtig, sich daran zu erinnern, dass jede einzelne Studie nur ein kleines Puzzleteil ist: Erst die Verbindung Tausender von Studien ermöglicht ein Gesamtbild. Weisen die verschiedenen Untersuchungen alle in dieselbe Richtung, können wir einigermaßen sicher sein, wenn sie einander widersprechen oder verschiedene Interpretationen zulassen, liegt noch Arbeit vor uns. Dass die Beweise umso dünner und mehrdeutiger werden, je weiter wir zeitlich zurückblicken, ist wohl kaum überraschend: Wir sind dann zunehmend auf Spekulationen angewiesen. Trotzdem habe ich versucht, unsere menschliche Geschichte ohne die endlosen Einschränkungen zu erzählen, die akademische Texte so nervtötend und anstrengend zu lesen machen. Behalten Sie also bitte im Kopf, dass ich mich in diesem Buch auf die unvollständige, komplizierte und manchmal widersprüchliche Literatur stütze, die uns zur Verfügung steht, um so gut wie möglich darzustellen, wer wir sind und woher wir kommen. Für Leserinnen und Leser, die mehr wissen wollen, gibt es am Ende des Buches ein nach Kapiteln unterteiltes Literaturverzeichnis.

Veranlagung oder Umwelt?

Bevor wir in den eigentlichen Text einsteigen, möchte ich noch die Rollen ansprechen, die die natürlichen Anlagen einerseits und die Umwelt andererseits für unsere psychologische Konstitution spielen. Manche Leute stören sich an evolutionären Ansätzen zur Erklärung menschlichen Verhaltens und kritisieren die Evolutionäre Psychologie für ihre vermeintlichen Folgen. Wenn die Gene unseren Geist beeinflussen, so sagen diese Leute, dann heiße das ja, dass all jene Aspekte unseres Innenlebens, die genetischen Einflüssen unterliegen, gegenüber der Umwelt und sozialen Einflüssen unempfänglich seien und damit außerhalb unserer persönlichen Kontrolle stünden. Ich möchte hier ganz klar sagen, dass kaum etwas weniger richtig sein könnte. Lassen Sie uns als Beispiel einen Teil des Körpers betrachten, der viel einfacher gebaut ist als unser Gehirn: unsere Muskeln.

Unterschiede in unseren Genen beeinflussen, wie groß die Muskeln sind, die wir ausbilden können. Einige Menschen erben eine Anlage zu großen Muskeln (es kommt einem die Startaufstellung eines bedeutenden Football-Teams in den Sinn), andere die Tendenz, eine eher bescheidene Muskulatur auszubilden (wenn Sie mich kennen würden, würde vielleicht ich Ihnen in den Sinn kommen).

Es ist allerdings unser Lebensstil, der bestimmt, ob wir unsere Muskeln mehr oder weniger großen Belastungen aussetzen oder sie mit mehr oder weniger Nährstoffen versorgen und sie dadurch veranlassen zu wachsen oder eben nicht. Unterschiedlich große Muskeln sind also eine Folge sowohl unserer Gene als auch unserer Umwelt als auch der Interaktion zwischen Genen und Umwelt. In diesem Sinne kann unsere Muskulatur sehr wohl eine Sache persönlicher Entscheidung sein. Wie dieses Beispiel zeigt, betrachtet die Evolutionstheorie unseren Körper und unseren Intellekt also keineswegs als Folge einer Art Konkurrenz zwischen Anlage und Umwelt, und auch nicht als Resultat eines festgelegten biologischen Programms oder als Bereich, der der menschlichen Handlungs- und Entscheidungsfähigkeit entzogen wäre.

Wechselwirkungen zwischen Genen und Umwelt treten selbst dann auf, wenn die genetischen Einflüsse sehr stark sind. Zum Beispiel ist Myopie (Kurzsichtigkeit) im hohen Maße erblich, und kurzsichtige Eltern werden sehr wahrscheinlich kurzsichtige Kinder bekommen. Dennoch zeigen Studien mit Menschen aus Jäger-und-Sammler-Gesellschaften, dass es so gut wie keine kurzsichtigen Jäger und Sammler gibt. Zahlreiche Aspekte des modernen Lebens könnten Myopie verursachen – sei es die Tatsache, dass wir viele Aufgaben aus großer Nähe verrichten, sei es das Lesen, sei es das Arbeiten bei wenig Licht. Was auch immer der Grund ist: Die Gene, die zu Myopie führen, machen also die Menschen für die Umweltfaktoren, die Myopie verursachen, empfänglich. Menschen, die Myopie-Gene in sich tragen und in modernen Umgebungen leben, entwickeln normalerweise eine Kurzsichtigkeit; Menschen, die Myopie-Gene in sich tragen, aber als Jäger und Sammler leben, tun dies fast nie. Sogar Phänomene, die im hohen Maße genetisch sind, können also gleichzeitig im hohen Maße umweltbedingt sein.

Dieses Prinzip gilt auch für unseren Intellekt. Die Inhalte unseres Kopfes sind ein Produkt von Genen, Umwelteinflüssen und persönlichen Entscheidungen. Unsere Gene stupsen uns in eine bestimmte Richtung – in einigen Fällen müsste man diesen Stupser wohl eher als Schubser bezeichnen –, aber die Entscheidungen, die den Verlauf unseres Lebens bestimmen, treffen wir selbst.

Es gibt unzählige Fälle, in denen die menschliche Freiheit genetische Tendenzen überwunden hat, doch das einleuchtendste Beispiel ist wohl das Zölibat. Das Verlangen nach Sex ist mit das größte Verlangen, das uns unsere Gene mitgegeben haben, denn die Abwesenheit von Sex ist die Garantie dafür, dass unser persönlicher Tod auch der Tod unserer Gene ist. Trotzdem haben sich im Verlauf der Geschichte nicht wenige Menschen dazu entschieden, auf jegliche sexuelle Aktivität zu verzichten. Manche haben es versucht und sind bei der Umsetzung gescheitert, und ohne Frage mussten die, die es geschafft haben, schwere Kämpfe mit sich selbst ausfechten, aber das ist ja gerade der Punkt. Dass unsere Gene uns einen massiven Schubs in die von ihnen präferierte Richtung geben, heißt noch lange nicht, dass wir diesen Weg tatsächlich gehen *müssen*.

Man kann sich unschwer eine Welt ausmalen, in der die Gene unser Bewusstsein kontrollieren, und bei den meisten Tieren ist es ja tatsächlich so. Doch nachdem wir einmal den evolutionären Pfad in Richtung höherer Intelligenz und eines Lebensstils eingeschlagen haben, der auf Lernen, statt auf angeborenem Wissen basiert, hatten unsere Gene keine andere Wahl, als einen Großteil ihrer Kontrolle abzugeben.

In diesem Zusammenhang ist es interessant zu beobachten, wie Erdmännchen ihren Jungen das Jagen beibringen. Erdmännchen ernähren sich hauptsächlich von Insekten, aber auch von Spinnen, Eidechsen und Skorpionen, wobei Letztere aufgrund ihrer tödlichen Stacheln ja nun ein eher kompliziertes Abendessen darstellen. Weil Erdmännchen nicht von Natur aus wissen, wie man einen Skorpion erlegt, wird es ihnen von Eltern oder älteren Geschwister beigebracht.

Zu dem Unterrichtsverfahren gehört, dass sie den Zustand des Skorpions, den sie als Mahlzeit mit nach Hause bringen, entsprechend des Alters ihres Nachwuchses variieren. Wenn die Kleinen gerade erst entwöhnt wurden, tötet das erwachsene Erdmännchen den Skorpion, bevor es ihn den Jungen gibt. Wenn der Nachwuchs schon etwas größer ist, bricht das erwachsene Erdmännchen den Stachel des Skorpions ab, bevor er ihn aushändigt, lässt ihn aber am Leben, damit die Kleinen üben können, ihn selbst zu töten. Sind die Jungen schließlich groß genug, um sich allein hinauszuwagen, übergibt ihnen das erwachsene Erdmännchen einen lebendigen und unversehrten Skorpion, den sie nun selbst angreifen und töten müssen.

Das Ganze erweckt den Eindruck eines gut durchdachten Ablaufs, doch die Erdmännchen verlassen sich nur auf ein einziges Signal, um zu entscheiden, wie sie den Skorpion behandeln, bevor sie ihn übergeben: Ton. Wenn Forscher die Töne von sehr jungen Erdmännchen abspielen, töten die Erwachsenen den Skorpion, bevor sie ihn abgeben. Spielen Forscher die Töne von älteren Jungen ab, übergeben die Erdmännchen einen lebendigen, potenziell tödlichen Skorpion. Erstaunlicherweise lösen die Töne, die von jungen Erdmännchen in verschiedenen Entwicklungsstadien ausgestoßen werden, diese Verhaltensweisen bei ihren erwachsenen Betreuern immer aus, *unabhängig davon, wie alt sie wirklich sind.* Obwohl sie in täglichem, direktem Kontakt mit ihren sehr jungen und fast vollständig hilflosen Nachkommen stehen, bieten sie ihnen einen unversehrten Skorpion an, wenn sie die Töne hören, die von älteren und kompetenteren Jungen ausgestoßen werden.

Ergebnisse wie diese zeigen, dass die Entscheidungen der Erdmännchen auf einer Kombination ihrer Gene mit einer einzigen Umweltinformation beruhen. Zweifellos hat sich dieses System deshalb herausgebildet, weil es rein rechnerisch äußerst effizient ist (das heißt, nicht sehr viel Hirnschmalz erfordert) und in der wirklichen Welt bestens funktioniert – Baby-Erdmännchen stoßen nämlich niemals die Töne aus, die jugendliche Erdmännchen von sich geben.

Menschen unterscheiden sich wesentlich von Erdmännchen und andern ihnen ähnlichen Tieren. Auch bei uns Menschen beeinflussen Gene unsere Entscheidungen, doch nur in Kombination mit einer Riesenauswahl an anderen Einflüssen, unter anderem solchen, die aus dem Inneren unseres Schädels kommen und darauf beruhen, wie wir uns selbst sehen und wer wir sein wollen. Die menschliche Handlungsfähigkeit ist also ein wichtiger Bestimmungsfaktor des Verhaltens, weil sich Menschen *entscheiden* können, ob sie unbekümmert oder energisch sein möchten, ob sie anderen entgegenkommen oder mit ihnen konkurrieren wollen, ob sie ihrem Ehrgeiz oder ihrer Faulheit mehr Gewicht geben. Unsere Gene sind ein Faktor in diesen Entscheidungsprozessen, aber sie sind eben nur ein Faktor von vielen. Wie wir am Beispiel der Myopie gesehen haben, arbeiten Gene mit der Umwelt zusammen, um ihren Einfluss auszuüben. Die Macht der Gene anzuerkennen, heißt also keineswegs, die Wichtigkeit von Erziehung, Klasse, Kultur und dergleichen infrage zu stellen.

Unter dem Strich erzählt die Evolutionäre Psychologie, wie die Evolution unsere Gene ausformte, die ihrerseits unseren Geist formten, doch diese Geschichte ist beileibe nicht deterministisch. Auch die Umwelt formt unseren Geist, und unsere Kultur, unsere Werte und Vorlieben spielen eine entscheidende Rolle bei der Frage, wer wir sind – und wohin wir gehen.

Teil 1

Wie wir wurden, wer wir sind

1

Die Vertreibung aus dem Paradies

Sie und ich sind die Nachkommen von schimpansenartigen Kreaturen[1], die vor sechs oder sieben Millionen Jahren den Regenwald verließen und in die Savanne zogen. Auf den ersten Blick erscheint die Entscheidung unserer Vorfahren, die Bäume zu verlassen, recht seltsam, denn solange sie sich unter den Baumkronen aufhielten, gab es so gut wie keine Raubtiere, die in der Lage gewesen wären, erfolgreich Jagd auf sie zu machen. Nicht einmal erstklassige Baumkletterer wie Leoparden greifen Schimpansen in Bäumen an: In ihrem eigenen Lebensraum sind Schimpansen einfach zu schnell und zu gefährlich. Am Boden hingegen werden sie zur einfachen Beute. Auf zwei Beinen sind sie unbeholfen und auch auf alle Vieren vergleichsweise langsam, außerdem eher klein: Für Großkatzen wie Löwen, Leoparden und Säbelzahntiger, die einst das östliche Afrika durchstreiften, waren sie eine leicht zu erlegende Zwischenmahlzeit.

Also wozu die Bäume verlassen? Was brachte unsere Vorfahren dazu, die Sicherheit und schiere Fülle des Lebens unter dem Baumkronendach gegen eine schwerfällige und unbeholfene Existenz auf dem Boden einzutauschen? Darüber gibt es unter den Wissenschaftlern eine lebhafte Debatte, weithin befürwortet wird inzwischen jedoch die aktualisierte Version der »Savannen-Hypothese«. Sie wurde im Jahr 1925 von Raymond Dart im Zuge der Vorstellung seiner Entdeckung des *Australopithecus africanus* vorgeschlagen, den er auch den »Menschen-Affen aus Südafrika« nannte. Im tropischen Regenwald, stellte Dart fest, würden sich Menschen kaum entwickelt haben, weil das Leben für sie dort zu einfach gewesen sei. Weiter schrieb er: »Für die Entstehung des Menschen war eine Lehrumgebung nötig, die die Sinne schärfte und die die höheren intellektuellen Fähigkeiten stimulierte – eine offenere Steppenlandschaft, in der der Wettkampf zwischen Schnelligkeit und Schläue härter war und wo Geschicklichkeit im Denken und in der Fortbewegung für die Erhaltung der Art eine entscheidende Rolle spielte.«[2]

Damit, dass die Entwicklung des Menschen in der Savanne begann, hatte Dart recht, doch im Jahr 1925 war ihm noch nicht klar, welche Kräfte uns dorthin gebracht hatten. Heute glauben wir, dass es tektonische Aktivitäten entlang des Ostafrikanischen Grabenbruchs waren, die uns von unseren schimpansenähnlichen Vorfahren getrennt haben. Die gesamte Erdoberfläche, einschließlich der Landmassen, die die Kontinente ausmachen und den Grund der Ozeane bilden, sitzt auf tektonischen Platten. Diese Platten wandern auf einem darunterliegenden Mantel umher, der, wenn er aus einem Vulkan austritt, die Form eines dickflüssigen Suds hat. Unter der Erdkruste ist dieser Sud aber einem so starken Druck ausgesetzt, dass er eher die Konsistenz von biegsamem Straßenteer bekommt. Die Hitze, die der Erdkern ausstrahlt, verursacht in diesem Mantel unglaublich langsame, aber starke Strömungen, und diese Strömungen führen die Platten mit sich. Manchmal krachen sie in Superzeitlupe aufeinander. Als zum Beispiel Asien von Indien gerammt wurde, entstand nebenbei der Himalaya (der sich jedes Jahr ein paar Zentimeter erhöht). Manchmal reißen diese Platten auch auseinander und bewegen sich voneinander weg, wie in Afrika, wo sich die Ostseite langsam vom Rest des Kontinents ablöst: Es beginnt im Norden mit dem roten Meer und endet im Süden an der Küste von Mosambik.

Die tektonischen Aktivitäten entlang dieses geografischen Reißverschlusses schufen den »Ostafrikanischen Grabenbruch«, und hier und da erhoben sich langsam große Teile von Äthiopien, Kenia und Tansania zu einem hohen Plateau. Die topografischen Veränderungen führten zu einem lokalen Klimawandel: Nach und nach trockneten die Regenwälder auf der Ostseite des Bruchs aus und wurden zur Savanne. Wie sich also herausstellt, verließen nicht wir die Bäume, sondern die Bäume verließen uns.

Weil unsere schimpansenartigen Vorfahren in den Bäumen so unschlagbar waren und auf dem Boden kaum Eindruck machten, bedeutete die allmähliche Ersetzung des Regenwaldes durch die Savanne, dass sie sich einen neuen Lebensunterhalt suchen mussten. Die Früchte, Beeren und Blattknospen, an die sie sich als Nahrung gewöhnt hatten, verschwanden mit den Bäumen, und weil unsere Vorfahren am Boden so langsam waren, reduzierten sich auch ihre Gelegenheiten, eine Fleischmahlzeit zu erbeuten, erheblich. Obendrein trieben sich riesige Raubtiere im Grasland herum. Wie reagierten also unsere Vorfahren auf diesen doppelten Fluch von schwindender Nahrung und gefährlichen neuen Fressfeinden? Ohne Zweifel sind viele von ihnen in dieser Situation umgekommen, aber einige überlebten und blühten langsam auf, und ihre Geschichte ist die unsere.

Die Dikdik/Pavian-Strategie

Da unsere schimpansenähnlichen Vorfahren nicht die einzigen Baumbewohner sind, die sich jemals dem Leben auf dem Boden stellen mussten, untersuchen Wissenschaftler das Verhalten anderer Arten, um herauszufinden, wie sie sich an das Leben in der Grassavanne angepasst haben könnten. Eine Entsprechung findet sich zum Beispiel bei Pavianen. Obwohl Paviane nicht zu den Menschenaffen gehören (und deshalb nicht so klug sind wie Schimpansen), ähneln sie den Schimpansen in vielerlei Hinsicht, und diverse Pavianarten nutzen die afrikanische Savanne als Lebensraum. Savannen-Paviane leben in großen Gruppen, was den Vorteil hat, dass viele Augen nach Raubtieren Ausschau halten können und für die Selbstverteidigung viele Zähne zur Verfügung stehen. Die »Pavian-Lösung« für das

Leben in der Savanne ist nicht die schlechteste, was man schon daran sehen kann, dass es immer noch reichlich Paviane gibt, aber das Ganze ist ziemlich stressig und äußerst gefährlich. Nicht selten endet das Leben eines Pavians abrupt im Rachen eines hungrigen Löwen oder Leoparden.

Wenn sie mit Raubtieren konfrontiert sind, verlassen sich Paviane stark auf ihre gewaltigen Schneidezähne, die größer sind als die von Schimpansen, obwohl Paviane insgesamt kleiner sind. Wenn unsere schimpansenähnlichen Vorfahren sich »entschieden« hätten, dass Beißen die Antwort auf ihr Savannen-Dilemma war, würden unsere Gesichter heute vermutlich hundeähnlicher aussehen, mit einem vorstehenden Kiefer und erheblich größeren Zähnen. Unsere winzigen Kiefer und lächerlichen Eckzähne weisen darauf hin, dass die Pavian-Lösung unseren Vorfahren wohl eher nicht zusprach. Sie wählten einen anderen Ansatz, um mit dem Leben in der Ebene fertigzuwerden, und das wird tatsächlich schon zu der Zeit deutlich, in der wir uns zu Raymond Darts *Australopithecus* entwickelt hatten, dessen Kiefer und Zähne von der Größe her zwischen denen der Schimpansen und unseren lagen.

Weil Schimpansen intelligenter sind als Paviane, brauchen sie länger, um das Erwachsenenalter zu erreichen, und ihr langsamerer Reifungsprozess bedeutet, dass sie mehr mütterliche Fürsorge benötigen. Die Folge ist, dass Schimpansen älter sind, wenn sie zum ersten Mal Junge bekommen, und eine niedrigere Reproduktionsrate aufweisen als Paviane. Mit dieser langsameren Reproduktion wäre für unsere Vorfahren das Risiko des Aussterbens größer gewesen, wären sie mit der gleichen Häufigkeit erwischt worden wie Paviane. Unsere schimpansenartigen Vorfahren, die diesen evolutionären Druckkessel überlebten, taten also, anstatt den konfrontativeren Ansatz der Paviane zu wählen, alles dafür, der Aufmerksamkeit von Löwen, Säbelzahntigern und anderen Raubtieren zu entgehen.

Tatsächlich ist für viele Pflanzenfresser das Verstecken die wichtigste Überlebensstrategie. Nehmen wir das Dikdik, eine Antilope von ungefähr der Größe einer Hauskatze, die ebenfalls in der Ostafrikanischen Savanne lebt. Wegen seiner geringen Größe kann es sich gegen kein Raubtier wehren, das größer ist als ein Pudel, und aus diesem Grund verbringt es die meiste Zeit seines Lebens mit Verstecken. Wenn Dikdiks gejagt werden, sind sie bestechend schnell und wendig, aber eben nicht schnell genug, um eine Hetzjagd im offenen Grasland zu überleben. Und so verschmelzen sie unauffällig mit ihrer Umgebung, sind permanent vor Raubtieren auf der Hut und bewegen sich niemals weit von dichtem Buschwerk fort.

Unsere schimpansenartigen Vorfahren waren nicht so schnell wie Dikdiks, aber sie konnten auf Bäume klettern. Es ist wahrscheinlich, dass sie sich tagsüber versteckten, nach Raubtieren Ausschau hielten und, wenn nötig, auf nahe Bäume kletterten, um sich in Sicherheit zu bringen. Heutige Schimpansen zeigen in der Savanne diese kombinierte Dikdik/Pavian-Strategie, bleiben enger zusammen, als im Regenwald und vermeiden mit Bedacht offene Ebenen, wo es an Bäumen zur Zuflucht fehlt. Interessanterweise zeigen Savannen-Schimpansen noch zwei weitere einzigartige Verhaltensweisen: Zum einen basteln sie sich aus Ästen primitive Speere, mit denen sie in Baumlöchern herumstochern, um kleinere Affen, die sich darin verstecken, aufzuspießen und auf diese Weise zu fangen. Zum anderen sind sie eher geneigt, ihre Beute miteinander zu teilen, als die Regenwald-Schimpansen. Beide Verhaltensweisen ähneln Veränderungen, die unsere Vorfahren durchlebten, nachdem sie die Wälder verlassen hatten. (Mehr dazu später.)

Die Untersuchungsergebnisse über Savannen-Schimpansen und Paviane legen nahe, dass größere Wachsamkeit es unseren Vorfahren ermöglicht haben könnte, sich in der Savanne durchzuschlagen, und dass diese Wachsamkeit während der ersten paar Millionen Jahre nach dem Verschwinden des Waldes wahrscheinlich eine wichtige Rolle für ihr Überleben gespielt hat. Anders als Paviane und Dikdiks aber waren unsere Vorfahren mit diesem Minimum an Erfolg nicht zufrieden. Die Savanne bot einem klugen Menschenaffen, der seine Hände nicht mehr zur Fortbewegung brauchte, neue Chancen. Der Wandel kam nicht über Nacht, doch die körperlichen und kognitiven Anpassungen im Laufe der folgenden drei Millionen Jahre legen nahe, dass wir vollkommen neue Methoden fanden, um uns im Grasland zu schützen.

Löwen mit Steinen bewerfen

Was würden Sie tun, wenn Sie von einem Tier angegriffen würden, das zu stark, zu grausam und zu schnell für Sie wäre, als dass Sie fliehen oder es mit bloßen Händen abwehren könnten? Ich selbst brauche nicht viel Fantasie, um mir diese Frage zu beantworten. Ich wuchs in einer Gegend auf, in der man eher nachlässig mit der Leinenpflicht umging, und meine Freunde und ich wurden oft von einem Deutschen Schäferhund und einem Dobermann gejagt, die in unserer Straße lebten. Obwohl ich ein dürres Kerlchen war und diese Hunde mir noch heute Angst einjagen würden, konnte ich mich im Alter von sieben oder acht Jahren schon ziemlich gut durch das Werfen von Steinen verteidigen. Besonders, wenn meine Brüder oder Freunde dabei waren, mussten wir uns nur hinunterbeugen, um Steine aufzusammeln, und die Hunde, die uns nachliefen, machten auf der Stelle kehrt. Wenn ich alleine war, floh ich zum nächsten Zaun oder Baum, weil ich die Steine nicht schnell genug werfen konnte, um sie in die Flucht zu schlagen, doch sobald auch nur ein anderer dabei war, konnten wir unsere Stellung halten.

Diese Erfahrungen geben uns einen Hinweis darauf, wie unsere Vorfahren in der Savanne auf die Bedrohung durch Raubtiere reagiert haben könnten: mit dem Werfen von Steinen, vor allem dann, wenn sie sich zusammentun und dadurch viele Steine werfen konnten. Es ist uns nicht möglich, die Zeit zurückzudrehen, um festzustellen, ob sie wirklich so vorgingen; was wir aber tun können, ist, die Unterschiede zwischen ihren und unseren Körpern zu untersuchen, um herauszufinden, ob diese Strategie plausibel ist. Was also zeigen die entsprechenden Funde?

Tatsächlich stützen eine Reihe von Veränderungen bei den fossilen Funden die Steinwurf-Hypothese. Die meisten dieser Veränderungen können zumindest teilweise bei unserem Vorfahren *Australopithecus afarensis* beobachtet werden (auch bekannt als Lucy, die vor dreieinhalb Millionen Jahren Ostafrika durchstreifte und eine Vorläuferin von Raymond Darts *Australopithecus africanus* war). Lucy war, wenn man nach der Größe ihres Gehirns geht, nicht viel aufgeweckter als ein Schimpanse, aber es scheint, als habe sie neue Methoden eingesetzt, um sich gegen Raubtiere zu wehren – Methoden, die über das Verstecken und die Hoffnung, nicht bemerkt zu werden, hinausgingen. Verglichen mit einem Schimpansen waren ihre Hände, Handgelenke und Oberarme beweglicher, und sie hatte eine horizontaler ausgerichtete Schulter sowie mehr Platz zwischen ihrer Hüfte und dem unteren Bereich des Brustkorbs. Diese veränderten Eigenschaften rührten wahrscheinlich daher, dass sie zweibeinig war (also aufrecht ging), eine Angewohnheit, die ihre Vorfahren in der Savanne ausgebildet hatten. Diese neuen Eigenschaften waren darüber hinaus überaus nützlich, um Steine zu werfen.

Wenn man am Strand Leute beim Ballspielen beobachtet, könnte man den Eindruck bekommen, dass Werfen vor allem eine Sache der Arm- und Schultermuskulatur ist. Wer aber mit Kraft und Präzision werfen möchte, sollte eher Baseball-Spielern, Quarterbacks beim American Football oder Jägern und Sammlern zusehen. Bei erfahrenen Werfern setzen Arme und Schultern nur einen kleinen Teil der Bewegung um. Ein kraftvoller Wurf beginnt, indem man mit dem gegenüberliegenden Bein (also bei Rechtshändern mit links) einen Schritt vorwärts macht; es folgt eine Drehbewegung in der Hüfte, an die sich eine Rotation des Rumpfes und der Schultern anschließt, und schließlich führen der Ellenbogen und das Handgelenk die Bewegung zu Ende.

Mit diesen nacheinander ablaufenden Bewegungen macht man sich die Tatsache zunutze, dass die kombinierte Vorwärts- und Drehbewegung des Körpers die Bänder, Sehnen und Muskeln von Arm und Schulter dehnen, die dann am äußersten Ende des Wurfes den Arm wie ein zurückschnappendes Gummiband nach vorn beschleunigen. Schimpansen sind stärker als wir, aber sie können beim Werfen nicht diese Art von elastischer Energie erzeugen, weil ihre Gelenke nicht beweglich genug und ihre Muskeln nicht in der richtigen Reihenfolge angeordnet sind. Es sind diese Veränderungen an Hüfte, Schultern, Armen, Handgelenken und Händen, die Lucy und ihre Mit-*Australopithecina* zu sehr viel besseren Steinwerfern machten. Dieselben Veränderungen ermöglichten außerdem effektives Zuschlagen, das wahrscheinlich immer dann nützlich war, wenn man mit dem Steinewerfen sein Ziel nicht erreichte.

Einen Dobermann mit Steinen zu verjagen, ist die eine Sache, Löwen und Säbelzahntiger zurückzuschlagen, stellt aber natürlich eine völlig andere Herausforderung dar, vor allem, wenn man, wie der *Australopithecus,* nur zwischen 25 und 45 Kilogramm wiegt und bis zu ein Meter fünfzig groß ist, was nur ein wenig größer, aber ein bisschen leichter ist als ein moderner Schimpanse. Trotzdem kann Werfen sehr effektiv sein, wenn man fleißig übt. Mir wurde das zum ersten Mal unter die Nase gerieben, als ich Ende 20 war und mit meiner Freundin den Jahrmarkt von Ohio besuchte. An einem der Stände gab es ein Baseball-Übungsnetz und ein Laserhandmessgerät, und ich beschloss, meine Freundin mit meinen athletischen Fähigkeiten zu beeindrucken. Mit meinen 80-Stundenkilometer-Würfen war ich dann auch ziemlich zufrieden, und sie schien angemessen beeindruckt – bis plötzlich ein hoch aufgeschossener Zwölfjähriger neben mir Stellung bezog. Ohne auch nur ins Schwitzen zu geraten, schleuderte dieser präpubertäre 40-Kilo-Schlacks einen Ball nach dem anderen mit einer Geschwindigkeit von 95 Stundenkilometern und mehr heraus. Weil ich den Männlichkeitswettbewerb auf keinen Fall gegen eine Bohnenstange in Menschengestalt verlieren wollte, warf ich meinen letzten Ball so hart, wie ich nur konnte, und wurde mit einem schrecklich inakkuraten 88-Stundenkilometer-Wurf und fürchterlichen Schmerzen in Ellenbogen und Schulter belohnt. Meine Freundin tröstete mich, indem sie darauf hinwies, dass Werfen eher eine Übungs- denn eine Kraftsache sei – ich glaube übrigens, das war der Moment, in dem mir klar wurde, dass ich sie heiraten wollte –, und natürlich hatte sie recht.

Übung macht den Meister, und dadurch wird die Steinwurf-Hypothese noch plausibler, vor allem, wenn eine ganze Gruppe beteiligt ist. Im Einklang mit dieser These stehen historische Berichte, die ebenfalls zeigen, dass das Werfen von Steinen außergewöhnlich effektiv sein kann. Es gibt zahlreiche Beschreibungen von Begegnungen zwischen europäischen Forschungsreisenden und Angehörigen indigener Volksgruppen, die konfliktreich verliefen und bei denen die Indigenen ausschließlich mit Steinen bewaffnet waren. Obwohl die Europäer im Normalfall bewaffnet waren, verloren sie diese Scharmützel häufig, manchmal sogar vernichtend. Als Beispiel folgende drei historische Berichte, die die Anthropologin Barbara Isaac für ihren wundervollen Artikel »Werfen und die Evolution des Menschen« ausgegraben hat:

Es dauerte nicht lange, bis sie uns so vernichtend geschlagen hatten, dass wir uns mit von Steinwürfen blutenden Köpfen und gebrochenen Armen und Beinen in unseren Unterschlupf zurückbegeben mussten: Denn sie kennen keine anderen Waffen, und glaubt mir, dass sie einen Stein beträchtlich geschickter werfen und schleudern als jeder Christ. Wenn sie werfen, kommt einem der Stein vor, wie der Bolzen einer Armbrust.

Jean de Béthencourt, 1482

Die riesigen Steine, die von den Wilden geschleudert wurden, verletzten jeden Augenblick einen unserer Leute … ein Hagelschauer aus Steinen, so viele, dass es immer schwieriger wurde, ihnen zu entgehen, denn sie wurden mit ungewöhnlicher Kraft und Treffgenauigkeit geworfen, sie zeigten fast den gleichen Effekt wie unsere Kugeln und hatten den Vorteil, dass sie einander mit größerer Schnelligkeit folgten.

Jean-François de Galaup de La Pérouse, 1799

So manches Mal ist, bevor das Wesen der Eingeborenen bekannt wurde, ein bewaffneter Soldat von einem komplett unbewaffneten Australier getötet worden. Der Mann hat auf den Eingeborenen geschossen, der durch ständiges Ausweichen seinen Feind daran gehindert hat, ihn korrekt ins Visier zu nehmen und ist dann einfach von einem Hagelschauer an Steinen in Stücke gerissen worden, die mit einer Präzision und Kraft … geschleudert wurden, die man gesehen haben muss, um sie zu glauben … der Australier schleudert einen nach dem anderen mit solcher Geschwindigkeit, dass es wirkt, als kämen sie aus einer Maschine; und während er sie wirft, hüpft er hin und her, als wollte er die Geschosse aus

> *unterschiedlichen Richtungen auf dem unglücklichen Objekt seines Angriffs niederprasseln lassen.*
>
> John Wood, 1870

Diese Berichte zeigen, wie tödlich das kollektive Steinewerfen sein kann, aber sie erhellen noch einen entscheidenden weiteren Punkt: Damit diese Strategie gegenüber großen Tieren wie Löwen und Leoparden zum Erfolg führt, ist Kooperation unabdingbar.

Die Psychologie kollektiver Aktionen

Schimpansen konkurrieren eher miteinander, als dass sie kooperieren, und darum wäre es für unsere schimpansenartigen frühen Vorfahren wohl schwierig gewesen, kollektiv zu handeln, um große Raubtiere abzuwehren. Ein einzelner *Australopithecus afarensis*, der mit Steinen warf (während die anderen Mitglieder seiner Gruppe vielleicht wegliefen), wäre im Bauch eines nur leicht lädierten Raubtiers gelandet, aber viele *Australopithecina* waren wahrscheinlich in der Lage, Hyänen, Säbelzahntiger und sogar Löwen mit Steinen zurückzuschlagen. Es war diese Notwendigkeit zum kollektiven Handeln, die jene wichtigste psychologische Veränderung hervorbrachte, die es uns ermöglichte, in der Savanne zu gedeihen, anstatt nur zu überleben: die Möglichkeit und der Wunsch zusammenzuarbeiten.

Moderne Schimpansen kooperieren lose miteinander, wenn sie als Gruppe jagen oder andere Schimpansen als Gruppe angreifen, doch ihre grundlegende Haltung gegenüber Gruppenmitgliedern, die keine Verwandten oder engen Freunde sind, ist von Konkurrenz geprägt. Wahrscheinlich zerstreuten sich unsere schimpansenähnlichen Verwandten also die ersten hundert, tausend oder sogar Millionen Male, die sie durch das Grasland huschten, beim ersten Zeichen eines Angriffs auf die nahen Bäume. Doch irgendwann taten sie sich zusammen, um sich gemeinsam zu verteidigen, und hatten von da an alle miteinander bessere Überlebenschancen.

Individuen aus Gruppen, die lernten, auf diese Weise zu kooperieren, hatten einen enormen Vorteil gegenüber Mitgliedern anderer Gruppen, die sich »Jeder Schimpanse für sich« auf die Fahnen geschrieben hatten. Aber das Entscheidende war, dass jede nachfolgende psychologische Veränderung, die die Zusammenarbeit in der Gruppe beförderte, von der Evolution bevorzugt wurde. Unsere Vorfahren, die gern kooperierten und auf deren Kooperation sich andere verlassen konnten, bekamen im Gegenzug einen stattlichen Lohn.

Als die *Australopithecina* erst einmal gelernt hatten, Raubtiere durch Steinwürfe zu vertreiben, werden sie bald entdeckt haben, dass sie durch das kollektive Steinewerfen auch jagen konnten. Um gemeinsam Steine zu werfen, braucht man wenig Planung und Koordination im Voraus, und es war darum auch für unsere Vorfahren mit ihren begrenzten kognitiven Fähigkeiten machbar. Wann auch immer eine Gruppe von *Australopithecina* zufällig auf eine mögliche Beute stieß, wird sie sie wahrscheinlich mit Steinen bombardiert haben. Das Werfen hat es den *Australopithecina* wohl auch ermöglicht, anderen Tieren ihre gerade erjagte Beute abzunehmen, denn jeden erfolgreichen Jäger, der allein unterwegs war, konnte schnell das gleiche Schicksal ereilen, wie seine Beute, wenn er versuchte, sein Abendessen im Angesicht umherfliegender Steine zu verteidigen.

Das Werfen von Steinen bewies nicht nur die großen Vorteile der Kooperation, es stellte auch selbst ein neues Mittel dar, diese Kooperation durchzusetzen. Das größte Problem für die Kooperation ist die Faulheit beziehungsweise die Tendenz, sich vor der harten Arbeit zu drücken und ihre Früchte trotzdem genießen zu wollen. Viele *Australopithecina* in diesen frühen Savannengruppen werden der Versuchung erlegen sein, sich zu drücken und beim ersten Anblick eines Raubtiers davonzumachen, während andere Gruppenmitglieder gemeinsam daran arbeiteten, den Angreifer in die Flucht zu schlagen. Ohne Zweifel werden unsere Vorfahren sich über solche Drückeberger geärgert haben, genau wie wir es tun, wenn Leute aus unserer Arbeitsgruppe ihre Aufgaben nicht erledigen, aber trotzdem erschöpft nicken, wenn der Chef dem Team für die Nachtschicht dankt.

Doch nun standen unseren Vorfahren neue Waffen zur Verfügung, um eine Mitarbeit sicherzustellen.

Ihre erste Waffe war die Ausgrenzung. Aus einer Gruppe von Menschenaffen geworfen zu werden, war nicht schön, aber im Grasland aus einer Gruppe von *Australopithecina* verbannt zu werden, glich der Todesstrafe. Aus diesem Grund entwickelten unsere Vorfahren schnell eine starke emotionale Reaktion auf die Drohung mit Ausgrenzung.[3] Die *Australopithecina*, denen es nichts ausmachte, aus ihrer Gruppe geworfen zu werden, waren nicht die *Australopithecina*, die unsere Vorfahren wurden, und entsprechend brachte die Drohung mit Ausschluss die Drückeberger ziemlich bald auf Linie. Ausgrenzung und Zurückweisung sind bis heute wichtige Methoden geblieben, um Zusammenarbeit sicherzustellen, und das Ergebnis ist, dass wir soziale Ablehnung noch immer als unglaublich schmerzhaft empfinden und alles dafür tun, um es uns mit der Gruppe nicht zu verscherzen.

Bei Wiederholungstätern, die schwer auszugrenzen waren (entweder weil sie wie Kletten an der Gruppe hingen oder weil sie die Ausgrenzung nicht gut aufnahmen und aggressiv wurden), wirkte die Drohung mit kollektiver Strafe wahrscheinlich Wunder. Die Fähigkeit, aus der Distanz zu töten, ist die wichtigste Erfindung in der Geschichte der Kriegsführung, denn schwächere Individuen können, wenn sie zahlenmäßig überlegen sind, dadurch stärkere Individuen aus einer relativ sicheren Position angreifen. Steinigungen gehörten wahrscheinlich zu den frühesten Formen der Strafe, zu der unsere Vorfahren Gruppenmitglieder verurteilten, die es versäumten, ihren Teil beizutragen, und sie sind bis in jüngste Zeit eine übliche Bestrafungsmethode geblieben. Die Bibel zum Beispiel führt die Steinigung für eine Vielzahl von Sünden an, obwohl sie geschrieben wurde, als die Menschen einander längst hängen, enthaupten, kreuzigen und auf andere fürchterlich einfallsreiche Weise töten konnten. Es scheint den Schöpfern der biblischen Gesetze nicht entgangen zu sein, wie sicher und effektiv die Steinigung von Übeltätern ist.

Obwohl Steinewerfen noch keine Atomwissenschaft ist, zündete diese frühe kollektive Handlung den Funken für einen evolutionären Prozess, der im Laufe der folgenden drei Millionen Jahre zu einer außergewöhnlichen Erweiterung unserer mentalen Kapazitäten führte. Die Entscheidung, Steine auf Raubtiere zu schleudern, mag uns nicht gerade weltbewegend vorkommen, und die ersten hundert oder tausend Male hat es vielleicht auch nicht wirklich geholfen, aber als es schließlich funktionierte, veränderte es alles.

Kollektive Handlungen befördern eine kognitive Revolution

Einst glaubten die Wissenschaftler, dass wir Menschen deshalb so klug geworden sind, damit wir die Möglichkeiten zur Veränderung von Objekten nutzen konnten, die uns unsere Greifdaumen boten. Ohne Frage hat diese These einiges für sich: Schließlich sind auch Oktopusse schrecklich klug und ihre Tentakeln bieten die gleichen Möglichkeiten wie Greifdaumen. Und für ein Zebra wäre ein riesiges Gehirn von geringem Nutzen, denn es könnte Werkzeuge weder herstellen noch anwenden.

Letztendlich ist aber der Umgang mit den Mitgliedern der eigenen Gruppe eine viel größere mentale Herausforderung als die Bearbeitung von Objekten. Aus diesem Grund haben zahlreiche Wissenschaftler die These des »Sozialen Gehirns« übernommen, die in der Annahme besteht, dass Primaten große Gehirne entwickelt haben, um die sozialen Herausforderungen zu bewältigen, die darin liegen, mit den anderen Mitgliedern ihrer im hohen Maße aufeinander angewiesenen Gruppen umzugehen.[4] Diese These ist vor allem im Blick auf Menschen plausibel, und das nicht nur, weil wir in größeren Gruppen leben als andere große Menschenaffen. Vielmehr legten unsere Vorfahren, indem sie die Früchte der Teamarbeit ernteten, das Fundament für alle möglichen Arten von sozialen Neuerungen, von denen die meisten erst ein bis zwei Millionen Jahre später auftauchten. (Sie sind das Thema von Kapitel 2.) Diese sozialen Neuerungen brauchten zu ihrer Koordinierung und Umsetzung ein größeres Gehirn und erhöhten so den Druck auf unsere Vorfahren, klüger zu werden.[5]

Kooperation machte unsere Vorfahren klüger, aber Kooperation erforderte auch zahlreiche Veränderungen in der Art und Weise, in der ihr Bewusstsein funktionierte. Vor allem fingen sie an, aus dem Austausch von Informationen Nutzen zu ziehen. In ihrem vormals von Konkurrenz geprägten Leben war Wissen Macht – und ist es natürlich bis heute –, und dass man Informationen teilte, die für einen persönlich wichtig waren, war hochgradig unwahrscheinlich. Sobald aber unsere Vorfahren anfingen zusammenzuarbeiten, waren sie viel erfolgreicher, wenn sie sich gegenseitig auf den gleichen Stand brachten.

Der erste Schritt, um auf den gleichen Stand zu kommen, besteht in gemeinsamer Aufmerksamkeit. Wenn ich mit Mitgliedern aus meiner Gruppe konkurriere, möchte ich nicht, dass sie wissen, was ich gerade denke, und das bedeutet, dass ich auch nicht möchte, dass sie wissen, wohin ich gerade blicke. Ob ich nun einen potenziellen Partner oder eine leckere Feige ins Auge fasse – ich halte es geheim, damit die anderen nicht zuerst da sind. Wenn ich aber mit anderen aus meiner Gruppe zusammenarbeite, dann werde ich wollen, dass sie wissen, wohin ich meine Aufmerksamkeit lenke. Denn wenn ein leckeres Beutetier vorbeiläuft und ich es zuerst sichte, dann möchte ich, dass die anderen es auch bemerken, damit wir es gemeinsam erlegen können.

Unsere Schimpansen-Cousins sind gut in der Einschätzung von Blickwinkeln; das heißt, sie können ungefähr ermessen, was ihre Mit-Schimpansen von ihrem jeweiligen Blickwinkel aus sehen können. Gleichzeitig hat die evolutionäre Entwicklung der Schimpansen dazu geführt, dass es für ihre Artgenossen schwieriger wird, solche Information zu bekommen, denn sie können die Richtung, in die ihr Blick sich wendet, mittels ihrer braunen Lederhaut (dem Teil des Auges, der die Hornhaut umgibt) verbergen. Wenn man einen Schimpansen anguckt, kann man, ohne ihm sehr genau in die Augen zu sehen, nicht wirklich sagen, wohin er seinen Blick richtet. Im Gegensatz dazu haben die Menschen eine weiße Lederhaut ausgebildet, die ganz deutlich die Richtung anzeigt, in die sich unsere Aufmerksamkeit richtet. Dem Blick eines Schimpansen, eines Gorillas oder eines Orang-

Utans zu folgen, ist ziemlich schwer, während die Aufmerksamkeitsrichtung bei uns Menschen für andere deutlich sichtbar ist, sogar dann, wenn unsere Augen und Gesichter sich in eine andere Richtung wenden.

Dass wir unsere Blickrichtung auf diese Weise preisgeben, beweist, dass wir im Allgemeinen mehr davon haben, andere wissen zu lassen, was unsere Aufmerksamkeit in Anspruch nimmt, als es geheim zu halten. Anderenfalls hätte sich die Lederhaut an unserem Auge nicht von der Lederhaut anderer Menschenaffen fortentwickelt. Manchmal wird argumentiert, dass solche Veränderungen auftreten können, weil sie der Gruppe nützen – und indirekt dann auch dem Individuum (als Gruppenmitglied). Dieses Argument ist prinzipiell denkbar, doch damit sich ein solches System entwickeln kann, müsste der Gruppennutzen riesig und der individuelle Nachteil äußerst gering sein. Wenn die Gruppe von Wissen profitiert, das ihren individuellen Mitgliedern teuer ist, werden diese in den meisten Fällen ihr Wissen nicht teilen. Es ist der individuelle Erfolg, der darüber entscheidet, welche Gene an die folgende Generation weitergegeben werden, und das ist selbst dann so, wenn dieser Erfolg auf Kosten der Gruppe stattfindet.

In der Konsequenz gewinnen im Konflikt zwischen Gruppenzielen und individuellen Zielen fast immer die individuellen Ziele. Schimpansen sind viel weniger gruppenorientiert als wir, weshalb sie Schwierigkeiten haben, erfolgreich als Gruppe zusammenzuarbeiten. Doch sobald unsere schimpansenähnlichen Vorfahren in die Savanne zogen und herausfanden, dass Kooperation der Schlüssel zum Erfolg ist, hatten sie das Glück, die ersten großen Menschenaffen zu sein, bei denen Gruppenziele und individuelle Ziele übereinstimmten. Anders gesagt, schuf die Vertreibung aus den Wäldern eine neue Nische für Menschenaffen, die mehr kooperierten als konkurrierten. Diese evolutionäre Anpassung von Gruppenzielen und individuellen Zielen brachte uns schließlich an die Spitze der Nahrungskette, trotz der bemerkenswerten Abwesenheit jeglicher biologischer Waffen, abgesehen von unserem großen Gehirn.

In diesem Sinne kann die kognitive Evolution des Menschen im Verlauf der letzten sechs Millionen Jahre als ein Prozess betrachtet werden, in dem wir uns unabsichtlich an den eigenen Haaren aus dem Sumpf gezogen haben. Unser kooperativer Umgang mit einer lokalen Klimakrise schuf zum ersten Mal auf diesem Planeten eine *sozial-kognitive Nische*, und wir verbrachten dann die nächsten paar Millionen Jahre damit, neue Fähigkeiten zu entwickeln, um diese Nische immer erfolgreicher nutzen zu können.

Der soziale Sprung, der uns zum Menschen machte

Als unsere Vorfahren zufällig auf eine soziale Lösung für die Probleme des Lebens in der Savanne stießen, setzten sie eine Kette von Ereignissen in Gang, die dann irgendwann zu unseren menschlichen Ursprüngen führten, weshalb ich unseren Umzug vom Regenwald in die Savanne als »sozialen Sprung« beschreibe. Der Sprung aus den Bäumen ins Grasland war zweifellos eher ein metaphorischer (und der Sache nach eher ein Schubs als ein Sprung), doch dieser Sprung hin zu einer sozialen Lösung erlaubte es uns, aus dem Schatten der größeren Raubtiere zu treten und den Weg für komplexere soziale Strategien zu bereiten.

Wären wir auf eine andere Umgangsweise mit dem Leben in der Savanne gestoßen (zum Beispiel, uns im Einbuddeln, Verstecken oder Wegrennen zu perfektionieren), würde ich diese Geschichte nicht schreiben, und Sie würden sie nicht lesen. Die Entscheidungen, die unsere Vorfahren trafen, waren in gewisser Weise zufällig, aber gleichzeitig natürlich stark begrenzt von den Möglichkeiten, die ihnen zur Verfügung standen.

Der Verlust des Regenwaldes, der unser Lebensraum war, hätte leicht unser Ende sein können. Wenn man das Szenario des verschwindenden Waldes mehrmals zurückspulen und erneut abspielen könnte, wären wir, wie ich vermute, in neun von zehn Fällen höchstens zu ängstlichen Versionen von Pavianen geworden, die sich dauernd umgucken, um nach Löwen Ausschau zu halten und gleichzeitig den nächsten Baum nicht aus den Augen lassen. Das Aussterben oder eine Randexistenz war ein viel wahrscheinlicheres Szenario, als unser Aufstieg an die Spitze der Nahrungskette.

Doch einige unserer Vorfahren hatten das Glück, eine Lösung für ihre existenzielle Krise zu finden, und wir sind die Nutznießer ihrer Anpassungsfähigkeit geworden.

Unsere Entwicklung vom Grasland zu Google war ohne Zweifel extrem hart und oft auch von furchtbaren Misserfolgen begleitet, aber so ist die Evolution. Auf unserer Erde wird ständig an Veränderungen gewerkelt, und das jeweilige Leben passt sich entweder an, oder es stirbt aus. In der Tat hätten sich wohl Menschen überhaupt nicht entwickelt, wenn der gewaltige Asteroid vor 66 Millionen Jahren den Planeten Erde »verfehlt« hätte. Indem er aber in den Golf von Mexiko stürzte und dadurch globale Feuerstürme und Klimaveränderungen auslöste, vernichtete dieses zufällige Stück Weltraummüll die riesigen Raubtiere, die unseren Planeten über 100 Millionen Jahre beherrscht hatten. Wir mögen in der Lage gewesen sein, einen Löwen oder Säbelzahntiger durch Steinwürfe zu vertreiben, aber für einen T. Rex wären unsere Vorfahren nichts als ein leckerer Imbiss gewesen – und zwar ganz unabhängig davon, wie viele von uns wie gut zusammengewirkt hätten. Unser sozialer Sprung war brillant und scheinbar vorausschauend, aber gleichzeitig sehr abhängig von einer langen Kette von Ereignissen, die nur zufällig unseren Weg kreuzten.

Am wichtigsten ist, dass der soziale Sprung auch den evolutionären Druck selbst veränderte, der auf uns wirkte. Als Reaktion auf die Gefahren und Möglichkeiten unseres neuen Lebens veränderten sich unsere mentalen Neigungen dramatisch und im Verlauf der nächsten paar Millionen Jahre nahmen unsere kognitiven Fähigkeiten erheblich zu. Aber diese Geschichte gehört ins nächste Kapitel.

2

Jenseits von Afrika

Nachdem Lucy vor drei Millionen Jahren den Urwald verlassen hatte, ging sie zwar aufrecht auf zwei Beinen, ähnelte ansonsten aber noch eher einem Schimpansen als einem Menschen. Wenn Sie sie im Zoo in einem Gehege sehen würden, käme Ihnen das vermutlich nicht seltsam vor, denn Lucys äußeres Erscheinungsbild lässt kaum etwas von ihrer sich entwickelnden Menschlichkeit erahnen (siehe Abbildung 2.1).

Abbildung 2.1: *Australopithecus afarensis* alias Lucy (Copyright © John Gurche)

Doch Lucy wusste durchaus schon, dass man aus Steinen nützliche Werkzeuge herstellen konnte, und einige Funde weisen darauf hin, dass sie solche Steine an den Rändern geschliffen hat, um ihre Wirksamkeit zu verbessern. Wenn das wirklich der Fall war, markiert dies einen großen Schritt weg von den Schimpansen, die zwar ihrerseits Steine als Werkzeuge benutzten, aber bisher nicht dafür bekannt waren, sie zu bearbeiten.

Eine Million Jahre später stellte *Homo erectus* dann mit großer Wahrscheinlichkeit bereits Werkzeuge aus Knochen, Stöckern und Häuten her, die aber natürlich längst verrottet sind.

Die einzigen Werkzeuge, von denen wir mit Sicherheit wissen, dass diese Urmenschen sie in der Zeit ihrer Einwanderung nach Europa und Asien benutzten, waren kaum ausgeklügelter, als die geschliffenen Steine, die man Lucy zugeordnet hat. Diese frühen Steinwerkzeuge, die *Homo erectus* von seinem Vorfahren *Homo habilis* übernommen hatte, machten das Leben sicher einfacher – ihre Anwendung war weit verbreitet und änderte sich über einen Zeitraum von einer Million Jahren nicht –, aber sie waren wirklich extrem simpel. Wenn Sie heute zufällig auf ein solches Werkzeug stoßen würden, könnten Sie es vermutlich aufheben und über den See flippen lassen, ohne auch nur zu ahnen, dass Sie eben ein bedeutungsvolles prähistorisches Objekt in der Hand hatten (siehe den linken Stein von Abbildung 2.3).

Wie also konnte *Homo erectus* vor mehr als einer Million Jahren mit einem so dürftig bestückten Werkzeugkasten dermaßen erfolgreich Afrika, Europa und die südliche Hälfte Asiens besiedeln? Ohne Zweifel ist der Erfolg unter anderem darauf zurückzuführen, dass sein Gehirn nur etwa ein Drittel kleiner war als unser heutiges. Jedenfalls würde *Homo erectus* (Abbildung 2.2) – anders als Lucy – in einem Zoo furchtbar fehl am Platze wirken und eher als ein (wenn auch ziemlich ungehobelter) Besucher durchgehen.

Abbildung 2.2: *Homo erectus*
(Copyright © John Gurche)

Das größere Gehirn der *Homo erectus*-Urmenschen war die Voraussetzung für ihr wichtigstes Werkzeug: ihre gesteigerte Fähigkeit zur Zusammenarbeit. In ganz Europa und Asien gibt es Orte, an denen die versteinerten Überreste von Elefanten (die oft doppelt so groß waren wie heutige Elefanten) und Pferden gefunden wurden. Die Tiere sind von *Homo erectus*-Gruppen zerlegt worden, was darauf hindeutet, dass diese Menschen in ihrer neuen Umgebung durchaus keine Randfiguren waren. Natürlich ist durchaus vorstellbar, dass *Homo erectus* sich vornehmlich als Aasfresser betätigte und bloß an den Resten knabberte, die andere Raubtiere übriggelassen hatten, aber die Funde legen etwas anderes nahe. Zeitlich gesehen gehen nämlich die Spuren der Steinwerkzeuge von *Homo erectus*, die auf den versteinerten Knochen zu sehen sind, den Zahnabdrücken der heimischen Raubtiere voraus. Dazu kommt, dass die Spuren der Steinwerkzeuge häufig an den Beinknochen der jeweiligen Beute gefunden wurden, ganz oben, in der Nähe der Rumpfes. Dies ist jedoch der Teil eines erbeuteten Tieres, den Raubtiere normalerweise zuerst verspeisen. Falls *Homo erectus* sich als Aasfresser betätigt hätte, wäre also ausgerechnet an dieser Stelle so gut wie kein Fleisch mehr übrig gewesen, das menschliche Schnittspuren nötig gemacht hätte. Die Funde legen vielmehr nahe, dass *Homo erectus* entdeckt hatte, wie man große und extrem schnelle Tiere mit unglaublich primitiven Werkzeugen töten konnte, eine Leistung, die ohne intensive Planung und Koordinierung innerhalb einer Gruppe von Jägern nicht möglich gewesen wäre.

Und tatsächlich sprechen zahlreiche Gründe dafür, dass *Homo erectus* durchaus die intellektuellen Fähigkeiten besaß, die man zur Planung und Koordinierung einer gemeinschaftlichen Jagd braucht. Zum einen erfand *Homo erectus* eine Reihe von Steinwerkzeugen, die viel besser waren, als die Oldowan[6]-Werkzeuge, die er von seinem vergleichsweise minderbemittelten Vorfahren *Homo habilis* übernommen hatte (linke Seite von Abbildung 2.3).

Die Acheuléen-Werkzeuge[7], die von *Homo erectus* hergestellt wurden, waren symmetrisch und bifacial, das heißt von beiden Seiten bearbeitet, wodurch sie vielseitiger und in der Anwendung bequemer wurden (Abbildung 2.3, rechts). Wenn Sie heute zufällig ein Acheuléen-Werkzeug finden würden, hätten Sie vermutlich das Bedürfnis, es mit nach Hause zu

Abbildung 2.3: Links ein Oldowan-Werkzeug (Rosalia Gallotti); rechts ein Acheuléen-Werkzeug (Fernando Diez-Martin), beide von vor 1,7 Million Jahren

nehmen und ihren Freunden zu zeigen – ganz anders als bei einem Steinwerkzeug des *Homo habilis.*

Um herauszubekommen, welche intellektuellen Voraussetzungen man für die Herstellung derartiger Werkzeuge mitbringen musste, stellt man sie am besten selbst her, und tatsächlich beherrschen viele Anthropologen die Kunst der Steinbearbeitung: Sie stellen auf die gleiche Weise wie unsere Vorfahren – nämlich durch vorsichtiges Aneinanderschlagen von Felsstücken – Werkzeuge her. Mithilfe eines Gerätes, das dem Kernspintomografen in einem Krankenhaus ähnelt, führte man beispielsweise in einer entsprechenden Studie bei heutigen Steinbearbeitern eine funktionelle Magnetresonanzuntersuchung durch, bei der zusätzlich zur Gehirnstruktur auch die Gehirnaktivität gemessen wurde. Man zeigte den Probanden halbfertige Oldowan- und Acheuléen-Werkzeuge und fragte sie, was sie als Nächstes tun würden, um sie fertigzustellen. Durch die Messung der Gehirnaktivität während des Entscheidungsprozesses gibt die Studie einen Einblick in die mentale Arbeit, die für die Herstellung solcher Werkzeuge erforderlich ist. Die Gehirnscans zeigten, dass die Fertigstellung des Acheuléen-Werkzeugs dem vorderen Gehirn (also der Region, die für die Planung und Koordinierung von Tätigkeiten zuständig ist) mehr Arbeit abverlangte, als die Herstellung von Oldowan-Werkzeugen. Auch wenn man sich die Werkzeuge in Abbildung 2.3 nur ansieht, leuchtet es unmittelbar ein, dass die Acheuléen-Werkzeuge mehr Vorausblick erfordern, als die einfacheren Schleifprozesse, die an den Oldowan-Werkzeugen zu erkennen sind.

Homo erectus erfand nicht nur bessere Werkzeuge, sondern war Funden zufolge auch die erste Menschenart, die über ihre unmittelbaren Bedürfnisse hinaus planen konnte. So seltsam es klingen mag: Affen und Menschenaffen sind tatsächlich nicht in der Lage, für Bedürfnisse vorzusorgen, die sie aktuell nicht haben. Zum Beispiel hat man Kapuzineraffen in einem Forschungslabor an eine tägliche Routine gewöhnt, in der sie nur einmal am Tag gefüttert wurden. Kapuzineraffen können eine solche Diät problemlos durchstehen, solange ihre Tagesration groß genug ist, aber sie sind nun einmal daran gewöhnt, mehrmals täglich auf Futtersuche zu gehen, weshalb es ihnen nicht besonders behagt, nur eine Mahlzeit am Tag zu bekommen. Trotz dieses Unbehagens lernten sie es nicht, einen Teil ihres Futters für kommende Appetitattacken beiseitezulegen. Wenn sie sich satt gefressen hatten, fingen sie eher an, einander mit dem restlichen Futter zu bewerfen oder es aus dem Gehege zu schleudern, als etwas für einen Mitternachtssnack aufzusparen.

Schimpansen sind wesentlich klüger als die Affenarten, die nicht zu den Menschenaffen gehören, aber auch sie scheinen unfähig zu sein, für nicht akute Bedürfnisse vorzusorgen. Ein schönes Beispiel ist die Art, wie Schimpansen Jagd auf Termiten machen. Zunächst suchen sie sich einen passenden Busch, reißen einen Ast ab und entfernen die Blätter. Dann stecken sie diesen Stock in die kaum sichtbaren Löcher eines Termitenhügels, ziehen ihn wieder heraus und lecken die schwärmenden Termiten davon ab. Dieser Ablauf zeigt, dass Schimpansen, um ein Ziel zu erreichen, durchaus verschiedene Stationen in der richtigen Reihenfolge abarbeiten können. Von großer Weitsicht kann trotzdem keine Rede sein, denn sobald die Schimpansen satt sind, werfen sie ihren Stock beiseite, als würden sie nie wieder Appetit auf Termiten bekommen. Ähnliche Resultate bekommt man in Laborversuchen, und sie alle legen nahe, dass die Unfähigkeit von Schimpansen, für nicht akute Bedürfnisse vorzusorgen, für viele ihrer Lebensbereiche gilt, selbst für solche, wo Planung unglaublich hilfreich wäre. *Australopithecus* und *Homo habilis* waren in dieser Hinsicht wahrscheinlich nicht kompetenter als Schimpansen, denn es gibt keinerlei Hinweise darauf, dass sie ihre Werkzeuge jemals über die Notwendigkeit des Augenblicks hinaus benutzt hätten. Vor allem aber hat man keinerlei Anzeichen dafür gefunden, dass Oldowan-Werkzeuge jemals weit von dem Ort fortgetragen wurden, an dem sie bearbeitet worden sind.[8]

Im Gegensatz dazu sind die Acheuléen-Werkzeuge des *Homo erectus* in großer Entfernung von den Orten gefunden worden, an denen sie bearbeitet worden sind: *Homo erectus* und seine Artgenossen konnten also die Nützlichkeit eines Acheuléen-Werkzeugs auch dann noch ermessen, wenn sie gerade mit dem Zerlegen ihres Tierkadavers fertig geworden waren. Dies markiert einen enormen, aber auch sehr naheliegenden kognitiven Sprung, wenn man bedenkt, wie viel Aufwand und Intelligenz es kostet, ein solches Acheuléen-Werkzeug überhaupt herzustellen. Derselbe mentale Fortschritt, der *Homo erectus* komplexere Werkzeuge herstellen ließ, versetzte ihn auch in die Lage vorauszusehen, dass seine Bedürfnisse wiederkehren würden. Vieles weist darauf hin, dass unsere *Homo-erectus*-Vorfahren in dem Augenblick, in dem sie eine Welt ins Auge zu fassen begannen, die über ihre unmittelbaren Bedürfnisse hinausging, die ersten Bewohner des Planeten Erde wurden, die auf komplexe Art und Weise für ihre Zukunft vorsorgten.[9]

Der beeindruckendste Beweis für die Intelligenz von *Homo erectus* ist jedoch die Tatsache, dass er die Arbeitsteilung erfunden hat. Klare Hinweise auf Arbeitsteilung fanden sich schon in der Tatsache, dass *Homo-erectus*-Menschen erfolgreich große und schnelle Tiere wie Elefanten und Pferde gejagt haben. Wenn wir uns aber die Orte, an denen sie ihre Werkzeuge hergestellt haben, genauer ansehen, entdecken wir noch viel handfestere Beweise dafür, dass sie verschiedene Arbeitsschritte unter einzelnen Individuen aufgeteilt haben, um sie effektiver erledigen zu können. So zeigte sich an einer 1,2 Millionen Jahre alten Ausgrabungsstätte in Indien, dass die Herstellung von Acheuléen-Werkzeugen offenbar räumlich nach Arbeitsschritten aufgeteilt worden war, fast wie in einer Fabrik. Der erste Arbeitsschritt bestand darin, »Splitter« von größeren Steinen abzuschlagen. Diese Splitter wurden dann nach und nach zu verschiedenen Werkzeugen verarbeitet. An der erwähnten indischen Stätte wurden also die Splitter an einem Ort abgeschlagen und an einer anderen Stelle in ihre endgültige Form gebracht. Wenn eine einzige Person jedes Werkzeug von Anfang bis Ende hergestellt hätte, hätte es keinen Grund gegeben, für die weitere Arbeit den Ort zu wechseln.

Unterschiedliche Aufgaben setzen unterschiedliche Fähigkeiten voraus, weshalb es sinnvoll ist, die Arbeitsschritte unter verschiedenen Leuten aufzuteilen. Zum Abschlagen der Steinsplitter braucht man rohe Kraft, denn man muss dem Stein an genau der richtigen Stelle einen gewaltigen Rums versetzen, um ein passend geformtes Stück abzulösen. Für die harten Kerle in der Gruppe, die einen gewaltigen Hammerstein schwingen konnten, und denen es nichts ausmachte, wenn überall Felsstückchen durch die Gegend flogen, war das der perfekte Job. Dagegen erforderte das feinere Abschlagen im Stadium des Ausformens Behutsamkeit und Koordinationsvermögen, sodass für diese Arbeit Frauen und kleinere Männer besser geeignet waren.

Es gibt noch zahlreiche weitere Hinweise, die nahelegen, dass unsere *Homo-erectus*-Vorfahren sich auf Teamarbeit stützten, um ihre Ziele zu erreichen. Mein Lieblingsbeispiel kommt von einer Ausgrabungsstätte am Jordan, direkt im Norden des Sees Genezareth, wo die Überreste einer Elefanten-Zerlegung gefunden worden sind. Man entdeckte hier um ein Elefantengerippe herum neun Faustkeile. Der Schädel des Elefanten scheint mithilfe eines Astes, der wahrscheinlich als Hebel diente, umgedreht worden zu sein, um den Jägern Zugang zum Gehirn des Tieres zu verschaffen, das übrigens eine hervorragende Fettquelle ist. Um den Schädel von der Wirbelsäule abzutrennen und umzudrehen, mussten mehrere *Homo-erectus*-Menschen eng zusammenarbeiten, weil ein Elefantenkopf ein beträchtliches Gewicht und eine ungünstige Form für eine solche Aktion hat. Falls der Ast tatsächlich als Hebel diente, ist das fast eine Garantie dafür, dass einige *Homo-erectus*-Menschen den Hebel bewegten, während andere den Schädel hielten und drehten.

Die Chance, dass ein solches Unternehmen ohne Kommunikation und Koordination erfolgreich zu bewältigen ist, geht gegen Null. An anderen Stellen dieser Ausgrabungsstätte fand man Hinweise darauf, dass hier Nüsse geknackt wurden, woanders hat man Steine behauen und an wieder anderer Stelle Meeresfrüchte verarbeitet. Würden diese Reste aus modernen Zeiten stammen, dächte man an Imbissstände, so fein säuberlich waren die verschiedenen Aufgaben nach Orten getrennt.

Arbeitsteilung setzt die Fähigkeit zur Zukunftsplanung voraus, weshalb es keine Überraschung ist, dass sich beide gleichzeitig entwickelt haben. Zusammen haben diese Fähigkeiten den Wirkungskreis unserer Vorfahren erheblich erweitert und uns auf dem sozial-kognitiven Weg ein gutes Stück vorwärtsgebracht, den einst *Australopithecus* eingeschlagen hatte, als er anfing, zum Zweck der Selbstverteidigung mit seinen Artgenossen zusammenzuarbeiten.

Aufrecht gehen

In Kapitel 1 hatte ich kurz erwähnt, dass *Australopithecus* sozusagen als kostenlose Zugabe zu seiner Zweibeinigkeit, also seines aufrechten Ganges, nach und nach den Körperbau eines Werfers ausgebildet hat. Doch bisher haben wir uns noch nicht der Frage gewidmet, *warum* Lucy überhaupt anfing, aufrecht zu gehen. Da wir inzwischen die unterschiedlichen kognitiven Fähigkeiten von *Australopithecus* und *Homo erectus* erörtert haben, können wir uns nun endlich dieser wichtigen Frage zuwenden – denn tatsächlich ist die Herausbildung des aufrechten Ganges eines der wichtigsten Ereignisse der menschlichen Evolution. Hätten wir nicht angefangen, auf zwei Beinen zu laufen, hätten wir mit großer Sicherheit nicht gelernt, so gut zu werfen, in welchem Fall die sozial-kognitive Revolution, die uns zu Menschen machte, wahrscheinlich ebenfalls nicht stattgefunden hätte. Aber wozu eigentlich aufrecht gehen? Was hatten unsere Vorfahren davon, dass sie aufhörten, ihre Hände als vorderes Paar Füße zu benutzen?

Es gibt auf diese Frage zwei Antworten. Erstens, wir wissen es nicht.[10] Zweitens, wir haben dazu viele unterschiedliche Thesen.[11] Einige dieser Thesen haben wenig bis gar nichts mit Psychologie zu tun. Zum Beispiel scheinen lange Wanderungen für uns auf zwei Beinen einfacher gewesen zu sein, als sie für Menschenaffen auf allen Vieren sind. Und durch das Verschwinden der Wälder muss wohl unsere Fähigkeit, große Strecken zu bewältigen, erheblich in den Vordergrund gerückt sein. Zum Teil fingen unsere Vorfahren wohl schlicht und einfach deshalb an, auf zwei Beinen zu laufen, weil sie von A nach B kommen wollten, ohne zu viele Kalorien zu verbrennen. Vielleicht wurden sie auch zweibeinig, um ihre Hände für das Tragen von Nahrung, Werkzeug oder Waffen freizubekommen. Diese These gibt es schon sehr lange, und tatsächlich hätten unsere Vorfahren dadurch den großen Vorteil gehabt, diese Dinge stets zur Hand zu haben.

Wie wir aber gerade gezeigt haben, besteht das Problem mit dieser Theorie darin, dass es keinerlei Hinweise darauf gibt, dass unsere Vorfahren vor *Homo erectus* ihre Steinwerkzeuge über größere Strecken getragen hätten – und das, obwohl sie schon ein paar Millionen Jahre den aufrechten Gang praktizierten. Ebenso unwahrscheinlich ist, dass unsere Vorfahren vor dem *Homo erectus* Nahrung über größere Entfernungen mit sich getragen haben, und das aus dem gleichen Grund, aus dem sie keine Werkzeuge mit sich herumtrugen: Sie waren unfähig, Bedürfnisse zu antizipieren, die sie aktuell nicht hatten. Wenn sie gerade hungrig waren, hätten sie ihr Essen eher gegessen als getragen. Wenn sie gerade keinen Hunger hatten, hätten sie ihre Nahrung eher zurückgelassen oder verschenkt, anstatt sie mitzunehmen, einfach, weil ihnen nicht klar war, dass sie später wieder Hunger bekommen würden. Was also sollte unsere *Australopithecus*-Vorfahren überhaupt motiviert haben, irgendetwas zu tragen? Was sollte ein Tier, das nicht in der Lage ist, für Bedürfnisse, die es gerade nicht empfindet, vorzusorgen, dazu motivieren, an einem heißen Tag Dinge mit sich durch die Savanne zu schleppen?

Um diese Frage zu beantworten, müssen wir uns nur vorstellen, welche Gefühle Lucy und ihre Vorfahren jedes Mal gehabt haben müssen, wenn sie sich auf den Weg machten, um ein Stück Grasland zu überqueren. Was hätten Sie für Gefühle, wenn Sie zu Fuß durch eine Savanne wandern müssten? Nun, ich vermute, sie hätten *Angst*. Immer, wenn Lucy und ihre Vorfahren sich auf den Weg gemacht haben, um eine offene Landschaft zu durchqueren, wird ihnen ihre Verletzlichkeit überaus bewusst gewesen sein, und sie werden sich vor Angriffen durch große Katzen und Hunde schrecklich gefürchtet haben. Diese Angst wird sie motiviert haben, alles mitzunehmen, das ihnen zur Verteidigung dienen konnte – nämlich höchstwahrscheinlich einen Stock, der als Knüppel oder Speer einsetzbar war.

Einen Knüppel oder Speer zu tragen, ist viel einfacher, wenn man die Hände nicht zum Gehen braucht, was Lucy und ihre Vorfahren dazu bewegt haben könnte, aufrecht zu gehen. Zwar konnte Lucy nicht für künftige

Bedürfnisse vorausplanen, aber sie war sehr wohl in der Lage, für aktuelle Bedürfnisse Sorge zu tragen, und sie wird jedes Mal, wenn sie sich auf den Weg durch die Savanne machte, das Bedürfnis nach einer Waffe gehabt haben. Natürlich wissen wir nicht mit Sicherheit, ob das regelmäßig wiederkehrende Bedürfnis nach einer Waffe bei der Entwicklung unseres aufrechten Ganges tatsächlich eine Rolle gespielt hat. Immerhin steht es aber im Einklang mit den kognitiven Fähigkeiten, die wir zu dieser Zeit hatten, und es hätte unseren Vorfahren einen Vorteil verschafft, der mindestens so wichtig ist, wie die erhöhte Effizienz, die durch das Laufen auf zwei Beinen erreicht wird.

Vom *Homo erectus* zum *Homo sapiens*

Arbeitsteilung führte dazu, dass die Resultate unserer gemeinschaftlichen Anstrengungen mehr waren als die Summe unserer individuellen Bemühungen, und so wurde die Arbeitsteilung für unsere Vorfahren zum Beginn eines goldenen Zeitalters. Durch sie konnte eine Gruppe Gegenstände ansammeln, die sie erfolgreicher und gefährlicher machten, als andere Gruppen es jemals zuvor gewesen waren. Nun wurden jene Tiere, die uns einst gefressen hatten, zu unserer Beute!

Als wäre die Arbeitsteilung nicht schon genug, sorgte *Homo erectus* zusätzlich für die wichtigste Innovation in der gesamten Menschheitsgeschichte: die Macht über das Feuer. Feuer sorgte für Schutz vor den Elementen und vor Raubtieren und gewann der Nahrung Nährstoffe und Kalorien ab, die ihr im rohen Zustand kaum zu entlocken sind.[12] Vergleichen Sie den Geruch und Geschmack von rohem Fleisch mit dem eines gebratenen Steaks oder die Verträglichkeit einer rohen gegenüber der einer gekochten Kartoffel. In beiden Fällen ist der Unterschied immens: Das Erste ist beinahe ungenießbar, das Zweite überaus köstlich. Mit der Beherrschung des Feuers änderten unsere Vorfahren ihre Lebensweise endgültig: Nie wieder mussten sie abends in eine kalte, feuchte Höhle zurückkehren, vorbei war es mit

Nachtblindheit und der berechtigten Angst, im Schlaf überfallen zu werden. Und sie mussten nun nicht mehr mit einer Nahrung zurechtkommen, die kulinarisch einem überfahrenen Tier gleichkam.

In seinem Buch *Feuer fangen* (München 2009) stellt Richard Wrangham die These auf, dass das Kochen eine entscheidende Rolle dabei gespielt hat, dass *Homo erectus* und später *Homo sapiens* so große Gehirne ausbilden konnte. Unsere engen Verwandten, die Menschenaffen, haben zwar einen größeren Darm als wir, aber sie könnten dennoch aus ihrer rohen Nahrung nicht genügend Kalorien und Nährstoffe ziehen, um ein Gehirn zu versorgen, dass nur annähernd so groß wäre wie unseres. Nicht nur ist unser Gehirn im Verhältnis zum Darm viel größer als das anderer Menschenaffen, wir können auch Kalorien schneller verbrennen als sie. Erst das Kochen unserer Nahrung erlaubte es uns aber, einen Stoffwechsel auszubilden, der schnell genug war, um ein derart großes Gehirn zu versorgen.

Das Kochen ermöglichte uns außerdem das Anlegen größerer Fettreserven, denn ohne einen kleinen Speckvorrat für schlechte Zeiten kann ein großes Hirn in Nullkommanichts sämtliche Stoffwechselressourcen aufbrauchen. Schließlich befreite das Kochen unsere Vorfahren von dem unaufhörlichen Kauen, dass bei roher Nahrung notwendig ist. An einem typischen Schimpansen-Tag muss *acht Stunden lang* gekaut werden, um die Nahrung so weit aufzuweichen, dass sie erfolgreich verdaut werden kann.

Die Beherrschung des Feuers ist nur *eine* Methode, mit der sich unsere Vorfahren die kognitive Nische schufen, die wir Menschen seitdem besetzen, und sie zeigt zusätzlich, wie die darauffolgende Evolution ihrerseits durch Kultur und Innovation geformt wurde. Als wir erst einmal das Grillen für uns entdeckt hatten, brauchten wir nicht mehr so große Zähne und Kiefermuskeln, um unsere Nahrung zu kauen. Diese Veränderung erlaubte es uns, von zufälligen Genmutationen zu profitieren, die die Größe unseres Kiefers und unserer Zähne reduzierten. Sobald wir gelernt hatten, das Feuer zu beherrschen, mauserten wir uns von großzähnigen Spatzenhirnen zu den Superhirnen mit Mausezähnen, die wir heute sind. Eine unserer eigenen Erfindungen hatte also wesentlichen Einfluss auf unsere zukünftige

Schädelform und hat auch die zunehmende Betonung unseres Köpfchens gegenüber unseren Muskeln vorangetrieben.

Unsere Gehirne wuchsen während der Entwicklung vom *Homo erectus* zum *Homo sapiens* weiter, und ebenso wuchsen unsere Planungskompetenz und unsere Fähigkeit, einander zu verstehen. Sie und ich, wir alle, sind das Ergebnis dieses evolutionären Prozesses, der bei der Herausbildung des *Homo sapiens* vor über 200 000 Jahren in Afrika stattfand. Die komplexen Kulturen, die wir mit unseren großen Gehirnen entwickeln konnten, ermöglichten uns das Leben in beinahe jeder natürlichen Umgebung, und binnen Kurzem hatten wir ganz Afrika besiedelt und fingen an, über seine Grenzen hinauszublicken. Vor 125 000 Jahren hinterließ *Homo sapiens* erste zaghafte Spuren in Arabien, vor 80 000 Jahren machten wir uns dann ernsthaft auf den Weg. 15 000 Jahre später hatten wir es bis nach Australien geschafft, vor 45 000 Jahren stießen wir nach Norden in die Arktis vor, und vor 20 000 Jahren erreichten wir schließlich den amerikanischen Doppelkontinent. Neuseeland war vor nur etwa 700 Jahren der letzte Landstrich, der von uns besiedelt wurde, und zwar von den polynesischen Inseln aus.

Während wir dabei waren, den gesamten Erdball zu besiedeln, begannen sich Kultur, Kunst und andere Äußerungen symbolischen Denkens geradezu explosionsartig zu verbreiten. Zwar ist unsere Art schon mehr als 200 000 Jahre alt, doch der kulturelle Reichtum, der normalerweise mit *Homo sapiens* in Verbindung gebracht wird, wird erst vor weniger als 100 000 Jahren sichtbar. Das soll nicht heißen, dass es vorher kein symbolisches Denken gegeben hat. Es zeigt nur, wie gering die Chancen sind, dass die Produkte unserer Kultur über einen so langen Zeitraum hinweg erhalten bleiben. Wir hängen heute unsere Gemälde in klimaregulierten Museumsräumen auf, aber unsere Vorfahren malten einfach auf Höhlenwände. Wenn man bedenkt, wie wenig sie sich um die Nachwelt scherten, ist es erstaunlich, dass wir überhaupt Kunst und andere von Menschenhand hergestellte Gegenstände aus diesen längst vergangenen Zeiten gefunden haben.

Ob sich nun eine komplexe Kultur gleich zu Anfang des zaghaften Auftauchens unserer Art vor 200 000 Jahren zu entwickeln begann (oder womöglich sogar schon vorher), oder ob es mehr als 100 000 Jahre gedauert hat, bis sie sich herausbildete – unsere soziale Seite sorgte jedenfalls nach und nach für ein außergewöhnliches Wachstum an Wissen und Innovation. Neue Werkzeuge, neue Waffen und neue Kunstgegenstände nahmen mit der Ausbreitung des *Homo sapiens* stark zu, und die dafür entscheidenden Veränderungen waren psychologischer Natur. Schon lange vor der Erfindung der Schrift (die nur etwa 5000 Jahre alt ist) hat sich nämlich die Kultur des Menschen vor allem durch unsere mündliche Erzähltradition entwickelt.

Wir wissen, dass die Gespräche, die heutige Jäger und Sammler am Tag führen, sich erheblich von den Geschichten unterscheiden, die sie einander abends am Lagerfeuer erzählen, was darauf schließen lässt, dass ein weiterer Nebeneffekt der Beherrschung des Feuers die Entstehung einer mündlichen Erzähltradition gewesen sein könnte. Tagsüber verbringen Menschen viel Zeit mit Gesprächen über soziale Belange und ökonomische Notwendigkeiten. Aber mit dem Anbruch der Dämmerung werden Gemeinschaftsfeuer angezündet, um die man sich in kleinen Gruppen versammelt. Gespräche gehen in Geschichten über, die nicht selten Lektionen enthalten über das Leben und wie es zu leben sei.

Das Feuer machte es möglich, dass wir unsere gemeinschaftliche Zeit über das Tageslicht hinaus ausdehnten, ohne dass die Gefahr stieg, von Raubtieren überfallen zu werden. Wenn es zu dunkel zum Arbeiten wurde, gab uns das Feuer die Gelegenheit, Zeit in unserer Gruppe zu verbringen und uns dem gemeinsamen Nachdenken zu widmen. Das Geschichtenerzählen ermöglicht es jeder Generation, auf dem Wissen, das von ihren Vorfahren angesammelt wurde, aufzubauen. So wurde in den verschiedensten Kulturen nach und nach ein Wissen darüber akkumuliert, wie man am besten mit den jeweiligen natürlichen Gegebenheiten zurechtkommen konnte.

Die Wichtigkeit einer kumulativen Kultur kann man in fast jedem Lebensbereich beobachten, doch die eindrücklichsten Beispiele dafür finden sich in den Geschichten der frühen europäischen Forschungsreisenden, die sich auf den Weg in die Arktis, nach Amerika, Afrika, Australien oder Asien gemacht haben. Kühne und gut vorbereitete Abenteurer entrannen nur knapp dem Tod oder kamen tatsächlich ums Leben, während in derselben Umgebung die indigene Bevölkerung, die auf keinerlei moderne Technologie zurückgreifen konnte, bestens zurechtkam. Die Fähigkeit, aus den Erfahrungen anderer zu lernen, verschaffte dem *Homo sapiens* einen enormen Vorsprung, denn seine Überlebensstrategien und Erfindungen konnten auf frühere Entdeckungen aufbauen. Das bedeutete, dass nicht jede Generation das Rad neu erfinden musste und selbst Kinder auf diese Weise ein Weltverständnis entwickeln konnten, das ein paar Generationen zuvor nur ein Genie hätte haben können. Genauso ist es heute, wenn Kinder in der Schule von den Entdeckungen des Kopernikus, Darwin und Galileo erfahren. Eine etwas langsamere Version dieses kumulativen Prozesses existiert seit über 100 000 Jahren. Kein anderes Tier ist zu so etwas in der Lage.

Komplexe soziale Beziehungen erfordern große Gehirne

Wenn man den gewaltigen Wissensschatz bedenkt, den es brauchte, um in jedem Klima dieser Erde zu überleben, mag der Eindruck entstehen, dass die sozialen Herausforderungen, mit denen unsere Vorfahren konfrontiert waren, im Vergleich dazu trivial gewesen sein müssen. Die Inuit mussten lernen, riesenhafte Tiere in tückischen Ozeanen zu jagen, und sie mussten sich provisorische Häuser aus Eis bauen, um ihre langen Reisen durch vollkommen konturlose Landstriche zu überleben. Menschen aus Afrika südlich der Sahara mussten lernen, mit Pfeilen zu jagen, die in Gift getunkt waren, das aus dem Samen der Strophanthus-Pflanze gewonnen wurde. Und die australischen Aborigines mussten herausfinden, wie man tödlichen Schlangen und Spinnen aus dem Weg geht, während sie gleichzeitig darauf angewiesen waren, an einem der heißesten und trockensten Landstriche dieser Erde irgendwie Nahrung und Wasser zu finden.

Für die ersten Menschen, die an diese Orte zogen, waren solche Herausforderungen außerordentlich schwierig zu bewältigen, aber in Zeiten ohne moderne Transportmittel bewegten sich die Menschen langsam, und selbst die nomadischsten unter unseren Vorfahren verbrachten den größten Teil ihres Lebens in vertrauten Umgebungen. Die unabänderlichen Regeln zum Zurechtkommen in der von ihnen besiedelten Weltgegend konnten sie abends am Lagerfeuer an die folgenden Generationen weitergeben. Dass die handfesten Probleme rund um die Themen Fressfeinde, Jagdtiere und Unterschlupf in kognitiver Hinsicht keine allzu große Herausforderung darstellten, lag also am kumulativen Charakter unserer Kulturen und an unserer Fähigkeit zum sozialen Lernen.

Anders als die physische Welt ist die soziale Welt dynamisch und interaktiv: Meine sozialen Strategien haben Einfluss auf andere Menschen, die dann als Reaktion ihr Verhalten ändern. Andere Menschen haben eigene Pläne, und wenn ich von einer langen Jagd nach Hause komme, muss ich herausfinden, was los ist, wenn am Feuer alle flüstern und kichern. Habe ich Mammutfell zwischen den Zähnen? Wurden mir Hörner aufgesetzt, während ich draußen auf dem Eis war? Hat das Gekicher überhaupt mit mir zu tun? Solche komplexen Fragen sind der Grund dafür, dass man den Umgang mit anderen Menschen nicht einfach durch die Befolgung eines unveränderlichen Regelwerks lernen kann, wie etwa »Meide die Spinne mit dem roten Strich auf dem Rücken« oder »Suche Wasser am besten in tiefen Schluchten«. Weil unsere Mitmenschen ihr Verhalten nach eigenem Gusto ändern, und zwar besonders dann, wenn sie das Gefühl haben, von anderen ausgenutzt zu werden, ist das Zurechtkommen in der sozialen Welt eine ständige Herausforderung.

Vielleicht denken Sie, dass all das für unsere Vorfahren nicht mehr als ein intellektuelles Spielchen gewesen sein kann, aber wir dürfen nicht vergessen, wie das Leben ohne Staaten, Gesetze und Polizeikräfte gewesen ist – und ohne all die anderen Institutionen, die die Welt von heute so sicher machen. Steven Pinker zeigt in seinem Buch *Gewalt: Eine neue Geschichte der Menschheit* (Frankfurt 2011), dass das Leben unter Jägern und Sammlern eine ziemlich gefährliche Sache gewesen sein muss: Die Mordraten waren damals wohl sehr viel höher als heute. Wir mögen uns das Leben der Jäger und Sammler idyllisch und sorgenfrei vorstellen, doch in Wirklichkeit war jenes Leben weitaus gefährlicher als das heutige in dem gewalttätigsten Stadtteil der gefährlichsten Stadt der Welt.

In der Welt von *Australopithecus*, *Homo erectus* und schließlich *Homo sapiens* schreckten Freunde und Nachbarn praktisch vor nichts zurück, solange sie damit durchkamen. Am besten lässt sich ihr Lebensstil wohl mit dem heutiger krimineller Banden vergleichen. In ihre Schranken gewiesen wurden sie nur von der Gewalt, die sie sich gegenseitig antaten, und jedes Mal, wenn sich unsere Vorfahren morgens von ihrem Höhlenboden aufrappelten, begann für sie eine neue prähistorische Folge der *Sopranos*. Wenn sie bis zur Abenddämmerung überleben wollten, mussten sie eine Methode finden, sich ihren Weg durch das Minenfeld konkurrierender Ziele und komplizierter und schnell wechselnder Koalitionen zu bahnen und sich vor neidischen Rivalen und den potenziell tödlichen Wutausbrüchen ihrer Mitmenschen in Acht nehmen.

Selbst, wenn man der Stärkste war, war das letztlich keine große Hilfe. Jeder Mensch braucht Schlaf, und wenn die anderen der Ansicht sind, dass Sie der Gruppe mehr Ärger als Nutzen bringen, könnte jede Nacht Ihre letzte sein. Wo es keine Gesetze gibt, muss sich jeder selbst durchschlagen. Für die weniger Cleveren unter unseren Vorfahren war es weniger wahrscheinlich, problemlos durch diese komplexe soziale Welt zu kommen, und entsprechend kleiner waren die Chancen, dass sie jemanden überzeugen konnten, sich mit ihnen zu paaren. Als Konsequenz aus diesem intensiven sozialen Druck entwickelten wir eine Vielzahl von neuen kognitiven Fähigkeiten, die ihrer Natur nach explizit sozial waren. Die Wichtigste von ihnen nennen wir Theory of Mind.

Theory of Mind

In ihrem Bemühen, Allianzen zu schmieden und zu erhalten, mit anderen zu kooperieren und ohne Ärger durch den Tag zu kommen, mussten unsere Vorfahren lernen, das Verhalten ihrer Mitmenschen vorauszusehen.

Dies geht am besten, wenn wir die Denkweise und Ziele anderer kennen, und aus diesem Grund entwickelten wir Theory of Mind: die Einsicht, dass das Denken und Fühlen anderer Menschen sich von unserem eigenen unterscheidet. Kleine Kinder haben diese Fähigkeit nicht, weshalb es manchmal auch so schwierig sein kann, ihren sprunghaften Äußerungen und Geschichten zu folgen: Sie begreifen noch nicht, dass ihre Zuhörer meist nicht das Gleiche denken wie sie selbst. Doch sobald Kindern klar wird, dass Vorlieben und Wissensstände unterschiedlich sein können, kann man geradezu hören, wie der Groschen fällt. Sie verstehen plötzlich, dass die Welt massenhaft potenzielle Tauschgeschäfte bereithält, die beiden Seiten nützen, und ihr Leben wird schlagartig bunter und einfacher: Ich mag die roten Jellybeans lieber und du die schwarzen; ich spiele mit dir Verstecken, wenn du mit mir Fangen spielst.[13]

Sobald unsere Vorfahren verstanden hatten, dass die Gedanken und Gefühle anderer Menschen sich von ihren eigenen unterscheiden, fingen sie an, Mutmaßungen darüber anzustellen, welche Gedanken und Gefühle das sein könnten. Aus dem Verhalten von Mitmenschen kann man sich einiges erschließen, und zwar besonders dann, wenn man die dahinterliegenden Intentionen erkennt. Hat sie dies oder jenes aus Versehen getan, mit Absicht oder weil sie keine andere Wahl hatte? Diese elementare Form des Gedankenlesens ist zum Beispiel unabdingbar, wenn man konkurrierende Koalitionen durchschauen will, vor allem dann, wenn diese sich, was ihre Mitglieder und Ziele betrifft, häufig ändern.

Es erscheint offensichtlich, dass jemand, der stolpert und Ihnen auf den Fuß tritt, dies aus Versehen getan hat, und jemand, der direkt auf Sie zukommt und ausholt, um Ihnen auf den Fuß zu trampeln, dies mit voller Absicht tut, aber eigentlich wissen Sie das nur, weil Ihre soziale Informationsverarbeitung funktioniert. Wenn Sie ein Haustier haben, achten Sie einmal darauf, was passiert, wenn Sie ihm das nächste Mal unabsichtlich wehtun oder es erschrecken. Meine Hunde werden genauso unterwürfig und reuevoll, wenn ich ihnen ohne Absicht auf die Pfoten trete, wie wenn ich sie ausschimpfe. Ohne die Fähigkeit, absichtliche von unabsichtlichen Handlungen zu unterscheiden, ist ihre Fähigkeit, mich zu verstehen und mein zukünftiges Verhalten vorauszusehen, stark eingeschränkt.

Die Tatsache, dass wir hochgradig voneinander abhängig sind, sorgte nicht nur für diese grundlegenden sozialen Wahrnehmungsfähigkeiten, sondern auch dafür, dass wir soziale Gefühle wie Stolz, Schuld und Scham ausgebildet haben. Diese Gefühle werden oft reflexive Gefühle genannt, weil man sich, um sie zu haben, bewusst darüber sein muss, wie andere einen einschätzen. Von sozialen Gefühlen wie Wut oder Liebe unterscheiden sie sich dadurch, dass sie eher nach innen gerichtet sind. Reflexive Gefühle teilen uns prompt und unmissverständlich mit, welche Verhaltensweisen uns für die Gruppe wertvoll machen und welche eher nicht.

Wir fühlen uns stolz, wenn wir etwas getan haben, dass unseren Wert für die Gruppe steigert, und die positiven Empfindungen, die mit Stolz einhergehen, sorgen dafür, dass wir nach weiteren Gelegenheiten Ausschau halten, die dieses Gefühl auslösen. Wir fühlen uns schuldig, wenn wir jemandem aus unserer Gruppe geschadet haben, und die negativen Empfindungen uns selbst gegenüber, die durch Schuldgefühle entstehen, helfen uns, aus dieser Erfahrung zu lernen und es – auch aus Angst, dass unsere Freunde uns abservieren – nicht noch einmal zu tun. Scham fühlen wir, wenn wir etwas getan haben, mit dem wir uns selbst vor der Gruppe abwerten, und auch hier helfen uns die negativen Empfindungen uns selbst gegenüber, das peinliche Verhalten nicht zu wiederholen, damit wir nicht noch mehr an Ansehen verlieren. Stolz, Schuld und Scham gehören wesentlich zum Menschsein, sie helfen uns, in Gruppen zu funktionieren, in denen die Mitglieder hochgradig voneinander abhängig sind und eng zusammenarbeiten müssen. Und es sind diese Art von Gruppen, die uns seit *Homo erectus* so erfolgreich gemacht haben.

Wie wichtig solche Gefühle sind, wird noch deutlicher, wenn man sich mit Menschen beschäftigt, die diese Gefühle nur sehr begrenzt haben. Soziopathen zum Beispiel sind, wenn man sie kennenlernt, oft sehr charmant und lustig, haben aber über einen längeren Zeitraum Schwierigkeiten, mit Leuten zurechtzukommen, denn sie neigen dazu, ihre Mitmenschen rücksichtslos auszunutzen. Wenn ich weder Schuldgefühle noch Scham kenne, gibt es keine inneren Kräfte, die mich ausbremsen, sobald ich die Gelegenheit sehe, mir einfach zu nehmen, was ich brauche.

Sich alles zu nehmen, anstatt zu teilen oder zu fragen, mag kurzfristig erfolgreich sein, aber das Gedächtnis ist geduldig, und Menschen, die ausgebeutet oder missbraucht wurden, neigen dazu, anderen davon zu erzählen. Bei der Verbreitung solcher sozialen Informationen spielt Klatsch eine wesentliche Rolle, und bald merken noch die charmantesten Soziopathen, dass sie in ihrer Gemeinschaft nicht mehr willkommen sind. In den Jäger-und-Sammler-Gesellschaften unserer Vorfahren hatten Soziopathen echte Schwierigkeiten, eine Gruppe zu finden, in der sie bleiben durften. Das alles änderte sich durch das Aufkommen von Städten, wie wir in Kapitel 3 sehen werden (und später änderte sich das Ganze noch einmal durch das Aufkommen der sozialen Medien).

Theory of Mind beim Unterrichten und Lernen

Theory of Mind hat sich entwickelt, damit wir in unserer sozialen Welt zurechtkommen, beinhaltet aber noch weitere Vorteile. Der Wichtigste ist vielleicht, dass sich unsere Fähigkeit, anderen etwas beizubringen (oder von ihnen zu lernen) dadurch dramatisch vergrößert hat. Wenn ich keine Ahnung habe, was in Ihrem Kopf vorgeht oder dass Ihr Wissen sich von meinem unterscheidet, wird es mir schwerfallen, Sie zu unterrichten. Wo soll ich anfangen? Was wissen Sie schon? Was müssen Sie wissen? Wenn ich dagegen die Antworten auf diese Fragen kenne, kann ich Ihren Wissensfundus bewusst als Ausgangspunkt für die Weitergabe neuer Informationen nutzen. Aus diesem Grund sind Menschen unglaublich gute Lehrer.

Mein Lieblingsbeispiel dafür, wie erfolgreich wir als Lehrer sind, ist die Art und Weise, wie Schimpansen lernen, mithilfe von Steinen Nüsse zu knacken. Schimpansen nutzen einfache Werkzeuge, und in vielen Teilen Afrikas haben sie Methoden zum Öffnen von Nüssen entwickelt, indem sie Steine als Hammer und Amboss verwenden. Wenn die Nüsse reif sind, legen die Schimpansenmütter manchmal ein paar von ihnen auf einen großen Stein und benutzen einen kleineren Stein, um sie aufzuschlagen. Ihr Nachwuchs sitzt währenddessen häufig ganz in der Nähe, und die Mütter erlauben ihren Jungen, sich ein paar der Früchte (oder in diesem Fall Nüsse) ihrer Arbeit zu schnappen. Die wesentliche Frage, die uns in diesem Zusammenhang interessiert, ist nun, wie lange es dauert, bis der Nachwuchs die Nussknackertechnik gelernt hat.

Als ich zum ersten Mal von den Untersuchungen zum Nüsseknacken hörte, schätzte ich, dass jungen Schimpansen wahrscheinlich etwa ein Jahr brauchen, um die Technik zu lernen. Schließlich sind unregelmäßig geformte Felsbrocken und kleine harte Nüsse nicht ganz einfach zu handhaben, und wenn man nur ein paar Mal aus Versehen einen Finger statt die Nuss trifft, kann das den Eifer erheblich dämpfen. Dazu kommt, dass Schimpansen nicht allzu häufig die Chance zum Üben bekommen. In Nullkommanichts lässt sich das Nüsseknacken also nicht lernen. Sie können sich nicht vorstellen, wie erstaunt ich war, als ich erfuhr, dass Schimpansen in der Wildnis etwa *zehn Jahre* brauchen, um zu lernen, wie sie die unterschiedlichen Nussarten, die auf ihrem Speiseplan stehen, knacken können!

Ein Tiertrainer dagegen konnte den jungen Schimpansen in einem Zehntel der Zeit beibringen, eine ganze Bandbreite an Nüssen zu knacken, aber Tiertrainer haben nun einmal Theory of Mind und Schimpansenmütter nicht. Schimpansenmütter wissen nicht, was ihr Nachwuchs nicht weiß und sind deshalb in ihrer Fähigkeit, sie zu unterrichten (und ihrem Bewusstsein, dass sie unterrichtet werden *müssten*), extrem limitiert. Sie scheinen durchaus in der Lage zu sein, einen Fehler zu korrigieren, wenn sie ihn bei ihrem Nachwuchs beobachten (zum Beispiel, wenn die jungen Schimpansen den Hammer-Stein falsch halten oder die Nuss ungünstig platzieren), aber dadurch, dass sie den Grund des Fehlers nicht verstehen, können sie ihren Nachwuchs nur unregelmäßig und auf hochgradig spezifische Weise korrigieren. Aus genau den gleichen Gründen sind auch kleine Kinder extrem schlechte Lehrer. Wenn sie selbst etwas beherrschen, wissen sie nicht, dass andere es nicht tun und haben deshalb Schwierigkeiten, anderen ihr Wissen und Können zu vermitteln.

Theory of Mind ist auch für Lernende ein Segen. Wenn ich verstehe, dass jemand anders über Wissen verfügt, das ich nicht habe, dann verstehe ich auch, dass dieser andere mir dieses Wissen vielleicht vermitteln kann. Dieses Verständnis veranlasst mich, einem potenziellen Lehrer aufmerksam zuzuhören und seine Handlungen selbst dann nachzuahmen, wenn sich mir ihr Zweck nicht vollständig erschließt. Wenn Sie mir zum Beispiel beibringen, einen Baseball zu werfen und dabei ihr vorderes Knie bis nach oben zur Brust ziehen, bevor sie den Ball wegschleudern, dann sollte ich es vielleicht auf die gleiche Weise versuchen. Die Bewegung macht zwar einen etwas unbeholfenen und sinnlosen Eindruck, aber ich vertraue einfach darauf, das Sie es besser wissen als ich und mache es genauso.

Dass wir auf diese Weise nachahmen, ohne zu verstehen, ist ebenfalls auf Theory of Mind zurückzuführen, weshalb es wohl nicht überrascht, dass diese Form der Nachahmung etwas spezifisch Menschliches ist. In dem klassischen Experiment, das dieses Phänomen demonstriert, gaben Victoria Horner und Andrew Whiten von der University of St. Andrews Kindern und Schimpansen eine ausgeklügelte kleine Schatztruhe mit Süßigkeiten. Horner und Whiten zeigten den Kindern und den Schimpansen, wie man die Truhe öffnet und machten dabei auch ein paar Bewegungen, die für das Öffnen der Kiste eigentlich keine Rolle spielten. So steckten sie zunächst einen Stock in ein Loch im Deckel der Kiste, obwohl sich der einzige Verschluss, den es gab, an der Seite befand. Wenn die äußere Oberfläche der Schatzkiste blickdicht war und ein Beobachter nicht sehen konnte, dass das Loch im Deckel keinerlei Funktion hatte, ahmten sowohl die Kinder als auch die Schimpansen alle Handlungen zum Öffnen der Kiste nach. War die Schatzkiste aber durchsichtig, wurde offensichtlich, welche Aktionen relevant waren und welche nicht. In diesem Fall kopierten die Schimpansen nur die notwendigen Handlungen und ließen die irrelevanten weg, doch die Kinder ahmten weiterhin auch die Aktionen nach, die nun offensichtlich unnötig waren.

Man hat dieses Phänomen Überimitation genannt, und es scheint eine universelle menschliche Eigenschaft zu sein. Es tritt bei Kindern aus sehr gebildeten, industrialisierten Gesellschaften genauso auf, wie bei Kindern aus sehr kleinen gesellschaftlichen Zusammenhängen in der Kalahari-Wüste oder in abgelegenen Regionen Australiens, die keine oder nur eine rudimentäre Schulbildung haben. Weil Überimitation es uns erlaubt, Handlungen zu erlernen, die wir nicht vollständig verstehen, ist sie eine überaus wichtige menschliche Fähigkeit. Beim Nachahmen bemühen wir uns einfach deshalb um größte Genauigkeit, weil wir annehmen, dass unser Lehrer es am besten weiß, was wiederum unsere Erfolgschancen erhöht.

Überimitation ist für unser Überleben auch deshalb von größter Wichtigkeit, weil sie die Weitergabe jener oft sehr komplexen Techniken erleichtert, die manchmal für die Zubereitung und Genießbarmachung von Nahrung notwendig sind. Bedenken Sie beispielsweise, wie die Menschen aus der Tiefebene von Papua-Neuguinea herausgefunden haben, wie sie die Sagopalme, die erst einmal alles andere als essbar erscheint, als Nahrung nutzen können. Der Stamm dieses Baumes enthält hochkonzentrierte Stärke, an die man nur mithilfe eines komplexen, mehrstufigen Verfahrens herankommen kann. Nachdem der Baum gefällt und die äußere Rinde abgeschält wurde, wird das Innere des Stammes zu Sägemehl zerstoßen. In diesem Stadium ist das Sägemehl komplett ungenießbar, wird dann aber wiederholt mit Wasser durchgespült. Das tropisch-warme Wasser von Papua-Neuguinea spaltet die Stärkemoleküle auf, was dazu führt, dass sie von den Holzstückchen getrennt und durch Stofffilter gegossen werden können.

Das stärkehaltige Wasser wird dann in großen Behältern gesammelt und über Nacht stehen gelassen, sodass sich die Stärke am Boden absetzen kann. Anschließend wird das Wasser von oben abgegossen, zurück bleibt eine dicke, stärkehaltige Paste. Diese Paste muss in der Sonne ausgebreitet und getrocknet werden, damit sie nicht zu gären beginnt, wodurch sie giftig würde.[14] Das so entstandene Mehl wird dann in Schläuchen aus Sagopalmwedeln gelagert, wo es sich monatelang hält und auf vielfältige Weise zubereitet werden kann. Zweifellos muss bei der Entdeckung dieses Prozesses viel *trial and error* im Spiel gewesen sein, aber die Schönheit der Überimitation besteht darin, dass die Menschen nicht wissen müssen, aus welchen Gründen sie das Sagomehl auf diese Weise herstellen. Sie machen es so, weil sie sehen, dass die anderen es genauso machen.

Theory of Mind und soziale Manipulation

Von den Anfängen von Theory of Mind bis zu dem Tag, an dem die erste Lüge erzählt wurde, kann es nicht lange gedauert haben. Ich sollte diese Aussage jedoch präzisieren, indem ich darauf hinweise, dass es natürlich weit vor der Lüge die Täuschung gab. Täuschung wird häufig von Pflanzen und Tieren angewendet, indem sie so tun, als wären sie etwas, das sie nicht sind, wie zum Beispiel Insekten, die sich als Zweige tarnen, und Chamäleons, die ihre Farbe ändern, um sich an ihre Umgebung anzupassen. Diese Wesen müssen, um ihre Täuschung in die Tat umzusetzen, nicht wissen, auf welchem gedanklichen Stand die anderen sind.

Auch komplexere Täuschungsaktionen von Tieren setzen nicht voraus, dass sie eine Vorstellung von den Bewusstseinsinhalten ihres Gegenübers haben. So stoßen zum Beispiel Kapuzineraffen gelegentlich Warnschreie aus, obwohl keine Raubtiere in Sicht sind, und machen sich, während die anderen Affen sich auf den nächsten Baum flüchten, in Windeseile über das verfügbare Futter her. Sie verwenden diese Methode umso öfter, je näher das Futter liegt, weil sie es auf diese Weise schneller fressen können, während ihre Artgenossen auf der Flucht sind. Aber selbst diese ziemlich komplexe Strategie könnte mit der Zeit ohne jede Vorstellung davon, was die anderen Affen denken, erlernt werden.

Ganz im Gegensatz zu solchen Täuschungsmanövern ist das Lügen eine ausschließlich menschliche Form der sozialen Manipulation, die eine wesentlich größere kognitive Raffinesse erfordert. Eine Lüge zu erzählen, bedeutet, bewusst eine falsche Annahme ins Bewusstsein seines Gegenübers zu pflanzen, was das Wissen voraussetzt, dass sich die Inhalte anderer Köpfe von denen unseres eigenen Kopfes unterscheiden. Sobald ich verstehe, was Sie verstehen, bin ich in der Lage, Ihr Verständnis bewusst zu manipulieren, um falsche Annahmen einzuschleusen, die mir selbst nützen. Das ist die Geburt der Lüge.

Forscher haben herausgefunden, dass sie kleinen Kindern das Lügen einfach dadurch beibringen können, dass sie ihnen Theory of Mind beibringen. Bei einer ersten Überprüfung ihrer Hypothese haben Xiao Pan Ding von der Zhejiang Normal University und ihre Kolleginnen und Kollegen dreijährige Kinder, die noch kein Verständnis von Theory of Mind haben, in ihr Labor kommen lassen, um ihnen entweder Theory of Mind beizubringen oder eine andere, in dem Zusammenhang irrelevante Tätigkeit. Im Theory-of-Mind-Training gaben Ding und ihre Kolleginnen und Kollegen den Kindern Behälter, wie zum Beispiel eine Stiftebox, und zeigten ihnen dann, dass diese Behälter Dinge enthielten, die man nicht erwarten würde. Dann fragte sie die Kinder, was wohl andere Leute glauben würden, was in der Box sei. Nach und nach dämmerte den Kindern, dass andere dazu neigen, genau das zu erwarten, was sie selbst erwartet hatten, bevor ihnen die überraschenden Inhalte gezeigt wurden. Die Kinder wurden an sechs verschiedenen Tagen auf diese Weise trainiert, und das Ziel war, ihnen beizubringen, dass andere Menschen die Informationen, über die sie selbst neuerdings verfügten, nicht unbedingt hatten.

Nachdem sie entweder Theory of Mind oder eine irrelevante Tätigkeit erlernt hatten, spielten die Kinder mit einer der Wissenschaftlerinnen ein Versteckspiel. Bei diesem Spiel machte die Forscherin die Augen zu, während die Kinder unter einer von zwei Tassen eine Süßigkeit versteckten. Als sie die Augen wieder aufmachte, fragte sie: »Wo habt ihr die Süßigkeit versteckt?« Sie sah dann unter der Tasse nach, auf die die Kinder zeigten. Wenn das Kind die Wahrheit gesagt hatte, nahm die Wissenschaftlerin die Süßigkeit heraus und erklärte sie zu ihrer. Log das Kind, indem es auf die falsche Tasse zeigte, blickte die Forscherin unter die leere Tasse und verkündete dann, dass sie verloren habe und die Süßigkeit dem Kind gehöre.

Die entscheidende Frage bei diesem Experiment war, wie oft die Kinder während dieses Spiels logen, um die Süßigkeit behalten zu können. Vor dem Theory-o-Mind-Training logen die Kinder nie. Danach logen sie im Schnitt in sechs von zehn Runden. Wissen ist Macht, und dieses Experiment zeigt, dass uns Theory of Mind die Macht zur Wissensmanipulation gibt.

Wenn Sie Kontakt zu kleinen Kindern haben, können Sie die Entwicklung des Lügens in Echtzeit mitverfolgen, weil die kindlichen Lügen anfangs überaus durchschaubar sind. Zum ersten Mal lügen Kinder oft, weil sie nicht ausgeschimpft werden wollen. So war es jedenfalls bei meinem damals drei Jahre alten Bruder, der unserem Kätzchen die Schuld gab, als meine Mutter ihn fragte, warum beim Plantschen so viel Wasser neben der Badewanne gelandet war. Für diese einfache Variante des Lügens braucht man nicht unbedingt Theory of Mind, aber sie zeigt durchaus, dass Theory of Mind sich zu entwickeln beginnt. Von hier aus dauert es dann nicht mehr lange, bis man, um sich alle möglichen Vorteile zu verschaffen, die mit Ehrlichkeit nur schwer zu bekommen sind, mit dem Lügen anfängt.[15]

Ich erinnere mich noch gut an einen Nachmittag im Park, als sich auf dem Spielplatz ein kleiner Junge meinem damals vierjährigen Sohn anschloss. Nach ein paar Minuten auf dem Klettergerüst verkündete dieser Junge aus heiterem Himmel, dass er eine *Spider-Man*-Brotdose besitze. Mein Sohn hatte *Spider-Man* noch nicht gesehen und war sich wohl nicht ganz im Klaren über die Natur dieses offensichtlich begehrenswerten Objekts. Aber um sich nicht übertrumpfen zu lassen, gab er zur Antwort, dass er eine »Leafman« (Blatt-Mann)- und eine »Grassman« (Gras-Mann)-Brotdose in seinem Besitz habe. Als der Junge mich fragend ansah, um herauszufinden, ob mein Sohn ihn dadurch tatsächlich sowohl auf dem Gebiet der Brotdosen als auch auf dem Gebiet der Superhelden übertroffen habe, verkniff ich mir so gut es ging das Lachen, um mein Kind nicht zu verraten. Obwohl man natürlich immer versucht, seine Kinder vom Lügen abzuhalten, war ich in diesem Fall doch erfreut zu sehen, dass mein Sohn eine Lüge benutzte, um sein Standing auf dem Spielplatz zu verbessern: Die Lüge war in diesem Fall ein Anzeichen dafür, dass sich sein soziales Wesen zu entwickeln begann. Solche ausschließlich menschlichen Fähigkeiten sind die Folgen unserer Sozialität, und sie waren in den kleinen Gruppen, in denen wir uns entwickelt haben, das entscheidende Kriterium sozialen Erfolgs.

Lügen mag zwar manchmal praktisch sein, kann sich aber auf Beziehungen und Gemeinschaften zerstörerisch auswirken. Davon abgesehen kommen die Vorzüge unserer erstaunlichen kommunikativen Fähigkeiten nun einmal besonders dann zum Tragen, wenn wir die Wahrheit sagen. Wenn man selbst lügt und es funktioniert, ist man ziemlich froh, aber wenn man merkt, dass man selbst belogen wurde, kann das eine ziemliche Wut auslösen. Verschiedene Kulturen haben unterschiedliche moralische Regeln, aber einige dieser Regeln sind universell, und dazu gehört das Verbot der Lüge. Kein Mensch stört sich daran, wenn Sie einen schlechten Haarschnitt für gut erklären, aber das Lügen aus Eigennutz oder Destruktivität ist überall auf der Welt verpönt. Wenn moralische Regeln derart universell gelten, lässt das darauf schließen, dass die Menschen eine Tendenz haben, sich gerade *nicht* an diese Regeln zu halten, weil die Nichtbefolgung dieser Regeln wahrscheinlich einem wichtigen menschlichen Bedürfnis dient. Die kulturübergreifende Verurteilung der Lüge ist ein klarer Beweis dafür, dass alle Menschen hier und da versucht sind, eine Lüge zu erzählen, und zeigt gleichzeitig, dass die Lüge für den Zusammenhalt und die Abstimmung in Gruppen weltweit eine Bedrohung darstellt. Umgekehrt wird dadurch aber auch deutlich, wie zentral Interdependenzstrukturen und Arbeitsteilung in menschlichen Verhältnissen sind.

Wenn man das Wachstum unseres Gehirns während der letzten sechs Millionen Jahre zurückverfolgt, die in den ersten beiden Kapiteln dieses Buches behandelt wurden, erkennt man, wie außergewöhnlich diese Geschichte ist. Das Gehirn eines Schimpansen wiegt etwa 380 Gramm. Während der drei Millionen Jahre, in denen wir uns mühsam in der Savanne durchschlugen, haben sich unsere Körper wesentlich verändert, doch blieb das Gehirn eines *Australopithecus afarensis* mit 450 Gramm kaum größer als das eines Schimpansen. Spult man nun noch einmal eineinhalb Millionen Jahre vor zum *Homo erectus,* haben unsere Vorfahren plötzlich ein

960-Gramm-Gehirn – eines, das etwa doppelt so schwer ist, wie das des *Australopithecus.* (Das Gehirn des *Homo erectus* war auch ein ziemliches Stück größer, sodass die relative Gewichtszunahme nicht ganz so stark ist.) Weitere eineinhalb Millionen Jahre später hat *Homo sapiens* ein durchschnittliches Gehirngewicht von 1350 Gramm. Wir legten also gegenüber unseren *Homo erectus*-Vorfahren noch einmal um ein ganzes Schimpansengehirn zu. Warum bekamen wir durch drei Millionen Jahre Evolution in der Savanne nur alibimäßige 70 Gramm Brainpower dazu, während uns dann die nächsten drei Millionen Jahre beinahe ein ganzes Kilo bescherten?

Die Antwort auf diese Frage hat damit zu tun, dass uns unsere wachsenden sozialen Kapazitäten dazu brachten, größere kognitive Kapazitäten zu entwickeln, sodass wir aus den neuen sozialen Möglichkeiten größtmöglichen Nutzen ziehen konnten. Ohne sein großes Gehirn hätte *Homo erectus* nie das Feuer beherrschen können, und ohne die Beherrschung des Feuers hätte *Homo erectus* niemals ein noch größeres Gehirn ausbilden können. Was noch wichtiger ist: Ohne die soziale Komplexität des Lebensstils von *Homo erectus* hätte es wenig Grund gegeben, die Stoffwechselenergie zur Versorgung eines derart großen Gehirns überhaupt aufzubringen.

Unsere im Laufe der letzten sechs Millionen Jahre immer schneller steigende Intelligenz war also sowohl Grund als auch Folge der sozialen Veränderungen, die unsere Vorfahren durchlebten. Als wir lernten, zur gegenseitigen Verteidigung in der Savanne zusammenzuarbeiten, schufen wir uns eine eigene sozial-kognitive Nische und erfanden dann im Laufe der nächsten paar Millionen Jahre immer neue Möglichkeiten, unsere sich vergrößernden sozial-kognitiven Fähigkeiten wirksam einzusetzen und voll auszuschöpfen.[16] In den sechs Millionen Jahren, die vergangen sind, seit wir die Bäume verließen, blieben wir die meiste Zeit Jäger und Sammler. Erst vor sehr kurzer Zeit hat sich unser Platz in der Welt dramatisch verändert: Durch Kooperation und Arbeitsteilung konnten wir unsere Fähigkeiten immer mehr ausbauen und uns schließlich vom Beutetier zum führenden Raubtier entwickeln.

3

Getreide, Städte, Könige

Wie der Ackerbau unsere Psyche formte

Der Ackerbau entstand vor etwa 12 000 Jahren im Nahen Osten, kurz darauf in China und auf dem amerikanischen Doppelkontinent und im Laufe der nächsten mehreren 1000 Jahre auch in vielen anderen Regionen der Erde. In den 10–20 000 Jahren davor hatten die Menschen in Europa, im Nahen Osten und in China lediglich wildes Getreide gesammelt, um Mehl daraus zu mahlen. Ihre nun wachsende Abhängigkeit von pflanzlicher Nahrung und den zugehörigen landwirtschaftlichen Geräten führte dazu, dass sich unsere Jäger-und-Sammler-Vorfahren nach und nach von ihrem nomadischen Lebensstil entfernten. Dies ging mit zahlreichen Veränderungen ihrer Lebensweise einher: Häuser anstelle von Zelten, Tongeschirr anstelle von Kalebassen, sowie das Aufkommen von Steingut wie Mörser und Stößel, die für Nomaden eine Belastung gewesen wären, sich aber zum Mahlen von Weizen als äußerst praktisch erwies.

Als unsere Vorfahren mit der Landwirtschaft begannen, legten sie Pfeil und Bogen nicht sofort beiseite; die Jagd lebte neben dem Ackerbau fort, genau wie sie es neben dem Sammeln getan hatte (und es bis heute in vielen Ackerbaugesellschaften tut). Aus unserem heutigen Blickwinkel erscheint uns die Erfindung des Ackerbaus wie ein entscheidender Wendepunkt, doch für unsere Ur-Ur-...Großmutter war es wahrscheinlich keine große Sache, ein paar von den Samen, die sie gesammelt hatte, in die Erde zu stecken. Ihr kam es wahrscheinlich einfach praktisch vor, schon vorher zu wissen, wo ihre Lieblingspflanze in der folgenden Saison wachsen würde, und vielleicht schien es einfach einen Versuch wert. Wobei ich eher den Verdacht habe, dass sie den Samen, den sie gesät hatte, nicht einmal kannte.

Die Verfügbarkeit von Nahrungsmitteln wurde durch die Landwirtschaft für unsere Vorfahren zwar vorhersehbarer und stetiger, doch hatte die Hinwendung zum sesshaften Bauernleben durchaus auch Nachteile. Fangen wir einmal mit dem Nachteil an, der mich persönlich am meisten gestört hätte: dem Mangel an vernünftigen Toiletten. Vor 12000 Jahren erleichterten sich alle im Freien, aber Jäger und Sammler hatten den Vorteil, dass sie weiterzogen, bevor sie die Folgen zu spüren bekamen. Die Bauern aber gingen nirgendwohin und verschmutzen so auf Dauer ihr Trinkwasser mit ihren eigenen Ausscheidungen. Für ihre Gesundheit war diese schleichende Fäkalvergiftung katastrophal.

Die zeitgenössische Variante einer solchen Situation, in der sich sehr viele Menschen im Freien erleichtern, findet man in manchen Teilen Indiens, wo sie der Hauptgrund für Magen-Darm-Erkrankungen und Mangelernährung bei Kindern ist. Ähnlich fatal war die Situation für unsere frühen Ackerbauern, denn durch ihren sesshaften Lebensstil waren sie dieser neuartigen Übertragungsweise von Krankheiten voll ausgesetzt. Tatsächlich sind einige Wissenschaftler der Ansicht, dass die Landwirtschaft unsere Toleranz gegenüber Alkohol eher gefördert als gehemmt hat, denn Alkohol tötete viele der Bakterien ab, die die Ackerbauern unabsichtlich in ihr eigenes Trinkwasser befördert hatten. Bier war einfach sicherer als Wasser. Zusätzlich zu den Krankheiten, die die Bauern sich durch ihre eigenen Ausscheidungen einfingen, erwiesen sich auch die von ihnen gehaltenen Tiere als eine Hauptkrankheitsquelle, wie insgesamt menschliche Epidemien ihren Ursprung oft bei Haustieren haben (zum Beispiel die Schweine- und Vogelgrippe).

Abgesehen vom Thema der Sanitäranlagen und Seuchen war ein weiteres Problem der frühen Landwirte die Qualität ihrer bäuerlichen Kost. Heute haben die meisten Mitglieder moderner Industriegesellschaften das ganze Jahr über Zugang zu einer großen Bandbreite an Nahrungsmitteln, doch das ist nicht immer der Fall gewesen. Unsere Jäger-und-Sammler-Vorfahren ernährten sich im Allgemeinen ausgewogen, wenn sich diese Ausgewogenheit auch auf einen recht großen Zeitraum bezog. Wann immer Beeren, Früchte oder Nüsse reif waren, aß man so viel davon, wie man konnte und zog erst weiter, wenn die an dieser Stelle vorhandenen Nahrungsmittel restlos vertilgt waren. Dagegen ernährten sich die frühen Bauern weit weniger vielfältig, denn die saisonalen Unterschiede waren weniger groß und das Essen, das sie aus dem selbst angebauten Getreide herstellten, enthielt viel mehr Stärke. Wir müssen also feststellen, dass der Ackerbau die Qualität und Vielfalt des Essens unserer Vorfahren erheblich schmälerte.

Nach und nach veränderte sich durch den Ackerbau auch das Gleichgewicht zwischen unseren verschiedenen Mundbakterien – mit der unangenehmen Konsequenz, dass sich in unseren neuerdings mit Zucker vollgestopften Mündern üblere Bakterien ausbreiten konnten. Obwohl sie nicht im Besitz von Zahnbürsten oder Zahnseide waren, hatten die Jäger und Sammler selten mit Löchern in den Zähnen oder Zahnfleischerkrankungen zu kämpfen. Die Zähne der frühen Bauern dagegen waren häufig angefault – zum Mittelalter hin dann tendenziell vergammelt. Doch die sehr stärkehaltige und wenig vielfältige Ernährung hatte nicht nur eine schlechte Mundgesundheit zur Folge, sondern reduzierte im Vergleich zu Jägern und Sammlern in der Frühzeit auch Körpergröße und Lebenserwartung. Tatsächlich haben wir Menschen erst in den letzten wenigen Generationen die Körpergröße der frühen Jäger und Sammler übertroffen, und erst seit dem Aufkommen der modernen Medizin ist auch unsere Lebenserwartung höher als die von Jägern und Sammlern (abgesehen von gewaltsamen Todesursachen).

Schlussendlich war der Ackerbau auch im Blick auf die saisonalen Arbeitszeiten ein ziemlicher Albtraum. Jäger und Sammler in Immediate-return-Gesellschaften oder auch Subsistenzgesellschaften (in denen heute gegessen wird, was heute gejagt wurde) verbringen typischerweise etwa sechs Stunden am Tag mit der Jagd, dem Nahrungssammeln, der Zubereitung von Mahlzeiten und dem Reparieren von Werkzeugen. Die verbleibende Zeit vertreiben sie sich mit Sozialkontakten und Ausruhen, und wenn es dann dunkel wird, beginnt typischerweise das Geschichtenerzählen und Tanzen am Lagerfeuer. Zwar arbeiten Bauern im traditionellen Ackerbau in ruhigen Zeiten tatsächlich nur eine oder zwei Stunden am Tag, aber während der Pflanz- und Erntezeit ackern sie ununterbrochen, solange es hell ist und ruhen sich erst nach Einbruch der Dunkelheit aus. Je nachdem, wie viel Wasser zur Verfügung steht und wie viele Pflanzzyklen es im Jahr gibt, arbeiten traditionelle Bauern (abhängig von verschiedenen weiteren Faktoren) mal mehr, mal weniger als Jäger und Sammler, aber sie arbeiten mit Sicherheit über lange Strecken wesentlich härter.

Wenn wir Vorteile und Nachteile gegeneinander abwägen, sehen wir, dass die Landwirtschaft unseren Vorfahren eine gewisse Absicherung gegen Hungersnöte bot – dies jedoch um den Preis verschiedener neuer Krankheiten, einer reduzierten Körpergröße und Lebenserwartung, grauenhaften Mundgeruchs und eines weitaus längeren Arbeitstages. Im Ergebnis mussten die frühen Ackerbauern viel härter arbeiten, um ein Leben zu führen, das weitaus schlechter war, als das ihrer Vorfahren.[17]

Für die einzelnen Bauern mag die Landwirtschaft ein Desaster gewesen sein, aber auf der Ebene der Gesamtbevölkerung war sie ein Erfolg: Auf einem Stück Land, das nur eine kleine Gruppe von Jägern und Sammlern versorgt hätte, konnte nun sehr viele Leute leben, und die Reproduktionsrate der Menschen stieg. Dies und die Vergrößerung der Bevölkerungsdichte führten dazu, dass Ackerbauern die Gruppen von Jägern und Sammlern zahlenmäßig bald überflügelten und sie schließlich ersetzten. Die vielen Migrationsbewegungen von Ackerbauern während der vergangenen 10 000 Jahre über Europa und Asien hinweg und zurück nach Afrika legen Zeugnis davon ab, wie überlegen Gemeinschaften von Ackerbauern denen von Jägern und Sammlern gewesen sein müssen – obwohl der einzelne Jäger und Sammler im Normalfall viel gesünder war als jeder beliebige Ackerbauer.

Die Vorherrschaft durch den Ackerbau etablierte sich nicht über Nacht, und das Wetter sowie Dürren und andere Katastrophen verschafften den Jägern und Sammlern insofern einen Vorteil, als sie viel leichter weiterziehen konnten, wenn ihre direkte Umgebung unbewohnbar wurde. Das bedeutet jedoch auch, dass Ackerbauern und Jäger und Sammler über mindestens 2000 Jahre in Europa koexistierten, häufig Seite an Seite.

Die Psyche eines Ackerbauern

Der Ackerbau erfordert mentale Fähigkeiten, die zuerst beim *Homo erectus* auftauchten: Teilung der Arbeit, aufwendige Herstellung von Werkzeugen, Zukunftsplanung. Doch die psychischen Veränderungen, die nötig waren, um sich aus einem Jäger und Sammler in einen Ackerbauern zu verwandeln, erforderten mehr als diese Fähigkeiten, die im Übrigen schon viele Jahrtausende vor dem Ackerbau existierten. Die Landwirtschaft setzte vielmehr auch einen Verhaltens- und Wertewandel voraus, der zu den neuen Herausforderungen und Chancen passte. Führen Sie sich einmal vor Augen, was den Lebensstil eines Jägers und Sammlers in den Tropen von dem eines Ackerbauern unterscheidet:

Tropische Jäger und Sammler leben in sogenannten Immediate-return-Gesellschaften, das heißt, sie erhalten eine direkte und unmittelbare Rückgabe ihres Arbeitsaufwandes. Weil es nahezu unmöglich ist, in den Tropen Fleisch aufzubewahren, und weil selbst die besten Jäger oft mit leeren Händen nach Hause kommen, teilen Jäger und Sammler ihre gesamte Beute mit ihrer Gruppe. Diese Praxis des universellen Teilens fungiert als eine Art Versicherung, die den Interessen jedes einzelnen Gruppenmitglieds insofern dient, als sie dabei hilft, harte Zeiten zu überbrücken, die ansonsten in Mangel oder Hunger enden würden.

Tropische Jäger und Sammler richten sich nach den Bewegungen des Wildes und nach den Gelegenheiten zum Sammeln von pflanzlicher Nahrung (zum Beispiel danach, wann Früchte und Beeren reif sind), sodass sie nicht mehr besitzen, als sie tragen können. Schon wegen ihres nomadischen Lebensstils bestehen Jäger-und-Sammler-Gesellschaften aus miteinander vernetzten Gruppen, die sich trennen und neu zusammensetzen, wann immer jemand entscheidet, seine Zelte abzubrechen und sein Glück anderswo zu versuchen. Wenn Sie jemanden aus Ihrer Gruppe nicht leiden mögen, fällt Ihnen die Entscheidung nicht schwer, mit Ihrer eigenen Familie nach Westen zu ziehen, wenn er Richtung Osten aufbricht. Jeder Einzelne hat Kontakte zu Mitgliedern der übergreifenden Gruppe, aus der heraus neue Lager entstehen, und auf diese Weise sind alle von Leuten umgeben, die sie gut kennen, während aber die Untergruppen, die sich in einzelnen Lagern zusammenfinden, fließend sind.

Anders als Jäger und Sammler, die jeden Tag nehmen, wie er kommt, sind Ackerbauern auf das Morgen konzentriert. Ihre Arbeit kreist vornehmlich um die Vorbereitung der Ernte, die ein immens wichtiges und arbeitsintensives Ereignis ist. Bauern besitzen oft eine große Zahl von landwirtschaftlichen Geräten, mit deren Hilfe man die Felder vorbereiten, die Ernte einbringen und sie verarbeiten kann (wie zum Beispiel Mahlsteine, die bereits lange vor dem Ackerbau existierten). Schon aus dem offensichtlichen Grund, dass man Ackerland nicht mitnehmen kann, sind Bauern sesshaft, und wenn man erst einmal Werkzeuge erworben, das Land urbar gemacht und die Ernte ausgesät hat, ist es äußerst kostspielig, all das zurückzulassen. Wenn Sie jemanden aus Ihrer Ackerbauerngemeinschaft nicht mögen, stehen die Chancen also recht gut, dass dennoch niemand von Ihnen beiden irgendwohin geht.

Zwar haben Ackerbauern in unterschiedlichen Gebieten der Erde unterschiedliche Regeln, was das Teilen der Früchte ihrer Arbeit angeht, aber es ist äußerst selten, dass die Ernte über den Kreis der Familie und Helfer hinaus geteilt wird. Karl Marx schlug vor, dass die Menschen ihren Fähigkeiten entsprechend produzieren, aber ihren Bedürfnissen entsprechend teilhaben sollen, und diese Maxime beschreibt Jäger-und-Sammler-Gesellschaften recht gut. Dass aber Bauern außerhalb ihrer Familien nicht gern teilen, zeigt gerade die Geschichte des Kommunismus.

Die marxistische Utopie unterschätzt das Problem, dass einige Menschen sich auf dem Rücken anderer ausruhen können. Wenn Sie verpflichtet sind, mit mir zu teilen, bin ich verlockt, mich etwas weniger anzustrengen, denn ich weiß ja, dass Ihre harte Arbeit mich schon durchfüttern wird. Sobald Sie bemerken, wie langsam ich es angehen lasse, wollen Sie kein Trottel sein und bummeln auch ein bisschen mehr, und ziemlich bald arbeitet kaum noch jemand. Die Schnorrer-Problematik wird zum Teufelskreis, und wenn es keine Möglichkeit gibt, jedermanns Beitrag genau festzuhalten, kann das für eine Produktionsgemeinschaft verheerend sein.

Vielleicht erinnern Sie sich, dass unsere Vorfahren zum ersten Mal mit diesem Problem konfrontiert waren, als sie sahen, wie einige ihrer *Australopithecus*-Kumpel beim Auftauchen von Raubtieren die Beine in die Hand nahmen, anstatt beim kollektiven Steinewerfen zu helfen. Diese Art des Abstaubertums war schwer zu verstecken, und die Drohung mit Ausschluss oder Strafe brachte die Faulenzer auf Linie. Unsere *Homo erectus*- und *Homo sapiens*-Vorfahren, die als Jäger und Sammler lebten, konnten dieses Problem auch deshalb relativ einfach lösen, weil bei ihnen aus der Jagdbeute des Tages das Abendessen des Tages wurde, und es dadurch ziemlich leicht war, nachzuvollziehen, wer etwas beigetragen hatte und wer nicht. Jäger, die nie ein Stück Fleisch mit nach Hause brachten, waren sehr schnell ziemlich allein, wenn sie sich nicht auf andere Weise nützlich machten. Ackerbau ist dagegen eine äußerst langwierige Sache, und es ist nicht unmittelbar sichtbar, wer an einem gegebenen Tag wie schwer gearbeitet hat. Wenn ich am Ende des Sommers mit einer kleineren Ernte dastehe, kann es sein, dass ich gefaulenzt habe und Ihre Großzügigkeit nicht verdiene, aber vielleicht habe ich auch einfach ein schlechteres Stück Boden erwischt oder mein Beet wurde von Ungeziefer befallen.

Das Problem, faule Ackerbauern nur schwer dingfest machen zu können, verstärkte sich noch dadurch, dass der Ackerbau unweigerlich zu einer Vergrößerung der Gemeinschaften führte. Weil Jäger und Sammler innerhalb weniger Stunden ihre Zelte abbrechen konnten und mehrmals im Jahr die Gemeinschaften wechselten, verbrachten sie ihr ganzes Leben in kleinen

Gruppen. Wann immer die Gruppen zu groß wurden und die Leute Streit bekamen, teilten sich die Jäger und Sammler in kleinere Gruppen auf und gingen ihrer Wege.

Weil einige Böden besser für die Landwirtschaft geeignet sind, als andere, wachsen bäuerliche Gemeinschaften in Gegenden, in denen das Land besonders fruchtbar ist. Innerhalb weniger Generationen vergrößerten sich diese Gemeinschaften um ein Vielfaches der Jäger-und-Sammler-Gemeinschaften ihrer Vorfahren. Obwohl sie im Vergleich zu heute klein waren und ein Netzwerk von Abhängigkeitsbeziehungen bildeten, war es nun nicht mehr so, dass man jeden in seiner Gemeinschaft gut kannte. In großen Gruppen ist es schwieriger herauszufinden, wer hart arbeitet und wer ein Faulenzer ist, und aus diesem Grund wurde nicht mehr so viel geteilt.

Dieses Problem wurde dadurch nicht einfacher, dass ursprünglich nicht nur die Produkte der Arbeit, sondern auch die Produktionsmittel geteilt wurden. Jäger und Sammler teilen nicht nur ihr Fleisch, sondern auch ihre Waffen und Werkzeuge. Wenn jemand mehr als ein Messer, einen Bogen oder eine Kalebasse besitzt, kommen häufig Freunde und Familienmitglieder vorbei, um sich etwas zu leihen. Für Bauern ist eine solche Praxis ungeeignet, denn man braucht nun einmal ein Minimum an Vieh, Land und Ausrüstung, um überhaupt Landwirtschaft betreiben zu können.

Diese Unvereinbarkeit kann man heute an Gemeinschaften beobachten, die vom Jagen und Sammeln zur Marktwirtschaft wechseln. So haben beispielsweise einige Mitglieder der Jäger-und-Sammler-Gemeinschaft !Kung San (Eigenbezeichnung des afrikanischen Volkes der San) damit begonnen, Handel zu treiben, Vieh zu hüten oder für Bauerngemeinschaften in der Nachbarschaft zu arbeiten, und häufig werden sie dafür mit Vieh bezahlt. Für diese Menschen wäre es langfristig eine vernünftige Strategie, ihr Vieh zu vermehren, um sich mit Milch und Eiern zu versorgen, doch sie sind umgehend mit Forderungen von Familienmitgliedern und Freunden konfrontiert, ihren neuen Reichtum mit ihnen zu teilen. Wenn sie auf diese Forderung nicht eingehen, sind sie schnell als geizig verschrien, was eine soziale Katastrophe ist. Wenn sie zustimmen, verschwinden ihre schwer erarbeiteten Gewinne vor ihren eigenen Augen. Der Viehbesitz verkompliziert also ihr Leben eher, als dass er es vereinfacht, weil Privatbesitz mit ihrer gemeinschaftlichen Lebensweise unvereinbar ist.

So führten schließlich die Anforderungen des Ackerbaus dazu, dass sich unsere psychische Disposition zum Teilen in Richtung Privatbesitz wandelte. Dieser Wandel erforderte keine tiefgreifende psychische Anpassungsleistung, markierte aber sehr wohl eine Art kulturellen Umbruch. Ich selbst wurde Zeuge der damit einhergehenden Schwierigkeiten, als ich bei einer sehr zurückgezogen lebenden Gemeinschaft von Aborigines im nördlichen Australien arbeitete. Der Leiter eines Umweltschutzteams, bei dem sie unter Vertrag standen, war beeindruckt, wie effektiv und hart diese Menschen arbeiteten. Als ihr erster Vertrag auslief, bot er ihnen eine Lohnerhöhung an. Als er merkte, wie gleichgültig sie sein Angebot aufnahmen und einige von ihnen sie rundweg ablehnten, war er ziemlich irritiert.

Er versuchte, der Ursache auf den Grund zu gehen und erfuhr, dass die Mitglieder seines Teams, wenn sie am Ende der Arbeitswoche zu ihren erweiterten Familien zurückkehrten, ständig von allen möglichen Leuten um Geld gebeten wurden. Eine Lohnerhöhung hatte für sie keinerlei Vorteile; wenn überhaupt, dann war es höchstens frustrierend zu sehen, wie noch mehr Geld verschwand. Ihr Auftraggeber bot ihnen schließlich statt einer Lohnerhöhung zusätzliche hochwertige Mahlzeiten. Sie waren hocherfreut, dass sie von ihrer schweren Arbeit profitieren konnten, ohne von ihren Familien und ihrer Gemeinschaft als geizig betrachtet zu werden.

Privatbesitz

Privatbesitz hat viele Vorteile, aber in einer Welt, in der jeder seines Glückes Schmied ist, führen vorhandene Begabungs- und Chancenunterschiede auf lange Sicht zu Ungleichheit. Manche Menschen sind klug, talentiert und fleißig oder sie haben einfach Glück und haben sich die richtigen Eltern ausgesucht. Solche Leute besitzen am Ende sehr viel, während die anderen eher wenig haben. In unserer heutigen Welt erscheint das völlig selbstverständlich, aber in unseren Jäger-und-Sammler-Köpfen war eine erdbebenartige Veränderung notwendig, um sich an diese neue Realität anzupassen.

Als unsere Jäger-und-Sammler-Vorfahren ihr bäuerliches Leben aufnahmen, wurde also die Akzeptanz von Ungleichheit zu einer der größten Herausforderungen, mit denen sie konfrontiert waren. Doch diese Akzeptanz war notwendig, denn die Voraussetzungen und Chancen von Privatbesitz und Vorratshaltung, die wesentlich zur Landwirtschaft gehören, ziehen unweigerlich Ungleichheit nach sich. Heutige Jäger und Sammler, die nach dem Immediate-return-Prinzip arbeiten, haben selten einen Anführer an ihrer Spitze. Sobald sie zusätzlich ihre eigenen Gärten pflegen (zu sogenannten Sammlern und Gärtnern werden), zeigen sich erste Anzeichen von Ungleichheit, und sie wechseln nicht selten zu einem erblichen Anführer-Prinzip. Analog dazu kann man in der Urgeschichte die Anfänge der Ungleichheit genau unter jenen Jägern und Sammlern ausmachen, die den Wechsel zum Ackerbau real vollzogen. Noch bevor unsere Vorfahren mit dem systematischen Anbau von Nutzpflanzen begannen, hatten offenbar einige von ihnen sehr große Häuser, während andere eher beengt lebten. Einige Menschen wurden mit aufwendigen Gewändern und Schmuck bestattet, andere recht schnörkellos der Erde anvertraut.

Weil an einigen Orten Ungleichheit entstanden ist, an anderen jedoch nicht, fragten sich Wissenschaftler, wie und warum Ungleichheit entsteht. Dabei hat sich gezeigt, dass die wissenschaftliche Literatur über Ökologie und Biologie – und dort vor allem die Untersuchungen über das Territorialverhalten von Tieren – für die Beantwortung dieser Fragen äußerst hilfreich ist. Territorien sind die tierische Variante der Ungleichheit. Bei territorialen Tieren (nicht alle Tiere haben ein Territorium) finden Männchen nur dann eine Partnerin, wenn sie ein Territorium haben, und je besser ihr Territorium ist, desto mehr Möglichkeiten zur Fortpflanzung haben sie. Deshalb verteidigen sie ihre Territorien energisch gegen andere Exemplare ihrer Art (und manchmal auch gegen andere Arten, wie in Disneys *König der Löwen*, wo zwischen Löwen und Hyänen ein ständiger Konflikt herrscht).

Ob ein Territorium verteidigt wird, hängt davon ab, wie groß die Ressourcendichte und Ressourcensicherheit ist. Nur ein Stück Land, das mit großer Sicherheit viele Ressourcen abwirft, ist es wert, verteidigt zu werden. Weil Gras so häufig vorkommt und so wenig abwirft, machen sich Pflanzenfresser normalerweise nicht die Mühe, ihr kleines Stück Savanne gegen andere Pflanzenfresser zu verteidigen[18]. Die Pflanzenfresser selbst sind dagegen hochkonzentrierte Futterressourcen, weshalb Löwen ihr Savannenstück durchaus gegen andere Löwen verteidigen.

Bedenkt man die Vorsicht, mit der unsere pelzigen, gefiederten oder schuppigen Cousins solche Entscheidungen treffen, ist es nicht verwunderlich, dass sich Menschen bei der Entscheidung, ob sie Ressourcen abgeben oder verteidigen, an ihre tierischen Vorbilder halten. Jäger und Sammler aus Immediate-return-Gesellschaften versuchen selten, ihr Territorium zu verteidigen, denn die Ressourcen sind oft unvorhersehbar und nicht besonders dicht gesät. Wenn aber einige Jagdreviere besser sind als andere, kommen Gruppen von Jägern und Sammlern durchaus miteinander in Konflikt. Doch selbst in solchen Fällen könnte eine einzelne Familie oder gar ein einzelner Mensch ein großes und wenig ressourcenreiches Territorium niemals allein verteidigen. Aus diesem Grund führt die qualitative Unterschiedlichkeit von Jagdrevieren zwar zu Ungleichheit zwischen verschiedenen Gruppen, nicht aber zu Ungleichheit innerhalb von Gruppen.

Manche Jäger und Sammler leben jedoch in Umgebungen, wo man – anders als in den Tropen – Nahrungsmittel aufbewahren kann und die darüber hinaus sehr zuverlässig über große Mengen von Ressourcen verfügen. Amerikanische Ureinwohner, die im pazifischen Nordwesten nach Lachs fischten, fingen viel mehr, als sie auf ihren saisonalen Beutezügen essen konnten, sodass sie ihren Fang für den späteren Verzehr im Winter trockneten. Dadurch wurde die Entwicklung von Ungleichheit unterstützt, denn einige Familien versuchten nun, über die besten Fischgründe zu bestimmen und sie während der Lachsjagd gegen andere Familien zu verteidigen. Solche Familien banden andere Menschen ein, indem sie ihnen für ihre Hilfe bei der Ernte und Verteidigung und bei der Zubereitung und Lagerung des

Fangs etwas von der Beute abgaben. Absprachen wie diese etablierten sich nur langsam, aber nach und nach führten sie zu sozialen Gepflogenheiten, die statt eines strikten Egalitarismus eine institutionalisierte Ungleichheit beförderten.

Derartige Absprachen entstehen immer dann, wenn die Ressourcen sicher und in ausreichender Menge vorhanden sind. So verteidigen Jäger und Gärtner selten die Wildpflanzen, die sie sammeln, wenn Eindringlinge in ihre Wälder kommen, aber für die Pflanzen, die sie in ihrem eigenen Garten ziehen, kämpfen sie jederzeit. Sobald Gesellschaften in vollem Ausmaß landwirtschaftlich geprägt sind, entwickeln sich rund um die Idee des Privatbesitzes und des privaten Rechts bestimmte Normen. Diese Normen sind so wichtig, dass auch moderne Gesellschaften kaum noch funktionieren, wenn in ihnen das Recht nur unvollständig durchgesetzt wird und die Menschen bei der Verteidigung ihres Eigentums nicht auf den Staat zählen können. Unter solchen Umständen sind Menschen nicht bereit, die notwendige Arbeit zur Bewahrung und Aufwertung ihres Eigentums zu investieren, denn sie haben kein Vertrauen, dass sich ihre Anstrengungen auf lange Sicht lohnen. In einer Gesellschaft dagegen, die das Privateigentum schützt, ist die Investition in die eigene Zukunft durch Verbesserung der Produktionsmittel, des Bodens und des eigenen Hauses sinnvoll und naheliegend.

Die Vorphase der Landwirtschaft und der relativen Sesshaftigkeit, die etwa 10–20 000 Jahre andauerte, spielte im Fall unserer bäuerlichen Vorfahren eine große Rolle bei der Etablierung jener psychischen Veränderungen, die das Privateigentum und die Ungleichheit salonfähig machten. Während sich unsere Ahnen über viele Generationen hinweg von gemeinschaftlich lebenden Nomaden, die praktisch keine Besitztümer hatten, in sesshafte, ihre eigenen Produktionsmittel besitzende Bauern verwandelten, veränderten sich wahrscheinlich auch nach und nach das Unbehagen über Ungleichheit, die Art der Konflikte über Besitztümer und viele andere soziale Normen.

Privatbesitz und die Ungleichheit der Geschlechter

Mit dem Aufkommen des Privatbesitzes änderten sich die Regeln für die Versorgung des Hauses und der Familie dramatisch. Bei den Jägern und Sammlern mussten Mom und Dad eng zusammenarbeiten, um ihre Kinder sattzukriegen: In der Regel gingen die Väter auf Großwildjagd, sorgten also für die stark energiehaltigen, aber schwer zu beschaffenden Proteine und Fette, während die Mütter meist für die pflanzliche Nahrung zuständig waren, die zwar weniger Kalorien enthielt, aber mit großer Verlässlichkeit zur Verfügung stand. Weil die Beute unter den Mitgliedern der Gemeinschaft aufgeteilt wurde, war es die meiste Zeit möglich, die Bedürfnisse aller zu befriedigen. Den Frauen und Kindern des fähigsten Jägers ging es nicht wesentlich besser als den Frauen und Kindern des schlechtesten Jägers, wobei die Angehörigen eines geschickten Jägers sich zumindest damit beruhigen konnten, dass sie immer mindestens einen guten Jäger in ihrer Gruppe haben würden.

Sobald die Leute jedoch anfingen, privaten Besitz anzusammeln, hatten die, die etwas besaßen, eine weitaus bessere Ausgangsposition zur Ernährung einer Familie als die, die nichts besaßen. Reichtum und Besitz waren für die Umgebung leicht wahrnehmbar und machten potenzielle Partner attraktiver. Es ist kaum verwunderlich, dass für den Reproduktionserfolg von Männern Reichtum eine größere Rolle spielt als für den von Frauen. Besonders in Gesellschaften, die Polygynie erlauben, aber auch in solchen, in denen Männer inoffizielle Geliebte haben (also überall), ist die Möglichkeit für Männer, viele Kinder zu bekommen, größer, wenn sie reich sind. Während Jäger und Sammler aus Immediate-return-Gesellschaften schlicht und einfach nicht mehr als eine Familie versorgen können, versetzt das Privateigentum reiche Männer in die Lage, eine ungleich größere Zahl von Kindern zu unterstützen.

Nicht wenige Prinzen und Könige in der Geschichte hatten Hunderte von Kindern, wobei der räuberische Dschingis Khan wahrscheinlich den Weltrekord hält (möglicherweise sind 8 Prozent der asiatischen Bevölkerung seine Nachkommen).[19] Dagegen werden die reproduktiven Möglichkeiten von Frauen nicht von der Anzahl ihrer Partner beeinflusst; ein Mann mit 20 Frauen kann 200 Kinder haben, doch eine Frau mit 20 Männern kann das nicht. Für Frauen war Reichtum wichtig, weil er ihren Kindern half zu überleben. Zusätzliche Ressourcen, die über das Überlebensnotwendige hinausgehen, ermöglichen es Frauen dagegen nicht, mehr Kinder zu gebären (wobei aber großer Reichtum Frauen mehr Enkelkinder beschert, weil ihre Söhne dadurch größere Chancen auf eine größere Anzahl von Partnerinnen haben).

Aufgrund dieses Unterschieds zwischen den Geschlechtern war Reichtum für den reproduktiven Erfolg von Frauen weniger wichtig als für Männer, weshalb Männer in der Regel bei seiner Anhäufung sehr viel motivierter waren als Frauen. Außerdem hatten unter ansonsten gleichen Bedingungen Eltern eine größere Motivation, ihren Reichtum eher an ihre Söhne zu vererben als an die Töchter, und das wiederum aus dem Grund, dass für wohlhabende Söhne die reproduktiven Vorteile größer waren als für wohlhabende Töchter. Dieser Unterschied zwischen den Geschlechtern ist einer der Gründe dafür, dass sich die Ungleichheit zwischen den Geschlechtern zusammen mit dem Privateigentum nach und nach über den ganzen Globus ausbreitete.

Auch in den Immediate-return-Gesellschaften der Jäger und Sammler hatte Männer in der Regel mehr Macht als Frauen, aber im Vergleich zu anderen Sammlergemeinschaften oder Ackerbauern waren die Frauen den Männern hier ebenbürtiger. Nicht zuletzt durch die spezifischen Tätigkeiten, die mit dem Anbau und der Ernte zusammenhängen, wurde die Landwirtschaft zum Zerstörer der Geschlechtergerechtigkeit. Insbesondere die pflugbasierte Landwirtschaft erforderte auf den Feldern größere Muskelkraft und beförderte schon dadurch eine Arbeitsteilung nach Geschlechtern, bei der die Männer die Felder beackerten und die Frauen im Haus die Nahrung zubereiteten.

Im Einklang mit der kulturellen Hartnäckigkeit solcher Gewohnheiten arbeiten noch heute in Gesellschaften, die ursprünglich auf dem pflugbasierten Ackerbau beruhten, weniger Frauen außerhalb des Hauses, als in Gesellschaften mit anderen Ackerbaumethoden (zum Beispiel solchen, die auf der Hacke basieren, wodurch Frauen auf den Feldern erfolgreich an der Seite von Männern arbeiten können) oder in Gesellschaften, die keine Landwirtschaft kannten (zum Beispiel solchen, in denen Männer jagten und Frauen sammelten). Die zwar unvollkommene, aber weit verbreitete Geschlechtergerechtigkeit bei Jägern und Sammlern wurde auf diese Weise durch das Aufkommen der Landwirtschaft nach und nach zerstört.

Landwirtschaft schuf Staaten, aber auch Hierarchien, Ausbeutung und Sklaverei

Die Akzeptanz von Privateigentum und Ungleichheit war der Anfang aller möglichen Arten von Elend. Wenn es in Ordnung ist, dass ich mehr Dinge besitze als Sie, folgt daraus, dass es ebenfalls in Ordnung ist, dass ich nicht nur überlebe, sondern es mir sogar richtig gut geht, während Sie Hunger leiden. Denn wenn ich heute, wo ich es mir leisten könnte, meinen Reichtum mit Ihnen teile, kann ich schließlich schon morgen in Schwierigkeiten kommen, weil ich vor lauter Großzügigkeit nicht genügend zurücklegt habe. Dem Gefühlsleben unserer Jäger-und-Sammler-Vorfahren war eine solche Denkweise vollkommen fremd, denn bei ihnen hatte das Heute Vorrang und das Morgen war eine Brücke, die man später überquerte. Zur Psyche eines Ackerbauern dagegen passt diese Logik bestens, denn in ihr haben Besitz und langfristige Pläne Priorität. Doch was die vielen weiteren grundsätzlichen psychischen Veränderungen anging, die sich durch unsere zunehmende Kooperationsfähigkeit und wechselseitige Abhängigkeit im Laufe der letzten sechs Millionen Jahre herauskristallisierten, machte es uns eher Schwierigkeiten, aus einer relativ komfortablen Lage heraus Mitglieder unserer eigenen Gruppe leiden zu sehen. Wir brauchten also neue Denkmuster, die die Dissonanzen, die von solcher Ungleichheit ausgingen, abmildern konnten.

Die Wichtigste dieser psychischen Veränderungen war die Idee, dass einige Menschen besser und/oder verdienstvoller sind als andere. Auch bei Jägern und Sammlern gibt es Unterschiede hinsichtlich angeborener Stärke und Klugheit, aber insgesamt sind sie echte Gleichheitsfanatiker und nehmen überlegenes Gehabe extrem übel. Tatsächlich sind die besten Jäger häufig die unprätentiösesten Menschen – schon, damit die anderen sie nicht um ihre offensichtliche Überlegenheit beneiden oder den Eindruck bekommen, dass jemand über sie bestimmen möchte. Wie Christopher Boehm in seinem faszinierenden Buch *Hierarchy in the Forest* beschreibt, führt diese psychische Grundkonstitution zu sehr interessanten Kommunikationsmustern: Je größer die Beute ist, desto mehr spielt der Jäger sie herunter, etwa wie im Folgenden:

> SID: Und? Wie lief es heute bei dir?
> RICHARD: Ach, nicht so gut, aber beim Nachhauseschleppen meiner winzigen Beute könnte ich vielleicht ein bisschen Hilfe gebrauchen.
> SID: *Hmm, das klingt, als hätte er etwas Großes erwischt.* … Soll ich ein paar von den anderen holen oder können wir beide sie alleine tragen?
> RICHARD: Es wäre mir wirklich unangenehm, die anderen damit zu belasten, meine Beute ist so klein und mickrig, dass wir sie vielleicht ohnehin hierlassen sollten.
> *SID: Ach du Scheiße, er hat eine Giraffe erlegt! Dann trommele ich wohl mal das ganze Lager zusammen …*

Während sich unsere Vorfahren immer weiter vom Lebensstil der Jäger und Sammler entfernten, brachten sich die Talentierten und Fleißigen unter ihnen in den Besitz von schöneren Häusern und zusätzlichen Dingen. Den unreflektierten Schluss zu ziehen, dass Besitz verdient ist, und dass bessere Leute bessere Dinge besitzen, lag hier durchaus nahe. Die Überzeugungskraft dieses Zusammenhangs hätte sich im Laufe der Zeit und im Angesicht des Phänomens, dass Besitz von einer auf die andere Generation vererbt werden kann, eigentlich zunehmend aufweichen müssen, weil schließlich auch dumme und faule Menschen von der Großzügigkeit ihrer Eltern profitieren können. Stattdessen lösten wir dieses Problem mental so, dass wir beschlossen, dass einige *Stämme* besser sind als andere – ein gedankliches Konzept, das noch heute in unserer Faszination für Königshäuser sichtbar wird.

Unser erster psychischer Schritt weg von der Lebenseinstellung der Jäger und Sammler manifestierte sich also in unserer Bereitschaft zu glauben, dass einige Menschen besser sind als andere und in der daraus resultierenden Akzeptanz von Ungleichheit. Sobald man diese angeblich »natürliche Tatsache« akzeptiert hat, gibt es keinen Grund, es bei arm und reich zu belassen. Warum sollte es keine Könige und Untertanen, keine Herren und Sklaven geben? Und genau das geschah dann auch. Weltweit wurde der Egalitarismus in die Wüste geschickt, und der neue Glaube an die natürliche Überlegenheit führte zu diversen Formen menschlichen Leids. Wir wissen wenig darüber, wie dieser Prozess ursprünglich in Gang gekommen ist, aber mithilfe der Geschichte des europäischen Imperialismus können wir zu einer Zeit, als sich die Ungleichheit auf neue Bevölkerungsgruppen und Gebiete ausweitete, in parlamentarischen Debatten, Zeitungsartikeln und anderen öffentlichen Diskussion die psychische Grundeinstellung rekonstruieren, auf der eine solche Haltung basiert.

Die Dokumente zeigen nämlich, wie auf Ausbeutung und Sklaverei durch die Europäer immer sofort Rechtfertigungen folgten, die auf dem Unterschied von »denen« und »uns« oder sogar auf der Behauptung von unterschiedlichen Arten des Menschseins beruhten. Rudyard Kiplings »Die Bürde des weißen Mannes« und die »Manifest Destiny«-Doktrin der amerikanischen Siedler sind Beispiele dafür, wie die Kolonialisten es schafften, die Ausbeutung und Ermordung von indigenen Bevölkerungsgruppen in affirmative und sogar moralische Begriffe zu fassen. Natürlich beteiligten sich nicht alle an dieser Art der Rechtfertigung und die entsprechenden Argumente waren oft Thema hitziger Debatten. Doch die Geschichte zeigt, dass diejenigen, die sich für Ausbeutung und Abschlachtung einsetzten, fast immer den Sieg davontrugen, jedenfalls, wenn wir die Kolonialisten nicht nach ihren Worten, sondern nach ihren Taten beurteilen.

Die Eroberung und Ausbeutung Afrikas und des amerikanischen Doppelkontinents zeigen außerdem, wie stark sich die Europäer bemühten, den einheimischen Bevölkerungen Ungleichheit aufzuzwingen. Derartige Anstrengungen erwiesen sich interessanterweise als sehr viel einfacher, wenn die Einheimischen bereits Landwirtschaft betrieben und sich ihre psychische Grundkonstitution an das Konzept der Ungleichheit gewöhnt hatte, als wenn sie Jäger und Sammler waren und Ungleichheit hochgradig verwerflich fanden. Wenn die Europäer versuchten, landwirtschaftlich geprägte Gemeinschaften zu erobern, unterwarfen sich diese ihren neuen Herren oft sehr schnell. Die Bauern aus solchen gesellschaftlichen Zusammenhängen waren schon von ihrer eigenen Aristokratie hoch besteuert und schlecht behandelt worden; was machte es für einen Unterschied für sie, wer das Zepter in der Hand hielt?

Von Jägern und Sammlern dagegen wurden die Kolonialisten häufig und manchmal über Generationen hinweg bekämpft, bevor sie sich schließlich den größeren und besser bewaffneten europäischen Armeen beugen mussten. Das erhellende Buch *Warum Nationen scheitern* von Daron Acemoğlu und James A. Robinson (dt. Ausgabe Frankfurt 2013) beschreibt dieses Phänomen anhand zahlreicher historischer Beispiele. So errichteten die Spanier, als sie mit der Eroberung Südamerikas begannen, eine ihrer ersten Siedlungen am Standort des heutigen Buenos Aires. Weil sich die einheimischen Jäger und Sammler selbst unter extremem Zwang weigerten, für die Spanier zu arbeiten, wurde die Siedlung als kolonialer Misserfolg nach kurzer Zeit aufgegeben. Als aber die Spanier weiter ins Inland vordrangen und auf die Bauern des heutigen Paraguay stießen, unterwarfen sie die örtliche Bevölkerung mit Leichtigkeit, indem sie die amtierenden Herrscher beseitigten, ihr etabliertes Zwangsarbeitersystem jedoch einfach übernahmen.

Landwirtschaft und das Aufrechterhalten von Ungleichheit erfordern komplexe gesellschaftliche Organisation: Menschen, die in der Lage waren,

Lebensmittel aufzubewahren, taten sich zusammen und erfanden Eigentums- und Tauschregeln, um sich gegen Eindringlinge von außen und Diebe von innen zu schützen. Solche Regeln hätten natürlich für alle gleichermaßen gelten können, aber die frühen Regierungen entstanden häufig aus Machtkämpfen zwischen konkurrierenden Banden, die oft in ausbeuterischen Lehensverhältnissen endeten. Vor der amerikanischen Revolution hatten nur sehr wenige Regierungen den Zweck, den Menschen zu dienen. Die europäische Aufklärung mit ihrer Wiederentdeckung individueller Grundrechte (ein Konzept, das bei Jägern und Sammlern stets eine große Rolle spielte) war für die Verbesserung staatlichen Handelns enorm wichtig, doch man muss nur einen Blick auf den mangelhaften Zustand der meisten Demokratien werfen, um zu erkennen, dass auf Seiten der Eliten die Verlockung offenbar groß ist, die eigene Position zum persönlichen Vorteil auszunutzen.

Kapitel 7 bietet eine tiefergehende Auseinandersetzung mit diesem Thema, aber für den Moment wollen wir festhalten, dass die allgemeine psychische Grundkonstitution, die die Voraussetzung dafür bietet, dass sich ein Staat von einer Oligarchie in eine repräsentative Demokratie wandeln kann, kompliziert ist. Der vielleicht wichtigste Faktor ist die Heterogenität von Interessen. Wenn aus der Elite alle von den gleichen Regeln profitieren (zum Beispiel hohe Importzölle zur Vermeidung von Konkurrenz aus dem Ausland), ist das Risiko hoch, dass ihre Interessen vor den Interessen der Massen Vorrang bekommen. Wenn dagegen eine Gesellschaft hochgradig heterogen ist und die Interessen verschiedener Eliten einander widersprechen (wie es der Fall ist, wenn einige Landwirte, andere Handwerker, wieder andere Kaufleute und schließlich einige Dienstleister sind), ist der wahrscheinlichste Kompromiss ein System von Regeln, das im Großen und Ganzen fair ist.

Wir können denselben innerpsychischen Prozess beobachten, wenn Kinder eine Vorliebe für Fairness entwickeln. Sehr kleine Kinder ziehen es noch vor, mehr zu bekommen, als die anderen. Wenn sie jedoch etwas älter sind, wird ihnen klar, dass der Vorteil von heute schnell zum Nachteil von morgen werden kann. Weil die anderen in der Mehrheit sind, ist es wahrscheinlicher, dass sie es auch sind, die von einem unfairen System profitieren – das finden auch Kinder schnell heraus, weshalb sie es irgendwann besser finden, dass alle ungefähr gleich viel bekommen. Innerpsychisch betrachtet ist eine gerechte Verteilung schon deshalb das Beste, weil sie auf lange Sicht dem Einzelnen am verlässlichsten nützt.

Wenn Menschen das Gefühl haben, dass es für sie nicht möglich ist, ihre Gruppe zu dominieren und sich selbst langfristige Vorteile zu verschaffen, beginnt der mentale Prozess hin zu fairen Regeln. Uns mag nicht immer klar sein, dass wir der Fairness aus purem Eigeninteresse den Vorrang geben, aber Lord Actons berühmter Aphorismus, dass Macht korrumpiert, und absolute Macht absolut korrumpiert, ist eine Erinnerung an die Tatsache, dass wir tief drinnen wissen, dass wir niemandem trauen können.

Von Dörfern zu Städten

Homo erectus erfand die Arbeitsteilung und profitierte stark von ihr. Das eigentliche Potenzial der Arbeitsteilung jedoch kommt erst dann zum Vorschein, wenn Menschen Spezialisten werden und ihr gesamtes Leben damit verbringen, ein bestimmtes Interesse oder Talent zu entwickeln. Solche Spezialisierung wurde erst möglich, als ausreichend große Gruppen sich an ausreichend kleinen Orten zusammendrängten, sodass sich die Leute auf ihre eigenen Interessen konzentrieren konnten, ohne sich Sorgen machen zu müssen, dass die Ernte nicht eingebracht wird oder kein Mensch die Wäsche macht. Die Voraussetzung dafür waren Städte. Wenn man in einem kleinen Dorf lebt, ist vielleicht niemand daran interessiert, Schmied zu werden, oder der einzige Schmied verliebt sich in ein Mädchen aus einem anderen Dorf und verschwindet, weshalb es günstig ist, wenn man selbst weiß, wie man seinem Pferd neue Hufe verpasst. Lebt man dagegen in einer Stadt, sorgt allein die pure Masse an Menschen dafür, dass es immer jemanden gibt, der die Güter und Dienstleistungen anbietet, die man zwar braucht, aber nicht selbst herstellen beziehungsweise leisten kann.

In einer Welt, in der nur kleine Dörfer existieren, hätte es einen Michelangelo nicht geben können; genauso wenig wie einen Newton oder Shakespeare. Und auch wenn meine liebste Barista sich selbst nicht als Künstlerin bezeichnen würde (eine Auffassung, der ich widersprechen möchte), könnte es ihren herrlichen Latte Macchiato in einer Welt aus kleinen Dörfern ebenfalls nie geben. Kurz gesagt, ohne Städte könnten es sich die Leute nicht leisten, ihre Energie auf eine einzige Fähigkeit zu konzentrieren und alle anderen zu vernachlässigen, weshalb ein einzelner Mensch niemals in der Lage wäre, genügend Erfahrung zu sammeln, um etwas Neues und Wundervolles zu erschaffen.[20]

Mit der Entstehung von Städten und echtem Expertentum veränderte sich die Welt vom Niedrigertrags- beziehungsweise sogar Nullsummenspiel[21], das sie bisher gewesen war: Eine Welt, in der man sein Glück nur auf Kosten anderer machen konnte. Expertentum dagegen führte dazu, dass die Gesamtgröße des Kuchens wuchs, weil dadurch neue Dinge erschaffen werden konnten, die allen nützten. Die Stadt Uruk im östlichen Irak könnte der Ort gewesen sein, an dem vor 6000 Jahren der Kuchen zu wachsen begann. Rom wurde nicht an einem Tag erbaut und Uruk auch nicht, doch schon vor 5000 Jahren beherbergte diese Stadt Zehntausende von Menschen. Schriften, Keramiken und Handelsgüter aus dem antiken Uruk breiteten sich über den gesamten Nahen Osten aus. Als es erst einmal Uruk gab und dann all die anderen Städte, wurde die Welt sehr viel reicher und schöner.

Jede Veränderung hat ihren Preis, und die Entstehung von Städten macht da keine Ausnahme. Zum ersten Mal in der Geschichte waren unsere Vorfahren mit einem Leben konfrontiert, indem es massenhaft bekannte und vor allem unbekannte Gesichter gab. Das mag Ihnen nicht besonders bemerkenswert erscheinen, wenn Sie in einer Stadt leben und jeden Tag Fremden begegnen, aber für Leute, die nicht daran gewöhnt sind, ist so etwas seltsam. Ich erinnere mich noch gut daran, wie ich vor etwa 20 Jahren Shanghai besuchte. Es gab dort einen bekannten Markt, den ich gern besuchen wollte, aber als ich dort ankam, musste ich entdecken, dass er einer menschlichen Sardinenbüchse glich. So viele Menschen drängten sich auf so kleinem Raum zusammen, dass man im wahrsten Sinne des Wortes von den anderen vorwärtsgeschoben wurde. Ich musste an Pogotanzen auf Punkkonzerten denken und war neugierig, wie sich das Ganze in der Gemüsemarktvariante anfühlte. Ich presste also die Arme an den Körper und stürzte mich hinein. Nach wenigen Minuten war mir, als würde ich gleich einen psychotischen Zusammenbruch erleiden, während ich von menschlichen Gesichtern, Achselhöhlen und anderen Körperteilen fast zerquetscht wurde, und ich hatte das Gefühl, dass es unmöglich war, dort je wieder herauszukommen. So gut es ging, bahnte ich mir meinen Weg nach draußen, und so richtig gern denke ich noch heute nicht an Shanghai zurück. Für Jäger und Sammler und frühe Bauern muss das Gewühl aus Fremden, auf das sie in den ersten Städten trafen, ähnlich verstörend gewirkt haben.

In kleinen Dörfern kennt jeder jeden, zumindest aus Erzählungen. Man weiß, wem man vertrauen kann und wem nicht, wer schnell an die Decke geht und wer gelassen bleibt, wer etwas kann und wer ein hoffnungsloser Fall ist. Weil Städte voller Fremder sind, können Stadtbewohner nie genau wissen, was sie erwartet, wenn sie in einem Laden oder einer Bar aufeinandertreffen. Auf diese Entwicklung haben wir Menschen mit zwei wichtigen Veränderungen in unserer psychischen Grundkonstitution reagiert.

Die beste Strategie im Umgang mit Unbekannten ist zunächst einmal Höflichkeit, und in der Tat herrscht in Gesellschaften, in denen ein hoher Grad an Gewalt zu beobachten ist, oft auch ein hoher Grad an Höflichkeit. So ist der amerikanische Süden für seine Höflichkeit und Freundlichkeit berühmt, aber die Wahrscheinlichkeit, dass Südstaatler gewalttätig reagieren, ist deutlich höher als bei Leuten aus dem Norden, besonders, wenn sie ihre Ehre verletzt sehen. Auf den ersten Blick scheinen größere Höflichkeit und Freundlichkeit mit stärkerer Gewaltbereitschaft unvereinbar zu sein, aber in Wirklichkeit sind sie zwei Seiten einer Medaille. Denn wenn man sich unter Menschen aufhält, die auf Beleidigungen gewalttätig reagieren, besteht die vernünftigste Strategie darin, zu jedermann höflich zu sein, und natürlich besonders zu Menschen, die man nicht kennt.

Als wir in die Städte zogen, etablierten wir eine Strategie formeller Höflichkeit gegenüber Fremden. Unter Jägern und Sammlern gibt es solche Konventionen nicht, und wie die Leute miteinander umgehen, hängt dort von ihrer jeweiligen Beziehung ab. Doch in der Stadt, von Fremden, erwarten wir ein gewisses Maß an Anstand und Respekt, und wir selbst verhalten uns entsprechend. Wenn wir stolpern und hinfallen, erwarten wir, dass die Fremden um uns herum gehen, anstatt über uns drüber zu laufen oder über unsere Tollpatschigkeit zu lachen. Wenn wir die Einkaufstüte fallen lassen, gehen wir davon aus, dass uns Fremde beim Aufheben helfen, zumindest aber, dass sie sich nicht einen Teil unserer Einkäufe schnappen und damit fortlaufen.

Städte sind zweitens die Ursache dafür, dass wir uns stärker auf äußere Erscheinungen verlassen. Der Spruch »Es ist nicht alles Gold, was glänzt« machte in Jäger-und-Sammler-Gesellschaften keinen Sinn, denn man wäre dort gar nicht auf die Idee gekommen, das zu denken. Schließlich kannte man dort jeden Menschen, mit dem man zu tun hatte.[22] Warum sollte man auf ein oberflächliches Glänzen hereinfallen, wenn man genau wusste, wem man gegenüberstand? Über die Fähigkeiten und Neigungen der Menschen, denen wir in Städten begegnen, wissen wir dagegen sehr wenig, weshalb wir uns viel stärker auf Äußerlichkeiten verlassen müssen.

So sind zum Beispiel die Prahlereien eines Fremden, dessen Geschichten im Prinzip wahr sein könnten, viel beeindruckender als die eines nahen Bekannten, von man genau weiß, dass er übertreibt. Genauso interpretieren wir großes Selbstbewusstsein auf Seiten eines Fremden oft als Zeichen von Kompetenz, während wir mit den Augen rollen, wenn unsere Freunde oder Nachbarn uns zu verstehen geben, dass sie eine hohe Meinung von sich selbst haben. Wie wir in Kapitel 7 erfahren werden, kann dieses vom Stadtleben verursachte übertriebene Vertrauen jedoch auch problematisch werden, denn man kann nun einmal das Wissen über die Verhaltensweisen von einzelnen Menschen nicht einfach durch die Behauptungen ersetzen, die diese Menschen über sich selbst in die Welt posaunen.

Damit möchte ich nicht sagen, dass wir unfähig wären, Menschen nach ihrem Äußeren zu beurteilen. Im Gegenteil, wir sind erstaunlich gut darin.

Aber »erstaunlich gut« heißt eben bloß, dass wir ein gutes Stück besser sind, als der Zufall, wenn wir beurteilen, wer freundlich, wer kompetent und wer böswillig ist. Unfreundliche Menschen können beim ersten Treffen freundlich erscheinen, inkompetente Leute kompetent wirken, und eine beachtliche Zahl von Soziopathen schwatzt sich ihren Weg in unsere Herzen und Brieftaschen (und sogar in hohe Ämter), bevor wir ihre wahre Natur erkennen.

Glücklicherweise gibt es viele scheinbar unwichtige Informationen, die wir nutzen können, um andere Menschen richtig einzuschätzen. So sind beispielsweise die Playlists, WG-Zimmer oder Wohnungen von Leuten verlässliche Informationsquellen bezüglich ihres Charakters. Auch das persönliche Erscheinungsbild ist aufschlussreich: Kleidungsstil, Haarschnitt und viele andere Aspekte der persönlichen Körperpflege verraten viel über Persönlichkeit und Temperament.

Was mich betrifft, habe ich mir schon vor dem ersten Date mit meiner zukünftigen Frau (also noch, bevor sie mich trösten musste, weil mich beim Ohio-State-Fair ein präpubertärer Hohlkopf beim Werfen besiegt hatte) gedacht, dass sie und ich vielleicht ganz gut zusammenpassen müssten. Einen solchen Gedanken hatte ich bei den anderen Frauen, mit denen ich mich in dieser Lebensphase traf, nicht, und ich vermute, dass irgendetwas am Erscheinungsbild oder an der Redeweise meiner zukünftigen Frau mir sagte, dass da etwas grundsätzlich passte. Untersuchungen zeigen, dass winzige Facetten unseres Verhaltens erstaunlich aufschlussreich sein können, und dass scheinbar unwichtige Faktoren wie der Geruch dabei offenbar sehr wichtig sind, wobei wir bisher jedoch nur wenig über diese Prozesse wissen.

Wie uns das Internet an den Ausgangspunkt zurückbrachte

Vielleicht ist der größte Nachteil, der mit unserem Umzug in die Städte einhergeht, die Tatsache, dass dort mehr Platz für die dunkle Seite der menschlichen Natur ist. In kleinen Gemeinschaften, wo jeder jeden kennt, ist es schwierig zu lügen, zu betrügen, zu stehlen oder seine Mitmenschen auf andere Weise auszunutzen. Wenn unsere Jäger-und-Sammler-Vorfahren sich danebenbenahmen, hatten sie praktisch keine Möglichkeit, sich den Konsequenzen zu entziehen: Klatsch und Tratsch sorgte dafür, dass ihr schlechter Ruf sich schnell verbreitete. Dagegen ist es in einer Stadt leicht, freundliche und vertrauensvolle Menschen auszubeuten und sich aus dem Staub zu machen, bevor der Schwindel auffliegt. Das heutige Ausmaß an örtlicher und beruflicher Mobilität ermöglicht es Soziopathen, dem, was über sie geredet wird, ein Leben lang auszuweichen.

Diese Möglichkeit kollidiert nun allerdings frontal mit den sozialen Medien, die uns zu den eng geknüpften und intensiv miteinander verflochtenen Beziehungsmustern unserer Vorfahren zurückbringen. Zahlreiche Webseiten sind explizit dafür gemacht kundzutun, mit wem man gute oder schlechte Erfahrungen gemacht hat. So informiert TripAdvisor nicht nur darüber, ob ein Hotel saubere Zimmer anbietet, sondern gibt mir außerdem die Möglichkeit, nach meinem Besuch öffentlich darzustellen, womit ich zufrieden und womit ich unzufrieden war. Solche Webseiten geben den bisher machtlosen Konsumenten in ihren Auseinandersetzungen mit riesigen Unternehmen nun weitaus schärfere Waffen in die Hand.

Aber auch die Geschäftsmodelle von Uber, Airbnb und eBay beruhen auf der wechselseitigen Übermittlung von Reputation. Natürlich wird es mir schwerfallen, Ihnen mein Auto zu leihen oder Sie in meiner Wohnung wohnen zu lassen, wenn ich Sie nicht kenne. Aber wenn die vielen anderen Menschen, die Ihnen ihr Auto geliehen haben und Sie in ihren Häusern haben wohnen lassen, eine Beurteilung über Sie abgegeben haben, bekomme ich ein ziemlich gutes Gefühl dafür, was für eine Art Mensch Sie sind.

Indem sie die Reputation von Menschen weitergeben, minimieren diese Webseiten das Risiko der Ausbeutung. Weil jeder Kontakt von beiden Seiten beurteilt wird, steigt sowohl für den Käufer als auch für den Verkäufer die Motivation, freundlich und ehrlich miteinander umzugehen. Vielleicht bin ich versucht, Ihr Auto oder Ihr Haus als Mülltonne zu benutzen, aber mir ist klar, dass ich dafür einen hohen Preis bezahlen würde – spätestens, wenn ich das nächste Mal versuche, ein Auto zu leihen oder eine Ferienwohnung zu buchen. Genau wie unsere Vorfahren dazu tendierten, einander fair und ehrlich zu behandeln, weil die sozialen Kosten anderenfalls sehr hoch wären, sind für die Nutzer solcher Plattformen die sozialen (und also finanziellen) Kosten viel zu hoch, um sich gegenseitig zu betrügen.

Zusätzlich zu diesen formalisierten Methoden des Austausches über die Reputation von Menschen ermöglichen es Plattformen wie Facebook Privatbürgern, die Welt davon in Kenntnis zu setzen, wenn sie ausgebeutet wurden. Denken Sie zum Beispiel an den australischen Hochstapler Brett Joseph, der sich mehrfach bei Frauen eingeschmeichelt hat, um sich Zugang zu ihren Brieftaschen zu verschaffen. Einige Frauen konnte er erfolgreich ausnehmen, bis ein Opfer beschloss zu verhindern, dass dies noch weiteren Frauen passierte. Sie kreierte eine Webseite, auf der sie ein Foto von ihm, seinen Namen und seine Vorgehensweise veröffentlichte. Obwohl er immer wieder versuchte, seinen Betrug zu wiederholen, wurde das durch umsichtiges Googeln seiner potenziellen Opfer stets verhindert. In dem Versuch, seiner schlechten Reputation aus dem Weg zu gehen, zog er sogar in die USA, aber als er eine Heiratserlaubnis beantragen wollte, musste er seiner Verlobten gestehen, dass er nicht seinen echten Namen benutzte. Das kam ihr seltsam vor, und sie brauchte nicht lange, um seiner wahren Identität auf die Schliche zu kommen. Wie früher bei unseren Jäger-und-Sammler-Vorfahren ist es nun auch bei Brett Joseph: Sein schlechter Ruf eilt ihm voraus – wo immer er auch hingeht.

In diesem Sinne sind soziale Medien und all die Beurteilungs-Buttons, die uns zur Verfügung stehen, eine wichtige Waffe gegen Soziopathen, Fieslinge, Betrüger und Schnorrer, die ansonsten die Freundlichkeit von Fremden ausnutzen würden. Wie stets haben aber auch hier die guten Seiten ihren Preis. Der auffallendste Preis ist die Tatsache, dass Menschen in den sozialen Medien durch unaufhörliche Attacken vernichtet werden können, und das von Menschen, die ihr Opfer nicht kennen und deshalb auch nicht geneigt sind, ihm mit einem Rest Sympathie zu begegnen.

Ein gutes Beispiel ist Walter Palmer, ein Zahnarzt aus Minneapolis. Er erschoss in Simbabwe den Löwen Cecil. Was Palmer nicht wusste, war, dass Cecil jener geliebte, im Hwange National Park lebende Löwe war, der intensiv von der Abteilung für Wildlife Conservation Research der Oxford University beobachtet wurde. Palmer hatte für die Gelegenheit, einen Löwen mit Pfeil und Bogen zu erlegen, 54 000 Dollar bezahlt und muss begeistert gewesen sein, als das wunderschöne Tier aus dem Nationalpark auf das Gelände der Farm kam, auf der er gerade jagte. Es gelang ihm allerdings nicht, Cecil mit Pfeil und Bogen zu erlegen, aber elf Stunden später fand sein Team den verwundeten Löwen und erschoss ihn. Erst dann entdeckten sie das Überwachungsgerät an seinem Hals.

Ein Gutes hatte die Tragödie: Viele Länder verboten den Import von Löwen als Trophäen; mehr als 40 Fluggesellschaften kündigten an, sie nicht mehr transportieren zu wollen; in zahlreichen afrikanischen Ländern wurden die Gesetze zum Schutz von Löwen verschärft; und die Spenden für Organisationen zum Schutz von Wildtieren nahmen erheblich zu. Dagegen waren die Reaktionen auf Palmer selbst verheerend. Viele Menschen finden die Trophäenjagd abstoßend, aber Palmer hatte gegen kein Gesetz verstoßen und nicht mit Absicht einen Löwen getötet, der unter wissenschaftlicher Beobachtung stand. Sein Verhalten unterschied sich in Wirklichkeit nicht im Geringsten von dem Tausender anderer Jäger, die um des puren Nervenkitzels willen legal Tiere töten. Trotzdem wurde er international geächtet, vor seiner Zahnarztpraxis gab es Demonstrationen, sein Grundstück wurde verwüstet, und als er wieder zu Hause war, erhielt er Todesdrohungen von Tierrechtsaktivisten, was ihn und seine Frau dazu veranlasste, sich an einem unbekannten Ort zu verbergen und Personenschützer einzustellen. Noch ein Jahr später gab es in den Medien Angriffe auf ihn und einige Sender veröffentlichten sogar sein Foto und seinen Aufenthaltsort.

Wahrscheinlich sind viele Menschen der Ansicht, dass es Palmer recht geschieht und vielleicht stimmt das sogar. Aber eigentlich vermute ich, dass ihre Wut und ihr Angewidertsein, wenn sie ihn persönlich kennen würden, durch andere Informationen über ihn etwas abgemildert würden. Durch das Internet haben wir die guten Seiten der Reputationsweitergabe unserer Ahnen zurückgewonnen, doch durch unsere Überreaktion Tätern gegenüber, die wir nur durch ein einziges Vergehen kennen und über ihre positiven Eigenschaften nichts wissen, zahlen wir einen enormen Preis.

Unsere Reise aus den ostafrikanischen Regenwäldern von vor sieben Millionen Jahren zu den Städten von heute war schon deshalb so außerordentlich, weil es uns immer wieder gelang, in potenziell tödlichen Umgebungen zu überleben und zu gedeihen. In dieser Zeitspanne, in der wir von den schimpansenartigen Kerlen zu den Leuten wurden, die wir heute sind, entwickelten sich die für uns Menschen typischen Neigungen und Fähigkeiten. Doch Überleben und Gedeihen sind nicht alles, denn die Evolution beruht hauptsächlich auf Reproduktion. Wir wenden uns nun dem letzten Teil unserer Vorgeschichte zu: dem Einfluss der Fortpflanzungsgewohnheiten unserer Vorfahren auf unsere moderne Psyche.

4

Sexuelle Selektion und soziales Vergleichen

Stellen Sie sich eine Welt vor, in der man, um für das Rentenalter vorzusorgen, eine Person des anderen Geschlechts finden müsste, die damit einverstanden wäre, zur Eröffnung eines gemeinsamen Kontos eine Partnerschaft einzugehen. Stellen Sie sich weiterhin vor, dass beide Partner, sobald sie in Rente sind, zu gleichen Teilen Geld von diesem verzinsten Konto abheben könnten, dass aber die Regeln so gestrickt wären, dass die Frau für jeden Dollar, den der Mann einzahlt, 1 Millionen Dollar einzahlen müsste. Stellen Sie sich nun schließlich vor, dass man so viele gemeinsame Konten eröffnen könnte, wie man wollte, solange man nur eine Person des anderen Geschlechts fände, die einverstanden wäre. Natürlich sind diese Regeln ziemlich empörend, aber wenn die Welt nun einmal so eingerichtet wäre, was würden Sie tun?

Ihre Antwort hängt wahrscheinlich sehr davon ab, ob Sie ein Mann oder eine Frau sind. Wenn Sie ein Mann sind, würden Sie sich vermutlich glücklich schätzen, ein Rentenkonto mit jeder Frau zu eröffnen, die Ihnen über den Weg läuft. Wenn sich Ihre Einzahlungen auf einem derart hohen Niveau rentierten, was hätten Sie zu verlieren? Wie sehr die jeweilige Frau vielleicht auch zu wünschen übrig ließe – das Ganze wäre für Sie ein ziemlich hübscher Deal. Wenn Sie dagegen eine Frau sind, befänden Sie sich in einer Zwickmühle: Einerseits wären Sie gezwungen, mit jemandem ein Konto zu eröffnen, damit Sie sich irgendwann zumindest mit ein wenig Erspartem zur Ruhe setzen könnten. Andererseits würden die Regeln Sie dermaßen benachteiligen, dass Sie bei der Auswahl Ihres Kontopartners wahrscheinlich äußerst wählerisch wären. Er ist manchmal mürrisch? Vergessen Sie's. Warum sollten Sie sich mit einem schwierigen Kontopartner abgeben, wenn da draußen jede Menge netter Leute herumlaufen. Er singt immer einen Halbton zu tief? Dann lohnt sich die Mühe nicht. Ihnen wird sicherlich ein musikalischerer oder weniger sangesfreudiger Mann über den Weg laufen, der sich mit Ihnen zusammentun möchte. Die Liste ließe sich fortführen …

Das Beispiel macht deutlich, dass bei der Partnerwahl die Person das Sagen hat, die mehr Ressourcen in eine gemeinsame Sache investiert. Das Geschlecht, das einen kleineren Beitrag leistet, konkurriert um Zugang zu dem Geschlecht, das mehr investiert. Das Ergebnis ist, dass das Geschlecht, das viel investiert, sehr viel wählerischer ist, als das Geschlecht, das wenig investiert. Auf diese Tatsache hat schon Robert Trivers in seinem berühmten Artikel über »Parental Investment« hingewiesen[23], und diese Beobachtung ist tatsächlich geeignet, über das gesamte Tierreich hinweg die Unterschiede zu erklären, die in Bezug auf Paarungsstrategien und Konkurrenzverhalten zwischen den Geschlechtern bestehen.

Biologisch betrachtet ist das Tier, welches die größeren Gameten produziert (Geschlechtszellen, in diesem Fall Eier), das Weibchen, das Männchen hingegen produziert die kleineren Gameten (in diesem Fall Spermien). Für viele Tierarten beschränkt sich der elterliche Aufwand ausschließlich auf die Produktion von Gameten: Der weibliche Frosch legt seine Eier, der männliche Frosch sprüht Spermien darauf – und dann hüpfen die beiden in Richtung Sonnenuntergang davon. Ihre 100 oder 1000 befruchteten Eier lassen sie zurück, und irgendwann schlüpfen aus ihnen Kaulquappen, die nach und nach groß und stark werden oder auch im Maul des nächsten vorbeischwimmenden Fisches landen. Abgesehen von der Produktion und

Ablage von Eiern und Spermien existiert also bei solchen Arten so etwas wie elterliche Mühe nicht. Doch selbst eine solche Low-Level-Elternschaft ist biologisch betrachtet eine bedeutende Investition.

Weil die Menge des biologischen Materials, das gebraucht wird, um Eier zu produzieren, sehr viel größer ist als die, die zur Produktion von Spermien benötigt wird, müssten Trivers' Theorie zufolge die männlichen Frösche miteinander darum konkurrieren, von den Weibchen erwählt zu werden, während die weiblichen Frösche die freie Wahl hätten. Und genauso ist es auch. Bei vielen Froscharten versammeln sich die Männchen um einen Tümpel oder eine andere geeignete Stelle und quaken so lange und so laut sie können. Die Weibchen hüpfen hin und her und vergleichen Lautstärke, Tonhöhe und Dauer des Quakens, und wenn sich herausgestellt hat, wer die besten Quaker sind, paaren sich die Weibchen mit ihnen.

Frösche arbeiten hart, damit sie genügend Fliegen fangen, um ihre Eier beziehungsweise Spermien produzieren zu können, doch das Ausmaß elterlicher Fürsorge, das wir Menschen unserem Nachwuchs angedeihen lassen, stellt die Anstrengungen der Frösche doch ziemlich in den Schatten. Zwar lässt sich die emotionale und soziale Energie, die wir in unsere Kinder investieren, nur schwer quantifizieren, aber die biologischen Anforderungen kann man durchaus errechnen. Bei den Säugetieren, zu denen wir gehören, beschränkt sich der für die Fortpflanzung notwendige Beitrag von Weibchen nämlich durchaus nicht auf die Produktion größerer Geschlechtszellen. Nachdem sie das Ei gebildet haben, müssen menschliche Weibchen es neun Monate lang in sich austragen, wobei jedes Gramm Nahrung, das der Fötus erhält, direkt von der Mutter kommt.

Nach der Geburt stillten unsere weiblichen Vorfahren ihre Babys ungefähr zwei Jahre lang, und auch in dieser Zeit werden beinahe sämtliche Kalorien, die das Baby erhält, von der Mutter zur Verfügung gestellt. In einer Welt wie unserer, in der die nächste Mahlzeit nur so weit entfernt ist wie der nächste Vorratsschrank, mag das nichts Besonderes sein – ja, meine Frau fand die Tatsache, dass unser neugeborener Sohn sich als menschliche Fettabsauge-Maschine betätigte, sogar richtig gut –, doch für unsere Vorfahren waren im Blick auf die Kalorienbeschaffung die Anforderungen des Austragens und Aufziehens eines Babys extrem mühselig. Man darf nicht vergessen, dass sie jeden Bissen, den sie aßen, selbst jagen und töten oder ausgraben und anschließend nach Hause schleppen mussten.

Wegen dieses biologisch vorgegebenen Unterschieds müssen weibliche Menschen für jede Energieeinheit, die ein männlicher Mensch aufbringen muss, um ein Kind zu produzieren, wesentlich mehr als eine Million Mal so viel zur Verfügung stellen.[24] Hier kommt nun wieder das Szenario mit dem gemeinsamen Rentenkonto ins Spiel: Frauen investieren sehr viel mehr, was dazu führt, dass Männer um Frauen konkurrieren, und Frauen normalerweise sehr viel wählerischer sind als Männer.

Eine wichtige Art und Weise, in der Männer um Frauen konkurrieren, besteht darin zu zeigen, dass sie ihnen und ihrem Nachwuchs Nahrung, Unterkunft und Schutz bieten können. Weil das Kinderkriegen im Blick auf die Kalorienbeschaffung extrem kostspielig ist, ist dies für Frauen eine Hauptsorge, und Männer haben entwicklungsgeschichtlich darauf so reagiert, dass sie gelernt haben zu zeigen, dass sie gute Versorger sind. Während unsere Vorfahren ihre versorgerischen Qualitäten demonstrierten, indem sie möglichst gute Jäger wurden, zeigen moderne Männer die entsprechenden Fähigkeiten, indem sie zum College gehen, einen guten Job ergattern oder ihren Reichtum zur Schau stellen. Weil aber Menschen, wie wir in Kapitel 10 sehen werden, lang anhaltende und exklusive Bindungen eingehen, in denen sie bei der Aufzucht ihrer Kinder eng zusammenarbeiten, beruhen ihre Paarungsentscheidungen auf einvernehmlichen Entscheidungen. Das ist der Grund dafür, dass es, abgesehen von dem beschriebenen Geschlechterunterschied, nicht nur unter Männern, sondern auch unter Frauen viel Konkurrenz um die begehrenswertesten Partner gibt.

Sexuelle Selektion

Fortpflanzung ist die Währung der Evolution. Wenn jedes Tier die gleiche Zahl an überlebenden Nachkommen hätte, gäbe es keine Evolution. Wobei das Überleben zwar wichtig ist, aber nur im Blick darauf, lange genug zu leben, um sich fortzupflanzen und seine Gene an die nächste Generation weiterzugeben. Lebewesen, die erfolgreich viele Nachkommen aufziehen und dadurch ihrerseits die Fortpflanzung ihrer engen Verwandten ermöglichen, geben diese Neigung an die nächste Generation weiter. Lebewesen, denen dies nicht gelingt, repräsentieren für ihre Gene das Ende einer Linie, und ihre spezifischen Neigungen verschwinden aus dem Genpool. Auf diese Weise kommen Eigenschaften und Verhaltensweisen, die für erfolgreiche Fortpflanzung sorgen, irgendwann häufiger vor, als Merkmale und Verhaltensweisen, die dies nicht tun.

Aufgrund dieses Selektionsprozesses haben wir uns so entwickelt, dass wir Tätigkeiten, die unseren Fortpflanzungserfolg erhöhen, genießen und Tätigkeiten, die ihn eher verhindern, als unangenehm empfinden. So mögen zum Beispiel fast alle Erwachsenen Sex, während beinahe alle Menschen Fäkalien eklig finden. Und so ist es keine Überraschung, dass Sex die Chancen, unsere Gene an die nächste Generation weiterzugeben, vergrößert, und das Essen von Fäkalien diese Chancen verkleinert. Angemerkt werden muss jedoch, dass Sex haben und Fäkalien essen in Bezug auf erfolgreiche Fortpflanzung streng genommen nicht als analoge Tätigkeiten betrachtet werden können. Sex hat für das Überleben eine geringe Bedeutung, ist aber direkt an die Produktion von Nachkommen gekoppelt. Demgegenüber verringert das Essen von Fäkalien unsere Überlebenschancen und verkleinert damit indirekt unsere Fortpflanzungschancen.[25]

Die Unterscheidung zwischen Faktoren, die direkt das Überleben beeinflussen, und Faktoren, die direkt die Fortpflanzung beeinflussen, war für den Vater der Evolutionstheorie, Charles Darwin, extrem wichtig. Wenn ich 1000 Jahre lebe, mich aber nicht vermehre, ist meine unglaubliche Langlebigkeit aus evolutionärer Sicht irrelevant. Wenn ich jedoch lange genug lebe, um meine Kinder ins Erwachsenenalter zu begleiten, hat mein Überleben meinem Fortpflanzungserfolg genützt. Was auf diesen Erfolg jedoch einen noch direkteren Einfluss hat, ist die Frage, ob ich überhaupt jemanden finde, mit dem ich mich paaren und erfolgreich fortpflanzen kann, weshalb die Fähigkeit, einen Partner zu finden und zu halten, in der Evolutionstheorie von zentraler Bedeutung ist. Die Herausbildung der Prozesse, die unseren Zugang zu Mitgliedern des anderen Geschlechts vergrößern, nannte Darwin *sexuelle Selektion.*

Die sexuelle Selektion ist in der Evolution eine mächtige Kraft. Gibt es ein Merkmal, das Menschen des anderen Geschlechts unangenehm finden, dann wird dieses Merkmal (selbst dann, wenn es das Überleben erleichtert) in der Gesamtbevölkerung tendenziell verschwinden, weil Träger dieses Merkmals Schwierigkeiten haben werden, einen Partner zu finden. So ist zum Beispiel vorstellbar, dass es das Überleben erleichtert haben könnte, ein superängstlicher Typ zu sein, der sich bei jedem Anzeichen von Gefahr sofort versteckt, doch die meisten Frauen hätten dies als unerwünschte Eigenschaft empfunden, weil ein solcher Partner sie und ihre Kinder wahrscheinlich nicht beschützen würde. In der Konsequenz gibt es nicht sehr viele superängstliche Männer, oder zumindest nicht viele, die bereit wären, sich superängstlich zu verhalten, solange Frauen in der Nähe sind. Wenn es umgekehrt eine Eigenschaft gibt, die von Mitgliedern des anderen Geschlechts attraktiv gefunden wird, kann sie auf Dauer in der Allgemeinbevölkerung selbst dann häufiger auftreten, wenn sie unsere Überlebenschancen verringert – einfach, weil die Träger dieser Eigenschaft größere Fortpflanzungsmöglichkeiten haben.

Diese Beobachtungen führen uns zu der Frage, warum Mitglieder des anderen Geschlechts überhaupt Eigenschaften attraktiv finden sollten, die die Überlebenschancen verringern. Bei der Beantwortung dieser Frage sollten wir uns den Unterschied zwischen Männchen und Weibchen bei einem der bemerkenswertesten Vögel dieser Erde vor Augen führen: den zwischen Pfauenhahn und Pfauenhenne. Die Pfauenhenne ist ein pragmatischer Vogel mit überwiegend graubraunen Federn und mit Schwanzfedern, die nur ein Stückchen länger sind, als unbedingt nötig. Ein hungriger Tiger könnte direkt an einer brütenden Pfauenhenne vorbeilaufen, ohne auch nur zu ahnen, dass sie dort sitzt, einfach, weil sie optisch in ihrer Umgebung weitgehend verschwindet. Dagegen ist der Pfauenhahn ein verwegen leuchtender Vogel, der mit seiner unverschämten Schwanzschleppe im gesamten Tierreich protzen kann. Die leuchtenden Farben des Pfauenhahns würden selbst die Aufmerksamkeit eines stark kurzsichtigen Tigers auf sich ziehen, und seine sperrige und schwere Schwanzschleppe würde es zudem ziemlich leicht machen, ihn zu fangen.

Tatsächlich ist der bunte und schwere Pfauenschwanz erst einmal ein derartiges Überlebenshindernis, dass Darwin in einem berühmt gewordenen Brief an den Harvard-Botaniker Asa Gray gestand: »Der Anblick einer Feder im Schwanz eines Pfaus bewirkt bei mir Übelkeit, wann immer ich sie sehe!« Darwin muss heute nicht nur deshalb als ein so bedeutender Wissenschaftler gelten, weil er zu bahnbrechenden Erkenntnissen gelangte, sondern auch, weil er immer wieder große Anstrengungen unternahm, um die Schwächen seiner eigenen Theorie anzugehen. Im Falle des Pfaus wurde ihm irgendwann klar, dass die Überlebens-Nachteile der leuchtenden Farben und der riesigen Schleppe von den Fortpflanzungs-Vorteilen derselben Eigenschaften wettgemacht wurden. Um aber zu verstehen, warum die Schwanzschleppe des Pfaus seine Fortpflanzung begünstigt, müssen wir uns damit beschäftigen, aus welchem Grund bestimmte Eigenschaften attraktiv sind.

Was bedeutet es, sexy zu sein?

Da jedes Lebewesen mit allen dafür notwendigen Mitteln versucht, so gut wie möglich zurechtzukommen, ist die Täuschung unter sämtlichen Lebewesen weit verbreitet. Was Täuschungsstrategien bei der Partnersuche angeht, finde ich die von gewissen Vögeln und Fischen, bei denen Männchen gelegentlich so tun, als wären sie Weibchen, besonders interessant. Bei diesen Arten haben Männchen, die für einen Abwehrkampf gegen männliche Konkurrenten nicht groß genug wären, die Strategie entwickelt, Weiblichkeit vorzutäuschen, was es ihnen ermöglicht, sich zu den Weibchen zu gesellen, ohne von größeren Männchen herausgefordert zu werden. Diese kleinen Männchen nutzen dann die Gelegenheit, sich hier und da einen Beischlaf zu erschleichen. Auf diese Weise können sie ihre Gene weitergeben, obwohl sie in einem Kampf gegen die größeren Männchen, die sich für dieselben Weibchen interessieren, hoffnungslos unterlegen wären.

Das vielleicht außergewöhnlichste Beispiel für diese Strategie wurde von Culum Brown und seinen Kolleginnen und Kollegen von der Macquaire University bei Tintenfischen beobachtet. Tintenfische können ihre Farbe willentlich ändern, und sie tun dies häufig, um sich an ihre Umgebung anzupassen. In Fällen jedoch, in denen dies nicht nötig ist, nehmen die Weibchen manchmal eine andere Färbung an als die Männchen. Beim Beobachten der Tintenfische in ihren Aquarien fiel Brown eines Tages ein Männchen auf, das auf der Seite seines Körpers, die den Weibchen zugewandt war, eine männliche Färbung zeigte, auf der Seite, die den Männchen zugewandt war, aber eine weibliche Färbung. Dieses Täuschungsmanöver erlaubte es dem doppelgesichtigen Männchen, die Weibchen zu umwerben und gleichzeitig die Männchen davon abzuhalten, es anzugreifen.

Tiere können also unehrlich sein, um ihre Ziele zu erreichen – das zeigen solche Täuschungsmanöver deutlich. Überraschend ist das nicht, die Evolution funktioniert nun einmal nicht nach moralischen Maßstäben, und Tiere nutzen jede ihnen zur Verfügung stehende Strategie, solange sie nur wirkt. Doch alles Lebendige ist Teil eines ko-evolutionären Ringens, in dem jedes Lebewesen im Umgang mit den Strategien seiner Konkurrenten Gegenstrategien entwickelt. In diesem Sinne ist die Evolution ein endloses Wettrüsten: Wenn Tiere auf Seiten ihrer Beute, ihrer Fressfeinde oder ihrer Parasiten mit neuen Fähigkeiten konfrontiert werden, entwickeln sie umgehend neue Strategien, um darauf zu reagieren. Und sobald diese Balance zugunsten des einen kippt, ist das Aussterben für den anderen eine reale Gefahr. Beutetiere, die nach und nach eine neue Tarnung entwickeln, müssen erleben, dass ihre Fressfeinde daraufhin bessere Fähigkeiten entwickeln, sie zu entdecken und aufzuspüren. Wann immer Männchen Möglichkeiten finden, die Weibchen durch Täuschung dahingehend zu beeinflussen, dass sie sich für sie entscheiden, obwohl sie eine schlechte Wahl sind, entwickeln sich bei Weibchen Strategien, mit denen sie eine solche List durchschauen. Weibchen, die sich leicht durch Männchen von geringem Wert täuschen lassen, haben eine geringere Chance, in der folgenden Generation erfolgreiche Nachkommen zu hinterlassen, weshalb die weiblichen Vorlieben von der Evolution so geformt werden, dass sie Männchen, die echte Qualitätsmerkmale zeigen, bevorzugen.

Ein echtes Qualitätsmerkmal ist eines, dass man nicht oder zumindest nur sehr schwer vortäuschen kann. So kann ich Ihnen natürlich lang und breit von meiner Jacht erzählen und mit meinen Skiurlauben prahlen, aber solange sie meine Kontoauszüge nicht gesehen haben, können Sie nicht wissen, ob ich stinkreich oder ein Lügner bin. Worte sind geduldig. Wenn ich uns dagegen einen Flug nach St. Moritz buche und Sie dort in einem Maserati herumchauffiere, ist das ein sehr viel aussagekräftigeres Signal dafür, dass ich gut bei Kasse (und dazu noch großzügig) bin. Ebenso kann ich ganz nebenbei erwähnen, dass ich in der Harvard Law School als Klassenbester abgeschnitten habe, aber natürlich könnte ich auch diesmal lügen, um Ihnen zu imponieren, weshalb es klug wäre, meine Behauptung erst einmal mit Vorsicht zu genießen. Dagegen wäre es viel überzeugender, wenn Sie mir dabei zusehen könnten, wie ich ohne große Anstrengung einen Zauberwürfel löse. Noch beeindruckter wären Sie vermutlich, wenn ich das ohne Hinsehen schaffen würde, denn es würde Ihnen signalisieren, dass ich sogar unter erschwerten Bedingungen extrem leistungsfähig bin.

Weil die Aussagekraft solcher Signale so dermaßen wichtig ist, haben wir Menschen große Geschicklichkeit darin entwickelt, auch sehr subtile Hinweise auf Qualität zu entdecken. Ich erinnere mich an einen Frühlingsmorgen im College, als ich im Innenhof saß und auf meine Freunde wartete, mit denen ich gemeinsam frühstücken wollte. Ich hatte zufällig eine Ausgabe der *New York Times* und einen Kugelschreiber dabei, also beschloss ich, mich während der Wartezeit an dem Kreuzworträtsel zu versuchen, obwohl ich im Lösen von Kreuzworträtseln eigentlich grottenschlecht bin. Als ich auf die erste Frage starrte und über »gesellige Hülsenfrüchte« brütete, kam ein älterer Ehemaliger mit seiner Familie vorbei und wollte sich zu mir setzen, um mitzumachen. Ich hätte seine Hilfe wirklich gebrauchen können, doch bevor es dazu kam, nahm ihn seine Frau beiseite und sagte: »Liebling, er löst das Sonntagsrätsel mit einem Kugelschreiber. Er braucht deine Hilfe nicht.« Meine Beteuerungen des Gegenteils interpretierte sie als reine Höflichkeit, und schließlich gingen sie weiter, um sich die blühenden Bäume anzusehen.

Ein paar Minuten vergingen, und wie das Glück es wollte, ließ sich, als ich mich noch immer fragte, welche Hülsenfrüchte um alles in der Welt »gesellig« sind (es sind übrigens die Kontaktlinsen!), meine geniale Freundin Katrin neben mir ins Gras plumpsen. Sie löste die ersten paar Dutzend Fragen so schnell, dass ich kaum mitschreiben konnte, und als mir klar wurde, dass ich nun auf die Rolle des Aufschreibers reduziert war, schob ich sie beiseite, um es ohne ihre Hilfe weiter zu versuchen. In perfektem Timing tauchten der Ehemalige und seine Familie wieder auf, und als er zum zweiten Mal versuchte, sich zu mir zu setzen, mahnte sie: »Liebling, er hat das halbe Rätsel in weniger als fünf Minuten gelöst. Er *braucht* deine Hilfe nicht.« Wenn jemand *versucht*, ein Kreuzworträtsel mit einem Kugelschreiber zu lösen, ist das noch kein wirklich zuverlässiges Qualitätsanzeichen, aber wenn er es *schafft*, ist es durchaus eins[26], und aus diesem Grund achten wir so genau auf derartige Details.

Um auf den Pfau zurückzukommen: Seine leuchtenden Farben und seine außergewöhnliche Schwanzschleppe sind gerade weil sie ein enormes Handicap darstellen, aussagekräftige Signale für männliche Qualität, und aus diesem Grund finden Pfauenhennen leuchtende Farben und lange Schleppen so verführerisch. Sich einen riesigen und leuchtend bunten Schwanz wachsen zu lassen, ist ein bisschen, wie das Sonntagsrätsel mit einem Kugelschreiber zu lösen. Jeder Blödmann kann damit anfangen, aber man muss schon ein ziemlich spezielles Lebewesen sein, um die Sache durchzuziehen. Pfauenhennen ist diese Tatsache bewusst, weshalb sie sich von Pfauenhähnen angezogen fühlen, die, obwohl sie eineinhalb Meter leuchtend bunte Schwanzfedern hinter sich her ziehen, offenbar jahrelang überlebt haben.

Nun mag zwar der ausgewachsene Pfau der ehrlichste Signalgeber des ganzen Tierreichs sein, aber zahlreiche Vögel verfolgen dennoch nur eine abgeschwächte Variante seiner Strategie. So haben viele Arten zumindest lange Schwanzfedern, und wenn Biologen sie künstlich verkürzen oder verlängern, reagieren die Weibchen entsprechend: Sie strömen in Scharen zu den langfedrigen Typen und machen um die einen Bogen, deren Federn gestutzt wurden. Doch die Weibchen vieler Vogelarten finden nicht nur lange Schwanzfedern sexy, sondern legen, wie die Pfauen, auch großen Wert auf Farbe. Leuchtende Farben verraten Fressfeinden die eigene Anwesenheit, weshalb weibliche Vögel die leuchtenden Farben eines Männchens als Indikator seiner Qualität nutzen können. Ein leuchtend bunter Vogel muss stark und kompetent sein, wenn er mit diesem Aussehen überleben will, während ein Männchen mit matten Farben ebenso gut langsam und unbeholfen sein könnte – was ihn als Partner weniger attraktiv machen würde.

Man muss natürlich im Kopf behalten, dass weibliche Vögel all dies nicht bewusst durchdenken. Vielmehr ist es so, dass die Weibchen, die leuchtend farbige Männchen attraktiver finden, in der nächsten Generation mehr Nachkommen hinterlassen und auf diese Weise ihre Vorliebe für leuchtende Farben weitergeben. Das Gleiche gilt für menschliche Präferenzen: Wir brauchen nicht zu verstehen, warum so viele Menschen Frauen mit einer Sanduhr-Figur oder Männer mit einem Dreieckskörper attraktiv finden. Die Evolution sorgt ganz einfach dafür, dass die meisten von uns diese Vorlieben pflegen.

Die meisten Vögel sind also evolutionär darauf getrimmt, leuchtende Farben schön zu finden, wobei hier nicht jede Farbe gleichwertig ist. Die Immunsysteme von Tieren sind auf Pflanzenpigmente angewiesen, die man Karotine nennt (ein Beispiel wäre Betakarotin), wobei aber Tiere nicht in der Lage sind, Karotine selbst zu produzieren – sie verlassen sich dafür auf die pflanzliche Fotosynthese. Tiere, die gerade mit einem Infekt kämpfen, brauchen für ihr Immunsystem jedes bisschen Karotin, das sie kriegen können, während gesunde Tiere Karotine übrig haben. Das Rot, das Orange und das Gelb, das viele Vögel in ihren Federn haben, bestehen aus Karotinen. Weil sich Vögel diese Farben nur leisten können, wenn sie über ein starkes Immunsystem verfügen, sind also leuchtende Farben (besonders rot, orange und gelb) – obwohl man sie von außen sieht – sichere Anzeichen innerer Qualitäten.

Leuchtende Rottöne sind also deshalb ausgesprochen zuverlässige Qualitätssignale, weil der Stoffwechselaufwand für ihre Herstellung hoch ist. Es gibt jedoch noch andere aussagekräftige Qualitätsanzeichen, die viel leichter herzustellen sind. So haben sich zum Beispiel einige Vogelarten so entwickelt, dass sie ihre Überlegenheit mittels der Größe eines schwarzen oder braunen Flecks auf ihrer Brust oder auf ihrem Hals signalisieren.

Weitere Untersuchungen zeigten, dass andere Männchen die Farbflecken extrem ernst nehmen und nicht gut darauf zu sprechen sind, wenn untergeordnete Männchen mit großen dunklen Flecken umherstolzieren, als hätten sie das Sagen. Wenn jemand aus dem Schwarm einen Fleck der falschen Größe trägt, ist das für jedes andere Männchen ein Affront. Als Biologen dies genauer untersuchten, indem sie größere schwarze Flecken auf niedrig stehende Männchen malten, war das ungefähr so, als würden sie ihnen ein Fadenkreuz auf die Brust malen. Die männlichen Vögel des Schwarms würden keine Mühen scheuen, solche Amtsanmaßung zu bekämpfen und dem entsprechenden Männchen klarzumachen, dass er ein ziemlicher Angeber ist und gut daran täte, seinen Fleck zu verkleinern. In solchen Fällen wird also die Größe eines Flecks schon dadurch zum zuverlässigen Qualitätssignal, dass die sozialen Konsequenzen beim Tragen eines unangemessen großen Flecks sehr hoch sind.

Und was sind bei menschlichen Männern aussagekräftige Qualitätssignale? Größe ist ein recht guter Indikator, einfach, weil man nicht ein Meter achtzig werden kann, wenn man nicht gut ernährt und gesund ist. Muskeln sind aus den gleichen Gründen ebenfalls ein guter Anzeiger, genauso wie Sportlichkeit. Aber Menschen finden selbstverständlich Köpfchen genauso wichtig wie Muskeln, und Hinweise auf einen klaren Verstand können ebenfalls als valide Qualitätssignale gelten. Aus diesem Grund tendieren Frauen auch dazu, Humor sexy zu finden. Zum einen macht es natürlich Spaß, jemanden in seiner Nähe zu haben, der lustig ist, aber ein Sinn für Humor erfordert auch eine große geistige Beweglichkeit, weil man ein Gefühl dafür braucht, was andere Menschen lustig finden.

Ein symmetrisches Gesicht ist ebenfalls ein aussagekräftiges Qualitätsanzeichen, weil Menschen sich im Laufe der Evolution so entwickelt haben, dass sie weitgehend symmetrisch sind. Krankheiten und Unfälle können diese Symmetrie stören. Frauen finden symmetrische Gesichtszüge folglich deshalb häufig attraktiv, weil sie ein Signal für Gesundheit und genetische Robustheit sind – oder zumindest für ein glückliches Leben. Googeln Sie »Brad Pitt« und sehen Sie sich sein Gesicht an – Sie werden erstaunt sein, wie symmetrisch es ist.

Symmetrie, Kraft, Körpergröße und Humor sind auch bei Frauen zuverlässige Qualitätssignale – jedoch keineswegs die Ersten, die die männliche Aufmerksamkeit erregen. Weil Fruchtbarkeit für Frauen biologisch so viel anspruchsvoller ist als für Männer, achten Männer bei Frauen sehr viel mehr auf Fruchtbarkeitssignale: Sie fühlen sich von Jugendlichkeit und einer Sanduhr-Figur angezogen – beides Anzeiger weiblicher Fruchtbarkeit. Ähnelten die Menschen in ihren Reproduktionsgewohnheiten mehr den Schimpansen, deren Weibchen mit dem Alter bessere Mütter werden, dann würden sich Männer zweifellos stark zu älteren Frauen hingezogen fühlen. Die Herausbildung der Menopause bei weiblichen Menschen hat dies jedoch verhindert (mehr zu diesem Thema in Kapitel 10) – mit dem Ergebnis, dass Männer sich vor allem von Frauen in ihrer fruchtbarsten Phase angezogen fühlen, also etwa vom späten Teenageralter bis in die mittleren Dreißiger.[27]

Die Theorie des (sozialen) Relativismus

Sexuelle Selektion und Konkurrenz bei der Partnersuche sind die treibenden Kräfte hinter dem sozialen *Relativismus*, also dem Drang, die eigene Position mit der von anderen zu vergleichen. So entwickelten Frauen im Laufe der Evolution zwar eine Vorliebe für Männer, die freundlich, großzügig, lustig, süß und klug sind, aber solange ich nur die am wenigsten abstoßende Option bin, fällt die Wahl auch dann auf mich, wenn ich keine dieser Eigenschaften vorweisen kann. Folglich kommt es nicht so sehr darauf an, wie klug oder attraktiv ich wirklich bin: Ich muss nur klüger und attraktiver sein als die anderen verfügbaren Männer. Umgekehrt würde es mir nicht viel nützen, auszusehen wie Henry Cavill und ein Hirn zu haben wie Albert Einstein, wenn in meiner Gruppe alle besser aussehen würden und noch klüger wären. So unwahrscheinlich dieses Szenario klingen mag: Der Punkt ist, dass unsere absoluten Maßstäbe für irgendein beliebiges Merkmal nicht wirklich zählen; was zählt, ist, wie wir gegenüber den anderen relevanten Mitgliedern unserer Gruppe dastehen. Und aus diesem Grund sind wir Menschen ständig mit sozialen Vergleichen beschäftigt.

Ursprünglich fangen wir mit dem sozialen Vergleichen an, um etwas über uns selbst und unsere soziale Position herauszufinden. Bin ich stark oder schwach? Schnell oder langsam? Reich oder arm? Auch wenn es uns nicht so vorkommen mag: Es gibt auf diese Fragen keine absoluten Antworten. Alles kommt darauf an, wie wir *relativ* dastehen, im Vergleich zu anderen. Wenn ich beim Bankdrücken mehr Gewichte stemmen kann als die Leute um mich herum, bin ich stark. Wenn das nicht der Fall ist, bin ich schwach. Unsere nächsten Nachbarn sind immer auch unsere wichtigsten Konkurrenten, weshalb wir uns zur Beantwortung solcher Fragen gern mit den Menschen vergleichen, die uns am nächsten stehen.

Das Problem ist, dass die Tendenz, sein Augenmerk auf die unmittelbare Umgebung zu richten, zu einer ziemlich verzerrten Weltsicht führen kann. Ich weiß noch, wie ich am Ende unseres letzten Highschool-Jahres mit meinen Freunden zusammensaß und wir über die Höhen und Tiefen der letzten vier Jahre sprachen. Eine Freundin sagte, dass sie vor allem damit hadere, keine sportlichen Erfolge errungen zu haben. Nun war sie Landesmeisterin in mindestens zwei Sportarten und in der Schulauswahl etlicher weiterer Sportarten, und die Medaillen, die von ihrer Schuljacke baumelten, hätten einen russischen General neidisch gemacht. Ich fragte sie, wie um alles in der Welt sie so etwas sagen könne, wo sie doch eine der besten Sportlerinnen sei, die ich kenne. Aber ihren Traum, es ins Olympiateam zu schaffen, habe sie nicht erreicht, gab sie zurück. Dieses Ziel mag sich etwas hochfliegend anhören, doch zwei ihrer Geschwister hatten tatsächlich an den Olympischen Spielen teilgenommen – und das war nun einmal ihre Messlatte.

Wir können die Auswirkungen dieses Relativismus auf zahlreichen Gebieten beobachten, und manchmal ist es tatsächlich sinnvoll, sich mit anderen zu vergleichen. Stellen Sie sich beispielsweise vor, ich hätte eine Pille erfunden, die die Intelligenz um 50 Prozent steigert, und ich würde Ihnen eine davon anbieten. Kurz nachdem Sie die Pille genommen hätten, würden Sie sich wesentlich klüger fühlen – alle möglichen Probleme, die Ihnen zuvor sehr komplex vorgekommen waren, wären nun ein Kinderspiel. Beim Warten im Friseursalon würden Sie sich die Zeit genüsslich mit Teilchenphysik und Infinitesimalrechnung vertreiben. Stellen Sie sich nun einmal vor, dass ich allen – außer Ihnen – *zwei* Pillen anbieten würde. Da säßen Sie nun, warteten auf Ihren Haarschnitt, und alle um sie herum würden Themen diskutieren, die weit über Ihren Horizont gingen. Nach kürzester Zeit würden Sie sich nicht mehr wie ein Genie, sondern wie ein Dummkopf vorkommen.

Bei diesem Beispiel ist es egal, wie viele Pillen Sie nehmen, solange alle um Sie herum Ihnen immer eine Pille voraus sind. Sie können Differenzialgleichungen im Kopf lösen? Wenn die Leute in Ihrer Umgebung klüger sind als Sie, werden Sie dennoch immer die uninteressantesten Jobs bekommen, Ihre Freunde werden Sie für begriffsstutzig halten, und Sie werden immer etwas hintenanstehen. Unter solchen Umständen macht das soziale Vergleichen Sinn. Doch weil die Macht der sexuellen Selektion so groß ist, verheddern wir uns auch dann in Vergleiche, wenn es eigentlich gar nicht auf andere Menschen ankommt.

So gibt es Untersuchungen von Ilyana Kuziemko und ihren Kolleginnen und Kollegen von der Princeton University zum Thema »Last Place Aversion«, die zeigen, dass es den größten Widerstand gegen eine Anhebung des Mindestlohns unter den Leuten gibt, die nur unwesentlich mehr verdienen als den Mindestlohn. Obwohl es sehr wahrscheinlich ist, dass genau diese Leute irgendwann ebenfalls nur noch den Mindestlohn erhalten und insofern von seiner Anhebung profitieren würden, wogen in der Untersuchung ihre Sorgen bezüglich ihrer relativen sozialen Position schwerer als die möglichen Vorteile, die ein höherer Mindestlohn für sie selbst haben könnte. Hier schneiden sich doch die Leute ins eigene Fleisch, denkt man, doch was in diesem Fall unterschwellig wirkt, ist die Logik der sexuellen Selektion.

Sorgen um die eigene soziale Position im Vergleich zu anderen kann man auch bei unseren Primaten-Cousins beobachten, was Sarah Brosnan und Frans de Waal von der Emory University auf beeindruckende Weise bei Kapuzineraffen nachgewiesen haben. In ihrem Experiment brachten sie den Affen bei, einer Mitarbeiterin einen Kieselstein zurückzugeben, der vorher in ihren Käfig gelegt worden war, und belohnten sie dafür mit Gurkenscheiben. Weil die Affen das gewünschte Verhalten auf Grundlage der Gurken-Belohnung ja lernten und beibehielten, empfanden sie diese Bezahlung offenbar zunächst als angemessen.

Die entscheidende Phase des Experiments begann, als die Affen mitbekamen, wie ein anderer Affe für die gleiche Tätigkeit statt einer Gurkenscheibe eine Traube bekam (etwas, das diese Affen sehr viel lieber mögen). Wäre angemessene Belohnung etwas Absolutes, sollte es keinen Unterschied machen, welche Belohnung der andere Affe für die gleiche Tätigkeit erhält. Einen Augenblick zuvor war die Gurkenscheibe schließlich noch gut genug, dann sollte sie es auch jetzt sein. Wenn angemessene Belohnung jedoch etwas Relatives ist, dann macht es sofort einen großen Unterschied, womit der andere Affe belohnt wird.

Ganz im Einklang mit dieser relativistischen Logik kam es sehr häufig vor, dass sich die Affen, die mit Gurken belohnt wurden, weigerten, weiter mitzuarbeiten, wenn ein anderer Affe für die gleiche Tätigkeit Trauben erhielt. In seinem TED-Talk *Moral Behavior in Animals* zeigt de Waal ein Video von diesem Experiment, das sehr empfehlenswert ist. Es lohnt sich schon deshalb, weil man darin sehen kann, wie ein Affe, nachdem sein Nachbar eine Traube bekommen hat, seine Gurkenscheibe wütend auf die Mitarbeiterin schleudert. Auch wenn ich hier vielleicht etwas anthropomorphisiere: Ich habe noch nie einen Mit-Primaten gesehen, der so wütend über ungerechten Lohn war, wie dieses Kapuzineräffchen.

Experimente wie diese liefern überzeugende Beweise dafür, dass alles relativ ist, wenn erst einmal die Grundbedürfnisse gestillt sind. Wie ich in Kapitel 3 gezeigt habe, war das Leben vor der Erfindung von Städten eine Art Nullsummenspiel. Im Normalfall beruhte mein Glück auf Ihrem Unglück. Die traurige Wahrheit ist nun aber, dass aufgrund der Logik der sexuellen Selektion das Leben selbst dann ein Nullsummenspiel bleibt, wenn das gar nicht nötig ist. Wenn mein Freund eine größere Gehaltserhöhung bekommt als ich oder gar im Lotto gewinnt, macht mich sein Glück in einer Hinsicht tatsächlich ärmer, denn es wird für mich dadurch schwerer, eine Partnerin zu finden. Bevor er seinen Erfolg oder seinen Glücksgriff hatte, hätte sich die Frau, auf die ich ein Auge geworfen hatte, vielleicht für mich entschieden. Weil mein Freund aber nun plötzlich viel attraktiver ist als vorher, ist es ziemlich wahrscheinlich, dass sie sich für ihn entscheidet.

Die sexuelle Selektion hat diese Logik tief in unsere Psyche eingeschrieben, weshalb es uns sehr schwerfällt, uns darüber hinwegzusetzen und nicht neidisch zu werden, wenn andere Erfolg haben – vor allem, wenn diese anderen uns nahestehen. Wenn Sam Smith oder Eminem einen Grammy gewinnen, habe ich keinerlei Neidgefühle, denn ich kenne sie ja gar nicht, hänge nicht mit ihnen ab und versuche (klugerweise) nicht, mit ihnen zu konkurrieren. Das Gleiche gilt, wenn Leonardo DiCaprio einen Oscar gewinnt – seine Freundin wäre ohnehin nicht mit mir ausgegangen. Kritischer wird es, wenn meine eigenen Freunde mich überflügeln, vor allem, wenn es um ein Gebiet geht, das mir wichtig ist.

Die wunderbaren Experimente, die Abraham Tesser von der University of Georgia und seine Kolleginnen und Kollegen entworfen haben, demonstrieren diesen Effekt eindrucksvoll. Tesser ließ männliche Collegestudenten ein Ratespiel spielen. Bei dem Spiel musste man seinem Spielpartner Hinweise im Stil eines Wörterbuchs geben, die ihm halfen, das gesuchte Wort zu erraten. Tesser hatte das Spiel jedoch so manipuliert, dass der erste Spieler immer schlecht abschnitt. Sein Hauptaugenmerk galt nun der Qualität der Hinweise, die der angeblich schlechte Teilnehmer daraufhin umgekehrt seinem Spielpartner gab. Die Hinweise, die er zur Auswahl hatte, waren so vorbereitet worden, dass einige von ihnen wirklich hilfreich waren, andere eher nicht.

Stellen Sie sich zur Konkretisierung dieses Experiments einmal vor, Sie wären einer der Teilnehmer, und es wäre Ihre Aufgabe, Ihrem Partner dabei zu helfen, das Wort *scharfsinnig* zu erraten. Wenn Sie ihm wirklich helfen wollten, würden sie ihm vielleicht die Hinweise *clever* oder *gewitzt* geben. Wenn Sie dagegen eher verhindern wollen, dass er darauf kommt, geben Sie ihm vielleicht den Hinweis *ingeniös* (wer weiß schon, was das bedeutet?!). Falls er sich später bei Ihnen beschwert, könnten Sie ihn darauf hinweisen, dass man das Wort mit einem halbwegs anständigen Wortschatz sofort hätte erraten können.

Tesser fand heraus, dass die Wahrscheinlichkeit, dass die Teilnehmer ihrem Partner hilfreiche Hinweise gaben, größer war, wenn es sich um einen Freund und nicht um einen Fremden handelte – jedenfalls, solange die Aufgabe als unwichtig beschrieben wurde. Beschrieb man dagegen den Ausgang des jeweiligen Spiels als wichtigen Indikator für verbale Kompetenz, war es plötzlich viel wahrscheinlicher, dass die Probanden die hilfreichen Hinweise einem Fremden und nicht einem Freund gaben – jedenfalls wenn sie zuvor selbst an der Aufgabe gescheitert waren. Diese Ergebnisse deuten darauf hin, dass das gute Abschneiden eines Freundes bedrohlicher ist als das gute Abschneiden eines Fremden. Es ist zwar eine äußert unschöne Wahrheit, aber das Experiment zeigt, dass wir unsere Freunde gezielt schwächen, wenn das Risiko besteht, dass sie uns auf wichtigen Gebieten überflügeln. Verantwortlich dafür ist die sexuelle Selektion

Teil 2

Die Vergangenheit nutzen, um die Gegenwart zu verstehen

5

Homo Socialis

Vor vielen Jahren war ich Dozent bei »Semester at Sea«, einem Auslandsstudienprogramm, mit dem man auf einem Ozeandampfer die Welt bereist. In einer mondlosen Nacht auf dem Indischen Ozean hatte der Kapitän die Außenlichter ausgeschaltet, damit wir die Sterne besser sehen konnten. Ich war neugierig, wie die Milchstraße ganz ohne Lichtverschmutzung aussah und kletterte vor dem Zubettgehen bis aufs oberste Deck. Der Nachthimmel war voller Sterne, und nachdem ich sie fünf Minuten lang bewundert hatte, schoss eine außergewöhnlich helle Sternschnuppe in mein Blickfeld und erlosch direkt vor meinen Augen.

Dieser Anblick war mit das Unglaublichste, was ich je in meinem Leben gesehen habe, und ich war etwas erstaunt, wie ich darauf reagierte. Anstatt den Augenblick auszukosten, sah ich mich nämlich sofort um, um herauszufinden, ob außer mir noch jemand auf dem Deck war. Zu jemandem, einfach *irgendjemandem,* wollte ich unbedingt sagen: »Wow, haben Sie das gesehen?« Und dann wollte ich hören, wie ein komplett fremder Mensch mir antwortete: »Ja, wirklich unglaublich!« Als Kind habe ich immer *Tigger* aus *Pu der Bär* beneidet, weil er *der Einzige* war, aber diese Erfahrung hat mir gezeigt, dass ich mir über meine eigenen Vorlieben wohl selbst nicht ganz im Klaren bin. Anstatt mich als etwas Besonderes zu fühlen, weil ich vielleicht gerade der einzige Mensch auf der ganzen Welt gewesen war, der Zeuge dieses Spektakels werden durfte, musste ich feststellen, dass die Sternschnuppe mir unwirklich vorkam und das ganze Ereignis gerade deshalb an Bedeutung verlor, weil ich es nicht zusammen mit anderen Menschen erlebt hatte.

Von allen Präferenzen, die sich im Laufe der Evolution bei uns Menschen entwickelt haben, halte ich den Wunsch, Bewusstseinsinhalte mit anderen zu teilen, für besonders wichtig. Aus meiner Sicht spielte dieser Wunsch eine nicht zu unterschätzende Rolle dabei, uns an die Spitze der Nahrungskette zu bringen.[28] Durch die Kraft unseres Verstandes sind wir zum gefährlichsten Raubtier des ganzen Planeten geworden, aber selbst ein menschliches Gehirn ist nichts Besonderes, wenn es auf sich allein gestellt ist. Wenn man einen von uns nackt und allein in der Wildnis aussetzt, wird er für die Tiere des örtlichen Dschungels umgehend zur willkommenen Extramahlzeit. Werden aber Hundert von uns nackt in der Wildnis ausgesetzt, dann wird sich dieser unglückliche Landstrich schnell an ein neues Chefraubtier gewöhnen müssen.

In den ersten beiden Kapiteln habe ich die zentrale Rolle dargestellt, die das soziale Zusammenleben in der evolutionären Erfolgsgeschichte des Menschen spielte. Weil Sozialkontakte für das Überleben und die Reproduktion unserer Vorfahren von entscheidender Bedeutung waren, gibt es für uns bis heute nichts Wichtigeres. Aus diesem Grund haben wir auch verschiedene Methoden entwickelt, mit unseren jeweiligen Gruppen in Kontakt zu bleiben; die Wichtigste besteht darin zu wissen, was andere denken. Die Gedanken anderer Menschen zu kennen, hilft uns dabei, uns anzupassen und vorauszusehen, was die Mitglieder unserer Gruppe als Nächstes tun. Umgekehrt haben wir auch ein Interesse daran, dass unsere Gruppe unsere eigenen Gedanken und Gefühle kennt, denn wenn es uns gelingt, unsere Ansichten in den Köpfen anderer zu verankern, gelingt es uns auch, die Gruppe in eine Richtung zu lenken, die wir für gut halten. Wenn unsere Gedanken und Gefühle von anderen in der Gruppe akzeptiert werden, ist das gleichzeitig eine Anerkennung unserer Position innerhalb der Gruppe und gibt uns für unsere Zukunft ein Gefühl der Sicherheit. Das Glück wollte es, dass diese beiden zutiefst eigennützigen Ziele zur Grundlage erfolgreicher Kooperation wurden: Wenn wir die Bewusstseinsinhalte anderer Menschen kennen, können wir uns sozial besser koordinieren und zu einer funktionierenden Arbeitsteilung finden.

Aus all diesen Gründen hat die Evolution dafür gesorgt, dass wir ständig das Bedürfnis haben, andere daran teilhaben zu lassen, was in unseren Köpfen vor sich geht, selbst dann, wenn es uns im Augenblick keinerlei Nutzen bringt. Das Bedürfnis, Erfahrungen mit anderen zu teilen, das in jener Nacht auf dem Schiff bei mir so stark war, zeigt sich in einem Menschenleben sehr früh. Schon Kleinkinder kommentieren ihre Welt unaufhörlich und zeigen wieder und wieder auf Menschen und Objekte, einfach, um die Aufmerksamkeit auf etwas Gemeinsames zu lenken. Kein anderes Tier tut dies in irgendeinem Entwicklungsstadium.

Das Bedürfnis, Einsichten und Erfahrungen zu teilen, geht weit über bloße Wissensinhalte hinaus. Wir möchten anderen Menschen auch unsere Gefühle mitteilen. Wenn unsere Gruppe erfolgreich mit einer guten Gelegenheit oder einer bedrohlichen Situation umgehen will, müssen wir alle diese Situation auf die gleiche Weise wahrnehmen. Aus diesem Grund haben wir uns so entwickelt, dass wir auch emotional auf Konsens aus sind. Es gibt kaum eine frustrierendere Erfahrung, als jemandem eine emotional packende Geschichte zu erzählen und zu merken, dass sie ihn kalt lässt oder bei ihm ein Gefühl auslöst, das das genaue Gegenteil unseres eigenen Gefühls ist. Wenn ich empört über das unhöfliche Verhalten eines Kollegen bin, wird meine Empörung größer, wenn meine Frau der Ansicht ist, dass ich übertreibe oder, schlimmer noch, dass das Verhalten meines Kollegen doch eigentlich ganz lustig oder sogar gerechtfertigt ist.

Das Bedürfnis, emotionale Erfahrungen mit anderen zu teilen, ist die Wurzel fast jeder Übertreibung. Wenn ich befürchte, dass Sie von dem Fisch, den ich gefangen habe, nicht hinreichend beeindruckt sind, dann wird der Fisch in meiner Erzählung größer. Wenn ich Angst habe, dass die Unhöflichkeit meines Kollegen Sie kalt lässt, dann wird er in meiner Darstellung noch unhöflicher. Dieses Phänomen ist auch der Kern moderner Legenden, die das digitale Äquivalent maßlos übertriebener Alltagsgeschichten sind.

Chip Heath von der Stanford University und seine Kolleginnen und Kollegen bringen in ihrer Untersuchung moderner Legenden dafür ein gutes Beispiel. Je ekelerregender und haarsträubender diese Legenden nämlich waren, desto bereitwilliger wurden sie ihren Ergebnissen zufolge weitererzählt. So konfrontierten sie Probanden mit unterschiedlichen Versionen der modernen Legende, in der eine Familie bei der Rückkehr aus dem Urlaub Fotos in ihrer Kamera findet, die der Hotelpage von sich selbst aufgenommen hat, während er ihre Zahnbürsten verunreinigt. In einer Version zeigen die Fotos ihn, wie er sich mit ihren Zahnbürsten die Nägel sauber macht, in einer anderen Version steckt er sich ihre Zahnbürsten in die Achselhöhlen, und das Meisterstück zeigt den Hotelpagen mit ihren Zahnbürsten in seinem Hintern. Sie müssen wahrscheinlich nicht lange überlegen, welche Geschichte Sie Ihren Freunden erzählen; wenn Sie das Ziel haben, dass das Publikum emotional genauso reagiert wie Sie, dann ist die Geschichte mit den Familienzahnbürsten im Hintern des Hotelpagen der klare Sieger.

Wenn wir übertreiben oder moderne Legenden weitererzählen, verwirren wir die Realitätswahrnehmung unserer Zuhörer. Das mag man als unguten Nebeneffekt unseres Bedürfnisses betrachten, Gefühle mitzuteilen, doch sollte es nicht von der Tatsache ablenken, dass das Teilhabenlassen anderer an unseren Gefühlen die Wurzel fast jeder sozialen Interaktion ist. Denken Sie an das letzte Gespräch, das sie mit einer Freundin oder einem Freund hatten und fragen Sie sich, wie viele neue Informationen dabei übermittelt worden sind und wie viele Gefühle mitgeteilt wurden. Gute Gespräche beinhalten oft wenig Informationen, aber selten wenig Emotionen. Und auch Gespräche, die sehr inhaltsfokussiert sind, wie zum Beispiel Diskussionen über aktuelle Ereignisse, sind im Normalfall voller Emotionen. Die wenigen Gespräche, in denen keine Gefühle im Spiel sind, führt man normalerweise mit Fremden und betrachtet sie als nichtssagend und langweilig.

Soziale Intelligenz

Die größte Herausforderung, mit der die Leute im Laufe ihres Lebens konfrontiert sind, besteht darin, andere Menschen zu verstehen und mit ihnen auszukommen. Wenn ich die Ziele meiner Mitmenschen verstehe, kann ich mich selbst so positionieren, dass ihre antizipierten Handlungen mir nützen. Und wenn es mir sogar gelingt, die Absichten anderer Leute zu lenken, indem ich meine Ziele in ihre Köpfe pflanze, werde ich höchstwahrscheinlich recht erfolgreich durchs Leben gehen. Wenn es mir dagegen nicht gelingt, andere Menschen zu verstehen, werde ich mich immer wie ein Spielball ihrer scheinbar willkürlichen Plänen fühlen. Und wenn ich andere zwar verstehen, aber nicht lenken kann, werde ich das Unheil zwar heraufziehen sehen, aber kaum die Möglichkeiten haben, es abzuwenden. Für Dschingis Khan, der anderen seine Absichten mit brutaler Gewalt aufzwang, mögen Managementqualitäten nicht so wichtig gewesen sein, aber für die Mehrheit von uns ist nun einmal Überzeugungskraft der Schlüssel zum Erfolg.

Und wie gelingt es uns nach Aussage der Wissenschaft, sozial erfolgreich zu sein? Da es kaum möglich ist, soziale Intelligenz zu messen (daran hat sich seit dem ersten groß angelegten, Mitte der 1920er-Jahre konzipierten Test nichts Grundlegendes geändert), gibt es darauf keine befriedigenden Antworten. In jenem ersten Test wurde zum Beispiel die Frage gestellt, was man einem Bekannten sagen würde, der gerade einen Trauerfall in der Verwandtschaft hat. Die Teilnehmer der Studie konnten zwischen zwei Möglichkeiten wählen: entweder etwas Gutes über den Verstorbenen sagen oder über aktuelle Geschehnisse von allgemeinem Interesse sprechen. Man muss nur kurz nachdenken, um zu erkennen, dass sowohl beide als auch keine der Verhaltensweisen korrekt sein könnten.

Natürlich hängt die »korrekte« Verhaltensweise unter anderem davon ab, wie gut man den Bekannten und den Verstorbenen kennt, sowie von der Beziehung, die die beiden untereinander hatten. Und das bedeutet, dass der Fauxpas des einen die tröstenden und aufbauenden Worte des anderen sein können. Obwohl es generell nicht ratsam ist, auf der Beerdigung eines von allen geliebten Verwandten Witze über den Verstorbenen zu machen, glaube ich doch, dass Menschen ihre Freunde und Verwandten immer wieder auch mit Witzen getröstet haben. Und genauso sicher bin ich, dass viele andere Menschen ihre Freunde und Verwandten mit genau den gleichen Witzen vor den Kopf gestoßen haben. Die gleichen Worte können aufbauend oder niederschmetternd wirken, es hängt ganz davon ab, wer spricht und wer zuhört, zu welchem Zeitpunkt und in welchem Tonfall gesprochen wird und so weiter.

Je mehr man über dieses Problem nachdenkt, desto klarer wird einem, dass es für eine gegebene Situation äußerst selten eine einzige sozial korrekte Verhaltensweise gibt. Die kontextabhängige Natur von emotionalen Reaktionen und damit von sozialer Angemessenheit insgesamt untergräbt bis heute unsere Bemühungen, soziale Kompetenz zu messen. Beispielsweise wird in einem aktuellen und weitverbreiteten Fragebogen zur Messung sozialer/emotionaler Intelligenz eine Person beschrieben, die fleißiger ist, als ihre Kollegen und auch bessere Arbeitsergebnisse vorweisen kann, der es aber nicht liegt, im Büro zu netzwerken und gute Stimmung für sich zu machen. Diese Person verliert eine Bonuszahlung an einen Kollegen, der diese gar nicht verdient hat. Die Testpersonen werden nun gefragt, was die Person, die leer ausgegangen ist, mehr trösten würde: eine Liste mit den positiven und negativen Eigenschaften ihres unverdient belohnten Kollegen zu machen oder anderen zu erzählen, wie schlecht dieser Kollege gearbeitet hat und für diese Behauptung Beweise zu sammeln. Wenn wir ehrlich sind, müssen wir zugeben, dass die Antwort auf eine solche Frage unmöglich ist. Einigen Menschen würde die eine Herangehensweise mehr helfen, anderen die andere, und das wäre mit Sicherheit von einer ganzen Bandbreite anderer Faktoren und Bedingungen abhängig.

Die von den Entwicklern der Studie zur Verfügung gestellten »korrekten« Antworten beruhen darauf, was ihrer Meinung nach die meisten Menschen tun würden, sowie auf der Befragung von Experten, die zum Thema Emotionen geforscht haben. Beide Ansätze sind schon deshalb vollkommen ungeeignet, weil sie auf der falschen Annahme beruhen, dass es eine einzige richtige Antwort geben könnte. Und selbst, wenn es eine solche Antwort gäbe, ist natürlich der Ansatz, dass die Strategie der Mehrheit auch die beste Strategie ist, problematisch, denn er reduziert das obere Ende der sozialen Intelligenz auf eine Durchschnittsantwort (oder, was noch schlimmer ist, auf die Eingebungen und Vorlieben von Universitätspsychologen). Ich vermute dagegen, dass Menschen mit besonders ausgeprägten sozialen Fähigkeiten ihre Ziele gerade dadurch erreichen, dass sie die Dinge etwas anders angehen als der Rest der Welt. Wenn die Mehrheit der Leute immer wieder auf eine bestimmte Weise reagiert, dann verliert diese Reaktion auf Dauer an Überzeugungskraft, einfach, weil sie immer wieder vorkommt und vorhersehbar wird. Sozial kompetente Menschen erkennen dieses Problem, und sie kommunizieren erfolgreicher, indem sie einen Weg finden, sich ein kleines bisschen von den anderen zu unterscheiden.

All diese Probleme erschienen mir unüberwindlich, sodass ich versuchte, mich der Sache auf andere Weise zu nähern. Anstatt nach einem Weg zu suchen, die kontextabhängige Natur von sozialer Intelligenz zu umschiffen, beschlossen meine Kollegen und ich, dieses wesentliche Merkmal sozialen Handelns ganz offensiv in den Mittelpunkt zu stellen. Sicherlich gibt es viele unterschiedliche Qualitäten, die es Menschen ermöglichen, sozial erfolgreich zu agieren, aber die Tatsache, dass das, was in der einen Situation funktioniert, in einer anderen überhaupt nicht hilfreich ist, legt doch nahe, dass *Flexibilität* das wichtigste Merkmal für kompetentes Sozialverhalten ist. Flexibles Verhalten wird von unterschiedlichen Faktoren ermöglicht (dazu später mehr), aber am wichtigsten ist unsere Fähigkeit zur Selbstkontrolle.

Die Herausbildung von Selbstkontrolle

Ein Running-Gag unter Universitätspsychologen lautet, dass wir dieses Fach nur gewählt haben, um unsere eigenen Gefühle zu verstehen – dass wir also eher »me-search« als »research« betreiben. Auf mich trifft das genauso zu, wie auf den Professor aus dem Büro nebenan, denn mein eigenes

Interesse an sozialer Intelligenz begann definitiv nicht mit einer brennenden intellektuellen Frage, sondern mit einem peinlichen Fauxpas in der Highschool, als ich einmal den ersten Gedanken, der mir durch den Kopf ging, laut hinausposaunte.

Auch sonst komme immer wieder in Schwierigkeiten, weil ich die Angewohnheit habe, erst zu sprechen und dann nachzudenken. Besonders schlimm ist es in Lebensmittelmärkten, wenn ich mit Fleisch konfrontiert bin, das genauso aussieht wie im lebendigen Zustand. Meine Fleischfresserschuldgefühle darüber, dass mein Abendessen gerade eben noch fröhlich herumlief, führen in Kombination mit einer gewissen Zimperlichkeit dazu, dass ich es angenehmer finde, wenn man meinem Essen nicht ansieht, von welchem Tier es stammt. Mir wird immer ganz anders, wenn ich in einer Tapas-Bar die Schweineschenkel von der Decke hängen sehe, wenn in chinesischen Restaurants die Enten reihenweise an Haken baumeln oder wenn beim Schlachter im Schaufenster ein ganzes totes Tier ausgestellt ist. Ich mag es noch nicht einmal, wenn mich von meinem Teller aus ein Fisch anstarrt. Mehr als einmal habe ich, bevor mein (zugegebenermaßen ziemlich durchlässiger) innerer Filter es verhindern konnte, angeekelt das Gesicht verzogen, während mir der Ladenbesitzer direkt gegenüberstand. Meine Freunde und meine Familie sind ziemlich genervt von diesem Verhalten, weshalb ich es mir zur Aufgabe gemacht habe zu beweisen, dass ich nichts dafür kann, sondern vielmehr unter einem falsch strukturierten Gehirn leide, wofür man mich bemitleiden und nicht kritisieren müsste.

Wenn man sich das Gehirn als Pferdewagen vorstellt, kann man sich ganz gut klarmachen, wie unsere Selbstkontrolle funktioniert. Die Pferde sind unsere Impulse, sie sitzen wie der *Nucleus Accumbens* und die *Amygdala* hauptsächlich in einer kleinen Reihe von Gebieten unter der Großhirnrinde, in der Nähe der Unterseite des Gehirns. Die Pferde ziehen uns in Richtung Befriedigung unserer Wünsche: Essen, Sex, Aggressionen, was immer es sei. Bei einigen Menschen wird der Wagen von ungestümen Hengsten gezogen, und diese Menschen müssen ständig darum ringen, dass sie nicht zu viel essen, nicht zu viel trinken oder dem nervigen Typen dahinten nicht einfach eins auf die Nase geben. Bei anderen Menschen ziehen Streichelzoo-Ponys den Wagen, und für sie ist das Lenken ihrer Impulse relativ einfach.

Der Fahrer des Wagens, der in dem Teil des Frontallappens sitzt, dem *lateral-präfrontalen Cortex* (LPFC), ist dafür zuständig, Versuchungen zu widerstehen: Er greift ein oder lenkt die Pferde in eine andere Richtung, wenn Ort, Zeit oder Ziel unangebracht sind. Der Fahrer hat einen Copiloten, der gewissermaßen über den Pferden im oder am *anterioren cingulären Cortex* (ACC) sitzt und dessen Job es ist, den Fahrer zu alarmieren, wenn es so aussieht, als könnten die Pferde in die falsche Richtung galoppieren. Wenn man nun einen unaufmerksamen Copiloten oder einen schwachen Fahrer hat, werden einen die Pferde ziehen, wohin sie wollen. Und man wird (je nachdem, ob dem Sprecher die jeweilige Aktion sympathisch oder unsympathisch ist) entweder gesagt bekommen, dass man wirklich ein ganz Wilder ist oder dass man sich gerade wie das letzte impulsive Arschloch verhalten hat.

Ich denke manchmal, dass mein ACC-Copilot dauerhaft beurlaubt ist. Vielleicht ist mein ACC zu klein oder leidet unter ständigem Sauerstoffmangel, oder vielleicht ist er auch einfach zu leise, um von meinem Fahrer gehört zu werden. Sobald mein LPFC die Zügel zieht, funktioniert meine Selbstkontrolle bestens, aber oft bemerke ich einfach nicht, dass ich mich selbst kontrollieren müsste, und dann ist es zu spät. Ich gebe meinem ACC die Schuld, aber die anderen geben natürlich mir die Schuld. Und so war mein erstes Experiment zum Thema soziale Intelligenz im Grunde ein Versuch, mich selbst zu rechtfertigen: Ich wollte damit meine Hypothese beweisen, dass das ungefilterte Herausposaunen dessen, was man denkt, ein Zeichen von defekten Frontallappen war und kein moralisches Versagen.

Wir hatten beschlossen, in diesem Experiment meine ständigen Ausrutscher in Bezug auf ungewöhnliches Essen nachzuspielen, was bedeutete, dass wir uns einen Vorwand ausdenken mussten, unter dem wir die Leute im Labor mit einem Gericht konfrontieren konnten, das noch große Ähnlichkeit mit dem Tier hatte, aus dem es gemacht war, womit wir wieder bei der »me-search«-Komponente meiner Arbeit wären. Meine Doktorandin Karen Gonsalkorale und ich beschlossen, ihre chinesische Herkunft und Kochkenntnisse zu unserem Vorteil zu nutzen. Wir brachten weiße Probanden in unser Labor, und Karen erklärte ihnen – will sagen, flunkerte ihnen vor –, dass wir die Auswirkungen unterschiedlicher Lebensmittelchemikalien auf das Gedächtnis untersuchten.

Nachdem Karen den Namen des jeweiligen Teilnehmers herausgesucht hatte, tat sie so, als müsse sie etwas auf einer Liste nachsehen, und rief dann jedes Mal: »Oh, Sie haben Glück! Sie bekommen mein Lieblingsessen, viele betrachten es als das chinesische Nationalgericht!« (Unser Schwindel in Bezug auf die Lebensmittelchemikalien und das Gedächtnis ermöglichte es uns, den Probanden im Labor ein ungewöhnliches Essen zu servieren, was unter anderen Umständen seltsam gewirkt hätte.) Dass Karen die persönliche und kulturelle Wichtigkeit des Gerichts betonte, sollte eine einfache Botschaft transportieren: Egal, was Sie gleich serviert bekommen, Sie sollten zumindest so *tun*, als ob Sie es mögen.

Gefilmt von einer versteckten Kamera öffnete Karen dann direkt vor den Gesichtern der Teilnehmer eine Tupperdose, in der ganze, völlig intakte Hühnerfüße lagen, mit Krallen und allem drum und dran, gekocht in einer hellbraunen Sauce. Nicht alle Probanden reagierten höflich, als ihnen die Füße serviert wurden. Meinem Lieblingsteilnehmer rutschte ein: »Das ist ja widerlich!« heraus. Seinem Ausruf folgte ein peinliches Schweigen, das er mit entschuldigendem Gemurmel brach, wobei er kleinlaut einen der Füße aus der Dose nahm und dann versuchte, sich zu überwinden, an einer der Zehen zu knabbern. Es gab aber auch Leute, die keine Sekunde die Contenance verloren. Es war nicht unbedingt so, dass diese Probanden die Füße tatsächlich aßen – viele von ihnen erinnerten sich plötzlich, dass sie Vegetarier waren, oder äußerten die Vermutung, dass die Füße nicht koscher zubereitet waren – doch sie blieben stets höflich, selbst, wenn sie es ablehnten, das Gericht zu essen.

In der nächsten Phase des Experiments nutzten wir den Stroop-Effekt, um herauszufinden, ob wir dadurch jene Probanden, die diese schwierige Situation höflich bewältigt hatten, von denen unterscheiden konnten, denen das nicht gelungen war. Der Stroop-Effekt beruht darauf, dass Lesen automatisch funktioniert: Wenn wir ein Wort sehen, können wir nicht verhindern, es zu lesen. Versuchen Sie einmal, auf das Wort unten zu schauen ohne es zu lesen:

> *Hallo*
> *Ich vermute, Sie sind gescheitert – wenn Sie das Wort gesehen haben, haben Sie es auch gelesen. In dem Experiment, das den Stroop-Effekt beweist, müssen die Teilnehmer, so schnell sie können, die Farben der Buchstaben benennen, mit denen verschiedene Wörter geschrieben sind. Das Schwierige ist, dass die Wörter Namen von Farben sind. So wird den Probanden beispielsweise das Wort rot gezeigt, dass mit grünen Buchstaben geschrieben ist. Die Teilnehmer müssen also ihre automatisierte Neigung, das Wort auszusprechen, das sie gerade gelesen haben, unterdrücken und stattdessen die Farbe der Buchstaben benennen. Wenn währenddessen eine funktionelle Magnetresonanztomografie*[29] *durchgeführt wird, erkennt man, dass der ACC-Copilot immer dann aktiviert wird, wenn das Farbwort nicht zu der Farbe der Buchstaben passt, in denen es geschrieben ist, und es in den Köpfen der Probanden deshalb eine Art Konkurrenz zwischen der richtigen und der falschen Antwort gibt. Die Aktivierung des ACC verstärkt sich, wenn jemand einen Fehler gemacht hat. An diesem Punkt alarmiert der ACC den Fahrer, der dann im Folgenden den Impuls, das Wort zu lesen, anstatt die Farbe der Tinte zu benennen, zügelt.*

Weil man mit dem Stroop-Test Prozesse innerhalb des ACC sichtbar machen kann, erwarteten wir, dass sich mit seiner Hilfe voraussagen ließ, wie die jeweiligen Teilnehmer auf die Hühnerfüße reagierten. Leute mit einem sehr empfänglichen ACC sollten besonders gut darin sein, ihre spontane Reaktion *(igitt!)* zu verbergen und stattdessen sozial angemessen *(interessant!)* zu reagieren. Und tatsächlich wurde das bestätigt. Die Ergebnisse zeigten, dass Menschen mit einer besseren Selbstkontrolle flexibler und sozial kompetenter agieren konnten. Wenn ihre eigentliche Reaktion nicht zu den sozialen Regeln der jeweiligen Situation passte, gelang es ihnen, sie zu unterdrücken.

Weitere Experimente zeigten, dass das Herausplatzen mit der Wahrheit, das wir im Labor beobachten konnten, nur die Spitze des Eisbergs ist. Zwei Jahre später zeigten Christopher Patrick und seine Kolleginnen und Kollegen von der University of Minnesota, dass ein sehr inaktiver ACC nicht nur dann problematisch ist, wenn es darum geht, die falschen Dinge zu *sagen*. Er steht genauso faul daneben, wenn jemand etwas Falsches *tut*. In ihrer Studie teilten unsere Kollegen ihre Probanden in zwei Gruppen: In der einen waren die Teilnehmer, die berichtet hatten, sich in der Vergangenheit sozial auffällig verhalten zu haben, in der anderen jene Teilnehmer, bei denen das nicht der Fall war. Sie gaben beiden Gruppen eine Aufgabe, die dem Stroop-Test sehr ähnlich war. Während die Probanden die Aufgabe bearbeiteten, mussten sie Schwimmkappen tragen, an denen Elektroden befestigt waren. Da Neuronen winzige Mengen an Elektrizität ausstoßen, konnten die Wissenschaftler mithilfe dieser Elektroden beobachten, wie der ACC des jeweiligen Teilnehmers reagierte, wenn er einen Fehler machte und die falsche Computertaste drückte.

Obwohl die Aufgabe, die die Teilnehmer lösen mussten, ziemlich banal war, konnten Patrick und seine Kollegen an der Art und Weise, wie der ACC des jeweiligen Probanden auf einen unwichtigen Fehler reagierte, erkennen, ob dieser sich in der Vergangenheit unsozial verhalten hatte. Die gesetzestreueren Teilnehmer zeigten bei einem Fehler eine um 30 Prozent höhere ACC-Reaktion als die »unsozialeren« Menschen. Nur zur Erinnerung: Der Job des ACC-Copiloten besteht darin, einen möglichen Konflikt zu bemerken und den Fahrer zu alarmieren, wenn sich ein Fehler abzeichnet. Wie man in diesem Experiment sehen kann, reagiert ein schlechter Copilot nur schwach auf mögliche Fehler. Es ist davon auszugehen, dass der ACC der »unsozialen« Leute ähnlich zurückhaltend reagieren würde, wenn es um wichtigere Entscheidungen ginge (zum Beispiel um die Frage, ob man dem

Typen, der einen nervt, eine reinhaut oder ob man jemandem die Scheibe einwirft): An der zentralen Aufgabe, Alarm zu schlagen, wenn sich ein Konflikt anbahnt zwischen dem, was man tun möchte, und dem, was man tun sollte, würde ein solcher ACC vermutlich scheitern. Die Ergebnisse zeigen also, wie ein schlecht reagierender ACC-Copilot zu auffälligem Sozialverhalten führen kann.

Ich war natürlich hocherfreut, dass diese Experimente mich insofern rehabilitierten, als sie zeigten, dass meine Ausrutscher eher auf die Gehirnstrukturen zurückzuführen waren, als auf einen schlechten Charakter. Im Rückblick muss ich jedoch sagen, dass mein egoistischer Blickwinkel mich für den eigentlichen Gehalt dieser Forschungsergebnisse blind gemacht hatte. Die Experimente zeigen zwar, dass Selbstkontrolle für das soziale Funktionieren eine wichtige Rolle spielt, aber mir ist erst sehr viel später aufgegangen, dass es vermutlich umgekehrt soziale Notwendigkeiten waren, die überhaupt erst zur evolutionären Entwicklung von Selbstkontrolle geführt haben.

Man braucht keinen ACC-Copiloten, damit einem klar ist, dass man einem Bären nicht den Lachs aus dem Maul reißen sollte; das wäre wohl selbst für den abgelenktesten Wagenlenker offensichtlich. Wenn man aber nach dem letzten Stück Kuchen greift, mit der Freundin des muskulösen Typen einen Flirt anfängt oder gerade anhebt, seinem Chef zu sagen, was man wirklich von ihm denkt, dann braucht man einen funktionierenden ACC, der die Alarmglocken läutet. Soziale Interaktionen sind mit widersprüchlichen Motiven geradezu überladen, und genau deshalb brauchen wir die Dienste eines aufmerksamen Copiloten. Zwar stimmen meine Ziele manchmal mit den Ihren überein (zum Beispiel, wenn wir denselben Kinofilm sehen wollen), aber manchmal eben auch nicht (zum Beispiel, wenn wir mit der gleichen Frau ausgehen wollen), und genau das sind die Situationen, in denen ein aufmerksamer Copilot eine wertvolle Rolle spielt.

Es war jedoch nicht nur mein Egoismus, der mich für die eigentlichen Ergebnisse dieser Studien blind gemacht hat. Die meisten Psychologen gehen ganz selbstverständlich davon aus, dass wir die Fähigkeit zur Selbstkontrolle entwickelt haben, damit wir langfristige Ziele verfolgen können. Wenn der Ackerbau gelingen soll, muss man die Samen aussäen, anstatt sie zu essen. Um später seinen Ruhestand genießen zu können, muss man sein Geld sparen, anstatt es auszugeben. Und wer sein Gewicht halten will, muss das zweite Stück Schokoladenkuchen ablehnen, anstatt es zu essen. Andererseits hat unser Leben mit dem unserer Jäger-und-Sammler-Vorfahren so gut wie nichts zu tun: Sie haben nun einmal keine Samen in die Erde gelegt, sie haben kein Geld gespart und mussten sich nie Gedanken machen, ob sie zu viel essen oder trinken. Unsere Vorfahren waren auf das Heute konzentriert, und manchmal dachten sie vielleicht noch darüber nach, was sie morgen tun wollten. Mitnichten war ihr Leben die ununterbrochene Übung im Belohnungsaufschub, die für uns so selbstverständlich ist. Höchstwahrscheinlich war ein besseres Morgen nicht das, wofür unsere Vorfahren auf Selbstkontrolle zurückgriffen. Doch um mit ihren Nachbarn klarzukommen, ihre Rivalen in Schach zu halten und ihre sozialen Ziele zu erreichen, mussten sie sich sehr wohl selbst kontrollieren.

Auch wenn unsere Vorfahren etwas gemeinsam erreichen wollten, mussten sie sich selbst kontrollieren, besonders im Angesicht einer Gefahr. Stellen Sie sich vor, wie sich unsere entfernten Vorfahren gefühlt haben müssen, kurz nachdem sie in die Savanne eingewandert waren – für Hyänen und Löwen waren sie damals nichts als eine leckere Zwischenmahlzeit. Es muss einen geradezu heroischen Akt der Selbstkontrolle erfordert haben, sich zusammenzutun und gemeinsam Steine zu werfen, anstatt wegzulaufen, wenn man spürte, dass man belauert wurde. Zwar war Kooperation ganz klar das effektivste Mittel zu Erreichung des gemeinsamen Ziels – nämlich zu überleben –, aber aus nackter Angst muss es unglaublich verlockend gewesen sein, den Schutz der Gruppe anderen zu überlassen. Diejenigen, die nicht willens waren, ihren Teil beizutragen, und deshalb beim ersten Anzeichen von Gefahr wegliefen, werden sehr schnell damit konfrontiert gewesen sein, dass sie in der Gruppe nicht mehr willkommen waren – sie sahen nun definitiv harten Zeiten und schlechten Fortpflanzungsmöglichkeiten entgegen. Auf diese Weise bevorzugte die Evolution also die Entwicklung von Selbstkontrolle, mit der unsere Vorfahren eine Vielzahl von sozialen Zielen erreichten.

Das Zusammenwirken von ACC und LPFC ermöglichen Selbstkontrolle, aber Selbstkontrolle bedeutet mehr, als sich im Angesicht der Verlockung zurückzuhalten. Unsere großen Gehirne ermöglichen es uns darüber hinaus, die physische Welt in Form von abstrakten Begriffen in den Blick zu nehmen, was uns wiederum dabei hilft, sie als eine Ansammlung lösbarer Probleme zu betrachten, statt als eine Masse von potenziell überwältigenden Versuchungen. Um zu erklären, was ich damit meine, möchte ich Sie auf ein wundervolles Experiment mit Schimpansen hinweisen, das Sarah Boysen und Gary Berntson an der Ohio State University durchgeführt haben.

Zunächst brachte Boysen den Schimpansen die Ziffern für die Zahlen von eins bis neun bei. Dann zeigte sie ihnen ein Spiel, bei dem man wählen muss, wie viel Süßigkeiten man haben möchte. In dem Spiel wurden wie in Abbildung 5.1 zwei Schimpansen einander gegenübergesetzt, und ein Schimpanse – den wir den Aussucher nennen wollen – hatte die Möglichkeit zu entscheiden, wie viele Süßigkeiten jeder der beiden bekommen sollte: Ihm wurden zwei Zahlen auf unterschiedlichen Karten gezeigt, und er sollte auf eine der beiden Ziffern zeigen.

Der Clou bei dem Spiel bestand nun darin, dass der andere Schimpanse die Anzahl von Süßigkeiten bekam, die auf der vom Aussucher ausgewählten Karte stand, und der Aussucher selbst die Anzahl von Süßigkeiten erhielt, die auf der *anderen*, nicht ausgewählten Karte verzeichnet war. Schimpansen teilen nicht gern, weshalb ihr Ziel stets darin bestand, die größere Anzahl selbst zu bekommen und die kleinere Anzahl dem anderen Schimpansen zu überlassen. Die Schimpansen lernten folglich sehr schnell, auf die kleinere Ziffer zu zeigen, um die größere Menge an Süßigkeiten zu bekommen (siehe Abbildung 5.1a).

Abbildung 5.1a: Der Schimpanse spielt das Spiel gut. Er drückt auf die kleinere Ziffer, damit er die größere Menge an Süßigkeiten bekommt. (Sarah T. Boysen)

Die Schlüsselfrage dieses Experiments lautete, was passieren würde, wenn Boysen den Schimpansen anstelle von Ziffernkarten echte Süßigkeiten präsentierte. Reale Süßigkeiten sollten die Aufgabe eigentlich weniger kompliziert machen, was es den Schimpansen wiederum hätte erleichtern müssen, sich erfolgreich den größeren Haufen unter den Nagel zu reißen: Immerhin mussten sich die Schimpansen in diesem Setting nicht daran erinnern, was die Ziffern bedeuteten, wenn sie als Gewinner aus diesem Spiel hervorgehen wollten. Aber genau das Gegenteil passierte. Obwohl die Schimpansen die Regeln des Spiels kannten, zeigten sie mit schöner Regelmäßigkeit auf den größeren Süßigkeitenhaufen. Die Schimpansen schienen ihren Fehler jedes Mal sofort zu bemerken, und oft sah es so aus, als würden sie sich richtig über sich selbst ärgern. Bemerkenswerterweise begingen sie aber denselben Fehler in der nächsten Runde wieder (und wieder und wieder – im wahrsten Sinne des Wortes Hunderte Male!).

Abbildung 5.1b: Der Schimpanse spielt das Spiel nicht sehr gut. Er zeigt auf den größeren Süßigkeitenhaufen und bekommt so den kleineren. (Sarah T. Boysen)

Warum machten diese klugen Tiere unablässig den gleichen dummen Fehler? Wahrscheinlich konnten sie der Verlockung der echten Süßigkeiten einfach nicht widerstehen. Als Boysen ihnen durch das Erklären der Ziffern geholfen hatte, Süßigkeiten in abstrakte Probleme zu verwandeln, waren die Schimpansen in der Lage gewesen, mental einen Schritt zurückzutreten und das Problem objektiv zu betrachten. Doch ihre begrenzten abstrahierenden Fähigkeiten waren nicht stark genug, um die realen Süßigkeiten vor ihnen mit Abstand zu betrachten, wodurch die Versuchung einfach zu groß wurde. Die Süßigkeiten waren gewissermaßen zu verführerisch für die Frontallappen unserer Schimpansen, und so gab es nichts, was sie davon abhalten konnte, auf den größeren Stapel zu zeigen.

Weil die Frontallappen von Schimpansen kleiner sind als unsere, sind ihre Kontrollfunktionen und ihre Fähigkeit, in abstrakten Begriffen zu denken, weniger ausgeprägt als unsere. Uns Menschen fällt es relativ leicht, einen Haufen Süßigkeiten in ein abstraktes Problem zu überführen, wodurch wir in die Lage versetzt werden, Süßigkeiten als Zahlen und nicht als Objekte zu betrachten. Sobald wir aber unsere Probleme in abstrakte Aufgaben übersetzt haben, können unsere Kontrollfunktionen nicht mehr von Verlockungen überwältigt werden. Die Schimpansen dagegen konnten diese Abstraktionsleistung nur mit Hilfe der Ziffernkarten erbringen. Trotzdem sollten wir uns diesen Tieren nicht allzu überlegen fühlen: Solange wir nämlich Kinder sind, ähneln wir mit unseren unausgebildeten Frontallappen und unserem begrenzten Abstraktionsvermögen den Schimpansen außerordentlich. Und das ist der Grund dafür, dass wir solche Prozesse auch unter (jungen) Menschen beobachten können – besonders anschaulich zum Beispiel in Walter Mischels berühmten Marshmallow-Experimenten.

Mischel setzte mehrere kleine Kinder in einen Raum und stellte vor jedes von ihnen ein Tablett mit einem einzigen Marshmallow darauf. Er sagte den Kindern, dass sie, wenn sie wollten, den Marshmallow jetzt essen dürften, aber dass er, wenn sie damit warteten, mit *zwei* Marshmallows zurückkommen werde. Er teilte ihnen außerdem mit, dass sie, wenn sie sich entschieden, nicht zu warten, eine Glocke betätigen sollten, bevor sie den Marshmallow aßen. Es wird Sie nicht überraschen, dass fast alle Kinder zwei Marshmallows haben wollten und feierlich gelobten zu warten, bis Mischel zurückkam. Er verließ dann den Raum und kam in einem Zeitraum von 15 Minuten nur dann zurück, wenn eines der Kinder die Glocke läutete.

Mischel wollte herausfinden, wie lange die Kinder warten konnten und welche Faktoren sich dazu eigneten, Aussagen über ihre Fähigkeit zur Selbstkontrolle zu treffen. Die Studie hatte gleich mehrere interessante Resultate. Das Wichtigste: Es gab große individuelle Unterschiede, was die Zeit betraf, die die Kinder warten konnten. Einige schafften die gesamten 15 Minuten, andere hielten es kaum 10 Sekunden aus. Wenn man sich die Aufnahmen des ursprünglichen Experiments ansieht, fällt ein Faktor als besonders geeignet ins Auge, um vorherzusagen, wer wartet und wer nicht: Die Kinder, die am längsten warten konnten, waren nämlich diejenigen, die ihre Aufmerksamkeit von den Marshmallows abzogen. Sie sangen sich selbst etwas vor, kehrten dem Tablett den Rücken zu, spielten etwas oder schliefen sogar ein. Die Kinder dagegen, die ihren Marshmallow die ganze Zeit anstarrten oder ihn sogar fest in ihren Händchen hielten, hatten keine Chance. Die kleinen weißen Dinger waren schneller weg, als man gucken konnte.

Marshmallows zu widerstehen ist für Vorschulkinder besonders schwierig, denn ihre Frontallappen sind noch unterentwickelt, und das schränkt ihre Fähigkeit zur Selbstkontrolle stark ein. Aber einige Kinder fanden heraus, wie sie diese Schwäche umschiffen konnten, nämlich etwa auf die gleiche Weise wie Boysen, die ihren Schimpansen geholfen hatte, die physischen Süßigkeiten in abstrakte Zahlen zu verwandeln. Als Mischel dieselben Kinder zwölf Jahre später ausfindig machte, stellte sich heraus, dass diejenigen, die als Kinder mit dem Essen des Marshmallows länger gewartet hatten, im SAT-Test[30] für angehende Studierende besser abgeschnitten hatten, als die, die bei dem Experiment recht schnell eingeknickt waren. Ihre Fähigkeit, sich eine Verlockung in ein lösbares Problem zu übersetzen, hatte ihnen schon im Kindesalter geholfen, Versuchungen zu widerstehen. Genau diese Fähigkeit ermöglichte es ihnen dann auch auf ihrem weiteren Lebensweg, sich selbst zu kontrollieren, wenn es nötig war, und genau das führte wohl dazu, dass sie etwas weniger Party machten und mehr für die Schule lernten.

Jenseits von Selbstkontrolle: die sozialen Vorteile eines großen Gehirns

Vor etwa 15 Jahren hörte ich zum ersten Mal von der These des sozialen Gehirns, einem Konzept, das schon seit den 1960er-Jahren immer wieder einmal in der Biologie und der Anthropologie aufgetaucht, aber in der Psychologie noch weitgehend unerforscht war. Wie ich in den ersten beiden Kapiteln dargelegt habe, geht diese Theorie davon aus, dass Primaten deshalb große Gehirne entwickelt haben, weil sie die sozialen Herausforderungen meistern mussten, die sich ergaben, wenn es darum ging, mit den unterschiedlichen Menschen in ihren voneinander abhängigen Gruppen zurechtzukommen. Irgendwann ging mir Folgendes auf: Wenn unsere Gehirne tatsächlich eher zur Lösung von sozialen als von physischen Problemen so groß geworden sind, spielen vielleicht auch viele von den Fähigkeiten, die wir als rein kognitiv betrachten, eine wichtige soziale Rolle.

So entwickelten wir zum Beispiel die Fähigkeit, alternative Lösungsmöglichkeiten für Probleme aus dem Hut zu zaubern (auch bekannt als divergentes Denken), womöglich nicht so sehr, um einen tosenden Fluss zu überqueren oder hungrigen Hyänen zu entkommen, sondern um in sozialen Situationen flexibler reagieren zu können. Wenn der ursprüngliche Lösungsansatz fehlgeschlagen war, könnte divergentes Denken es uns ermöglicht haben, Probleme mit Freunden und Feinden dennoch erfolgreich anzugehen. Mir leuchtete diese Idee schon deshalb unmittelbar ein, weil sie zu meinen eigenen Kindheitserfahrungen passte. Ich war körperlich ein ausgesprochen kleines Kind, hatte aber ein ausgesprochen loses Mundwerk: Meine Fähigkeit zum divergenten Denken war das Einzige, worauf ich mich verlassen konnte, wenn ich mich auf dem Spielplatz mal wieder in eine brenzlige Situationen gequatscht hatte.[31]

Um die Idee zu überprüfen, dass divergentes Denken den sozialen Erfolg vergrößert, holte mein Doktorand Isaac Baker Freundesgruppen in unser Labor und gab ihnen eine Reihe von Aufgaben. Er erfasste ihren IQ, machte mit ihnen einen Persönlichkeitstest und fragte sie, wie viele verschiedene Gebrauchsmöglichkeiten ihnen für einen Ziegelstein, einen Teller und andere Alltagsgegenstände einfielen. Diese letzte Frage zielte auf das divergente Denken: Einige Leute gaben Antworten, die sich untereinander stark ähnelten (Ziegelstein zum Offenhalten einer Tür, zum Offenhalten eines Fensters, zum Aufbocken eines Regals), während andere eine größere Bandbreite von Gebrauchsmöglichkeiten nannten (Ziegelstein zum Beschweren einer Picknickdecke, zum Einschlagen eines Nagels, als Wurfinstrument, um den nervigen Typen da drüben zum Schweigen zu bringen).

Daraufhin bat er jeden Teilnehmer, unter vier Augen die sozialen Fähigkeiten der anderen Gruppenangehörigen einzuschätzen. Isaac fand dabei heraus, dass Leute, die mit vielfältigeren Gebrauchsmöglichkeiten für einen

Ziegelstein hatten aufwarten können, auch überzeugender, humorvoller und charismatischer waren. Dieser Zusammenhang bestand unabhängig von der Höhe ihres IQ: Divergentes Denken ist also mitnichten ein bloßes Nebenprodukt von Intelligenz. Es ist vielmehr eine ganz eigene, zentrale Fähigkeit, die es Menschen ermöglicht, überzeugender, amüsanter und charismatischer zu sein.

Mentale Schnelligkeit, also die Fähigkeit, in kurzer Zeit Informationen abzurufen und Probleme zu lösen, ist eine weitere kognitive Kompetenz, die uns eine flexible Reaktion auf die Welt ermöglicht. Weil soziale Interaktionen häufig sehr rasant ablaufen, hat man dabei wenig Zeit zum Denken. Wenn Sie einen Witz auf meine Kosten machen und ich umgehend mit einer schlagfertigen Antwort kontere, kann ich nach unserem kleinen Schlagabtausch stolz auf mich sein. Wenn ich aber länger brauche, um mir eine Antwort auszudenken, ist das Gespräch inzwischen wahrscheinlich längst weitergegangen. Und auch wenn ich inzwischen eine brillante Erwiderung auf Lager habe, werde ich ziemlich dumm dastehen, wenn ich versuche, sie nun gegen Ihre frühere Stichelei vorzubringen. Je schneller ich denke, desto größer ist meine Bandbreite an Reaktionsmöglichkeiten.

Um herauszufinden, ob mentale Schnelligkeit ein Marker für ein gut funktionierendes Sozialverhalten ist, führten wir eine Studie durch, in der wir Menschen aus Freundschaftsgruppen baten, so schnell wie möglich einfache Fragen zur Allgemeinbildung zu beantworten (zum Beispiel »Nennen Sie einen kostbaren Edelstein«). Daraufhin fragten wir ihre Freunde, wie charismatisch die Teilnehmer ihrer Meinung nach waren und fanden heraus, dass Menschen, die die Fragen zum Allgemeinwissen schneller beantwortet hatten, von ihren Freunden als charismatischer eingeschätzt wurden. Und so wie das divergente Denken hatte auch die mentale Schnelligkeit keinen Bezug zur jeweiligen Intelligenz des Teilnehmers.

Die Wissenschaft des letzten Jahrhunderts ging fest davon aus, dass der IQ unser intellektuelles Zugpferd ist, und dass soziale Intelligenz in dieser großen Gruppe mentaler Fähigkeiten eher eine Untergruppe oder einen Nebenzweig darstellt. Dagegen legen die Resultate dieser Studien nahe, dass es sich möglicherweise umgekehrt verhält. Vielleicht ist unsere soziale Intelligenz das Zugpferd und unsere Fähigkeit, komplexe Probleme zu lösen (also unsere abstrakte Intelligenz/unser IQ) nur ein zufälliger Nebenzweig unserer evolutionär entstandenen sozialen Fähigkeiten. Wenn wir die These vom sozialen Gehirn ernst nehmen, heißt das jedenfalls, dass wir den IQ als ein Nebenprodukt der sozialen Intelligenz betrachten müssen – und nicht umgekehrt. Und wenn soziale Intelligenz tatsächlich das ist, was den umfassenderen Bereich unserer mentalen Fähigkeiten ausmacht, ist es auch logisch, warum der IQ häufig kein guter Anzeiger für beruflichen Erfolg ist. Wenn wir den IQ messen, betrachten wir nur ein ganz kleines Stück der kognitiven Torte, während die soziale Intelligenz vielleicht viel mehr über die Fähigkeit aussagt, sich in der Welt zurechtzufinden.

Das Gegenargument, das mir an dieser Stelle sofort in den Sinn kommt, lautet ungefähr so: »Moment mal. Einige der klügsten Menschen, die ich kenne, sind im Hinblick auf ihr Sozialverhalten eher unterbelichtet, während ein paar von meinen offensten und sozialsten Freunden kaum in der Lage sind, ihre Einkäufe zusammenzurechnen. Wenn der IQ ein Nebenzweig der sozialen Intelligenz ist, sollten die beiden nicht viel stärker miteinander verbunden sein?« Solche Diskrepanzen kommen tatsächlich nur allzu häufig vor, und sie machen erneut deutlich, dass allgemeine kognitive Kompetenzen und soziale Fähigkeiten nicht unbedingt Hand in Hand gehen müssen. Aus diesem Grund haben wir ja gerade ganz bestimmte kognitive Fähigkeiten (wie Selbstkontrolle, divergentes Denken und mentale Schnelligkeit) genauer untersucht: Sie ermöglichen Flexibilität und verbessern auf diese Weise die Sozialkompetenz. Genau wie einige Menschen ohne Probleme die ganze Verfassung auswendig lernen können und nicht in der Lage sind, aus dem Supermarkt nach Hause zu finden, gibt es Menschen, die zwar super in Mathe sind, aber die speziellen kognitiven Fähigkeiten, die sie bräuchten, um andere Menschen zu verstehen und mit ihnen zurechtzukommen, einfach nicht besitzen.

Abschließend ist noch wichtig zu erwähnen, dass Sozialkompetenz nicht nur auf kognitiven Fähigkeiten beruht, sondern auch viel mit unserer Einstellung zu tun hat. Es mag seltsam klingen, aber die allerwichtigste soziale Einstellung ist vielleicht die, die wir uns selbst gegenüber haben.

Die sozialen Vorteile übermäßigen Selbstbewusstseins

Das *von* in meinem Nachnamen verweist auf meine deutsche Herkunft – vor langer Zeit hat die Familie meines Vaters in Preußen Land besessen. Wir haben deshalb auch ein Familienwappen sowie ein Familienmotto, das lautet: *Mehr sein als scheinen.* Meiner Interpretation zufolge bedeutet das: »Versuche nicht besser zu erscheinen, als du bist.« Eine Google-Suche zeigt, dass viele unserer ehemaligen Nachbarn dieses Motto teilten, denn Bescheidenheit ist eine preußische Tugend. »Versuche nicht besser zu erscheinen, als du bist« ist eine prima Lebenseinstellung, wenn man ein Ninja oder ein Falschspieler ist, aber für die meisten anderen ist dieses Motto eher kontraproduktiv, denn wir bekommen viel mehr im Leben, wenn wir besser erscheinen, als wir sind. Auch ich selbst sehe mich als »Bill plus 20 Prozent«. Lassen Sie mich das erklären.

In einem meiner liebsten Experimente zum Thema übermäßiges Selbstbewusstsein holten Nicholas Epley und Erin Whitchurch von der University of Chicago Menschen in ihr Labor, damit sie sich fotografieren ließen. Epley und Whitchurch bearbeiteten diese Fotos dann in unterschiedlichem Ausmaß mithilfe von attraktiven oder unattraktiven Fotos von Menschen desselben Geschlechts. Ein paar Wochen später baten Epley und Whitchurch die Teilnehmerinnen und Teilnehmer noch einmal ins Labor und legten ihnen unbearbeitete und bearbeitete Fotos vor, auf denen sie selbst in den unterschiedlichen Situationen zu sehen waren. Die Teilnehmer wurden nun gebeten, aus einer ungeordneten Reihe von Fotos, die sowohl das eigentliche Bild als auch verschiedene bearbeitete Fotos enthielt, das echte Foto herauszusuchen. Am häufigsten kam es vor, dass die Teilnehmer das Foto für echt hielten, das zu 10 bis 20 Prozent mithilfe eines attraktiveren Bildes bearbeitet worden war!

In einem zweiten Experiment wurde den Teilnehmerinnen und Teilnehmern eine Reihe von Fotos anderer Personen vorgelegt, unter denen ein einziges Foto von ihnen selbst war, das entweder unverändert geblieben oder zu 20 Prozent mithilfe eines attraktiven oder unattraktiven Bildes bearbeitet worden war. Epley und Whitchurch stellten fest, dass die Leute Bilder von sich selbst am schnellsten finden konnten, wenn diese mithilfe eines attraktiven Fotos bearbeitet worden waren. Eine mittlere Geschwindigkeit beim Heraussuchen des eigenen Bildes erreichten sie, wenn das Foto unbearbeitet geblieben war, und am langsamsten waren sie, wenn ihr Bild mithilfe eines unattraktiven Fotos bearbeitet worden war. Diese Ergebnisse deuten darauf hin, dass das geschönte Foto dem inneren Selbstbild von Leuten am nächsten kommt, was wiederum nahelegt, dass wir uns in Bezug auf unsere eigene Attraktivität etwas vormachen.

Wenn Sie nun denken, Sie selbst wären gegen diesen Selbstverbesserungseffekt immun, dann überlegen Sie bitte für einen Moment, wann sie zum letzten Mal ein ungestelltes Foto von sich selbst gesehen haben, das sie mochten. Wenn Sie so ticken, wie die meisten Menschen, dann sind Sie wahrscheinlich der Ansicht, dass die meisten Schnappschüsse von Ihnen einfach schlecht fotografiert sind. Was mich betrifft, bin ich mir sicher, dass meine Freunde nicht nur schlechte Fotografen, sondern wahre Sadisten sind. Die traurige Wahrheit ist allerdings, dass unsere Freunde keine schlechten Fotografen sind: Wir sehen einfach nur nicht so gut aus wie wir denken. Und genau aus diesem Grund mögen wir keine Schnappschüsse: Sie zeigen, wie wir wirklich aussehen, nicht, wie wir glauben auszusehen. Man mag das Foto von sich selbst lieber, das einen genau im richtigen Winkel und genau am richtigen Tag einfängt, und dieses Foto stellt man dann auf Facebook, Tinder oder ins Adressverzeichnis der Firma. Und weil man dieses Foto dann sehr viel häufiger sieht als die, die man gelöscht hat, weil man sie scheußlich fand, kommt man allmählich zu dem Glauben, dass dieses unrealistisch gute Foto eine naturgetreue Abbildung von einem selbst ist. So viel zum »ich plus 20 Prozent«.

Die Studie von Epley und Whitchurch ist ein großartiges Beispiel für den ganz normalen Selbstbetrug, doch es erklärt uns noch nicht, *warum* man sich selbst etwas vormacht. Diese Frage wird mindestens seit Sokrates und Platon debattiert. Sokrates war ein großer Fan des Orakels von Delphi: »Erkenne dich selbst«, und er genoss es, den Mitgliedern der Athener Elite zu demonstrieren, dass sie nicht so viel wussten, wie sie glaubten zu wissen. Seine Athener Mitbürger schätzten seinen Hang, ihre Unzulänglichkeiten aufzudecken, überhaupt nicht, und wie man weiß, verurteilten sie ihn schließlich unter falschen Anschuldigungen zum Tode. Als Psychologe bin ich ohnehin der Ansicht, dass der Wert der Selbsterkenntnis überschätzt wird. Ich muss mir nur ein Foto von mir selbst in der Pubertät ansehen, um den enormen Schaden zu ermessen, den Selbsterkenntnis anrichten kann. Wenn ich auch nur die Spur einer Ahnung gehabt hätte, wie unglaublich bescheuert ich in der neunten Klasse ausgesehen habe, hätte ich echte Schwierigkeiten gehabt, überhaupt zur Schule zu gehen, ganz zu schweigen davon, mit dem Mädchen zu flirten, das neben mir saß.

Auch Freud erkannte den Wichtigkeit des Selbstbetrugs. Seiner Meinung nach ist er dazu da, uns vor einer Welt zu schützen, die oft kaum zu ertragen ist. Vielleicht stimmt das: Es wäre wahrscheinlich tatsächlich schwer, den nächsten Tag zu überstehen, wenn man wüsste, was Freunde und Nachbarn wirklich von einem denken. In Kapitel 9 werde ich jedoch darlegen, dass die Evolution uns nicht geformt hat, damit wir glücklich werden, sondern damit wir Erfolg haben. Und es erfordert nicht viel Fantasie sich vorzustellen, wie ein falsches Selbstbild diesen Erfolg erheblich reduzieren kann. Bill plus 20 Prozent stolpert dauernd in Kämpfe hinein, die er kläglich verliert und bittet Frauen um eine Verabredung, die nicht das geringste Interesse an ihm haben (und einem, wenn ich mich richtig erinnere, laut ins Gesicht lachen). Wie kann es also sein, dass die Vorteile die Nachteile trotzdem überwiegen?

Zwar haben die Psychologen seine Erkenntnisse fast 40 Jahre lang ignoriert, aber Robert Trivers hat schon Mitte der 1970er-Jahre als junger Harvard-Professor eine so einfache wie brillante Antwort auf diese Frage vorgeschlagen. Er stellte nämlich die These auf, dass wir uns selbst betrügen, damit wir unsere Mitmenschen besser betrügen können. Wenn mein Neuntklässler-Ich (fälschlicherweise) glaubt, dass es *nicht* total bescheuert aussieht und daraufhin das hübsche Mädchen aus dem Biologiekurs um ein Date bittet, steht sie vor einem Rätsel: Einerseits sieht der Typ ja tatsächlich nicht nach viel aus, andererseits scheint er selbst da anderer Ansicht zu sein, also ist vielleicht mehr an ihm dran, als man sieht.

Übermäßiges Selbstvertrauen kann also dann von Vorteil sein, wenn es mir gelingt, mein geschöntes Selbstbild in die Köpfe anderer Leute zu katapultieren. Und wenn ich diese Kunst wirklich beherrsche, muss ich vielleicht noch nicht einmal auf die oben beschriebene Weise dafür zahlen (also, indem ich eins auf die Nase bekomme oder als Blödmann dastehe). Der Typ, der mich mit Leichtigkeit verprügeln könnte, fragt sich plötzlich, ob ich vielleicht doch stärker bin, als ich aussehe, und ob es eventuell besser wäre, die Sache einfach stillschweigend fallen zu lassen. Der Frau, die es sehr viel besser treffen könnte, kann ich vielleicht suggerieren, dass *ich* der Inbegriff von »sehr viel besser« bin. Immerhin kenne ich mich selbst schon sehr viel länger, als sie es tut, weshalb es dumm wäre, die Meinung, die ich von mir selbst habe, zu ignorieren.

Diese These wurde noch nicht besonders häufig überprüft, aber die vorhandenen Daten stimmen mit Trivers' Ideen überein. So setzten beispielsweise Cameron Anderson und seine Kolleginnen und Kollegen aus Berkeley Studierende in kleinen Arbeitsgruppen zusammen und fanden heraus, dass diese nicht in der Lage waren einzuschätzen, ob Gleichaltrige viel wussten oder nur übermäßig selbstbewusst waren. Die Folge war, dass sie die Tendenz hatten, sich auch dann, wenn es nicht ratsam war, an Menschen zu hängen, die mit einem übermäßigen Selbstvertrauen aufwarten konnten. Richard Ronay und seine Kolleginnen und Kollegen von der Universität Amsterdam kamen bei Mitarbeiterinnen und Mitarbeitern von Personalabteilungen, die geeignete Kandidaten für Managementposten auswählen sollten, zu ähnlichen Ergebnissen. Die Personalleiter neigten dazu, Bewerber mit übermäßigem Selbstbewusstsein zu empfehlen, anstatt Bewerber, die eine etwas ausgewogenere Selbsteinschätzung mitbrachten. Genau wie Andersons Studierende konnten sogar ausgebildete Personalfachleute nicht zwischen Menschen unterscheiden, die wirklich wussten, wovon sie sprachen, und solchen, die nur heiße Luft produzierten.

Mein Doktorand Sean Murphy konnte daraufhin zeigen, dass diese Ergebnisse nicht nur beweisen, dass man von Leuten, die man nicht gut kennt, kurzfristig getäuscht werden kann. Er fand heraus, dass männliche Schüler der Highschool, die in Bezug auf ihre sportlichen Fähigkeiten ein übermäßiges Selbstbewusstsein mitbrachten, ganz real von Schuljahr zu Schuljahr beliebter wurden. Das legt nahe, dass übermäßiges Selbstbewusstsein sich nicht nur dann auswirkt, wenn die Leute einen nicht gut kennen, sondern auch in langfristigen sozialen Netzwerken einen positiven Einfluss hat. Schließlich konnte Sean in einer anderen Reihe von Experimenten zeigen, dass übermäßig selbstbewusste Menschen schon deshalb erfolgreich sind, weil sie in Konkurrenzsituationen einschüchternd wirken und andere es deshalb vermeiden, sich auf ein Kopf-an-Kopf-Rennen mit ihnen einzulassen.

Die Untersuchungen legen nahe, dass übermäßiges Selbstbewusstsein große zwischenmenschliche Vorteile hat, und dass Freud falsch lag, als er Selbsttäuschung als einen Abwehrmechanismus charakterisierte. Trivers dagegen traf den Nagel auf den Kopf, als er vorschlug, Selbsttäuschung eher als soziale Waffe zu betrachten. Bill plus 20 Prozent versucht nicht etwa, sich selbst vor der zugegebenermaßen unfreundlichen Welt zu schützen; er will vielmehr die Leute dazu zu bringen, ihn zu mögen und Konflikte mit ihm zu vermeiden. Um es etwas allgemeiner auszudrücken: Meine Tendenz, mich aufzuplustern, hat sich entwickelt, weil sie mir beim Erreichen von sozialen Zielen hilft, die ich nicht erreichen könnte, wenn ich in Bezug auf mich selbst ehrlich wäre.

Selbsttäuschung ist nicht nur etwas für Leute mit übermäßigem Selbstvertrauen

Mithilfe von Trivers Einsicht, dass Selbsttäuschung eine soziale Waffe ist und nicht etwa eine Strategie, um sich besser zu fühlen, konnten wir das Phänomen des übermäßigen Selbstbewusstseins besser verstehen, doch Selbsttäuschung geht weit über diese Funktion hinaus. Nicht nur unser

Selbstvertrauen wird nämlich sofort von unseren Mitmenschen bemerkt, sondern beinahe *alle* unsere Gefühle haben soziale Konsequenzen. Denken wir einmal an eines unserer wichtigsten Gefühle: Glück. In Kapitel 9 und 10 werde ich ausführlich darüber schreiben, was uns glücklich macht, weshalb wir uns an dieser Stelle auf die sozialen Konsequenzen des Glücklichseins konzentrieren können. Wenn man nur kurz darüber nachdenkt, wird sofort klar, dass Glück ein Gefühl ist, das große soziale Konsequenzen hat, besonders, weil alle Menschen es genießen, mit glücklichen Menschen zusammen zu sein. Wie das Sprichwort sagt: »Lache, und die Welt lacht mit dir; weine, und du weinst allein.«

Die sozialen Konsequenzen des Glücklichseins sind Grund genug, ein fröhliches Gesicht aufzusetzen, weshalb Menschen in den unterschiedlichsten sozialen Konstellationen ihr Glück gern übertreiben. Wenn ich Ihnen auf der Straße begegne und frage: »Wie geht‹s?«, will ich ehrlich gesagt nichts von ihren Hühneraugen und Hämorrhoiden hören, sondern hoffe einfach, dass Ihre Antwort: »Gut, und Ihnen?« lautet. Selbst, wenn unsere Hühneraugen und Hämorrhoiden uns quälen, behaupten wir in kurzen sozialen Interaktionen fast immer, dass alles gut ist. Dabei geht es um mehr, als darum, den Leuten etwas anderes zu erzählen, als man selbst glaubt. Wenn Trivers recht hat, ist es vielmehr so, dass wir versuchen, uns selbst von der Wahrheit unserer Behauptungen zu überzeugen, um die anderen überzeugen zu können. Gestützt wird diese These von Epleys und Whitchurchs Experimenten mit den bearbeiteten Fotos, von Andersons Untersuchungen mit den übermäßig selbstbewussten Studierenden und von zahlreichen anderen Studien, in denen Menschen sich selbst überschätzen und andere dazu bringen, dieses Bild zu übernehmen. Wie lässt sich dies nun auf das Gefühl von Glück übertragen?

Meine Lieblingsstudie zum Thema Glück stammt von Sean Wojcik und seinen Kolleginnen und Kollegen von der University of California, Irvine. Der Hintergrund ihrer Studie ist ein unter Sozialwissenschaftlern wohlbekanntes Phänomen: Menschen, die sich in den USA zum konservativen politischen Spektrum zählen, sind normalerweise glücklicher als Menschen aus dem liberalen Spektrum. Es gibt diverse Erklärungsversuche für dieses

Phänomen, aber als Wojcik und seine Kollegen sich die entsprechende Literatur genauer ansahen, stellten sie fest, dass die Ergebnisse zwar zeigten, dass Konservative *behaupteten*, glücklicher zu sein als Liberale, aber eigentlich niemand wusste, ob sie auch glücklicher *waren*. Also beschloss Wojcik, sich die riesigen Datenmengen, die heutzutage per Twitter, LinkedIn und die täglichen offiziellen Congressional Records verfügbar sind, genauer anzusehen. Er grub Millionen von Wörter, Tausende von Tweets und Hunderte Fotos von Kongressmitgliedern und anderen Leuten aus, von denen man wusste, dass sie zur politischen Linken oder Rechten gehörten, um zu überprüfen, ob sich in Hinblick auf ihre Wortwahl und ihr Lächeln tatsächlich Unterschiede feststellen ließen.

Sie werden sich vielleicht fragen, warum Konservative behaupten sollten, dass sie glücklicher sind als Liberale, wenn sie es in Wirklichkeit gar nicht sind? Wenn man die Ideologie des modernen amerikanischen Konservatismus mit der des Liberalismus vergleicht, besteht einer der deutlichsten Unterschiede zwischen den beiden Gruppen darin, wie sie die allgemeinen Spielregeln beurteilen. Konservative glauben stärker als Liberale daran, dass sie in einer fairen Gesellschaft leben, in der es auf Leistung ankommt, während Liberale dazu neigen, eine ganze Bandbreite von unfairen strukturellen Barrieren auszumachen, die den Leistungen bestimmter Menschen im Wege stehen – und die wiederum von Konservativen als relativ unwichtig eingeschätzt werden. So sind Liberale normalerweise der Ansicht, dass die Hautfarbe, das Geschlecht oder die sexuelle Orientierung zu unfairer Behandlung und Chancenungleichheit führen kann, während Konservative der Auffassung zuneigen, dass die negativen Auswirkungen von Hautfarbe, Geschlecht oder sexueller Orientierung extrem übertrieben werden.

Wenn man diese Ansichten logisch zu Ende denkt, wird deutlich, dass Konservative (ob nun bewusst oder unbewusst) davon ausgehen, dass jeder Mensch für sein Glück selbst verantwortlich ist. Wenn ich ein unglücklicher Konservativer bin und in einer Gesellschaft lebe, in der Leistung alles ist, dann muss ich ja an meinen eigenen Zielen gescheitert sein, denn sonst wäre ich ja glücklich. Wenn ich dagegen ein unglücklicher Liberaler bin, dann ist es sehr wahrscheinlich, dass meine Hautfarbe, mein Geschlecht, meine soziale Klasse oder sonst irgendetwas an mir, auf das ich keinen Einfluss habe, mich ausgebremst hat, wodurch mein Unglück nicht notwendig zu einem Zeichen meines eigenen Versagens wird. Aus diesem Grund ist es für Konservative wichtiger als für Liberale, glücklich zu erscheinen, denn auf Seiten der Konservativen kann Unglück ein Zeichen des Versagens sein, bei Liberalen dagegen kaum .[32]

Übereinstimmend damit tauchten in Wojciks Untersuchungen von Wortbeiträgen oder Tweets von Liberalen und Konservativen keinerlei Hinweise dafür auf, dass Konservative glücklicher sind als Liberale. Tatsächlich kam das genaue Gegenteil heraus. Liberale gebrauchten positivere Begriffe und lächelten auf Fotos breiter. Ein Lächeln unterscheidet sich nicht nur dadurch von einem anderen Lächeln, dass es breiter ist, sondern ein echtes Lächeln kann auch durch die Fältchen, die sich um die Augen herum bilden, von einem aufgesetzten Lächeln unterschieden werden. Ein echtes Lächeln verursacht fast immer Augenfältchen, ein aufgesetztes Lächeln fast nie. Als Wojcik und sein Team die Fotos auf Augenfältchen untersuchten, stellten sie fest, dass bei Liberalen dieses Anzeichen für unaufgesetztes Glück häufiger zu finden war.[33]

Selbstbetrug funktioniert

All diese Studien legen nahe, dass wir Menschen hochgradig auf den Eindruck fixiert sind, den wir bei anderen hinterlassen, aber sie enthalten keinen Hinweis darauf, ob diese Art von Betrug tatsächlich auch bei uns selbst funktioniert. So gehen Konservative offenbar durchs Leben und behaupten, glücklicher zu sein als Liberale, was bedeutet, dass es unkomplizierter ist, sie auf der Straße zu fragen, wie es ihnen geht – aber ob diese Menschen selbst von ihren Behauptungen profitieren, wissen wir nicht.

Am besten beantwortet man eine solche Frage experimentell, und genau das haben wir getan. Unser Ziel bestand darin, Trivers These zu überprüfen, dass Selbstbetrug Menschen hilft, andere zu überzeugen. Wir unterteilten deshalb seine These in ihre drei logischen Komponenten: Wann immer jemand sich nicht vollkommen sicher ist, ob er die Wahrheit sagt, sollte er: *erstens*, sich selbst von der Wahrheit seiner Behauptung zu überzeugen versuchen; *zweitens*, seine Behauptung selbst glauben; *drittens*, indem er sich selbst überzeugt hat, seine Mitmenschen erfolgreicher überzeugen können. Um diese drei Möglichkeiten zu überprüfen, übernahmen wir einen Versuchsaufbau von meinem alten Freund Peter Ditto.

Ditto hat seine Experimente vor mehr als 20 Jahren durchgeführt, aber für mich sind sie bis heute die beste Methode, um zu untersuchen, wie selbstbetrügerische Motive unsere Informationssuche beeinflussen. Für Dittos Experimente erzählte man Collegestudenten (fälschlicherweise), dass die Wissenschaftler den Zusammenhang zwischen psychischen Eigenschaften und körperlicher Gesundheit untersuchen wollten. Zu diesem vorgeblichen Zweck sagte Ditto den Studierenden, dass sie die Möglichkeit hätten, eine medizinische Untersuchung durchführen zu lassen, die ihn sagen werde, ob es wahrscheinlich sei, dass sie zu einem späteren Zeitpunkt in ihrem Leben ernsthaft erkranken würden.

Mit anderen Worten werde ihnen diese Untersuchung – obwohl sie zu diesem Zeitpunkt kerngesunde junge Leute waren – offenbaren, ob es wahrscheinlich sei, dass sie in der Zukunft ernsthaft erkrankten. Bei dieser »medizinischen Untersuchung« mussten die Teilnehmer ihren Speichel auf einen Teststreifen geben und dann beobachten, ob sich die Farbe veränderte. Einigen der Teilnehmer wurde gesagt, dass eine Farbveränderung gut sei (dass sie also gesund bleiben würden), anderen, dass eine Farbveränderung Schlechtes bedeute (dass also die Wahrscheinlichkeit hoch sei, dass sie in der Zukunft erkranken würden).[34]

Stellen Sie sich einmal vor, Sie würden selbst an diesem Experiment teilnehmen. Sie haben Ihren Speichel auf den Teststreifen gegeben und warten nun ab, ob er seine Farbe ändert. Wenn eine Farbveränderung bedeutet, dass sie gesund bleiben, dann fangen Sie wahrscheinlich spätestens nach einer Minute an, sich Sorgen zu machen, wenn der Teststreifen seine Farbe noch nicht verändert hat. Was ist hier los? Stimmt etwas mit dem Teststreifen nicht? Genau wie viele andere Teilnehmer der Studie würden Sie an diesem Punkt den Teststreifen wahrscheinlich kurzerhand wegschmeißen und es noch einmal probieren.

Wenn die Farbveränderung dagegen bedeutet, dass Sie krank werden, werden Sie wahrscheinlich mit einiger Beklommenheit auf den Teststreifen starren und hoffen, dass sich nichts tut. Nach etwa einer halben Minute sind Sie erleichtert und legen den Streifen – ohne jegliche Intention, später noch einmal darauf zu gucken – in den Behälter für die Wissenschaftler. Ist das Ihrem Gefühl nach in etwa das, was Sie tun würden? Dann verhalten Sie sich hundertprozentig so wie der Großteil der Teilnehmerinnen und Teilnehmer. Das Ergebnis von Dittos Experiment lautete, dass die Leute länger warteten und regelmäßiger auf den Teststreifen blickten, wenn ein Ausbleiben der Farbveränderung eine wahrscheinliche Erkrankung in der Zukunft bedeutete. Wenn aber das Ausbleiben der Farbveränderung nahelegte, dass sie gesund bleiben würden, blickten die Probanden kürzer auf den Teststreifen.

Es ist zwar nichts dagegen einzuwenden, ein paar mehr Informationen zu sammeln, wenn man sich unsicher ist, aber *selektiv* mehr oder weniger Informationen zu sammeln, je nachdem, ob einem das ursprüngliche Ergebnis gefällt oder nicht, ist eine Form von Selbstbetrug. Es ist ein bisschen so, als wenn man seine Examensergebnisse nicht einholt, weil man befürchtet, schlecht abgeschnitten zu haben. Das Aussparen wichtiger Informationen kann uns beim Selbstbetrug unterstützen – ebenso wie bei der Täuschung unserer Mitmenschen. (So, wie man manchmal das Thema wechselt, wenn man zu Hause gefragt wird, warum man zu spät zum Essen kommt und man nicht zugeben möchte, dass man sich mit der süßen Kollegin vom Büro nebenan verquatscht hat.) Manchmal hebt in solchen Fällen die Realität ihr hässliches Haupt: Wenn man durchs Examen gefallen ist, wird man unter den Konsequenzen zu leiden haben, egal, ob man das exakte Ergebnis kennt oder nicht. Aber manchmal können wir die Realität auch umgestalten, indem wir bestimmte Informationen meiden. Wenn ich mich bei einem Blind

Date zum Affen mache, mich aber nie wieder bei der entsprechenden Person melde, kann ich mit mehr Selbstvertrauen in die nächste Verabredung gehen, was meine Erfolgsaussichten erheblich verbessert.

In Dittos Experiment ist das Vermeiden von Informationen schon deshalb eine gute Methode des Selbstbetrugs, weil man in diesem Fall nicht mit Sicherheit weiß, was hinter der Kurve lauert. Hätte man länger gewartet, hätte der Teststreifen vielleicht seine Farbe verändert – aber vielleicht auch nicht, und die Warterei wäre reine Zeitverschwendung gewesen. Im Durchschnitt wird diese Form der selektiven Informationssuche die Antworten in Ihrem Sinne beeinflussen, aber natürlich kann es immer auch sein, dass die Antwort, die Sie gefunden haben, korrekt ist. Diese Art der selektiven Informationssuche gewährt Menschen also einen erwünschten, aber möglicherweise verzerrten Blick auf die Realität.

Dittos Experiment ist eine wunderbare Methode, Selbstbetrug zu untersuchen, aber zur Beantwortung unserer ursprünglichen Forschungsfrage fehlen uns ein paar wichtige Puzzleteile. Zuallererst bleibt natürlich unklar, warum Dittos Probanden überhaupt versuchten, sich selbst über ihre Zukunft zu täuschen. Wollten sie ihr Glück und ihr Selbstwertgefühl vor der möglichen schlechten Nachricht, dass sie später erkranken würden, schützen, wie eine an Freud angelehnte Darstellung nahelegen würde? Oder wollten sie sich ein Selbstbild bewahren, in dem sie gesund waren, damit sie selbstbewusster und dadurch erfolgreicher an die Suche nach Partnern und Verbündeten herangehen konnten, wie Trivers sagen würde? In Dittos Fall mag beides ein wenig zutreffen, aber natürlich wollten wir einen Versuchsaufbau konstruieren, der es uns ermöglichte, Trivers' Ergebnisse in Bezug auf den zwischenmenschlichen Aspekt zu überprüfen. Wenn Menschen sich hauptsächlich deshalb selbst betrügen, weil sie andere besser überzeugen möchten, dann sollte die Art verzerrter Informationsaufnahme, die Dittos Probanden zeigten, auch dann auftreten, wenn die Leute überhaupt keinen Grund haben, ihr fragiles Ego zu schützen.

Um diese Möglichkeit zu überprüfen, holten Trivers und ich meine Doktorandin Megan Smith mit ins Boot. Wir führten ein Experiment durch, bei dem wir den Teilnehmerinnen und Teilnehmern sagten, dass sie gleich eine Reihe kurzer Videos zu sehen bekämen, in denen ein Typ namens Mark bei unterschiedlichen Verhaltensweisen gezeigt wird. Einigen der Teilnehmer sagte Megan, dass sie eine Extrazahlung erhalten würden, wenn es ihnen gelinge, auf besonders überzeugende Weise aufzuschreiben, warum Mark ein unsympathischer Mensch sei. Anderen sagte sie, sie erhielten einen Bonus, wenn sie überzeugend darlegen könnten, dass Mark sympathisch sei (sie ließ alle Teilnehmerinnen und Teilnehmer wissen, dass sie ihre Argumente auf Informationen aus den Videos aufbauen sollten). Der Punkt war, dass manchmal zuerst Videos abgespielt wurden, die Mark dabei zeigten, wie er sich positiv und freundlich verhielt und im Anschluss Filmausschnitte, die ihn bei sozial problematischen Verhaltensweisen zeigten – dass aber diese Reihenfolge manchmal auch umgedreht wurde. Bevor es losging, wurde den Teilnehmern gesagt, dass sie selbst entscheiden könnten, wie viele Videos sie ansehen und zu welchem Zeitpunkt sie mit ihrem argumentierenden Essays beginnen wollten.

Die Studie hatte mehrere Ergebnisse. Anstatt alle Videos anzusehen und sich dann bewusst zu entscheiden, nur über jene Videos zu sprechen, die mit ihren argumentativen Zielen übereinstimmten, sammelten die Leute in gleicher Weise Informationen wie es Dittos Probanden getan hatten. Wenn die ersten Videos mit ihren argumentativen Zielen übereinstimmten, brachen sie das Anschauen recht schnell ab. Wenn das nicht der Fall war, sahen sie sich weitere Videos an, wahrscheinlich in der Hoffnung, auf Informationen zu stoßen, die ihnen helfen würden, überzeugender zu argumentieren. Daran ist an sich nichts verkehrt: Es kann durchaus sein, dass die Teilnehmerinnen und Teilnehmer sich vollkommen bewusst waren, was sie taten und einfach nur effizient mit ihrer Zeit umgingen.

Um diese Möglichkeit zu überprüfen, fragten wir die Teilnehmer, nachdem sie ihre Essays geschrieben hatten, was sie *persönlich* über Mark dachten. Ihre Antworten wiesen darauf hin, dass ihre voreingenommene Informationssuche auch sie selbst davon überzeugt hatte, dass Mark so war, wie sie ihn haben wollten: Leute, die dafür bezahlt wurden, zu seinen

Gunsten zu argumentieren, fanden ihn sympathischer, als Leute, die dafür bezahlt wurden, gegen ihn zu argumentieren. Als wir den Probanden einen weiteren Bonus versprachen, wenn sie es schafften, exakt zu erraten, wie die anderen Teilnehmerinnen und Teilnehmer über Mark dachten, waren sie sich sicher, dass die anderen ihre Einschätzung teilten. Auch dieses Ergebnis zeigt, dass sie sich über die Auswirkungen ihrer eigenen voreingenommenen Informationssuche nicht im Klaren waren.

Schließlich fanden wir heraus, dass die Menschen, die in ihrer Informationssuche parteiisch waren, am überzeugendsten argumentieren konnten; Teilnehmerinnen und Teilnehmer, die unparteiisch waren, schrieben dagegen Texte, die andere Leute weniger überzeugend fanden. Die Auswirkungen der parteiischen Informationssuche hatten dabei offenbar ein solches Ausmaß, dass die Probanden auch sich selbst überzeugten. Und wenn ihre parteiische Informationssuche sie in die Lage versetzte, Mark so zu sehen, wie sie ihn – gegen Bezahlung – sehen sollten, waren ihre Argumente am besten.

Dies ist nur ein einzelnes Experiment, aber es stützt Trivers' Annahme, dass wir uns selbst betrügen, um andere besser betrügen zu können. Darüber hinaus wirft die Studie ein Licht auf eine Vielzahl alltäglicher Verhaltensweisen. So gab es nach den Präsidentschaftswahlen im Jahr 2016 die Sorge, dass »Fake News« bei Trumps Sieg eine Rolle gespielt haben könnten. Obwohl das natürlich möglich ist, zeigen die Ergebnisse unserer Studie, dass viele Leute ohnehin vor allem die Informationen wahrnehmen, die das bestätigen, was sie glauben wollen. Dazu passt, dass in diesem Fall Nachwahlbefragungen gezeigt haben, dass die Leute, die die meisten Fake News konsumiert hatten, längst leidenschaftliche Parteigänger jenes Lager gewesen waren, das von dieser Art Nachrichten weiter bestätigt wurde.

Diese Ergebnisse legen nahe, dass Fake News wahrscheinlich sehr wenig Einfluss hatten, wenn es darum ging, unentschiedene Wähler dazu zu bringen, Trump zu wählen, aber sie hatten wahrscheinlich eine große Überzeugungskraft gegenüber Leuten, die bereits vorher dazu tendiert hatten, sich für Trump zu entscheiden. Mit anderen Worten, suchten und glaubten die Leute nur die Fake News, die mit ihren vorherigen Überzeugungen ohnehin übereinstimmten. Und das spricht wiederum dafür, dass Fake News lediglich dazu geführt haben, die Wählerschaft stärker zu polarisieren. Ich bezweifle jedenfalls, dass Fake News, abgesehen von einigen Ausnahmen, politische Vorlieben hervorgebracht haben, die nicht schon vorher existiert hätten. Das würde auch mit Chip Heath's Studie über moderne Legenden übereinstimmen, die wir oben erwähnt haben: Teilweise erzählen die Leute übertriebene Geschichten nur deshalb weiter, weil gerade die Übertreibung dafür sorgt, dass andere Menschen gefühlsmäßig genauso reagieren, wie sie selbst. In diesem Sinne haben Fake News wahrscheinlich vor allem eine Bindungsfunktion, indem sie die Mitglieder einer Gruppe in ihrer Empörung über die angeblichen Untaten der Gegenseite näher zusammenbringen

Es mag Ihnen seltsam vorkommen, dass die Leute für diese Art von Voreingenommenheit so anfällig sind, doch an dieser Stelle sollten wir uns daran erinnern, welcher evolutionäre Druck uns überhaupt zu so klugen Lebewesen gemacht hat. Wie die These vom sozialen Gehirn nahelegt, haben wir vor allem deshalb so große Gehirne entwickelt, weil wir uns in unserer sozialen Welt zurechtfinden mussten. Anders als in der physischen Welt geht es in der sozialen Welt jedoch nur bedingt um objektive Realität. Wenn wir beschließen, dass Schlaghosen cool sind, dann sind sie cool, und man tut gut daran, sich welche zu kaufen, wenn man in der Disco nicht als Mauerblümchen dastehen möchte. Wert wird in der sozialen Welt größtenteils durch Konsens definiert und nicht nach objektiven Kriterien festgestellt.

Wenn ich den Konsens in eine Richtung beeinflussen kann, die mir zugute kommt (was ich tue, ist cool), dann werde ich am Ende vermutlich davon profitieren, dass ich eine verzerrte Weltsicht habe. Von daher macht es Sinn, dass unser kognitiver Apparat sich so entwickelt hat, dass er nicht ausschließlich auf die objektive Realität beschränkt ist: Die sozialen Konsequenzen unserer Überzeugungen sind nämlich oft genauso wichtig wie die objektiven Folgen. Tatsächlich haben einige Forscher argumentiert, dass unser Verstand nicht deshalb die Fähigkeit zur logischen Informationsverarbeitung entwickelt hat, damit wir die wahre Beschaffenheit der Welt erkennen können, sondern damit wir unsere Mitmenschen von der Richtigkeit unserer eigennützigen Vorstellungen überzeugen können.

In diesem Sinne behauptet also die These vom sozialen Gehirn, dass die großen Entdeckungen der Menschheit in Wirklichkeit nur das evolutionäre Nebenprodukt der Anstrengungen unserer Ahnen sind, andere von ihren dubiosen Behauptungen zu überzeugen. Oder, wie mein Bruder, der Astronom ist, es ausdrückt: »Dann kann also die NASA all den egoistischen Lügnern unserer evolutionären Vergangenheit dafür danken, dass wir heute in der Lage sind, Raumfahrzeugroboter durchs Sonnensystem zu schicken?« Die Antwort auf diese Frage ist ein lautes Ja. Und sie zeigt noch einmal, wie ungeheuer wichtig unsere sozialen Anlagen für die Entwicklung der enormen kognitiven Fähigkeiten von uns Menschen gewesen sind.

6

Homo Innovatio

Die Erfindung von neuen Gebrauchsgegenständen ist nichts spezifisch Menschliches. Schimpansen reißen die Blätter von Zweigen ab, um mit den Stöcken nach Termiten zu stochern, und Neukaledonienkrähen basteln sich Haken aus Palmwedeln, um Insekten aus toten Bäumen zu fischen. Diese wundervollen Beispiele für den Erfindungsreichtum der Tiere können jedoch nicht darüber hinwegtäuschen, dass wir Menschen, was Innovationsfähigkeit angeht, in einer ganz anderen Liga spielen. In jeder Umgebung dieser Erde können wir uns ein bequemes Zuhause schaffen und eine ganze Bandbreite von Lebensmitteln ernten, lagern und transportieren; wir kommunizieren ohne jegliche Verzögerung über weite Strecken dieser Erde und nutzen zur Unterhaltung alle möglichen komplexen Geräte.

Viele unserer Erfindungen gab es eine Generation zuvor noch nicht, so neu sind sie, aber egal, ob wir 100, 1000, 10 000 oder sogar 100 000 Jahre zurückblicken, unser Leben hat sich schon immer substanziell von dem anderer Tiere unterschieden. Zu all diesen Zeiten suchten Menschen Schutz vor Raubtieren und dem Wetter und machten Jagd auf sehr viel größere und stärkere Tiere, indem sie sich Kleidung, Werkzeug und ein Dach über dem Kopf schufen und alle möglichen Arten von Überlebensstrategien einsetzten.

Die Erfindungen unserer Vorfahren und Zeitgenossen sind in jedem Bereich unseres Lebens präsent. Mit ihrer Hilfe kann ich wildfremden Menschen Geschichten erzählen, indem ich die Tasten eines Computers drücke und hin und wieder eine Pause mache, um mir etwas zu essen oder einen Kaffee zu kochen – all das, ohne auch nur einen Schritt aus meinem gut beleuchteten und klimatisierten Zuhause zu tun. Zur selben Zeit sitzen am anderen Ende der Welt meine Cousins, die Schimpansen, in ihren Bäumen und sind – genau wie vor sechs Millionen Jahren, als meine Vorfahren sich von ihren Vorfahren verabschiedeten – der brennenden Sonne, plötzlichen Regengüssen und kalten Nächten ausgesetzt. Und noch immer müssen sie ihren Lebensunterhalt mit bloßen Händen bestreiten. Das wichtigste Unterscheidungsmerkmal zwischen ihnen und uns ist die menschliche Erfindungsgabe. Doch hier liegt ein Paradox: Technischer Erfindungsgeist ist zwar das wesentliche Erkennungszeichen unserer Art, aber die wenigsten Menschen haben je selbst etwas erfunden.

Wenn Innovationsforscher eine repräsentative Gruppe von Menschen danach fragen, ob sie schon einmal einen Gebrauchsgegenstand verbessert oder sogar neu erfunden haben (zum Beispiel ein Werkzeug, ein Spielzeug, ein Sportgerät, ein Fortbewegungsmittel oder einen Haushaltsgegenstand), dann antworten etwa 5 Prozent, dass sie dies in den letzten drei Jahren getan haben.[35] Der Prozentsatz der Erfinder ist von Land zu Land unterschiedlich, erreicht aber nie die 10-Prozent-Marke. Für eine erfindungsreiche Art wie die Unsere scheint das erst einmal eine extrem niedrige Zahl zu sein. Doch auch wenn ich auf mein eigenes Leben blicke, kann ich mich nicht erinnern, jemals etwas erfunden zu haben. Ich habe zwar ein paar sehr erfinderische Freunde, aber es würde mich überraschen, wenn 5 Prozent von ihnen jemals etwas erfunden hätten, geschweige denn in den letzten drei Jahren.

Diese Zahlen legen eine außergewöhnliche Lücke zwischen dem *Homo sapiens* als Art und individuellen Menschen nahe. Bei anderen Arten sind dagegen die wesentlichen Eigenschaften in allen Exemplaren zu beobachten. Elefanten sind riesig und stark, und »riesig und stark« ist so ziemlich die Beschreibung, die auf jeden Elefanten zutrifft, den ich jemals gesehen habe. Geparden sind schnell, Löwen und Tiger wild und Delphine verspielt, und diese Adjektive beschreiben auch jeden Einzelnen von ihnen ziemlich gut.

Die Lücke zwischen der Erfindungsgabe des *Homo sapiens* und den einzelnen Menschen lässt sich auf mindestens drei verschiedene Weisen interpretieren. Erstens: Die meisten von uns sind einfach nicht erfinderisch. Zweitens: Sämtliche grundlegenden Erfindungen wurden vor sehr langer Zeit gemacht. Drittens: Die meisten Menschen sind zwar erfinderisch, aber ihre erfinderischen Neigungen entfalten sich nicht so stark, dass sie tatsächlich neue Dinge erfinden.

Um mit der ersten Möglichkeit zu beginnen: Vielleicht sind die meisten von uns einfach nicht geeignet, etwas zu erfinden, und nur die seltenen Genies unter uns sind in der Lage, sich neue Dinge auszudenken. Außergewöhnliche Erfindungen wie das Telefon, die Glühbirne oder das Düsentriebwerk sprechen für diese Interpretation, weil die dafür nötigen Einsichten für normal Begabte außer Reichweite liegen. Dieser Interpretation zufolge sind technische Innovationen so etwas wie genetische Mutationen; sie sind selten und meist unwichtig oder sogar wertlos, aber gelegentlich macht sich eine Erfindung in der Bevölkerung breit und hat enormen Einfluss auf die gesamte Spezies. Wenn das wirklich der Fall ist, dann ist die Lücke zwischen unserer Art und ihren einzelnen Exemplaren grundsätzlicher Natur. Dieser Theorie zufolge sind die meisten von uns nicht im Geringsten erfinderisch; aber wenn die seltenen Genies Dinge erfinden, die unser Leben verbessern, haben wir immerhin genügend gesunden Menschenverstand, um sie uns zunutze zu machen.

Eine andere Möglichkeit wäre, dass wir eventuell *schon* erfinderisch sind, aber alle wichtigen Gegenstände längst erfunden wurden. Vielleicht war es noch vor ein paar 100 Jahren so ziemlich jedem möglich, wirklich nützliche Dinge zu erfinden. Dieser Interpretation zufolge leben wir nun einmal in einer besonderen Zeit, in der Erfindungen notwendigerweise so komplex geworden sind, dass nur noch Genies oder große Teams von Technikfreaks als Urheber infrage kommen. Höchst komplizierte Erfindungen wie das iPhone sprechen für diese Interpretation: Diesem einen Gerät liegen im wahrsten Sinne des Wortes Hunderte von Patenten zugrunde. Ein solcher Blick auf menschliche Erfindungen ist ziemlich verbreitet, und ich bekomme ihn immer wieder zu hören, wenn ich über das Thema Erfindungen spreche. Mein Einwand besteht aus nur drei Wörtern: *Koffer mit Rädern.*

Mindestens seit den Zeiten der Dampfschifffahrt bereisen die Menschen die Welt mit relativer Leichtigkeit und Regelmäßigkeit. Doch in all diesen Generationen von Reisenden kam erst 1970 jemand auf die Idee, Koffer mit Rädern auszustatten, und erst 1987, als die moderne Version des Rollkoffers mit einfahrbarem Griff auftauchte, hat sich diese Idee wirklich durchgesetzt.[36] Dass bis dahin niemand auf die Idee kam, Räder an Koffern anzubringen, ist umso bemerkenswerter, wenn man sich vor Augen führt, wie man früher seine nicht rollenden Koffer zum Flughafen schleifen musste, wo man dann einem Träger nicht gerade wenig Bares dafür in die Hand drückte, dass er das Gepäck der gesamten Familie auf seinen Wagen warf und es die letzten 50 Meter zum Ticketschalter *rollte*.

Wenn Sie nie ohne Rollkoffer unterwegs waren, können Sie sich nicht vorstellen, wie nervig das war. In den frühen 1980er-Jahren musste ich zum College einmal quer durchs Land reisen, was bedeutete, dass ich am Anfang und am Ende jedes Sommers zwei riesige schwere Koffer hin- und herzutransportieren hatte. Weil ich nicht gerade der Größte bin, schleiften meine Koffer auf dem Boden, wenn ich nicht die Schultern hochzog und meine Ellbogen anwinkelte, um das zu verhindern. Einen Koffer ohne Räder hinter sich herzuziehen, sieht unglaublich dämlich aus (davon abgesehen, dass es dem Koffer nicht guttut), weshalb ich lieber mit hochgezogenen Schultern und angewinkelten Ellbogen durch die weitläufigen Flughallen hetzte, während mir ständig die Koffer gegen die Schienbeine und Knie stießen. Immer, wenn ich schließlich am Ticketschalter ankam, hatte ich einen steifen Nacken und blaugrüne Beine und war komplett durchgeschwitzt. Trotzdem kam ich nicht eine Sekunde lang auf die Idee, dass ich gerade die Möglichkeit hatte, etwas Neues und unglaublich Einfaches zu erfinden, das mein Leben leichter und mich selbst stinkreich machen würde. Ich habe keine Ahnung, wann die nächste extrem simple Erfindung auftaucht, die unser Leben in einem bestimmten Bereich vereinfachen wird, eins kann ich Ihnen allerdings versichern: Es wird passieren, aber ich werde nicht derjenige sein.[37]

Das Gepäckbeispiel führt uns zu unserer dritten Möglichkeit: Dass die meisten Leute zwar in der Lage wären, etwas zu erfinden, aber nicht ernsthaft geneigt sind, sich dafür ins Zeug zu legen. Dieser Interpretation zufolge muss man kein Genie sein, um ein technisches Gerät zu erfinden. Schließlich erfordert ein Rollkoffer keine Raketentechnik. Vielmehr kommen technische Erfindungen nur deshalb so selten vor, weil eben die meisten Menschen ihre Energien lieber auf etwas anderes richten beziehungsweise richten müssen. Aber was ist dieses andere? Um diese Frage zu beantworten, lassen sie uns eine Reihe von Ereignissen betrachten, deren Zeugin die Verhaltensforscherin Jane Goodall wurde, als sie im Gombe-Stream-Nationalpark in Tansania Schimpansen beobachtete. Bitte sehen Sie mir nach, dass die Geschichte, die ich Ihnen gleich erzähle, ziemlich schauerlich ist. Ich selbst bekam sie nach der Lektüre tagelang nicht aus dem Kopf.

Kurz zum Hintergrund: Melissa ist ein Schimpansin, die gerade ein Baby bekommen hat. Die Schimpansin Passion gehört genau wie ihre erwachsene Tochter Pom zu Melissas Gruppe, und beide sind überaus bösartige Psychopathinnen. Hier nun, leicht gekürzt, Jane Goodalls Bericht:

Um 17:10 Uhr kletterte Melissa mit ihrem drei Wochen alten weiblichen Säugling auf den niedrigen Ast eines Baumes. Passion und ihre Tochter Pom verübten den Angriff gemeinsam: Während Passion Melissa auf den Boden zerrte, sie dort festhielt und ihr ins Gesicht und die Hände biss, versuchte Pom, ihr das Baby wegzureißen. Melissa ignorierte Passions heftigen Angriff und kämpfte sofort gegen Pom. Passion griff daraufhin nach einer von Melissas Händen, biss ihr mehrmals in die Finger und begann, auf ihnen herumzukauen. Gleichzeitig gelang es Pom, an Melissas Schoß heranzukommen und das Baby in den Kopf zu beißen. Dann trat Passion mit dem Fuß gegen Melissas Brust, während Pom an ihren Händen zog.

Schließlich gelang es Pom, mit dem Baby zu entkommen und auf einen Baum zu klettern. Melissa versuchte, hinterher zu klettern, fiel aber hinunter. Sie sah vom Boden aus zu, wie Passion den kleinen Leichnam an sich nahm und anfing, ihn aufzufressen. 15 Minuten, nachdem sie ihr Baby verloren hatte, näherte sich Melissa der Schimpansin Passion. Die beiden Mütter starrten einander an; dann streckte Melissa den Arm aus, und Passion berührte ihre blutende Hand. Während Passion damit fortfuhr, den

Säugling zu fressen, begann Melissa, ihre eigenen Wunden zu säubern. Ihr Gesicht war massiv angeschwollen, ihre Hände waren aufgerissen, ihr Hinterteil blutete heftig. Um 18:30 Uhr näherte Melissa sich Passion erneut, und die beiden Weibchen hielten sich kurz an den Händen.

Was mich an dieser Geschichte am meisten schockiert hat, war nicht der Kannibalismus selbst, so verstörend er sein mag, sondern die Tatsache, dass Melissa sich dermaßen schnell mit den beiden Mörderinnen versöhnte. Was das Ganze noch schlimmer machte, ist, dass der Angriff kein Einzelfall war. Passion und Pom töteten und fraßen jahrelang Neugeborene aus ihrer eigenen Gruppe. Eine bedauernswerte Mutter verlor drei Babys hintereinander, und Goodall wurde klar, dass nur ein einziger Säugling der Gruppe in den vergangenen drei Jahren seinen ersten Lebensmonat überlebt hatte. Trotz der Einfachheit und Vorhersehbarkeit der Angriffe von Passion und Pom entwickelte keine der Mütter eine Strategie zum Umgang mit den beiden Kannibalinnen, und das Mutter-Tochter-Team zerstörte schließlich das Fortpflanzungspotential der eigenen Gruppe restlos. Im Großen und Ganzen reagierten die anderen Mütter wie Melissa: Während des Angriffs kämpften sie mit aller Kraft, schienen ihr Schicksal aber danach sofort zu akzeptieren und machten keine Anstalten, etwas dagegen zu tun. Es war ihre Hilflosigkeit angesichts dieses schrecklichen, aber lösbaren Problems, die mich tagelang nicht losließ.

Wir können nicht wissen, was Melissa dachte, als sie Passion ihre Hand entgegenstreckte, während diese noch dabei war, ihren Säugling zu verspeisen. Ich vermute, dass die Tatsache, dass sie keinen Weg sah, mit Passion und Pom fertig zu werden, sie lähmte, und dass sie aus Mangel an Alternativen glaubte, dass es das Beste wäre, sich zu vertragen. Schimpansen sind unglaublich kluge Tiere, aber ihren kognitiven Fähigkeiten sind enge Grenzen gesetzt. In vieler Hinsicht gleichen ihre Problemlösungskapazitäten denen von menschlichen Kleinkindern. Schimpansen können planen und tun es auch, zum Beispiel, wenn sie sich einen Stock zum Termitenstochern vorbereiten, bevor sie zu einem Termitenhügel gehen, aber sie sind nicht in der Lage, komplexe Szenarien mit einer Vielzahl von möglichen Folgen zu entwerfen und sie gedanklich durchzuspielen. Der einzige Weg, einen Plan zu überprüfen, besteht für einen Schimpansen darin, ihn in die Tat umzusetzen und zu sehen, was passiert. Schimpansen sind unfähig, sich mit komplexen Problemen auseinanderzusetzen.

Vorstellungskraft und Simulationsfähigkeit gehören zu den größten Vorteilen, die unser großes Gehirn uns bietet.[38] Es gibt mehr als genug Probleme, deren Lösungen gewisse Gefahren in sich bergen, solange man sie nicht vorher gründlich durchdenkt. Hat man erst einmal damit angefangen, einen Plan in die Tat umzusetzen, ist es nämlich oft nicht möglich, noch einmal von vorn zu beginnen. Wenn ich beispielsweise mitten in meinem Plan, Passion und Pom im Schlaf zu töten, entdecke, dass dieser Plan nicht funktioniert, weil die eine aufgewacht ist, während ich die andere attackierte, kann ich die beiden schlecht bitten, sich noch einmal hinzulegen, während ich zum Reißbrett zurückkehre.

Unsere großen Gehirne knacken diese spezielle Nuss, indem sie es uns ermöglichen, komplexe Pläne zu entwerfen, ihre zahlreichen Eventualitäten einzubeziehen und sie nacheinander im Kopf durchzuspielen. Im Fall von Passion und Pom muss man sich nur vorstellen, wie man reagieren würde, wenn man selbst angegriffen würde und dabei zusehen müsste, wie jemand einem das Baby raubt, um es aufzufressen: Die Lösung des Problems läge für jeden von uns auf der Hand. Wenn *ich* in einer Welt ohne Polizei und Regierung leben würde und mit einem Angriff von Passion und Pom konfrontiert wäre, bestünde mein erster Impuls wahrscheinlich darin, den Angriff zu erwidern. Weil ich aber wüsste, dass dieser Kampf aussichtslos wäre, würde ich meinen ursprünglichen Impuls kontrollieren und so tun, als würde ich mich mit den beiden Psychopathinnen versöhnen, während ich gleichzeitig einen Plan entwickeln würde, um sie ein für alle Mal außer Gefecht zu setzen.

Vielleicht würde ich sie angreifen, wenn sie schlafen, oder ich würde meine Freunde, die ebenfalls unter den beiden leiden, um Hilfe bitten. Es geht nicht darum, was ich tatsächlich tun würde, um das Problem zu lösen. Der Punkt ist vielmehr, dass wir alle in der Lage sind, einen Plan zu entwerfen, ihn im Kopf durchzuspielen, ihn auf den neuesten Stand zu bringen und zu verbessern und diesen Prozess so lange zu wiederholen, bis wir mit unserer Idee zufrieden sind. Dazu kommt, dass wir dies alles tun können, während wir im Bett liegen, am Feuer sitzen oder zur Arbeit fahren – es gibt keinerlei äußere Anzeichen dafür, dass wir uns in einem solchen Prozess befinden, was bedeutet, dass niemand weiß, ob wir gerade etwas aushecken oder bloß unseren Tagträumen nachhängen. Doch weil solche mentalen Prozesse nun einmal über das, was Schimpansen leisten können, hinausgehen, waren die Schimpansenmütter im Angesicht der beiden geistesgestörten Kannibalen komplett hilflos.

Anders als Schimpansen sind heutige Jäger und Sammler, unabhängig davon, wo sie leben, auf den Umgang mit schwierigen Gruppenmitgliedern eingestellt. Derartige Probleme werden überall auf der Welt mithilfe von sozialen Strategien gelöst, zum Beispiel mit kollektiver Ausgrenzung oder mit Gewalt gegen die grenzüberschreitenden Individuen. Wenn die stärksten und aggressivsten Mitglieder von Jäger- und Sammlergemeinschaften Probleme machen, reagiert die Gruppe, indem sie sich gegen sie zusammenschließt. Zunächst macht man sich über die Tyrannen lustig: eine erste Warnung, dass ihr Verhalten inakzeptabel ist. Wenn Spott sie nicht auf Linie bringt, werden sie häufig offensiv ignoriert: Man hört nicht zu, wenn sie etwas sagen, und spricht über sie, als wären sie nicht da. Wenn diese milde Form der Ausgrenzung nichts hilft, dann wacht der Tyrann eines Morgens auf und stellt fest, dass er allein ist. Alle anderen haben bei Nacht und Nebel ihre Sachen gepackt und sind verschwunden. Und wenn auch das nichts nützt, wird der Morgen kommen, an dem der Übeltäter überhaupt nicht mehr aufwacht.

Indem sie sich verbündeten, merkten also auch unsere Vorfahren, dass selbst die stärksten und aggressivsten Individuen dem Rest der Gruppe nicht das Wasser reichen konnten. Inwiefern erklärt diese Tatsache nun aber die Kluft zwischen der Erfindungsgabe unserer Spezies und der ihrer einzelnen Exemplare? Und was hat das alles mit dem Rollkoffer zu tun und mit der Frage, warum wir für seine Erfindung so lange brauchten? Die Antwort auf beide Fragen lautet, dass unsere Vorfahren *soziale Erfinder* waren. Das bedeutet, dass sie ihre Probleme sozial lösten – und darauf angewiesen waren, es zu tun –, anstatt neue Dinge zu erfinden, genau wie wir es tun. Und warum ist das so? Weil das *soziale Wesen*, das wir seit unserem Umzug in die Savanne entwickelt haben, dafür sorgt, dass wir unsere unglaublichen Problemlösungsfähigkeiten auf soziale und eben nicht auf technische Lösungen konzentrieren.

Die meisten von uns finden soziale Beziehungen und das Geben und Nehmen unter Menschen so befriedigend, dass sie selbst dann zu sozialen Lösungen tendieren, wenn sie in der Lage wären, eine technische Lösung zu finden. Das heißt aber keineswegs, dass unsere Erfindungsgabe auf den sozialen Bereich beschränkt wäre. Die entscheidenden Fähigkeiten, die jeder Erfindung zugrunde liegen – das Entwerfen von Szenarien und die mentale Simulation –, sind in verschiedenen Bereichen hilfreich und können sowohl zur Lösung von sozialen als auch von technischen Problemen genutzt werden. Die Frage ist schlicht, auf welche Art von Lösungen wir unseren Erfindungsgeist in der Regel richten.

Wenn es stimmt, dass wir uns im Laufe der Evolution dahingehend entwickelt haben, dass wir vor allem in sozialer Hinsicht erfinderisch geworden sind, können wir erklären, aus welchem Grund die Lücke zwischen der technischen Innovationsfähigkeit des *Homo sapiens* als Art und der ihrer einzelnen Exemplare dermaßen groß ist. Technische Erfindungen sind dann auch deshalb so selten, weil die meisten Menschen damit beschäftigt sind, soziale Lösungen für ihre Probleme zu finden. Um noch einmal zu dem Beispiel des Rollkoffers zurückzukehren: Es zeigt, dass unsere soziale Orientierung (also die Tatsache, dass wir nach einem Freund oder Träger Ausschau hielten) offenbar unsere Fähigkeit blockiert hat, eine klar auf der Hand liegende technische Lösung für das Problem zu finden (also einfach Räder unter dem Koffer anzubringen).

In der Tat scheint die Konkurrenz zwischen sozialem und technischem Denken für die Funktionsweise unseres Gehirns insgesamt prägend zu sein. In seinem Buch *Social: Why Our Brains Are Wired to Connect* (New York 2013), argumentiert Matthew D. Lieberman, dass der »Ruhe«-Zustand unseres Gehirns mit Ruhe nichts zu tun hat, sondern dass unser soziales neuronales Netzwerk permanent aktiv ist. Das ist schon bei Neugeborenen der Fall, die noch nichts über die soziale Welt wissen, und auch unser ganzes Erwachsenenleben hindurch hält dieses Netzwerk unsere Gedanken auf Trab. Zudem geht die Aktivierung des sozialen Netzwerkes mit der Deaktivierung des nicht-sozialen Denkens einher, und umgekehrt. Wenn wir also unbefangen über die Welt nachdenken, verdrängt häufig unsere soziale Orientierung andere mögliche Problemlösungsansätze.

Was mich betrifft: Jedes Mal, wenn ich schwer bepackt zum Flughafen aufbrach, dachte ich zuallererst darüber nach, ob ich wohl einen Freund oder ein Familienmitglied dazu überreden könnte, mir zu helfen. Nebenher überlegte ich, ob es sich diesmal lohnen könnte, einen Träger zu bezahlen. Weil diese Lösungen in meinem Kopf immer ganz vorn waren, habe ich (wie alle anderen Reisenden auch) nie daran gedacht, dass Räder eine auf der Hand liegende Alternative wären. Als ein Kofferhersteller in den 1970er-Jahren Koffer mit Rädern auf den Markt brachte und ein Pilot in den späten 1980er-Jahren den ursprünglichen Entwurf optimierte, indem er ihn mit besseren Rädern und einem einfahrbaren Griff ausstattete, brach sich – gewissermaßen an unserer sozialen Orientierung vorbei – eine sehr einfache technische Lösung Bahn und gelangte schließlich in unser kollektives Bewusstsein. In dem Moment, in dem ich zum ersten Mal einen Rollkoffer sah, war mir klar, dass ich so ein Ding brauchte!

Was sind soziale Erfindungen?

Bevor wir darüber nachdenken, was für die These der sozialen Erfindungen spricht, müssen wir herausfinden, was eine soziale Erfindung eigentlich ist, und zwar über die offensichtliche Tatsache hinaus, dass sie etwas mit Menschen zu tun hat. Eine Erfindung ist eine neue Art und Weise, ein Problem zu lösen – neu zumindest für denjenigen, der das Problem löst, wenn nicht sogar für den Rest der Welt –, und entsprechend ist eine soziale Erfindung eine neue Art und Weise, ein Problem durch die Nutzung sozialer Beziehungen zu lösen. Es geht also nicht um die Natur des Problems, es geht um die Natur der Lösung.

So ist beispielsweise der Wunsch, mit weit entfernten Freunden und Verwandten zu sprechen, ein soziales Problem, das durch die Erfindung eines Telefons entweder technisch gelöst werden kann oder sich durch die Weitergabe von Nachrichten über Freunde sozial lösen lässt. Umgekehrt ist der Wunsch, trotz einer gebrochenen Kniescheibe herumlaufen zu können, ein technisches Problem, das sozial gelöst werden kann (indem man seine Freunde um Unterstützung bittet) oder technisch – durch Gehhilfen. Ist die Lösung neu, ist sie ein soziale oder technische Innovation; war sie schon in der Welt oder wurde sie von anderen entlehnt, dann ist es eine soziale oder technische Lösung, jedoch keine Erfindung. Um Hilfe zu bitten, ist eine soziale Lösung, aber keine soziale Erfindung (es sei denn, Sie sind der Erste, dem dies in den Sinn gekommen ist).

Wenn man über die großen Erfindungen der Menschheitsgeschichte nachdenkt, wird sehr deutlich, dass viele von ihnen sozialer Natur sind. So war zum Beispiel eine der wichtigsten Erfindungen des *Homo erectus* die Arbeitsteilung und die daraus resultierende soziale Koordination. Indem sie verschiedene Arbeitsschritte untereinander aufteilten und als Gruppe zusammenarbeiteten, waren *Homo-erectus*-Menschen, wie wir gesehen haben, in der Lage, mit extrem einfachen Waffen riesige Tiere zu erlegen. Durch die Arbeitsteilung wurde die Gruppe zu mehr als der Summe ihrer Teile und sie spielte dadurch in der Erfolgsgeschichte des Menschen eine herausragende Rolle.

In unserer sehr viel kürzeren Zeit auf der Erde haben wir *Homo-sapiens*-Menschen wesentlich mehr technische Innovationen und soziale Erfindungen hervorgebracht als der *Homo erectus* im Laufe seiner gesamten Existenz. So mag die Liebe zum Geld die Wurzel allen Übels sein, aber Geld ist auch eine unglaublich wichtige soziale Erfindung. Seine physische Erscheinung ist unwichtig – worauf es beim Geld ankommt, ist die soziale Konvention, nach der jeder seinen Wert anerkennt. Vielleicht ist das Geld in der Menschheitsgeschichte sogar die zweitwichtigste soziale Erfindung nach der Arbeitsteilung. Mithilfe von Geld kann man alles erwerben, was einen Wert hat, und es ermöglicht dadurch alle möglichen Arten von Austausch, die praktisch unmöglich wären, wenn man materielle Güter gegeneinander tauschen müsste. Stellen Sie sich vor, Sie müssten, um im Einkaufszentrum einen neuen Pullover zu kaufen, ein Schwein oder eine Ziege als Gegenwert mitbringen!

Wenn Arbeitsteilung unsere wichtigste soziale Erfindung ist und das Geld an zweiter Stelle steht, was kommt als Nächstes? Mein Vorschlag für den dritten Platz mag sich seltsam anhören: Es ist die Warteschlange. Bis ich mich eines Tages in einer Situation befand, in der es sie nicht gab, hatte ich nie viel über die soziale Erfindung der Warteschlange nachgedacht. Damals musste ich eine internationale Grenze überqueren, die nur Fußverkehr zuließ. Das ländliche Gebiet, in dem ich mich befand, kannte offenbar die Konvention der Warteschlange nicht. Mehrere Dutzend Mitreisende versuchten, von dem Staatsdiener in der winzigen Bretterbude einen Stempel für ihren Ausweis zu ergattern, und keiner von ihnen dachte daran, sich anzustellen. Als ich die Menschenmenge entdeckte, die um das Zollhäuschen herum auf- und abwogte, musste ich an die BBC-Sendung *Planet Earth* denken, in der Kaiserpinguine sich in der Antarktis zu einem riesigen Klumpen zusammenkuschelten, um sich warm zu halten.

Während ich über diesen menschlichen Klumpen nachdachte, merkte ich, wie mir der Mut sank und ich zu überlegen begann, meine Reisepläne zu ändern. Aber über die Grenze musste ich so oder so. Ich entschied mich also willkürlich für einen bestimmten Platz innerhalb des Klumpens und stürzte mich ins Getümmel. Wann immer es möglich schien, versuchte ich, dem Zollhäuschen näherzukommen. Ein paar Mal kam ich erstaunlich nah heran, aber dann wechselte der Strom in letzter Minute die Richtung. Manchmal kam ich überraschend schnell vorwärts, dann wieder wurde ich zurückgespült.

Nach einer gefühlten Ewigkeit, die ich eingequetscht zwischen meinen verschwitzten und staubigen Mitreisenden verbrachte hatte und gerade, als ich anfing, mich zu fragen, ob ich den Klumpen besser verlassen sollte (beziehungsweise überhaupt konnte), um am nächsten Tag wiederzukommen, spülte mich ein Strudel innerhalb der menschlichen Brandung direkt vor das Zollhäuschen. Ich schob dem gestressten Zollbeamten meinen Ausweis hin und glaubte so lange an einen glücklichen Zufall, bis mich plötzlich die Masse fortzureißen drohte, während mein Ausweis noch bei ihm lag. Vor lauter Verzweiflung klammerte ich mich mit beiden Händen an den Sperrholztresen. Kurz bevor meine Füße vom Boden abhoben und ich mich nicht mehr festhalten konnte, schob mir der Zollbeamte meinen gestempelten Ausweis zwischen zwei Finger. Seit diesem Erlebnis halte ich Warteschlangen für eine der größten sozialen Erfindungen der Menschheit.

Geld und Warteschlangen sind natürlich uralte Erfindungen, doch das Internet hat innerhalb kürzester Zeit alle möglichen sozialen Innovationen hervorgebracht, die unsere Vorfahren geliebt hätten. Jeder von uns hat wahrscheinlich seine eigenen Internetfavoriten – ich persönlich halte die sozialen Medien und Datingplattformen für besonders wichtig.[39] In meiner Jugend gab es im Wesentlichen drei Arten, einen Partner fürs Leben zu finden. Man konnte an einem Ort abhängen, an dem sich wahrscheinlich ein zukünftiger Partner aufhalten würde, man konnte sich über gemeinsame Freunde kennenlernen oder eine »Kontaktanzeige« auf der letzten Seite der Lokalzeitung aufgeben, in der man seine Größe, sein Gewicht und sein Alter angab und dann noch vier oder fünf Zeilen Platz hatte, um sich selbst anzupreisen. Zeitungsfotos waren teuer und von schlechter Qualität, weshalb sich kaum jemand die Mühe machte, seine Anzeige mit einem Foto zu versehen: Man *behauptete* einfach, attraktiv zu sein. Die Trefferquote muss unglaublich niedrig gewesen sein, und tatsächlich hatte diese Methode nicht gerade den besten Ruf, wenn es darum ging, den oder die Richtige zu finden.

Die sozialen Netzwerke und Datingplattformen haben uns im Vergleich mit solchen Praktiken ein großes Stück weitergebracht, indem sie spezielle Bereiche für Menschen mit bestimmten Interessen oder Hintergründen geschaffen haben und dafür sorgen, dass die Leute viel mehr voneinander erfahren, bevor sie sich die Mühe machen, sich persönlich zu treffen, vor allem aber dadurch, dass sie die Anzahl potenzieller Partner enorm erhöht haben. Wenn Dating letztlich ein Zahlenspiel ist, und das ist es, glaube ich, dann kann das Internet bei der Suche nach der persönlichen Nadel im Heuhaufen eine entscheidende Rolle spielen. Soziale Netzwerke und Datingplattformen sind unglaublich hoch frequentiert, und Untersuchungen zeigen, dass es inzwischen sehr wahrscheinlich ist, dass sich Liebespaare online finden. So zeigte zum Beispiel eine Untersuchung von John Cacioppo und seinen Kolleginnen und Kollegen von der University of Chicago mit beinahe 20 000 Teilnehmerinnen und Teilnehmern, die zwischen 2005 und 2012 geheiratet haben, dass über ein Drittel von ihnen sich online kennengelernt hat. Obwohl die Studie nur bis 2012 ging, hatten sich von denen, die sich ohne die Hilfe des Internets begegnet waren, 7,7 Prozent bereits wieder getrennt oder scheiden lassen, während es bei den Onlinepaaren nur 6 Prozent waren. Diese Differenz klingt erst einmal nicht sehr groß, doch immerhin entspricht jeder Prozentpunkt in der Vergleichsgruppe ohne Internet zusätzlichen 125 zerbrochenen Beziehungen.

Darüber hinaus kann man, wenn man die 4000 Menschen, die sich in sozialen Netzwerken oder auf Datingplattformen kennengelernt haben (den beiden häufigsten Onlinetreffpunkten) mit den 8000 Menschen vergleicht, die sich bei der Arbeit, über Freunde, in einer Bildungseinrichtung, bei geselligen Anlässen oder in einer Kneipe oder Diskothek kennengelernt haben (den fünf häufigsten analogen Treffpunkten), belastbare Unterschiede erkennen, was die eheliche Zufriedenheit angeht. Keines der Paare, das sich offline getroffen hatte, war so zufrieden, wie die Onlinepaare, wobei aber die, die sich in der Schule oder Universität oder bei geselligen Anlässen getroffen hatten, der Zufriedenheit von Onlinepaaren zumindest nahekamen. Bei Paaren, die sich über Freunde oder in einer Kneipe kennengelernt hatten, war dagegen die Wahrscheinlichkeit, eine glückliche Ehe zu führen, am geringsten. Diese Untersuchungsergebnisse legen nahe, dass Beziehungen, die online beginnen, eine größere Stabilität haben könnten als beinahe alle anderenorts angefangenen Beziehungen.

Um uns dem Thema der sozialen Medien in einem etwas allgemeineren Sinne zuzuwenden: Es gibt zahlreiche Beispiele für den ungeheuren Wert von Facebook, YouTube und Snapchat. So ist zwar der arabische Frühling (bis jetzt) nicht gut ausgegangen, aber Facebook spielte in diesem Fall eine wesentliche Rolle dabei, dass relativ machtlose Individuen Massenproteste gegen totalitäre Regime im gesamten Nahen Osten organisieren konnten. Facebook mag allgegenwärtig und manchmal von großer gesellschaftlicher Relevanz sein, und es hat mir geholfen, den Kontakt zu alten Highschool-Freunden wieder aufzunehmen, aber mein Lieblingsbeispiel für die Macht der sozialen Medien ist doch YouTube.

In meiner Kindheit wurde fast jeder Weg zu Ruhm und Geld von speziellen Torhütern bewacht. Wenn man Filmstar werden wollte, musste jemand beschließen, dass man das Zeug zum Star hatte. Wenn man eine Idee für eine neue Fernsehshow hatte, musste jemand beschließen, dass diese Idee unterhaltsam war. YouTube fegte diese Torhüter im Handstreich beiseite – plötzlich konnte jeder, der einen Computer und eine Idee hatte, Videos aufnehmen und sie der ganzen Welt zeigen. Dass der Instinkt dieser Torhüter dafür, was die Leute wirklich sehen wollen, ziemlich begrenzt ist, wurde ebenfalls durch YouTube deutlich. Der schönste Beweis dafür ist aus meiner Sicht die unglaubliche Popularität von YouTubern, die sich beim Videospielen selbst filmen. Es wäre mir nie in den Sinn gekommen, dass irgendjemand anderen Menschen dabei zusehen möchte, wie sie Videospiele spielen, bis ich eines Nachmittags ein unglaubliches Geschrei aus dem Zimmer meines Sohnes hörte und ihn fragte, ob alles in Ordnung sei. Es stellte sich heraus, dass der Lärm von einem YouTube-Kanal kam, den er abonniert hatte: Leute spielten darauf Video und schrien ihre Bildschirme an.

Falls Sie der Meinung sind, das Ganze sei bloß ein Nischengeschäft: PewDiePie, der König in diesem Genre, hat über 100 Millionen Abonnenten (Stand August 2019). Um diese Zahl ins Verhältnis zu setzen: Die beliebteste amerikanische Fernsehsendung im Jahr 2015/16 war *Sunday Night Football* mit einem durchschnittlichen wöchentlichen Publikum von 22 Millionen. PewDiePie hatte, wie ich ergoogelt habe, im letzten Monat 147 Millionen Views (insgesamt 23,1 Milliarden Aufrufe, Stand September 2019), also erheblich mehr, als die ungefähr 90 Millionen Zuschauer, die jeden Monat *Sunday Night Football* sehen. Fast jedes Video, das er hochlädt, kommt auf Millionen von Zuschauern, und er selbst ist durch Werbeeinnahmen reich geworden (nicht zu vergessen, dass seine Videos in der Produktion sehr viel günstiger sind als Footballspiele).

PewDiePie steht durchaus nicht für die einzige Erfolgsgeschichte auf YouTube. Zahlreiche YouTuber leben davon, anderen zu zeigen, wie man sich schminkt; andere machen sich über skurrile Verschwörungstheorien lustig, bieten Lifehacks an oder filmen einfach ihren Alltag. Dabei gibt es keine Altersgrenze, es gibt Kinder, die große Summen einfach damit verdienen, dass sie Geschenke aufmachen und mit ihnen spielen. Mir gefällt an den erfolgreichsten YouTube-Kanälen besonders, dass sie für die meisten Erwachsenen komplett unattraktiv sind. Keiner der heute erfolgreichen YouTuber wäre auch nur an der Security der Talentagentur vorbeigekommen, und schon gar nicht an einem echten Talentscout, doch bei ihrem Zielpublikum kommen sie extrem gut an. Die sozialen Medien haben nicht nur den Weg zu Ruhm und Geld demokratisiert, sondern auf diese Weise offenbar auch bislang unbekannte Unterhaltungsbedürfnisse erfüllt (zum Beispiel Menschen dabei zuzusehen, wie sie ihre Pickel ausdrücken oder auf extrem niedliche Weise ein Paar Turnschuhe auspacken).

Die These der sozialen Erfindungen

Wie können wir nun erklären, dass zwar manche Leute neue Dinge erfinden, aber die große Masse dies nicht tut? Denn dass wir Menschen uns im Laufe der Evolution so entwickelt haben, dass wir unsere Probleme eher auf soziale als auf technische Weise lösen, heißt ja umgekehrt nicht, dass sich jeder Mensch zu jeder Zeit für eine soziale Lösung entscheiden wird. Gehen wir einmal davon aus, dass weniger soziale Menschen mit größerer Wahrscheinlichkeit technisch innovativ sind. Sie haben nämlich nicht nur kleinere soziale Netzwerke und insofern weniger Menschen, die sie um Hilfe bitten können, sondern viele von ihnen finden soziale Lösungen auch weniger befriedigend und zuverlässig als technische Lösungen. In der Folge konzentrieren sich Menschen mit einer gering ausgeprägten Sozialkompetenz mit Blick auf ihre Probleme wohl eher auf technische Lösungen, was wiederum zu einer höheren Rate technischer Erfindungen führen müsste.

Wenn man sich eine soziale oder technische Ausrichtung als in gewisser Weise getrennte Eigenschaften vorstellt, könnte man jeden Menschen einem der vier Quadrate zuordnen, je nachdem, ob er technisch oder sozial orientiert ist (siehe Abbildung 6.1). Angesichts der enormen Wichtigkeit, die das soziale Funktionieren für unsere Vorfahren hatte, werden sich die meisten Menschen wahrscheinlich in den beiden oberen Quadraten des Schaubildes wiederfinden. Die auf der oberen linken Seite haben relativ schwache technische Fähigkeiten, weshalb wir erwarten sollten, dass sie eher im sozialen Bereich innovativ sind. Doch der Clou besteht darin, dass auch die auf der oberen rechten Seite, die starke technische Fähigkeiten haben, eher im sozialen als im technischen Bereich innovativ sein müssten.

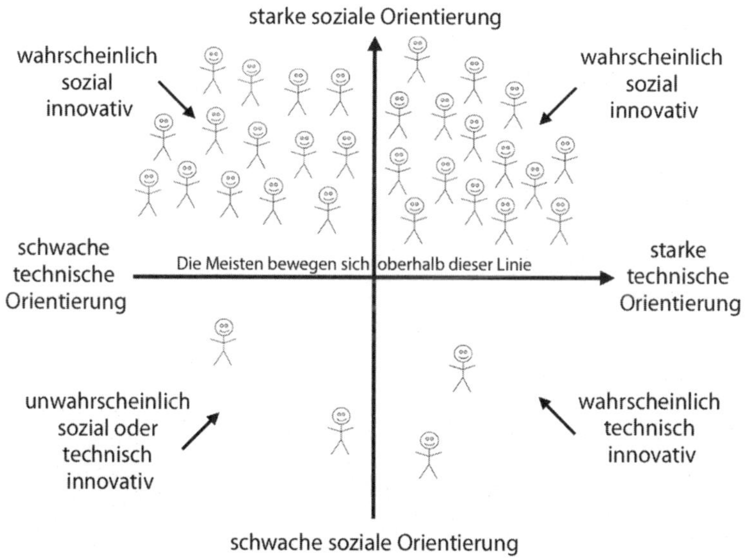

Abbildung 6.1: Soziale Orientierung, technische Orientierung und Innovationsgabe (aus von Hippel und Suddendorf, Publikation im Druck)

Für die meisten von uns sind soziale Bindungen befriedigend und lohnend; sie entsprechen, seit wir nicht mehr auf den Bäumen leben, einfach unserer vorgegebenen Haltung zur Welt.[40] Die Folge ist, dass hochgradig soziale Leute, die außerdem ein Talent dafür haben, an Sachen herumzubasteln, dies höchstwahrscheinlich nicht tun werden, wenn sie mit einem Problem konfrontiert sind. So mag es beispielsweise für einige Menschen eine Kleinigkeit sein, einen Dosenöffner mit einem Toaster und dem Timer des Ofens so zusammenzulöten, dass dadurch eine automatische Hundefütter-Maschine entsteht, die man zum Einsatz bringen kann, wenn man nicht da ist. Aber selbst Leute, die entsprechend geschickt wären, würden wohl normalerweise eher einen Freund fragen, ob er, solange sie fort sind, kurz rüberkommen und den Hund füttern kann. Insofern kann man also mithilfe der These der sozialen Erfindungen voraussagen, dass mit großer Wahrscheinlichkeit die meisten Menschen nicht auf technischem Gebiet erfinderisch tätig sein werden. Und von den (relativ wenigen) Leuten, die in die unteren beiden Quadrate gehören, werden nur die, die eine starke technische Ausrichtung haben, auch wirklich im technischen Bereich innovativ sein. Obwohl also technische Fähigkeiten an sich relativ häufig vorkommen, macht die Allgegenwart des Sozialen unter uns Menschen technische Erfindungen relativ unwahrscheinlich.

Es ist zwar sehr schwierig, solche Dinge für unsere Vorfahren zu überprüfen, doch gibt es zwei moderne Beweisstücke, die für die These der sozialen Erfindungen sprechen. Zum einen besteht eine der Methoden, das Soziale zu quantifizieren, darin, die Häufigkeit von Autismus zu erfassen. Menschen, die dem Autismus-Spektrum zuzuordnen sind, sind zwar unterschiedlich intelligent, haben aber unabhängig davon Schwierigkeiten mit sozialen Beziehungen. Beeinträchtigte soziale Funktionsfähigkeit ist eines der Kennzeichen von Autismus. Sogar hochintelligente Autisten haben mit Theory of Mind (siehe Kapitel 2) zu kämpfen: Ihre Gehirne kalkulieren nicht automatisch die Absichten und Gefühle anderer ein. Die Folge ist, dass Menschen mit Autismus »normale« Menschen nicht ohne Weiteres verstehen und Schwierigkeiten haben, sich auf sie einzulassen.

Angesichts dessen ist es nicht erstaunlich, dass Menschen mit Autismus nur äußerst selten im Vertrieb arbeiten und in den Geistes- und Sozialwissenschaften rar sind. Sie finden sich eher dort, wo man sich hauptsächlich mit Dingen und nicht mit Menschen beschäftigt. So stellten Simon Baron-Cohen und seine Kolleginnen und Kollegen von der Cambridge University fest, dass Autismus in Familien von Physikern, Ingenieuren und Mathematikern häufiger vorkommt als in der Gesamtbevölkerung.

Als Baron-Cohen und seine Kollegen daraufhin eine Skala entwickelten, um Autismus nach Graden zu quantifizieren, war einer ihrer ersten Vergleiche der zwischen Studierenden der Naturwissenschaften und Studierenden der Geisteswissenschaften. Sie stellten fest, dass bei Studierenden der Naturwissenschaften ein höherer Grad von Autismus – inklusive geringerer Sozialkompetenz – festgestellt werden konnte als bei Studierenden der Geisteswissenschaften, und dieser Unterschied war besonders groß gegenüber jungen Menschen, die Physik, Informatik oder Mathematik studierten. Sozialwissenschaftsstudenten schnitten nicht anders ab als Leute, die Geisteswissenschaften studierten. Studierende der Ingenieurswissenschaften hatten Werte, die zwischen denen von Physikstudenten und Geisteswissenschaftlern lagen.

Wie nicht anders zu erwarten, ist es bei Ingenieuren und Physikern wahrscheinlicher als bei Geisteswissenschaftlern oder Sozialwissenschaftlern, dass sie ein Patent angemeldet oder technische Erfindungen für den Hausgebrauch gemacht haben. Mit anderen Worten gibt es unter Ingenieuren und Physikern überdurchschnittlich viele Menschen, die in den Bereich des rechten unteren Quadrats von Abbildung 6.1 gehören. Ein beeindruckendes Beispiel dafür ist die Tatsache, dass Silicon Valley einer Brutstätte von Erfindungen ist und gleichzeitig eine ungewöhnlich hohe Konzentration von Menschen aus dem Autismus-Spektrum vorweist.[41] Natürlich sind diese Ergebnisse kein Beweis dafür, dass Sozialkompetenz die Leute davon *abhält*, auf technischem Gebiet erfinderisch tätig zu werden (wie die These der sozialen Erfindungen sagt), aber weil Sozialkompetenz und technische Innovationskraft in einem negativen Wechselverhältnis stehen, liegt es zumindest nahe, dass das eine Phänomen das andere beeinflusst.

In einem zweiten Ansatz kann man Geschlechterunterschiede bei Erfindungen untersuchen. Unterschiede zwischen den Geschlechtern zu untersuchen, ist schon deshalb immer heikel, weil auf beiden Seiten die Tendenz weit verbreitet ist, aus einer solchen Studie Schlüsse zu ziehen, die weit über die Datenlage hinausgehen. Haben Sie bei diesem Thema bitte etwas Geduld mit mir, irgendwann werden Sie sehen, dass meine Schlussfolgerungen Sinn machen. Wenn wir uns trotz des genannten Risikos die Literatur zu diesem Thema etwas genauer ansehen, werden wir feststellen, dass ein wichtiger, sich stark wiederholender Geschlechterunterschied bezüglich der Vorlieben von Männern und Frauen darin besteht, dass Männer sich tendenziell mehr für Dinge interessieren und Frauen für Menschen. Dies wird beispielsweise durch eine Studie zu beruflichen Interessen bestätigt, an der mehr als eine halbe Million Männer und Frauen aus den Vereinigten Staaten und Kanada teilgenommen haben.

Zweifellos sind solche Interessenunterschiede zwischen den Geschlechtern zum Teil eine Folge von geschlechtsspezifischen kulturellen Erwartungen, aber diverse Forschungsergebnisse legen nahe, dass sie zum Teil auch angeboren und anscheinend über alle Kulturen hinweg anzutreffen sind. Zahlreiche Studien dokumentieren, dass geschlechtstypische Unterschiede in Bezug auf bevorzugte Spielzeuge (zum Beispiel Laster oder Puppe) schon bei Säuglingen im ersten Lebensjahr beobachtet werden können, und eine Vorliebe für Spielzeuglaster wurde sogar bei männlichen Affen nachgewiesen.

Egal, ob diese Unterschiede auf kulturellen Erwartungen oder biologischen Unterschieden beruhen (oder, am wahrscheinlichsten, auf beidem): Die These der sozialen Erfindungen legt nahe, dass Geschlechterunterschiede in Bezug auf die Sozialkompetenz wahrscheinlich zu Geschlechterunterschieden bei technischen Erfindungen führen. Zu dieser Annahme passt, dass Berufe, die mit technischen Lösungen zu tun haben (zum Beispiel Mathematiker oder Ingenieur), nicht nur viele Menschen anziehen, die ins Autismus-Spektrum gehören, sondern auch hauptsächlich Männer.

Ein enormer Fundus von kulturübergreifenden Untersuchungen zeigt, dass bei Frauen normalerweise die sprachlichen Fähigkeiten stärker ausgeprägt sind als die räumlichen, und es bei Männern umgekehrt ist. Die Tatsache, dass Männer in Mathe und im Ingenieurswesen überrepräsentiert sind, könnte also einfach eine Folge von geschlechtsspezifischen Unterschieden in Kompetenzprofilen sein. Normalerweise fühlen wir uns zu Dingen hingezogen, die wir gut können und neigen dazu, uns in Bereichen zu verbessern, die uns interessieren, weshalb schwer festzustellen ist, was hier Henne und was Ei ist. Frauen interessieren sich mehr für Menschen, weshalb sie vielleicht mehr miteinander kommunizieren und dadurch sprachlich kompetenter werden. Männer interessieren sich mehr für Dinge, weshalb sie vielleicht mehr Zeit damit verbringen, an ihnen herumzubasteln, was zu einer Verbesserung ihres räumlichen Denkens führen mag. Vielleicht ist das Begründungsverhältnis aber auch gerade andersherum, oder es geht in beide Richtungen.[42] Das wichtigste Ergebnis ist aber, dass sogar unter solchen Frauen und Männern, die starke mathematische und technische Fähigkeiten haben, Männer ein größeres Interesse an Dingen haben und Frauen ein größeres Interesse an Menschen.

So stellten David Lubinsky von der Vanderbilt University und seine Kolleginnen und Kollegen eine Gruppe von 1500 mathematisch begabten Schülerinnen und Schülern aus den gesamten Vereinigten Staaten zusammen und verfolgten ihren Weg ins Erwachsenenleben. Als sie das mittlere Erwachsenenalter erreicht hatten, hatten die Männer aus dieser Gruppe im Vergleich zu den Frauen mit mehr als doppelt so hoher Wahrscheinlichkeit ein Patent angemeldet. Wichtiger für unsere Zwecke ist jedoch, dass sich die Geschlechterunterschiede bezüglich sozialer Interessen mit den Geschlechterunterschieden bei den technischen Erfindungen decken.

Als man sie nach ihren beruflichen Präferenzen fragte, äußerten die Männer aus dieser Stichprobe mehr Interesse daran, »mit Gegenständen (zum Beispiel Computern, Werkzeugen) zu arbeiten« und »etwas Bedeutungsvolles zu erfinden/zu erschaffen«. Dagegen interessierten sich die Frauen mehr dafür, »mit Menschen zu arbeiten« und wünschten sich, dass sich ihre »Arbeit entscheidend auf das Leben anderer Menschen auswirkt«. Entsprechend waren »Zeit für Sozialkontakte« und »feste Freundschaften«

den Frauen wichtiger als den Männern. Sogar unter mathematisch begabten Männern und Frauen zeigen sich also deutliche Geschlechterunterschiede bezüglich sozialer Orientierung und technischer Leistungen.

Die Geschlechterunterschiede bezüglich der sozialen Orientierung geben außerdem einen Hinweis darauf, ob jemand eine Laufbahn wählt, die mit technischen Erfindungen zu tun hat. Das deutlichste Beispiel für einen solchen Effekt sieht man in einer Längsschnittstudie von Ming-Te Wang von der University of Pittsburgh mit einer anderen landesweiten Stichprobe von ungefähr 1500 Schülerinnen und Schülern. Auf Grundlage der Ergebnisse, die die Teilnehmerinnen und Teilnehmer bei der SAT-Prüfung zur Feststellung ihrer Studierfähigkeit erzielt hatten, trennte Wang jene Schülerinnen und Schüler, die hohe mathematische Fähigkeiten *und* hohe sprachliche Fähigkeiten vorweisen konnten, von solchen, die sehr gut in Mathe, aber im sprachlichen Bereich nur durchschnittlich abgeschnitten hatten. Trotz der Tatsache, dass sie alle super in Mathe waren, wurden mehrere wichtige Unterschiede zwischen diesen beiden Gruppen sichtbar.

Erstens stellte Wang fest, dass die Gruppe mit hohen Mathe- und *hohen* sprachlichen Fähigkeiten zu zwei Dritteln aus Frauen bestand, während die Gruppe mit hohen Mathe- und *durchschnittlichen* sprachlichen Fähigkeiten zu zwei Dritteln männlich war. Anscheinend neigen mathematisch begabte Frauen dazu, auf eine umfassende Weise klug zu sein, während sich die Klugheit vieler Männer, die gut in Mathe und Naturwissenschaften sind, auf diese Bereiche beschränkt. Das ist deshalb wichtig, weil Menschen, die mathematisch *und* sprachlich begabt waren, ein größeres Interesse an der Arbeit mit Menschen und ein geringeres Interesse an der Arbeit mit Dingen zu Protokoll gaben, als die, die nur in Mathe gut waren.

Wang stellte außerdem fest, dass Schülerinnen und Schüler, die nur gut in Mathe waren, sich mit größerer Wahrscheinlichkeit für eine Laufbahn in den Naturwissenschaften oder im Ingenieurswesen entschieden als diejenigen, die umfassend klug waren. Diese Karriereentscheidungen passten zu ihren früher geäußerten Interessen; je mehr sie sich dafür interessierten, mit Menschen zu arbeiten, desto geringer war die Wahrscheinlichkeit, dass sie eine naturwissenschaftliche Laufbahn einschlugen. Je größer das Interesse war, das sie an der Arbeit mit Dingen geäußert hatten, desto wahrscheinlicher war eine naturwissenschaftliche Laufbahn.

Diese Untersuchungsergebnisse sind aus mehreren Gründen bedeutsam. Erstens legen sie nahe, dass die Tatsache, dass Frauen in Mathe und den Naturwissenschaften unterrepräsentiert sind, vielleicht gar kein klassisches Problem in dem Sinne ist, dass ihnen in solchen Gebieten Steine in den Weg gelegt würden. So ist die weibliche Unterrepräsentation in Mathe und Naturwissenschaften häufig so interpretiert worden, dass man Frauen das Gefühl gegeben hat, in diesen Bereichen nicht willkommen zu sein. Es gibt einiges, was für diese Sichtweise spricht, aber Wangs Ergebnisse legen nahe, dass sexistische Vorurteile und ein möglicherweise feindseliges Klima nicht die wichtigsten Faktoren sind, die Frauen von diesen Fachgebieten fernhalten. Schließlich waren Frauen einst auch in der Biologie rar und dominieren diesen Bereich heute sowohl als Studierende als auch im Graduiertenbereich. Vermutlich war das Klima für Frauen in der Biologie (oder den zahlreichen anderen Bereichen, in denen der Frauenanteil gestiegen ist) nicht besser als in Mathe, dem Ingenieurswesen oder den Naturwissenschaften (wo der Anteil der Frauen sehr viel langsamer zugenommen hat).

Vielmehr legen Wangs Untersuchungsergebnisse nahe, dass die meisten Menschen, die sowohl sprachlich als auch mathematisch begabt sind, kein besonders ausgeprägtes Interesse daran haben, Naturwissenschaftlerin oder Ingenieurin zu werden. Weil Frauen, die gut in Mathe sind, normalerweise durchweg klug sind, folgen sie ihrem Bauchgefühl und wählen eine andere Laufbahn. Mir selbst kommt das schon deshalb hochgradig sinnvoll vor, weil es mich an meine eigene Berufsentscheidung erinnert. Wie ein Drittel der Männer in Wangs Studie habe ich insofern ein eher weibliches Gehirn, als meine sprachlichen Fähigkeiten stärker sind als meine mathematischen. In der Highschool habe ich noch überlegt, Ingenieur zu werden und sogar noch das College-Aufnahmeexamen für Ingenieure mitgeschrieben, bevor ich begriff, dass Mathematik und das Konstruieren von Dingen mich nicht halb so sehr interessierten wie eine auf den Menschen fokussierte Laufbahn in den Sozialwissenschaften.

Es ist wichtig, zu betonen, dass ich den Luxus hatte, eine solche Entscheidung zu treffen, weil ich in einem reichen Land aufgewachsen bin, wo man auch mit einer geisteswissenschaftlichen Ausbildung halbwegs Geld verdienen kann.[43] Dagegen neigen in ärmeren Ländern, in denen es die meisten guten Arbeitsplätze im technischen und naturwissenschaftlichen Bereich gibt, mathematisch begabte Menschen viel durchgängiger dazu, eine entsprechende Laufbahn einzuschlagen. Dieser Unterschied bezüglich der Berufsentscheidung, der auf die wirtschaftliche Situation innerhalb des jeweiligen Landes zurückzuführen ist, zieht einen interessanten und überraschenden Effekt nach sich. Zwar sind ärmere Länder, was die Gleichstellung der Geschlechter angeht, normalerweise weniger weit als reiche Länder, aber gleichzeitig ist in diesen Ländern die Wahrscheinlichkeit größer, dass Frauen eine technische oder naturwissenschaftliche Laufbahn einschlagen. Das widerspricht der weit verbreiteten Meinung, Sexismus und kulturelle Vorstellungen darüber, was Frauen zu tun und zu lassen haben, würden sie von den Naturwissenschaften fernhalten. Es könnte also sein, dass die MINT-Fächer dem Großteil der sozial orientierten Menschen, die andere Möglichkeiten haben, einfach nicht besonders interessant erscheinen.[44]

Weil Frauen dazu neigen, sich mehr für Menschen als für Dinge zu interessieren, sagt die These der sozialen Erfindungen, dass die Erfindungen von Frauen mit geringerer Wahrscheinlichkeit auf technische Lösungen abzielen werden als die von Männern. Die vorhandenen Daten stimmen im Großen und Ganzen mit dieser Annahme überein. So stammten in einer Stichprobe von 10 000 Patenten, die in den 1990er-Jahren in sechs europäischen Ländern angemeldet wurden, weniger als 3 Prozent von Frauen. Mit Sicherheit spielen kulturelle und historische Faktoren, die weibliche Erfinder benachteiligen, bei dieser Zahl eine Rolle, aber es ist zumindest bemerkenswert, dass der Prozentsatz von weiblichen Patenten in dieser Stichprobe viermal niedriger ist, als der Prozentsatz von weiblichen Ingenieuren (etwa 12 Prozent).

Entsprechend kam in einer repräsentativen Umfrage mit fast 1200 Teilnehmerinnen und Teilnehmern aus Großbritannien heraus, dass 8,6 Prozent der Männer und 3,7 Prozent der Frauen sich nach eigenen Angaben schon einmal als technische Erfinder betätigt haben, indem sie Gegenstände für den Hausgebrauch entworfen oder verändert haben. Diese Ergebnisse legen nahe, dass selbst dann, wenn man die formalen Beschränkungen, Verzerrungen und Barrieren beseitigt, die mit der offiziellen Patentierung von Erfindungen zusammenhängen, das Verhältnis von männlichen und weiblichen Erfindern noch immer größer ist als zwei zu eins. Weder Männer noch Frauen betätigen sich besonders häufig als Erfinder, aber Männer tun dies sowohl in einem offiziellen als auch in einem inoffiziellen Rahmen häufiger als Frauen. Der These der sozialen Erfindungen zufolge ist die Tatsache, dass Männer als Erfinder überrepräsentiert sind, nicht etwa ein Beweis dafür, dass Frauen weniger erfinderisch sind, sondern vielmehr dafür, dass ihre Sozialkompetenz sie dazu bringt, in anderen Bereichen innovativ zu sein.[45]

Entgegen der weitverbreiteten Annahme, dass Erfinder zu einer seltenen Spezies gehören, stellt die These der sozialen Erfindungen klar, dass beinahe *alle* Menschen Erfinder sind, aber die meisten Menschen ihre erfinderische Energie eher auf soziale als auf technische Lösungen richten. Menschen erfinden nur deshalb nicht jeden Tag etwas Neues, weil es nicht nötig ist – unser gemeinsames kulturelles Wissen hält für die meisten Probleme, mit denen wir konfrontiert sind, fertige Lösungen bereit. Doch wir sind durchaus in der Lage, erfinderisch zu sein, wenn wir mit einem Problem konfrontiert sind, das so drängend ist, dass wir es lösen müssen. Anders als Melissa und die anderen Schimpansenmütter wären wir Menschen jedenfalls auch ohne Gesetz und Polizei fast durchgängig in Lage, eine Lösung für das Problem zu finden, dass sich in unserer Gruppe zwei Psychopathinnen befinden.

Man hat die Notwendigkeit häufig als Mutter der Erfindungen bezeichnet, aber was notwendig ist, wird von unterschiedlichen Menschen unterschiedlich wahrgenommen, und die wenigsten Probleme erfordern eher eine technische als eine soziale Lösung. Wir können zum Umgang mit den mörderischen Kannibalen eine Falle erfinden, aber wir können uns auch mit anderen zusammentun, die ebenfalls unter ihnen leiden, um zu einer sozialen Lösung zu finden, die die Bedrohung eliminiert. Die Fähigkeit, sich neue Lösungen auszudenken, ist etwas universell Menschliches, allerdings scheinen nur wenige von uns geneigt, sich auf technische Lösungen zu konzentrieren. Beinahe jeder gesunde Erwachsene ist mit minimalem technischem Wissen in der Lage, eine technische Lösung zu finden, wenn die Situation es erfordert. Erfordert es die Situation nicht, sind technische Lösungen selten, *obwohl* die darunterliegenden Fähigkeiten etwas universell Menschliches sind. Menschen, die sich für Menschen interessieren (also fast alle von uns), erfinden einfach nicht so viele neue Dinge – obwohl sie dazu in der Lage wären!

Zwar mag die uns innewohnende Sozialkompetenz uns daran hindern, neue Dinge zu erfinden, aber sie spielt eine wesentliche Rolle dabei, die Erfindung eines Einzelnen in eine Lösung für alle zu verwandeln. Die menschliche Erfolgsgeschichte ist nicht nur eine von Erfindungen; sie beruht auch darauf, dass neue Erfindungen an andere Menschen weitergegeben und von ihnen genutzt und verbessert werden. Unsere Sozialkompetenz spielt dabei eine wesentliche Rollc. Die Ironie besteht darin, dass die weltweit dominierende Rolle des *Homo sapiens* auf seiner unglaublichen Sozialkompetenz beruht, es aber wohl die relativ Asozialen unter uns sind, denen wir für die technischen Erfindungen dankbar sein müssen, die unser Leben so stark von dem Leben anderer Tiere auf diesem Planeten unterscheiden.

7

Elefanten und Paviane

Evolution, Moral und Anführerschaft

Nelson Mandela ist einer meiner Helden. Mit Anfang 40 wurde er für den Versuch, das südafrikanische Apartheidsregime zu stürzen, zu Zwangsarbeit verurteilt und konnte erst mit Ende 60 das Gefängnis wieder verlassen. Man sollte meinen, dass er zu diesem Zeitpunkt ein gebrochener und verbitterter Mann war, doch das Gegenteil war der Fall: Direkt nach seiner Entlassung fing er an, sich für Demokratie und die Aussöhnung zwischen den Rassen einzusetzen. Mit überwältigender Mehrheit wurde er dann zum ersten Präsidenten Südafrikas nach der Apartheid gewählt, und anstatt nach der ersten Amtszeit eine Wiederwahl anzustreben (die für ihn ebenso leicht gewesen wäre), entschloss er sich zum Rücktritt. Für mich ist Mandela der Politiker, der einem Heiligen am nächsten kommt – ganz ohne Zweifel aber ist er einer der großen moralischen Anführer unserer Zeit.

Robert Mugabe aus dem benachbarten Simbabwe ist das genaue Gegenteil von Mandela. Auch er wurde für den Versuch, ein Apartheidsregime zu stürzen, ins Gefängnis geworfen, und wie Mandela setzte er sich als neu gewählter Premierminister für sozialen Ausgleich und die Versöhnung zwischen den Rassen ein. Doch hier enden die Ähnlichkeiten auch schon. Als die heimische Opposition für Mugabe zur Konkurrenz wurde, setzte er nicht, wie Mandela, auf Kompromisse, sondern auf Gewalt, um seine Herrschaft zu sichern und auszuweiten. Anstatt nach seiner ersten Amtszeit zurückzutreten, leitete er eine Verfassungsänderung ein, die ihm mehr Macht gab und es ihm erlaubte, wieder und wieder zu den (manipulierten) Wahlen anzutreten. Seine Politik führte durch Hyperinflation, Arbeitslosigkeit, Seuchen und Lebensmittelknappheit, zur Zerstörung des gesamten Landes.

Mandela und Mugabe hatten einen ähnlichen Hintergrund und hätten sich ähnlich verhalten können – warum taten sie es also nicht? Der Gegensatz zwischen den beiden wirft die Frage auf, was einen Menschen dazu bringt, ein moralischer oder unmoralischer Anführer zu werden. Ich selbst hätte am Anfang ihrer politischen Karrieren nicht vorhersagen können, für welchen Weg sich die beiden Männer schließlich entscheiden würden, und sehr viele Menschen brauchten viel zu lange, um Mugabe zu verurteilen, weil sie einfach nicht glauben konnten, zu welch einem Mensch er geworden war. Mandela und Mugabe sind natürlich Extreme, aber die psychischen Kräfte, die die beiden Männer geformt haben, existieren in jedem von uns.

Die ausgeprägte soziale Ader, die wir entwickeln mussten, um das Verschwinden des Regenwaldes zu überleben, unterdrückte zwar unseren Individualismus, vernichtete ihn aber keineswegs. Die Folge ist, dass wir Menschen eine Mischung aus Egoisten und Gruppenwesen sind. Auf der eigennützigen Seite steht die Tatsache, dass die Evolution Druck auf individuelle Lebewesen ausübt, ihre eigene Tauglichkeit (also die Anzahl von Nachkommen, die sie und ihre Verwandten in der nächsten Generation hinterlassen) zu maximieren. Wie wir in Kapitel 4 gesehen haben, müssen Menschen, um einen Partner zu finden, mit anderen Gruppenmitgliedern konkurrieren, und das bedeutet, dass jede Eigenschaft, die für das Ausstechen von Mitgliedern der eigenen Gruppe hilfreich ist, wegen ihrer Rolle in der sexuellen Selektion in der Gesamtbevölkerung weit verbreitet ist.

Dieser evolutionäre Druck in Richtung Individualismus und Konkurrenz trifft auf gegenläufige Kräfte, die dadurch entstehen, dass wir in kooperativen und voneinander abhängigen Gruppen leben. Weil wir im Laufe der Evolution die Fähigkeit entwickelt haben, äußerst effizient in Teams zusammenzuarbeiten, waren wir in der Savanne (und überall sonst) trotz unserer geringen Körpergröße, unserer Langsamkeit und unserer mangelnden Stärke so überaus erfolgreich. Das ist auch der Grund dafür, dass uns Team- und Kooperationsfähigkeit bei Freunden und potenziellen Partnern so wichtig sind. Unsere gemeinschaftliche Orientierung nützt uns folglich auch als Individuen, denn sie hilft uns, Verbündete zu finden. Menschen, die um sich selbst kreisen und schlecht mit anderen zusammenarbeiten, sind, vor allem als Partner in Liebesbeziehungen, weniger begehrenswert, und auf diese Weise sorgt die sexuelle Selektion dafür, dass auch die Kooperationsbereitschaft in unserem Genpool weiterhin vorkommt.

Die Spannung zwischen Individualismus und Kollektivismus liegt der menschlichen Sozialkompetenz insgesamt und jeder Interaktion mit Mitgliedern der eigenen Gruppe zugrunde. Für Anführer vergrößert sich diese Spannung, weil für sie auch die Vor- und Nachteile einer Gruppenmitgliedschaft größer sind. Einerseits sind Anführer auf Gruppenstrukturen angewiesen und fungieren oft als Vorbilder und Förderer einer gemeinschaftlichen Grundhaltung, die ihrerseits die Voraussetzung für Teamarbeit ist, ohne die wir Menschen niemals so erfolgreich geworden wären. Wie Nelson Mandela für sein Land gelitten hat, wie er später seinen Ruhm einsetzte, um für Gerechtigkeit und Versöhnung zu kämpfen, ist ein Beispiel für eine solche an der Gemeinschaft orientierte Grundhaltung.

Andererseits: Macht zieht Privilegien nach sich, und jene Privilegien, die ausschließlich den Anführern zugutekommen, können dazu führen, dass nach und nach die eigenen Begehrlichkeiten und die von Verwandten wichtiger genommen werden, als die Bedürfnisse der Gruppe. Mugabes Bereitschaft, sein eigenes Land auszuhungern, um sich seine Macht und seinen Reichtum zu sichern, ist ein Beispiel für eine solche egoistische Grundhaltung. Der moralische Wert einer Anführerschaft entscheidet sich also letztlich daran, wie die Spannung zwischen Gruppeninteressen und eigenen Interessen aufgelöst wird. Moralische Anführer sind solche, die im Interesse ihrer Gruppe handeln und nur so viel von ihren eigenen Entscheidungen profitieren, wie die Gruppe dies tut. Aus Gründen, die ich im Folgenden verdeutlichen werde, möchte ich solche Anführer *Elefanten* nennen. Unmoralische Anführer sind dagegen solche, die aus Eigeninteresse handeln und auf Kosten der Gruppe aus ihren Entscheidungen Vorteile ziehen. Solche Anführer nenne ich im Folgenden *Paviane.*

Elefanten und Paviane

Erwachsene männliche Elefanten sind beeindruckende Tiere. Sie haben wenige bis gar keine natürlichen Feinde und leben entweder allein oder zusammen mit anderen Bullen in lockeren Gruppen, weshalb unter den Elefanten dauerhafte Gemeinschaften ausschließlich aus erwachsenen Kühen sowie männlichen und weiblichen Jungtieren bestehen. Prinzipiell könnte sich natürlich der stärkste männliche Elefant selbst zum Anführer einer Herde machen, aber für ihn gibt es schlicht und einfach keinen Anreiz dazu, denn die ausgedehnten pflanzlichen Nahrungsmittelquellen der Elefanten sind nicht leicht zu monopolisieren. Zudem informieren die weiblichen Elefanten, wenn sie fruchtbar sind, sämtliche Männchen in ihrer Umgebung, weshalb diese, egal, ob sie Teil der Gruppe sind oder viele Kilometer entfernt leben, so oder so mit den anderen um sexuellen Zugang zu diesem Weibchen konkurrieren müssen. Aus diesem Grund kommen die Anführer der Elefanten normalerweise aus der Gruppe der ältesten Weibchen, und die jeweilige Matriarchin ist dann für die Koordinierung von Gruppenbewegungen und Umzügen und für die Reaktion auf Bedrohungen (zum Beispiel durch Löwen) zuständig. Die Rolle der Anführerin besteht also darin, die anderen Elefanten zum Handeln aufzufordern und ihnen in gefährlichen und in vorteilhaften Situationen die Richtung vorzugeben. Keineswegs stürmt sie zum Schutz der anderen alleine vor (wenn Elefanten von Löwen bedroht werden, stellen sich vielmehr alle Erwachsenen vor die Jungen); auch muss sie für ihre Gruppe keine Entbehrungen in Kauf nehmen: Ihre Anführerschaft besteht in einer ausschließlich beratenden Rolle.

Weil ihre Führungsposition ihr keinen privilegierten Zugang zu Nahrung und Geschlechtspartnern verschafft, ziehen die Anführerinnen bei den Elefanten keinen besonderen Nutzen aus ihrer Stellung. Es ist vielmehr so, dass bei den Elefanten eine gute Anführerin vorrangig dafür sorgt, dass alle Gruppenmitglieder die gleichen Vorteile genießen, weshalb auch alle ein Interesse daran haben, dass wirklich die weiseste Elefantin die Gruppe anführt. Gruppeninteressen und individuelle Interessen sind in diesem System wunderbar aufeinander abgestimmt und aus diesem Grund ist Anführerschaft bei den Elefanten vorrangig gruppenorientiert.

Am anderen Ende des Extrems sitzen die Paviane. Wie ich in Kapitel 1 erwähnt habe, werde Paviane, die in der Savanne leben, von Hyänen und Großkatzen wie Leoparden und Löwen gejagt. Eine relativ große Gemeinschaft kann unter diesen Umständen für Sicherheit sorgen, weshalb männliche und weibliche Paviane in der Savanne in großen Gruppen zusammenleben. Bei Pavianen gibt es zwar keine Anführer im Sinne eines einzelnen Individuums, das für Orientierung und Schutz zuständig ist, dennoch kämpfen die Männchen untereinander hart darum, wer der Stärkste ist. Während nämlich die Weibchen ihre Stellung innerhalb der Hierarchie von ihren Müttern erben, müssen die Männchen ihre Geburtsgruppen verlassen und sich neue Gruppen suchen, weshalb sie sich langsam nach oben kämpfen müssen, indem sie über fortgesetzte Drohungen und aggressive Akte schließlich die Dominanz über andere Männchen erlangen.

Weil das Alphamännchen seiner Gruppe normalerweise weder Schutz noch Orientierung bietet, ist das Ziel, über anderen Pavianen zu stehen, vollständig egoistisch. Die typischen männlichen Privilegien (wie Zugang zu fruchtbaren Weibchen, bevorzugten Nahrungsmitteln und schattigen Ruheplätzen) lassen sich zwar nicht monopolisieren, werden aber überproportional häufig von Alphamännchen in Anspruch genommen. Es ist für andere Mitglieder der Paviangruppe eindeutig nachteilig, in dieser Weise beherrscht zu werden, aber sie sind meist nicht in der Lage, es zu verhindern. Eigenschaften wie Größe und Aggressivität haben sich bei Pavianen im Laufe der Evolution also deshalb herausgebildet, weil sie die

Dominanz über ganze Gruppen ermöglichen, was wiederum für Fortpflanzungsmöglichkeiten sorgt, die diese Eigenschaften weiter befördern.

Aus den unterschiedlichen Führungsstilen von Elefanten und Pavianen können wir lernen, dass der Zugriff auf Ressourcen wichtig ist. Übereinstimmend mit den in Kapitel 3 diskutierten Merkmalen von Territorialität haben Paviane einfach einen größeren Anreiz, ihre Gruppe zu dominieren. Während die pflanzenfressenden Elefanten keine Möglichkeit haben, ihre weithin vorkommende pflanzliche Nahrung zu monopolisieren, sieht die Situation der allesfressenden Paviane anders aus. Die relative Knappheit von Nahrungsmitteln mit hohem Kalorienanteil (vor allem von Fleisch), mit der Paviane zurechtkommen müssen, führt zu einem starken evolutionären Druck, sich dominant zu verhalten. Paviane konkurrieren hart um hochwertiges Futter, und dadurch, dass die Anführer der Paviane auch die Kontrolle über die Nahrungsmittelverteilung haben, können sie Gefolgsleute kaufen und bei der Stange halten, was wiederum eine wesentliche Rolle dabei spielt, den eigenen Alphastatus zu erhalten.

Einen vielleicht noch größeren Einfluss auf die unterschiedlichen Führungsstile haben die jeweiligen Fortpflanzungsmöglichkeiten. Schon weil es bei den Elefanten Anführerinnen und keine Anführer gibt, erwachsen aus einer Führungsposition keinerlei Fortpflanzungsvorteile. Dagegen beruht bei männlichen Pavianen mindestens die Hälfte des Fortpflanzungserfolgs auf der jeweiligen Stellung in der Hierarchie: Dominante Paviane haben mehr Zugang zu Sexualpartnerinnen als untergeordnete Paviane. Dieser Unterschied führte zu einem starken evolutionären Druck auf männliche Paviane, sich innerhalb der Gruppe eine dominante Stellung zu erkämpfen. Unzufriedene Gruppenmitglieder können entweder das Alphatier herausfordern oder in eine andere Gruppe wechseln, in der sie eventuell erfolgreicher sind. Solche Männchen leben aber trotz allem lieber in einer Gruppe, als dass sie ihr Glück allein versuchen, weil die Gruppe schon dadurch mehr Sicherheit bietet, dass es hier viel mehr Tiere gibt, die darauf achten können, ob Feinde in der Nähe sind.

Elefanten und Paviane als Vorbilder für unterschiedliche Führungsstile

Die meisten menschlichen Anführer haben einen Führungsstil, der eine Mischung aus Egoismus und Gruppenorientierung ist, doch wo genau sie sich auf dieser Skala befinden, kann sehr unterschiedlich sein. Manche sind eher am Wohl der Gruppe interessiert, wie Mandela, andere eher an ihrem eigenen Wohl, wie Mugabe. Ein Anführer, der eher dem Elefanten-Stil zuneigt, wird unter fast allen Umständen seine Gruppenorientierung beibehalten, aber pavianartige Anführer sind gegenüber Angriffen auf ihre Führungsposition sehr sensibel und werden deshalb, je nachdem, wie die internen oder externen Angriffe aussehen, zwischen Egoismus und Gruppenorientierung hin- und herwechseln.

Die deutlichsten Hinweise auf solche situativen Wechsel bei menschlichen Führungskräften finden sich in der Forschungsarbeit von Jon Maner und seinen Kolleginnen und Kollegen von der Florida State University. In einer Reihe von Experimenten zeigte Maner, dass pavianartige Anführer (also solche, die stark an Dominanz interessiert sind), wenn sie ihre Führungspositionen durch Untergebene bedroht sehen, die Informationsweitergabe begrenzen und talentierte Mitglieder ausschließen, was die Leistungsfähigkeit der Gruppe insgesamt beeinträchtigt. Maner stellte außerdem fest, dass Pavian-Anführer sich gern auf die altbewährte Teile-und-herrsche-Strategie stützen, wenn sie das Gefühl haben, dass talentierte Mitglieder des Teams ihre Führungsposition infrage stellen. Solche Anführer versuchen dann zu verhindern, dass Gruppenmitglieder miteinander in engeren Kontakt treten.

Die mangelnde Moralität solcher Strategien wird noch dadurch verstärkt, dass pavianartige Anführer versuchen, die talentiertesten Individuen auszuschließen oder zu isolieren. Solche Aktionen bringen die Ziele des Anführers dann endgültig in direkten Gegensatz zu den Zielen der Gruppe. Vor allem aber hört dieses Verhalten sofort auf, wenn dieser Anführertypus sich in seiner Position bestätigt fühlt, was darauf hinweist, dass er sehr wohl weiß, wie die Leistungen der Gruppe zu steigern wären, sich aber bewusst dagegen entscheidet, wenn er sich in seinem Führungsanspruch bedroht sieht. Ein solches egoistisches Verhaltens, das der Gruppe schadet, ist ein wesentliches Kennzeichen für am Pavian-Stil orientierte Anführer auf der ganzen Welt: Zahllose Despoten haben ihr Land in Armut gestürzt, während sie versuchten, dafür zu sorgen, dass sie selbst ganz oben auf dem (langsam dahinschmelzenden) Haufen sitzen bleiben konnten.

Dieses Verhalten gibt sich sofort, wenn die eigene Gruppe in Konkurrenz zu anderen Gruppen gerät. In solchen Fällen scharen auch die am Pavian-Stil orientierten Anführer ihre Leute um sich, um im Interesse der Gruppe zu handeln, denn die Ziele der Gruppe und des Anführers (selbst des Pavian-Anführers) decken sich nun. Bei unseren Jäger-und-Sammler-Vorfahren konnte das Verlieren eines Konflikts zwischen der eigenen Gruppe und einer anderen dazu führen, dass die gesamte Gruppe ausgelöscht wurde (oder, was üblicher war: dass die Frauen gefangen genommen und die Männer versklavt wurden, bis man sie schließlich in die neue Gruppe integrierte).

Aus diesem Grund haben wir eine Bereitschaft entwickelt, unsere internen Differenzen zu überwinden, wenn wir mit anderen Gruppen in Konflikt geraten, damit wir unsere Energien zusammenführen können. Ein solches Umschwenken kann man wie gesagt auch bei heutigen Diktatoren auf der ganzen Welt beobachten. Viele von ihnen begannen ihre Karriere als Freiheitskämpfer, die häufig ihren Lebensunterhalt oder sogar ihr Leben riskierten, um den Despoten oder Kolonialisten zu stürzen, der vor ihnen an der Macht war. Doch sobald solche Anführer Erfolg haben und die Konkurrenz zwischen den Gruppen verschwunden ist, stellen sie, wenn sie am Stil der Paviane orientiert sind, ihre eigenen Interessen über die der Gruppe und konzentrieren sich von nun an darauf, ihre Macht zu sichern und auszubauen, anstatt den eigenen Leuten zu dienen.

Eine wesentliche Voraussetzung für Pavian-Anführer sind unter solchen Bedingungen die Anhänger. Wie wir in Kapitel 8 ausführlicher diskutieren werden, sind tödliche Auseinandersetzungen zwischen verschiedenen Gruppen ein Problem, mit dem wir Menschen schon mindestens seit unserer Entwicklung zum *Homo sapiens* konfrontiert sind. Unsere Psyche wurde durch diesen Umstand so geformt, dass wir in Zeiten, in denen wir uns in Auseinandersetzungen mit anderen Gruppen befinden, dominante Anführer akzeptieren oder sogar bevorzugen. Ein freundlicher und unentschlossener Mensch mag ein guter Freund sein, aber er wäre im Angesicht des tödlichen Feindes kein guter Anführer. Unter den am Elefantenstil orientierten Anführern gibt es sicherlich solche, die sich der Herausforderung stellen und ihren Führungsstil entsprechend der Situation ändern können, aber einige sind einfach zu demokratisch für die Anforderungen, die eine Konfliktsituation mit sich bringt. Entsprechend ändern sich bei Auseinandersetzungen mit außenstehenden Gruppen unsere Präferenzen in Bezug auf Führungsstile. Solche psychischen Reaktionen auf Konflikte innerhalb einer Gruppe und zwischen Gruppen beruhen letztendlich auf evolutionären Anpassungsprozessen bei einer Art, die innerhalb von Gruppen stark kooperiert und mit anderen Gruppen häufig gnadenlos konkurriert.

Eine Fallstudie: die Hadza und die Yanomami

Die Hadza sind Jäger und Sammler aus Tansania.[46] Sie leben in relativ kleinen und lockeren Gruppen mit durchschnittlich etwa 20 oder 30 Leuten, die jeweils für ein paar Wochen oder Monate ein Lager aufschlagen. Normalerweise ziehen die Hadza weiter, wenn die örtliche Wasserquelle versiegt ist und die nahegelegenen Ressourcen erschöpft sind, sodass zur Nahrungssammlung immer weitere Wege zurückgelegt werden müssen. Wegen ihres nomadischen Lebensstils besitzen die Hadza nur so viel, wie sie tragen können, wodurch die Summe ihrer individuellen Besitztümer begrenzt ist. Männer nennen üblicherweise etwas Schmuck, ein paar Kleidungsstücke und Pfeile und Bogen zum Jagen ihr Eigen sowie ein paar Messer und Äxte und was man sonst noch braucht, um ein Lager aufzuschlagen. Auch die Frauen besitzen Schmuck und Kleidung sowie Grabstöcke und Töpfe zum Sammeln und Zubereiten von Nahrung.

Die Hadza treffen sämtliche Entscheidungen, die ihre Gruppe betreffen, in Diskussionsprozessen, und sie haben keine eindeutigen Anführer. Älteren Männern und Frauen wird ein gewisses Maß an Respekt entgegengebracht, ohne dass sie tatsächlich Führungsaufgaben übernehmen. Individuen, die versuchen, sich über ihre Mitmenschen zu stellen, müssen damit zurechtkommen, dass sie überall gemieden werden. Weil die einzelnen Hadza nach eigenem Ermessen in eine andere Gruppe wechseln können, haben die Möchtegern-Anführer zudem wenig in der Hand, um anderen ihren Willen aufzuzwingen. Für eine Gemeinschaft ohne übergeordnetes Rechtssystem sind die Hadza daher relativ friedlich. Außerdem leben sie monogam, und ein Paar wird als Ehepaar betrachtet, sobald es zusammen eine Unterkunft bezieht. In seiner Untersuchung zur Geburtenrate kam der Ethnograf der Hadza, Frank Marlowe von der Florida State University, zu dem Ergebnis, dass die Männer zwischen null und sechzehn Kinder haben, im Durchschnitt jedoch zwischen vier und fünf.

Die Yanomami leben als Jäger und Gärtner im venezolanischen und brasilianischen Amazonasbecken. Auch ihre Dörfer wechseln von Zeit zu Zeit den Standort, aber weil die Yanomami sich relativ intensiv als Gärtner betätigen (sie bauen Maniok und andere essbare Pflanzen an), ziehen sie weniger häufig um als die Hadza. Sie haben deshalb festere Wohnsitze und besitzen tendenziell mehr Arbeitsgeräte. Darüber hinaus wachsen ihrer Dörfer oft zu einer beträchtlichen Größe heran und haben manchmal mehr als 300 Einwohner.

Die meisten Yanomami ziehen es jedoch vor, in kleineren Dörfern zu leben, die eher die Größe der Hadza-Lager haben, und zwar aus dem gleichen Grund, aus dem auch die Hadza überschaubare Gemeinschaften vorziehen: In kleinen Gruppen gibt es einfach weniger Streit. Die Vorstände der kleineren Dörfer führen eher durch Vorbild als durch Gewalt, und das Leben in kleinen Yanomami-Dörfern unterscheidet sich nicht großartig von dem in den temporären Lagern der Hadza. Dennoch sammeln einige Anführer eine beträchtliche Machtfülle an und halten ihre Gruppen gegen den Willen der Einzelnen davon ab auseinanderzugehen. Ein Grund dafür ist, dass viele

Dörfer sich miteinander in einem permanenten Kriegszustand befinden und größere Dörfer in solchen Konflikten den kleineren überlegen sind.

Viele Anführer der Yanomami sind despotisch und grausam und herrschen unter der Androhung von direkter Gewalt. Üblicherweise stützen sie sich auf eine Machtbasis von männlichen Verwandten. In solchen Gemeinschaften werden Konflikte häufig durch ritualisierte Formen von Gewalt gelöst. So werden bei kleineren Streits Prügel- oder Ringkämpfe organisiert. Für die Prügelkämpfe reihen sich die Disputanten in zwei Gruppen auf. Die Mitglieder der einen Gruppe strecken einen Arm in die Höhe, und die Mitglieder der anderen Gruppe schlagen ihnen so hart sie können auf die ungeschützte Körperseite. Dann wechseln die Rollen, und das Ganze wird so lange wiederholt, bis alle wund und müde sind. An diesem Punkt wird der Streit für beendet erklärt und jeder kümmert sich wieder um seine eigenen Dinge.

Bei einem größeren Konflikt organisieren die Yanomami außergewöhnliche, stark ritualisierte Knüppelkämpfe. Wie bei den Prügelkämpfen stellen sich die Leute, die auf der einen Seite des Konflikts stehen, still hin, während ihre Gegner sie angreifen, dann werden die Rollen getauscht. In diesem Fall steht Person A mit herunterhängenden Armen still da, während Person B eine drei bis vier Meter lange Stange mit größtmöglicher Kraft auf As Kopf donnern lässt. Person A sackt vielleicht bewusstlos zu Boden, und falls das der Fall ist, steht jemand aus As Gruppe als Ersatz bereit und schlägt dann umgekehrt auf die gleiche Weise auf Person B ein.

Es wird so lange der Reihe nach zugeschlagen, bis sämtliche Mitglieder von beiden Konfliktparteien bewusstlos sind oder beschlossen haben, dass der Streit nun ausgeräumt ist. Wenn aber zwischen Mitgliedern verschiedener Dörfer ein Konflikt entsteht, ist das meist zu ernst, um es durch solche Prügelrituale zu lösen, und es entwickelt sich häufig eine Serie tödlicher Überfälle, in denen Gleiches mit Gleichem vergolten wird. Manchmal enden diese Überfälle mit einem gemeinsamen Festmahl, wenn die beiden Gruppen beschließen, die Vergangenheit ruhen zu lassen, manchmal aber gehen sie ewig weiter.

Bei den Yanomami kann ein Mann mit mehreren Frauen liiert sein, wobei die Frauen oft wenig Mitspracherecht haben: Mächtige Männer tauschen nach einem bestimmten System ihre weiblichen Verwandten untereinander aus, um Ehefrauen zu bekommen. Diese Ehefrauen werden von ihren Männern oft sehr schlecht behandelt. Männer können ihre Frauen sogar in der Öffentlichkeit nach Gutdünken körperlich misshandeln, ohne dass andere Gruppenmitglieder eingreifen. Gewalt scheint bei den Yanomami eine zentrale Methode zu sein, sich Führungspositionen und Frauen zu sichern, denn Männer, die schon einmal einen anderen Mann getötet haben (sogenannte *unokais*), besitzen mehr Ehefrauen als Männer, die noch nicht zum Mörder geworden sind. Deshalb haben *unokais* natürlich auch mehr Kinder.

Solche Unterschiede in Bezug auf den Fortpflanzungserfolg sind ein ungeheuer starker Anreiz für Gewalt und dem Führungsstil der Paviane, der in manchen Yanomami-Dörfern vorherrscht, äußerst förderlich. Tatsächlich haben manche Yanomami-Anführer sehr viele Kinder. Ihr Ethnograf, Napoleon Chagnon von der University of Michigan, konnte dokumentieren, dass einer der sehr mächtigen Anführer 43 Kinder und 229 Enkelkinder hatte. Wenn man die Höhe der Kindersterblichkeit bei den Yanomami bedenkt, ist das eine unglaubliche Zahl.

Ungleichheit und das Aufkommen des Pavian-Führungsstils

Aus welchem Grund neigen nun die Anführer der Hadza (sofern solche Anführer überhaupt existieren) dem friedlichen Stil der Elefanten zu, während die Yanomami eher den despotischen und gewalttätigen Führungsstil der Paviane verfolgen? Zweifellos spielen hier verschiedene Faktoren eine Rolle, aber die Möglichkeit, Ressourcen zu monopolisieren, scheint besonders wichtig zu sein. Genau wie die stets grasenden Elefanten haben Menschen aus nomadischen Gesellschaften wie die Hadza weniger Möglichkeiten, Ressourcen anzusammeln und zu kontrollieren als Menschen aus sesshafteren

Jäger-und-Gärtner-Gesellschaften wie die Yanomami. Wenn Ressourcen in Beschlag genommen und dafür eingesetzt werden können, Differenzen auszugleichen und Zustimmung zu erkaufen, verhilft das den kompetitiven und eigennützigen Seiten unserer Psyche zu mehr Einfluss. Wie wir in Kapitel 3 gesehen haben, war in vielen menschlichen Gesellschaften der Wandel von der Lebensform der Jäger-und-Sammler zu sesshafteren, bäuerlicheren Formen ein entscheidender Wendepunkt vom Egalitarismus hin zum Despotismus.

Ein wichtiger Aspekt von eher bäuerlichen Lebensweisen ist die Möglichkeit, sich mehr als eine Ehefrau zu leisten. Yanomami-Männer, die jemanden getötet haben und in der Hierarchie entsprechend weit oben stehen, haben häufig sehr viele Kinder von unterschiedlichen Frauen, was für Jäger und Sammler in einer Subsistenzwirtschaft schon deshalb nicht möglich ist, weil sie schlicht und einfach nicht genügend Tiere erbeuten können, um mehr als eine Frau zu versorgen. Und selbst wenn ein Hadza ein überdurchschnittlich guter Jäger ist, muss er seine Beute stets mit dem Rest der Gruppe teilen und hätte kaum die Chance, seine eigene Familie zu bevorzugen. Die Monogamie (und das Mitentscheidungsrecht von Frauen bei der Partnerwahl) bei den Hadza trägt also eindeutig zu einem elefantischen Führungsstil bei, während die Polygynie (und die Tatsache, dass Frauen nicht mitentscheiden dürfen) bei den Yanomami einen pavianartigen Führungsstil befördert. Und in der Tat hat die Frage, ob Polygynie erlaubt ist, auch in anderen, sehr unterschiedlichen Gesellschaften großen Einfluss auf die Moralität von Anführerschaft.[47]

Die durchgesetzte Gleichheit in Hadza-Gemeinschaften (Jäger sind verpflichtet, ihre Beute zu teilen und Bescheidenheit an den Tag zu legen, jeder hat nur einige wenige private Besitztümer und der Reproduktionserfolg verteilt sich relativ gleichmäßig über die gesamte Gemeinschaft) bedeutet, dass eine despotische Anführerschaft wenig Nutzen bringt. Zum einen stoßen Herrschaftsversuche bei den anderen Gruppenmitgliedern (die ja den gleichen Zugang zu Ressourcen haben und dadurch auf Möchtegernanführer nicht angewiesen sind) auf hartnäckigen Widerstand, zum anderen gibt es einfach keine zusätzliche Ressourcen, die sich durch eine solche Strategie erobern ließen. Was die Gruppe voranbringen kann, ist dagegen kluger Rat – und jedes einzelne Gruppenmitglied profitiert davon in demselben Maß wie die gesamte Gruppe.

Was der Einzelne im Entscheidungsprozess der Gruppe dadurch, dass er das Ruder übernimmt, gewinnen kann, ist das besondere Ansehen, das klugen und mitfühlenden Gruppenmitgliedern entgegengebracht wird. Anführerschaft ist bei den Hadza auf diese Weise stets zeitlich und situativ begrenzt, und die Ziele der jeweiligen Anführer müssen notwendigerweise mit denen der Gruppe übereinstimmen. Egoismus, der Teil unserer menschlichen Natur ist, sowie die uns ebenfalls angeborene Gruppenorientierung werden durch die egalitären Strukturen innerhalb der Hadza-Gemeinschaft zum Ausgleich gebracht, wodurch letztlich beide Seiten dafür sorgen, dass der Führungsstil der Elefanten vorherrscht.

Dagegen sorgen die Heiratsregeln der Yanomami für erhebliche Ungleichheit. Männer werden für ihre Herrschsucht und ihr Streben nach Status belohnt, weil Ehefrauen zum Teil durch Gewalt (insbesondere gegenüber anderen Gruppen) erworben werden dürfen, zum Teil durch Bündnisse, die stets von Anführern kontrolliert werden. Die Konsequenz ist, dass gewalttätige und despotische Anführer bei der Fortpflanzung erfolgreicher sind als friedliche Menschen, die niemanden beherrschen wollen. Auf diese Weise sorgen die Strukturen innerhalb der Yanomami-Gemeinschaft dafür, dass der angeborene Egoismus mit der angeborenen Gruppenorientierung in Konflikt gerät.

Dieser Konflikt bezüglich der tief sitzenden Motivationen führt zu einem Führungsstil, der je nach den Umständen und je nach der Persönlichkeit und den Vorlieben des einzelnen Anführers variiert. Vor allem in kleineren Dörfern ist Gruppenorientierung keine Seltenheit, und der Führungsstil ist eher an dem der Elefanten orientiert. Aber weil die gesellschaftlichen Strukturen bei den Yanomami die Ungleichheit fördern, kann sich durchaus auch eine eigennützige Grundhaltung lohnen, und der daraus folgende Führungsstil gleicht dann eher dem der Paviane, der das Beherrschen von anderen der Unterstützung durch Handlungsempfehlungen vorzieht.

Von kleinen Gemeinschaften zu großen Unternehmen

Wenn wir nun einen Sprung von afrikanischen und südamerikanischen Subsistenzgesellschaften zu modernen Unternehmensstrukturen in Nordamerika machen, erkennen wir viele der auf Ungleichheit basierenden Dynamiken sofort wieder. Heutige Unternehmen ähneln von ihrer Struktur her eher den Yanomami- als den Hadza-Gemeinschaften, was zur Folge hat, dass in ihnen der Pavian-Stil ziemlich weit verbreitet ist. So betrug das durchschnittliche Vorstandsgehalt in den größten Firmen der USA im Jahr 2017 9 Millionen Dollar. Dass um eine solche Bezahlung hart konkurriert wird, ist nicht erstaunlich. Genauso wenig überraschend ist, dass vor allem solche Chefs, die dem Pavian-Stil zuneigen, sich von dem enormen Status, der Macht und den finanziellen Vorteilen des Geschäftsführerdaseins angezogen fühlen.[48] Zwar möchten die meisten Untergebenen lieber von Elefanten angeführt werden, aber Paviane tun häufig so lange so, als wären sie Elefanten, bis sie die Jobzusage in der Tasche haben.[49]

Natürlich gibt es verschiedene Gründe dafür, dass die Manager-Gehälter im Laufe der vergangenen Jahrzehnte gestiegen sind. Am wichtigsten ist hier vielleicht die Bestimmung der Security and Exchange Commission von 1992, die dafür sorgte, dass US-Unternehmen ihre Managergehälter in Form von standardisierten Listen angeben müssen, anstatt sie in langen Geschäftsberichten unter zahlreichen Einzelheiten zu verstecken. Die SEC war damals durch die Tatsache alarmiert, dass sich das Verhältnis der Manager-Gehältern zu denen von durchschnittlichen Angestellten von 20:1 in den mittleren 1960er-Jahren zu 100:1 in den frühen Neunzigern vergrößert hatte. Das Ziel der Neuregelung war, den Aktionären eindeutige Informationen über Lohnungleichheiten zwischen Geschäftsführern und einfachen Angestellten zu geben und dadurch auch dafür zu sorgen, dass den Managern die riesige Differenz peinlich ist und sie sich mit kleineren Gehältern zufriedengeben.

Unglücklicherweise hatte die Bestimmung den gegenteiligen Effekt, und die Manager-Gehälter schossen sofort durch die Decke: auf ein Verhältnis von über 200:1. Im Jahr 2017 standen sie wieder bei 130:1, aber viele Manager auf der Liste verdienen trotzdem das Vier- oder Fünfhundertfache ihrer durchschnittlichen Angestellten (zum Beispiel bei Comcast, T-Mobile und Pepsi). Offenbar brachten die transparenteren Gehaltsangaben die Manager dazu, mit anderen Geschäftsführern darum zu wetteifern, wer das höchste Gehalt bekam. Die Annahme, dass Manager ihren Verdienst mit dem ihrer Angestellten vergleichen und sich wegen der extremen Unterschiede schämen würden, erwies sich also als ziemlich naiv, denn die Geschäftsführer sorgten sich mehr um die relative Position, die sie unter ihresgleichen einnahmen, als um die Gehälter ihrer Angestellten. Dieses Ergebnis legt nahe, dass Manager schon in den frühen 1990er-Jahren mehrheitlich Paviane waren, weil sie in ihrem Wettbewerb um die meisten Ressourcen offenbar nicht an ihrem Unternehmen, sondern an ihren privaten und eigennützigen Zielen orientiert waren. Außerdem zeigt dieses Beispiel, dass es für pavianartige Anführer offenbar keine Grenzen gibt, wenn es darum geht, sich auf Kosten der eigenen Gruppe Vorteile zu verschaffen.

Angesichts der Bereitwilligkeit, mit der Diktatoren auf der ganzen Welt bei dem Versuch, sich selbst zu bereichern, ihre eigenen Länder in Armut stürzen, hätte die Reaktion der Manager auf die SEC-Bestimmung eigentlich keine Überraschung sein dürfen. Daron Acemoğlus und James Robinsons Buch *Warum Nationen scheitern* ist ein Gewaltmarsch durch die ökonomisch gescheiterten Länder dieser Erde und es erklärt die Gründe für dieses Scheitern; nebenbei wird eine deprimierend große Zahl von Pavian-Anführern porträtiert.

Nur ein einziges Beispiel: Islam Karimov, der bis zu seinem Tod im Jahr 2016 als Diktator in Usbekistan herrschte. Nachdem seine desaströse Wirtschaftspolitik dafür gesorgt hatte, dass die Bauern sich ihre Baumwollpflückmaschinen nicht mehr leisten konnten, gab er kurzerhand ein Dekret heraus, demzufolge Schulkinder während der Monate September und Oktober die Baumwolle per Hand ernten mussten. Alle Kinder wurden gesetzlich dazu verpflichtet, je nach Alter täglich 20 bis 60 Kilogramm Baumwolle zu pflücken und bekamen dafür etwa 3 Cent pro Tag. Sie mussten ihr eigenes Essen mitbringen und sich selbst einen Schlafplatz organisieren, wenn sie nicht in der Nähe wohnten. Durch solche Pavian-Methoden wurde Karimov Milliardär, während der durchschnittliche Usbeke mit 1000 Dollar im Jahr auskommen musste.

Dass Paviane die Macht übernehmen, passiert nicht nur in Nationen und Wirtschaftsunternehmen. Wo immer Ungleichheit herrscht, kommen die Pavian-Seiten unserer Psyche zum Vorschein, und deshalb lassen sie sich auch im Innern von Gesellschaften beobachten. Wenn die Ungleichheit in einer Gesellschaft zunimmt, kämpfen die Menschen immer verzweifelter darum, zu den Gewinnern zu gehören, und diese Verzweiflung verstärkt einige der unerfreulicheren Aspekte der menschlichen Natur, zum Beispiel, dass wir uns oft besser darstellen als wir sind.

Steve Loughnan und seine Kolleginnen und Kollegen von der University of Melbourne zeigen dies in einer ihrer Studien sehr eindrucksvoll. Sie kamen nämlich zu dem Ergebnis, dass der Hang zur Selbstüberhöhung in Gesellschaften mit großer Einkommensungleichheit zunimmt. So befindet sich Japan (dessen Einwohner für ihre Bescheidenheit berühmt sind, was man lange mit dem dort herrschenden Kollektivismus in Verbindung gebracht hat) auf dem unteren Ende dieser Skala. Die Deutschen sind sehr viel individualistischer als die Japaner, zeigen aber eine ähnlich geringe Tendenz zur Selbstüberhöhung. Und sowohl Deutschland als auch Japan sind Länder, in denen die ökonomische Ungleichheit eher gering ist.

Dagegen befinden sich Peru und Südafrika, zwei Länder, in denen die Ungleichheit groß ist, in Sachen Selbstüberhöhung am oberen Ende der Skala. Solche Ergebnisse legen nahe, dass Einkommensunterschiede den Pavian-Anteil unserer Psyche verstärken, indem sie Menschen dazu bringen, sich selbst besser darzustellen, als sie sind. Weil die Folgen eines persönlichen Scheiterns in Ländern wie Peru oder Südafrika oft gravierend sind, ist den Menschen jede zur Verfügung stehende Waffe recht, solange sie nur ihren Erfolg befördert. Seine guten Seiten und Kompetenzen zu übertreiben, ist in Gesellschaften mit großer Ungleichheit gang und gäbe, weil man, um überhaupt eine Chance zu bekommen, andere von seinen Fähigkeiten überzeugen muss.

Selbstüberhöhung ist auch deshalb so weit verbreitet, weil sie das Selbstvertrauen vergrößert, und Selbstvertrauen gehört für die meisten Menschen nun einmal unbedingt zu einem Anführer. Im Gegensatz zu einer Verbesserung des Selbst, die darauf abzielt, durch Leistung das Selbstvertrauen zu erhöhen, führt Selbstüberhöhung zu einem übertriebenen und unberechtigten Selbstbewusstsein. Wie wir in Kapitel 5 gesehen haben, sind die meisten Leute unfähig, zwischen übermäßigem Selbstbewusstsein und einem berechtigten und ausgewogenen Selbstvertrauen zu unterscheiden. Die Folge ist, dass Leute mit einem unrealistisch positiven Selbstbild im Wettkampf um Führungspositionen im Vorteil sind. Solche selbst überhöhenden Tendenzen mögen Pavianen helfen, sich eine Führungsposition zu ergattern, aber sie sind wenig hilfreich, wenn sie solche Positionen dann auch erfolgreich ausfüllen sollen. Übermäßig selbstbewusste Anführer treffen oft schlechte Entscheidungen, ignorieren offensichtliche strategische Fehler und halten an zum Scheitern verurteilten Plänen fest. Durch ihr aufgeblasenes Selbstbild neigen Pavian-Anführer außerdem häufig dazu, sich für ihre eingebildeten Fähigkeiten selbst übermäßig zu belohnen.

Kein Wunder, dass die Resultate des Pavian-Führungsstils selten positiv sind. Wo Egoismus und Überlegenheitsgefühl vorherrschen, bröckelt das Vertrauen – vor allem bei den Machtlosen, die die Ausbeutung am schnellsten zu spüren bekommen. Einen solchen Vertrauenseinbruch konnten wir in den vergangenen Jahren in Amerika beobachten, Jahre, in denen die Ungleichheit sich erheblich vergrößerte. Abbildung 7.1 zeigt, dass im Jahr 2004, als diese Daten gesammelt wurden, in den USA leicht höhere Werte von Ungleichheit herrschten und leicht niedrigere Werte für zwischenmenschliches Vertrauen als in Thailand. Wenn wir auf die frühen 1970er-Jahre zurückblicken, standen die USA in Sachen zwischenmenschliches Vertrauen und Ungleichheit etwa an der Stelle, an der heute die Schweiz steht.

Vor nicht allzu langer Zeit war Amerika also eines der vertrauensvollsten Länder; heute bewegt es sich nur noch im Mittelfeld.

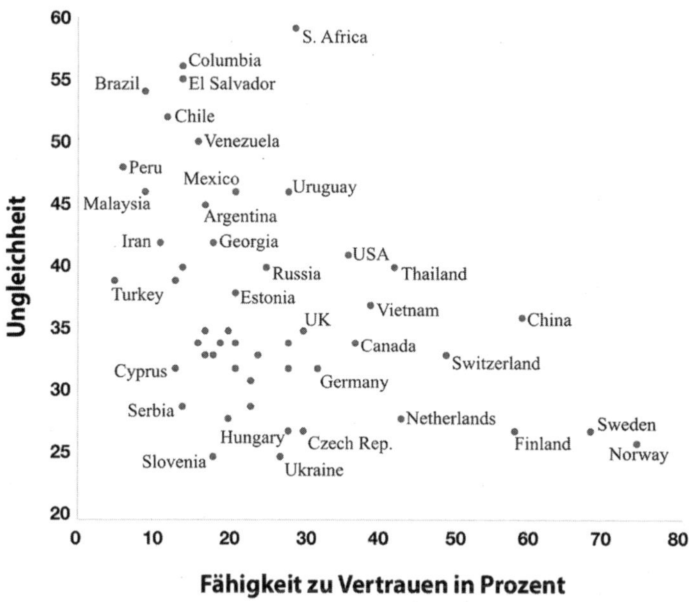

Abbildung 7.1: Weltweites Vertrauen im Verhältnis zu Einkommensungleichheit. Höhere Werte auf der Y-Achse stehen für größere Ungleichheit, höhere Werte auf der X-Achse für größeres Vertrauen. (World Values Survey)

Vertrauensverlust ist ein relevantes Thema, weil er dazu führt, dass Menschen sich innerlich aus ihren übergeordneten Gemeinschaften verabschieden, sich weniger mit ihrer eigenen Arbeit identifizieren und wichtige Informationen seltener an andere weitergeben. Kurz gesagt, wo Vertrauen fehlt, versteifen sich die Menschen auf Selbstschutz und zeigen ihre Schwachstellen immer weniger. Unter diesen Umständen wird der Führungsstil der Elefanten schon deshalb unmöglich, weil es kaum noch gemeinsame Interessen zwischen den einzelnen Gruppenmitgliedern gibt.

Weil der offene Umgang mit Schwachstellen für den Aufbau und Erhalt von kooperativen Beziehungen unabdingbar ist, sind Menschen, die kein Vertrauen haben, in dem, was sie gemeinsam erreichen können, limitiert. Um ein Beispiel aus der Urgeschichte zu nennen: Der wichtigste Faktor in meiner Entscheidung, einem sich nähernden Löwen Steine entgegenzuschleudern (anstatt wegzulaufen), ist mein Vertrauen, dass die Mitglieder meiner Gruppe das Gleiche tun. Wenn ich ihnen nicht traue, habe ich keine Wahl und muss wegrennen, was bei Weitem die schlechtere Entscheidung ist. Aus diesem Grund sind Volkswirtschaften in der Geschichte immer dann besonders erfolgreich gewesen, wenn das gesamtgesellschaftliche Vertrauen groß war.

Was kann man tun, um moralische Anführerschaft zu stärken?

Die Diskussion der evolutionären Ursprünge von moralischer und unmoralischer Anführerschaft führt uns zu der Frage, ob irgendetwas getan werden kann, um den Pavianismus in seine Schranken zu weisen und den elefantischen Stil zu fördern. Angesichts der großen Bedeutung der Ungleichheit in dieser Frage lautet eine auf der Hand liegende Antwort, dass diese Ungleichheit verringert werden muss, vor allem in Hinblick auf die Vorteile, die Chefs gegenüber anderen Gruppenmitgliedern genießen. Solche Veränderungen sind natürlich nicht leicht in die Tat umzusetzen, weil Pavian-Anführer sich mit Händen und Füßen gegen größere Gleichheit sperren – aber möglich sind sie natürlich. Selbstverständlich würden Geschäftsführerposten noch immer eine Menge qualifizierter Bewerberinnen und Bewerber anziehen – auch wenn sie nicht mehr mit einem durchschnittlichen Jahresgehalt von 9 Millionen Dollar dotiert wären.

Sollte die Anstrengung, die Ungleichheit zu reduzieren, scheitern, sorgt eine möglichst enge Bindung des Gehalts an langfristige Erfolge für eine Entlohnung, die den elefantischen Führungsstil fördert, indem sie die Interessen der Anführer mit denen ihrer Gruppe in Übereinstimmung bringt. Vielleicht fühlen sich Pavian-Anführer von Geschäftsführungsposten, die nur noch mit dem 20- oder 50-Fachen des Gehalts eines durchschnittlichen Angestellten entlohnt werden oder die eng an die Leistungen der Gruppe insgesamt gekoppelt sind, nicht mehr angesprochen, aber das ist ja gerade der Punkt. Elefanten-Anführer sind auch dann gewillt, das Zepter zu übernehmen, wenn der finanzielle Ausgleich bescheidener ausfällt oder komplett an Leistung gekoppelt ist. Die Ironie ist, dass eine bessere Entlohnung zu schlechterer Anführerschaft führen kann, indem sie Paviane auf Posten lockt oder eigentlich kompetente Chefs nach und nach in Paviane verwandelt.

Neben der unwahrscheinlichen Lösung, dass einfach die Gehälter der Geschäftsführung und des oberen Managements radikal gekürzt werden, gibt es weitere Strategien, um den pavianartigen Führungsstil in seine Schranken zu weisen. Wie Sie sich erinnern werden, entdeckte Jon Maner, dass Konflikte mit anderen Gruppen Pavian-Anführer dazu bringen, sich moralischer zu verhalten und Gruppeninteressen über die eigenen Interessen zu stellen. Diese Entdeckung legt nahe, dass Konflikte zwischen Gruppen die Moralität von Anführerschaft erhöhen können. In heutigen Unternehmen sind solche Konflikte gewissermaßen die Basis der Marktwirtschaft, in der geheime Absprachen durch das Kartellrecht verboten sind. Davon abgesehen, dass einige Unternehmen durch ihre Konkurrenten stärker bedroht sind als andere, weisen Maners Untersuchungen darauf hin, dass die Gefahr von Pavian-Chefs in Firmen mit unangefochtener Marktposition tatsächlich höher ist.

Leider ist aber die Konkurrenz zu anderen Gruppen ein zweischneidiges Schwert. Indem man das Gespenst solcher Konflikte heraufbeschwört oder sogar Gruppenkonflikte schürt, wo sie eigentlich gar nicht aufkommen würden, können Pavian-Anführer tatsächlich die Gruppenloyalität unter ihren Gefolgsleuten um den Preis der Gruppenziele erhöhen. Autokratische und diktatorische Anführer haben im Laufe der Geschichte Konflikte mit anderen Gruppen und auch den Begriff des Staatsfeinds immer wieder strategisch genutzt, um ihre pavianartige Anführerschaft zu rechtfertigen und auszubauen. Natürlich ist diese Strategie selbst ein Beispiel für Pavian-Anführerschaft, und das Heraufbeschwören unnötiger Konflikte schadet nicht selten den Zielen der Gruppe. Konflikte zwischen Gruppen haben also das Potenzial, eine moralische Anführerschaft zu fördern, während sie gleichzeitig in den Händen unmoralischer Anführer zur gefährlichen Waffe werden können.

Ein Hinweis auf eine andere Lösung findet sich in der Tatsache, dass sich in den frühen, relativ kleinen Gruppen die Menschen relativ langfristig zusammenfanden. Zum großen Teil ist das darauf zurückzuführen, dass die menschliche Bevölkerung insgesamt noch sehr klein war und ein überschaubares Stück Boden bis zum Aufkommen der Landwirtschaft auch nur sehr kleine Gruppen versorgen konnte. Weil sie wenige (oder keine) Alternativen hatten, blieben die Leute normalerweise ihr Leben lang in ein und demselben kleinen Netzwerk aus sozialen Gruppen zusammen.

In solchen Gemeinschaften wurden Informationen über Gruppenmitglieder entweder von Angesicht zu Angesicht weitergegeben oder durch Hörensagen (zum Beispiel durch Klatsch und Tratsch). Diese eng geknüpften und dauerhaften sozialen Strukturen waren ein effektives Mittel, um den negativen Einfluss von Pavian-Anführern auf das Fortkommen der Gruppe in Grenzen zu halten. Langfristige soziale Beziehungen sorgen nämlich dafür, dass die Kosten für eigennützige Mitglieder, die die Gruppe zu ihrem eigenen Vorteil ausnutzen wollen, letztendlich sehr hoch sind. Langfristige Beziehungen sind zwar keine Garantie gegen Pavian-Anführerschaft – man muss nur an die Yanomami denken –, aber als Bollwerk gegen Möchtegern-Anführer, die ihren Posten nur dadurch bekommen, dass sie ihre egoistischen Ziele zunächst verbergen, funktionieren sie schon.

Dagegen zeichnen sich moderne Unternehmen – vor allem solche, die in dem individualistischeren kulturellen Kontext der westlichen Welt verankert sind – durch ein hohes Maß an Mobilität aus. US-amerikanischen Bevölkerungserhebungen zufolge zieht der durchschnittliche Amerikaner in seinem Leben fast ein Dutzend Mal um, und die durchschnittliche Zeit, die er an ein und derselben Arbeitsstelle verbringt, beträgt nur noch vier Jahre.

In der Tat ist es heute keine große Sache mehr, für einen neuen Job in ein anderes Land oder sogar ans andere Ende der Welt zu ziehen. Mir selbst jedenfalls erschien es nicht außergewöhnlich, um die halbe Welt zu reisen und einen Job in Australien anzunehmen. Die moderne Technologie erlaubt es mir ja, mit Freunden und Verwandten in Kontakt zu bleiben, warum sollte ich also nicht dort leben, wo ich möchte?

Die unglaubliche Mobilität, die durch die moderne Technik ermöglicht wird, kann dazu führen, dass bestimmte Menschen sich mehr um ihr eigenes Fortkommen kümmern als um das ihres Unternehmens, denn sie können ja jederzeit den Job wechseln, wenn irgendetwas schiefläuft. Zwar gibt es in dieser Hinsicht große kulturelle Unterschiede, aber unsere moderne Gesellschaft insgesamt macht das Ausscheiden aus einer Firma oder sogar aus dem gesamten Lebenszusammenhang so einfach wie nie zuvor. Das Resultat dieser beispiellosen Mobilität sind Strukturen, die zahlreiche Anreize für den Aufstieg von Pavianen bieten: Sie können ihr Unternehmen ausbeuten und sich davonmachen, sobald die negativen Auswirkungen auf die Firma spürbar werden.

Wegen ihrer begrenzten Mobilität und angesichts der relativ kleinen Gruppen, in denen unsere Vorfahren lebten, rekrutierten sich die Anführer dieser Gruppen fast immer direkt aus der Basis. Wann immer ein Einzelner versuchte, seinen Einfluss auf die Gruppe auszuweiten, konnte man daher seine Kompetenz, sein Wissen, seinen Sachverstand und sein Engagement für die Gruppe mit Informationen aus erster Hand überprüfen. Die Praxis, Anführer aus dem Inneren einer Organisation heraus zu bestimmen, ist in modernen Unternehmen kaum noch gängig, es werden im Gegenteil häufig Kandidaten aus Konkurrenzunternehmen angeheuert. Externe Kräfte bringen zwar neue Ideen und neue Energie ins Unternehmen, aber wenn man einen Kandidaten von außen einstellt, ist selten jemand am Auswahlprozess beteiligt, der ihn wirklich kennt. Zweifellos trägt das dazu bei, dass Geschäftsführer, die aus anderen Unternehmen angeheuert werden, schlechtere Leistungen bringen und kürzer bleiben als solche, die aus dem Unternehmen selbst stammen.

Moderne Unternehmen sind den Kleingruppen unserer Vorfahren auch deshalb unterlegen, weil die frühen Menschen normalerweise eine dynamische und dezentrale Führungsstruktur hatten, in denen einzig der Sachverstand bestimmte, welche Individuen in bestimmten Bereichen eine Führungsrolle übernahmen. Unter Jägern und Gärtnern haben manchmal auch Pavian-Typen das Sagen, aber bei Jägern und Sammlern ist der Führungsbegriff im Normalfall dehnbar und kontextbezogen, und oft gibt es zwischen den unterschiedlichen Bereichen kaum Übergänge. So bedeutet Anführerschaft in kleineren Gemeinschaften oft, dass es Kriegsanführer, Jagdanführer, medizinische Anführer, musikalische Anführer und Friedensanführer gibt. Weil man themenbezogene Fähigkeiten besser beurteilen kann als übergeordnete Kompetenz, waren die Gruppen der frühen Menschen bei ihrer Entscheidung, wer in bestimmten Bereichen das Sagen haben sollte, weniger anfällig für die falschen Signale von Pavianen – denn Führungsstärke war einfach ein Ausdruck von Sachverstand.

Im Gegensatz dazu haben moderne Unternehmen häufig Hierarchien, die quer zu den inhaltlichen Bereichen stehen, und zwar auch dann, wenn es voneinander getrennte Abteilungen gibt, die jeweils ganz eigene inhaltliche Voraussetzungen haben (zum Beispiel technische Planung, Buchhaltung und Vertrieb). Unabhängig davon, wie groß ihr Sachverstand auf einzelnen Gebieten ist, treffen Geschäftsführer Entscheidungen für Gesamtunternehmen. Dass viele amerikanische Wirtschaftsunternehmen und politische Organisationen heute von Pavianen geführt werden, obwohl sich Aktionäre, Angestellte und Wähler meist nichts mehr wünschen, als Anführer, die dem Führungsstil der Elefanten zuneigen, liegt also auch daran, dass wir uns vom Führungsstil der frühen Menschen immer weiter entfernt haben.

Ich möchte damit keineswegs nahelegen, dass unsere Vorfahren irgendeine Art von Weisheit hatten, die uns im Laufe der Evolution verlorengegangen ist. Natürlich mag es hervorragende Ideen gegeben haben, die verschwunden sind, aber der Punkt, um den es mir hier geht, ist der Kontrast zwischen der Umwelt, in der wir uns als Menschen entwickelt haben, und der Umgebung, in der wir uns heute bewegen. Diese evolutionäre Diskrepanz ist der Grund für viele unserer heutigen Probleme. Unter anderem erhöht sie die Gefahr unnötiger Konflikte, die das Potenzial haben, die gesamte Menschheit zu vernichten, wie wir im folgenden Kapitel sehen werden.

8

Der Ärger mit dem Stammesdenken

Die evolutionäre Psychologie und der Weltfrieden

Wir befinden uns in der glücklichen Lage, in einer Zeit zu leben, in der der Frieden zunimmt und die Gewalt zwischen einzelnen Menschen abnimmt. Auch wenn die Nachrichten uns tagtäglich ein anderes Bild vermitteln, ist die Gewalt in den Industrienationen im Laufe der letzten 1000, 100, ja 25 Jahre beständig gesunken. Diesen glücklichen Zustand verdanken wir einer Vielzahl von Entwicklungen. Demokratisierung, starke Regierungsinstitutionen und der internationale Handel und Tourismus haben zusammen mit vielen anderen Faktoren zu einem größeren gegenseitigen Verständnis und damit zu einer friedlicheren Welt beigetragen.

Der Rückgang zwischenmenschlicher (im Unterschied zu zwischenstaatlicher) Gewalt ist auf zwei Faktoren zurückzuführen. Zum einen hat eine strenge und vergleichsweise unparteiische Strafverfolgung die drei von dem großen Rechtsphilosophen Thomas Hobbes identifizierten Hauptquellen zwischenmenschlicher Gewalt eingedämmt. Wenn ich in einem starken, unparteiischen Staat lebe, bin ich erstens weniger geneigt, mir zu nehmen, was Ihnen gehört, weil ich damit rechnen muss, vom Staat bestraft zu werden. Mit einem Staat, der mich beschützt, muss ich zweitens Sie nicht angreifen, um Sie daran zu hindern, mir wegzunehmen, was mir gehört. Und schließlich muss ich drittens keine Rache üben, wenn Sie mich oder meine Familie angegriffen haben, denn ich weiß, dass der Staat Sie bestrafen wird.

Zum anderen, und hier spekuliere ich, hat die wachsende Sicherheit in der industrialisierten Welt diejenigen von uns, die das Glück haben, in ihr zu leben, sensibler für Gewalt gemacht. Sicherheit entwickelt sich so langsam, dass wir ihre Zunahme kaum bemerken, aber über einen langen Zeitraum betrachtet, sind die Auswirkungen dramatisch. Am krassesten ist hier der Gegensatz von Menschen, die als Jäger und Sammler leben, und Menschen, die Zugang zu moderner Medizin haben. Betrachten wir die Kurvenverläufe in Abbildung 8.1, die Brian Wood und seine Kolleginnen und Kollegen von der Yale University erstellt haben. Sie zeigen die Überlebensraten von Schimpansen in verschiedenen Regionen Afrikas im Vergleich zu der von Menschen aus unterschiedlichen Jäger- und Sammlerkulturen weltweit.

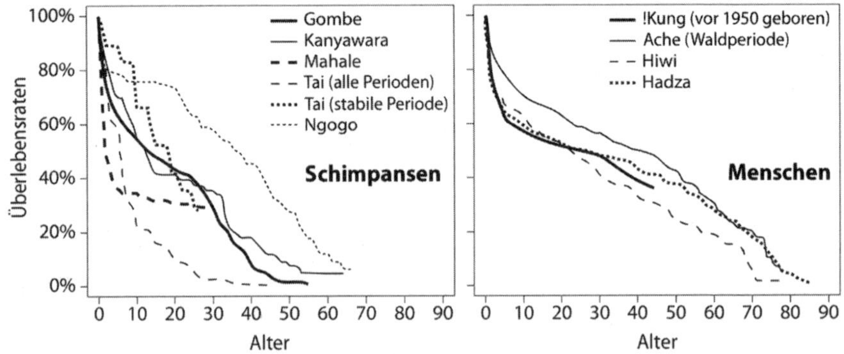

Abbildung 8.1: Überlebensraten in verschiedenen Gruppen von Schimpansen und Menschen (überarbeitet nach Wood et al. 2017, Gwendolyn David)

Wie der linken Darstellung zu entnehmen ist, sterben in allen untersuchten Gruppen beinahe die Hälfte der Schimpansen vor dem Erreichen des fünften Lebensjahres (in dem Schimpansen noch Kinder sind). Erstaunlicherweise ist die Überlebensrate der Menschen nicht viel besser: 20 bis 40 Prozent der untersuchten Kinder sterben ebenfalls, bevor sie fünf Jahre alt sind (rechte Darstellung). Wenn wir das Eintrittsalter des Menschen ins Erwachsenenleben auf 20 Jahre festlegen, dann stellen wir fest, dass 25 bis 50 Prozent der Menschen in diesen Gemeinschaften das Erwachsenenalter nicht erreichen. Die ausgeprägte Gewalt in Jäger-und-Sammler-Kulturen trägt natürlich zu der hohen Sterberate bei, umgekehrt führt aber die hohe Mortalitätsrate wiederum zu mehr Gewalt. Unter Menschen, die Leid gewohnt sind, scheinen gegenseitige Verletzungen nicht so schwer zu wiegen.

Dass unser Leben weitaus sicherer geworden ist, seit wir unseren Lebensunterhalt nicht mehr als Jäger und Sammler bestreiten, mag nicht weiter überraschen. Aber eine größere Sicherheit wirkt sich auch in modernen Kontexten aus. Abbildung 8.2 zeigt die Sterberate von Müttern bei der Geburt sowie die Kindersterblichkeit bis zum fünften Lebensjahr in den Vereinigten Staaten im Laufe des 20. Jahrhunderts.

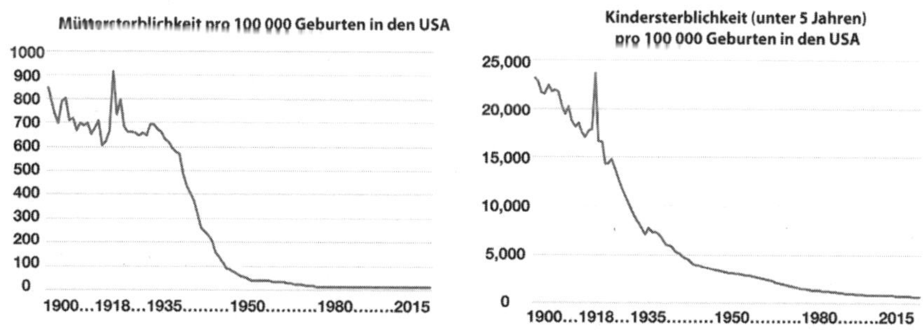

Abbildung 8.2: Sterberate von Müttern (links) und Kindern (rechts) in den USA (Our World in Data)

Wie aus den Zahlen hervorgeht, ist die Gefahr für Mütter und Kleinkinder drastisch gesunken. Zu Beginn des 20. Jahrhunderts starben noch fast 1 Prozent aller Mütter bei der Geburt. Noch alarmierender war die Kindersterblichkeit: Beinahe 25 Prozent der Kinder starben noch vor dem Erreichen des fünften Lebensjahres (eine Zahl, die beinahe so hoch ist, wie in den Jäger-und-Sammler-Kulturen in Abbildung 8.1). Zu dieser Zeit kannten alle mindestens eine Frau, die bei der Geburt gestorben war, oder Eltern, die ihr Kind vor seinem fünften Geburtstag verloren hatten.

Zahlreiche positive Entwicklungen belegen den gesundheitlichen Fortschritt. So starben beispielsweise zu Beginn des 20. Jahrhunderts in Großbritannien jährlich noch 120 von 100 000 Menschen an einer Lebensmittelvergiftung. Bildlich gesprochen bedeutet diese Zahl, dass es um 1890 gefährlicher war, in Oxford auf der Straße *Fish and Chips* zu essen, als 100 Jahre später in der Innenstadt von Detroit abzuhängen. Zahlreiche andere Gefahren für Leib und Leben werden durch ähnliche Statistiken belegt, und viele wurden erst in den vergangenen Jahren eingedämmt.

Die Verbesserungen im Gesundheitsbereich mögen nicht weiter überraschen, schließlich ist die moderne Medizin eine echte Erfolgsgeschichte. Aber es gibt weitere Datenerhebungen, die zeigen, dass die gestiegene Sicherheit nicht allein auf den medizinischen Fortschritt zurückzuführen ist – auch das soziale Miteinander hat sich gewandelt. Wir konnten zum Beispiel in den letzten 30 Jahren einen erheblichen Rückgang der Mordraten in den fünf größten Städten Amerikas (New York, Los Angeles, Chicago, Houston und Philadelphia) beobachten. In den späten 80ern und frühen 90ern des 20. Jahrhunderts hatten diese Städte jährlich im Durchschnitt 120 Morde auf 100 000 Einwohner zu beklagen. Im Jahr 2015 waren New York und L. A. bei weniger als einem Drittel ihrer früheren Mordrate, Houston und Philadelphia kamen auf die Hälfte, und nur Chicagos jüngster Anstieg an Gewaltverbrechen führte zu einer ähnlich hohen Opferzahl wie in den 90ern. Daraus lässt sich schließen, dass das Leben in Amerikas größten Städten im Laufe der vergangenen 30 Jahre *wesentlich* sicherer geworden ist.

Man könnte einwenden, dass Mörder nicht gerade den normalen Durchschnittsbürger repräsentieren und diese Daten demnach keine Aussagen über einen allgemeinen Verhaltenswandel zulassen. Als ausgezeichnetes Beispiel für eine bevölkerungsweite Verhaltensänderung möchte ich hier das Fahren unter Alkoholeinfluss anführen. Bis in die späten 1970er-Jahre war Trunkenheit am Steuer nicht nur gang und gäbe, sondern wurde auch als unvermeidlich betrachtet. Am erstaunlichsten ist vielleicht aus heutiger Sicht, dass sie als Witz abgetan wurde. Wenn jemand auf einer Party einen über den Durst getrunken hatte, gingen seine Freunde sogar so weit, ihn ins Auto zu hieven und ihm dabei zu helfen, den Zündschlüssel zu drehen – um dann lachend zu beobachten, wie er in Schlangenlinien davonfuhr. In *Angst und Schrecken in Las Vegas* beschreibt Hunter S. Thompson, wie ein Polizeibeamter ihn sturzbetrunken nach Hause fahren ließ, damit er seinen Rausch ausschlief. Das mag nun der Realität entsprechen oder nicht, zu dieser Zeit war so etwas jedenfalls ohne Weiteres vorstellbar.

Das änderte sich mit der Initiative »Mothers Against Drunk Driving« im Jahr 1980, die ein größeres Bewusstsein für die zugegebenermaßen ziemlich offensichtliche Tatsache schuf, dass betrunkene Fahrer nicht nur sich selbst, sondern auch andere gefährden. Seit 1982, also seitdem erstmals Statistiken über Trunkenheit am Steuer geführt wurden (eine bemerkenswerte Tatsache an sich), hat sich die Zahl der in den USA durch Trunkenheit am Steuer verursachten Verkehrstoten von mehr als 20 000 auf weniger als 10 000 verringert. Diese Verbesserung ist umso beachtlicher, wenn man berücksichtigt, dass die Amerikaner heute doppelt so viele Meilen fahren wie im Jahr 1982. Demnach müssten im Jahr 1980 vier Mal so viele betrunkene Autofahrer auf den Straßen unterwegs gewesen sein wie heute.

Die erheblich höhere Sicherheit hatte Auswirkungen auf unser Verhalten. Mein Lieblingsbeispiel für einen spürbaren Verhaltenswandel ist ein Erlebnis, das ich 1969 auf meinem Heimweg vom Kindergarten hatte. Der Vater meines Freundes Andy, übrigens ein Polizeibeamter, fuhr an jenem Tag unsere Fahrgemeinschaft. Da zu dieser Zeit nur wenige Autos mit Sicherheitsgurten ausgestattet waren, saßen wir Kinder zu viert oder fünft unangeschnallt auf dem Rücksitz. Als wir nur noch ein paar Straßen von meinem Elternhaus entfernt um eine Kurve fuhren, rutschten die anderen Kinder auf der Rückbank nach außen und quetschten mich ein. Ich versuchte, sie zurückzuschieben, aber sie waren zu schwer, und ich wurde gegen die Tür gedrückt. Das Nächste, woran ich mich erinnern kann, ist, dass die Tür aufflog, ich auf die Straße geschleudert wurde und schließlich in einem Graben landete. Andys Vater hielt an, um mich wieder einzusammeln – nicht weiter verwunderlich, schließlich konnte er schlecht mit leeren Händen bei meinen Eltern vorfahren –, aber das Erstaunlichste an der ganzen Geschichte ist wohl die Reaktion meiner Mutter, als er mich nach Hause brachte.

Nehmen Sie sich einen Moment Zeit, um sich vorzustellen, wie Sie wohl reagieren würden, wenn ein Freund Ihren fünfjährigen Sohn aus dem Kindergarten abholen und Ihnen beschämt gestehen würde, dass er aus dem fahrenden Auto gefallen und über die Straße gerollt war. Selbst wenn dieser Freund schnell hinzufügen würde, dass keines der nachfolgenden Autos Ihr Kind überfahren hat, wären Sie wahrscheinlich erst einmal sprachlos vor Entsetzen.

Meine Mutter hingegen sah sich meine Beulen, Schnitte und Kratzer an und sagte Andys Vater, dass mit mir offenbar alles in Ordnung sei und er sich keine Sorgen machen müsse; so etwas passiere eben. Falls Sie jetzt denken, dass meine Mutter lieblos und gleichgültig gewesen ist: Als der Bruder meines Freundes unter ähnlichen Umständen aus dem Familienauto fiel, schimpfte seine Mutter ihn auch noch aus, weil er sich nicht besser festgehalten hätte. Das war die Welt, in der wir vor gar nicht allzu langer Zeit lebten. Betrunkene Autofahrer waren ein harmloses und lustiges Ärgernis, niemand war angeschnallt (oder konnte sich Kindersitze auch nur vorstellen) und alle nahmen es achselzuckend hin.

In einem solchen Kontext sind Morde und Überfälle für die Verwandten und Freunde der Opfer sicherlich eine Tragödie, aber für alle anderen waren derartige Verbrechen lediglich ein kurzes, kaum merkliches Störsignal vor einem Hintergrund von Tod und Chaos. Die Zeit vergeht, und wir haben uns längst an Nahrungsmittel gewöhnt, die uns keine Lebensmittelvergiftung bescheren; an Sicherheitsgurte, splitterfreie Windschutzscheiben und schützende Airbags; an Hunde, die uns nicht beißen (denn sie streunen nicht mehr frei in der Gegend herum), und jeder einzelne Vorfall wird dadurch umso sichtbarer.

Während die Kritiker von Gewalt im Fernsehen oder in Videospielen argumentieren, dass diese Form von Pseudo-Gewalt uns auch gegenüber realer Gewalt abstumpfen lässt, bin ich der Meinung, dass die Gewalt darstellende Unterhaltungsindustrie nicht so viel Einfluss hat wie unsere insgesamt immer sicherer werdende Lebenswelt. Natürlich können wir uns im Internet echtes Gemetzel ansehen, wann und wo es auf der Welt geschieht, und ich bin überzeugt, dass dies zu unserem Eindruck beiträgt, die Welt sei seit unserer Kindheit viel gefährlicher geworden. Doch unser Alltag wird heute zunehmend sicherer, und ich vermute, dass die daraus resultierende Sensibilität eine große Rolle dabei gespielt hat, dass im Laufe der letzten Jahrzehnte immer weniger Menschen Morde, Vergewaltigungen und Überfälle verübt haben.

Die zunehmende Sicherheit und der Rückgang von Gewalt, die wir *in* den Industriestaaten beobachten, gehen mit einer generellen Abnahme der Konflikte *zwischen* den Staaten einher. Dennoch ist die globale Sicherheit ständig bedroht: In Europa, im Nahen Osten und in Afrika eskalieren wiederholt Konflikte; terroristische Gruppierungen wie der Islamische Staat provozieren bewusst die Zuspitzung religiöser Spannungen; viele Staaten blicken nostalgisch auf eine Vergangenheit zurück, in der sie über größeren Einfluss auf der Weltbühne verfügten, und stellen territoriale Ansprüche, die die herrschende internationale Ordnung gefährden; und zur allgemeinen Überraschung gewinnen xenophobe Politiker sogar in wohlhabenden und stabilen Staaten beständig (und während ich diesen Text schreibe, erschreckend schnell) an Popularität. Aus diesen Gründen dürfen Sicherheit und internationaler Frieden nicht als selbstverständlich hingenommen werden. Im Folgenden geht es darum, inwiefern die Richtung, in die sich unsere Psyche im Laufe der Evolution entwickelt hat, zur ständigen Gefährdung des Friedens auf unserem Planeten beiträgt.

Kooperation *innerhalb*, aber nicht *zwischen* Gemeinschaften

Im ersten Kapitel habe ich dargestellt, wie wir in der Savanne überlebten und immer stärker wurden, weil wir lernten, sehr viel enger zu kooperieren als unsere Cousins und Cousinen, die Schimpansen, es taten. Die Zusammenarbeit mit anderen kann uns zwar prinzipiell friedfertiger machen, aber es hat sich gezeigt, dass wir in unserer Kooperationsbereitschaft höchst selektiv sind: Wir haben uns nämlich im Laufe der Evolution so entwickelt, dass wir gern mit den Mitgliedern unserer eigenen Gruppe zusammenarbeiten, aber äußerst ungern mit den Mitgliedern anderer Gruppen. Der Grund dafür ist, dass zur Zeit unserer Vorfahren Begegnungen mit anderen Gruppen eine ziemlich zweischneidige Sache waren: manchmal eine tolle Chance und manchmal eine tödliche Bedrohung. Wenn die Begegnung friedlich verlief, hatten unsere Vorfahren plötzlich sehr viel mehr Paarungsmöglichkeiten (und verringerten damit das Inzuchtrisiko). Meistens verliefen diese Begegnungen jedoch alles andere als friedlich: wenn nämlich die Mitglieder anderer Gruppen das haben wollten, was wir hatten, und beschlossen, es gewaltsam an sich zu bringen.

Dass wir gelernt hatten, Steine zu werfen, machte unser Leben in der Savanne zwar sicherer, aber es barg auch eine völlig neue Gefahr in sich: Die Fähigkeit, aus der Entfernung zu töten, war der erste Schritt zu einer hocheffizienten Kriegsführung.

Sobald wir in der Lage waren, als Gruppe Steine zu werfen, waren wir in der Lage, Gefechte zu führen. Als der *Homo erectus* diese Fähigkeit verfeinert und noch dazu Planungsvermögen und Arbeitsteilung ausgebildet hatte, wurde eine strategische Kriegsführung in Form von Feldzügen möglich. So wurden andere Menschengruppen schnell zu unseren gefährlichsten Gegnern, und in diesem Kontext erwies sich die selektive Kooperationsbereitschaft als ausgesprochen kluger Schachzug. Sobald unsere Vorfahren an der Spitze der Nahrungskette angelangt waren, nahm die Bedrohung durch andere Tiere rapide ab, und schon bald wurde der Mensch sich selbst zum größten Feind.

Wie ich in Kapitel 7 gezeigt habe, befinden sich Menschen in kleineren Gemeinschaften oft im Konflikt mit anderen Gruppen. Diese Konflikte manifestieren sich meist eher in kleineren Gefechten und Überfällen als in den blutigen Schlachten, die wir mit den Kriegen heutiger Industrienationen verbinden. Aber Scharmützel und Überfälle können ebenfalls tödlich sein, insbesondere, wenn sie über einen längeren Zeitraum ausgetragen werden. Die Mitglieder siegreicher kriegerischer Parteien profitieren von ihrer Gewalt, indem sie transportable Güter wie Vieh rauben oder die Möglichkeit nutzen, um auf ihren Raubzügen Frauen zu entführen. Konflikte zwischen verfeindeten Gruppen wurden zum Teil genau aus diesem Grund aufrechterhalten: weil sie dem Sieger größere Fortpflanzungserfolge bescherten.

Davon abgesehen, dass andere Gruppen ihnen die Ressourcen streitig machen konnten, bestand für unsere Vorfahren noch ein anderes Risiko: Es war möglich, dass die Fremden mit anderen Krankheitserregern in Kontakt gekommen waren als sie selbst und sie sich deshalb bei ihnen mit neuen Krankheiten anstecken konnten. Da Krankheiten in vormedizinischen Zeiten natürlich sehr viel gefährlicher waren als heutzutage, haben wir mentale Anpassungsstrategien entwickelt, um mit dieser Bedrohung umzugehen. Man könnte sie als unser Verhaltens-Immunsystem bezeichnen. Unser biologisches Immunsystem setzt sich mit Krankheitserregern auseinander, sobald sie in unserem Körper angelangt sind (beispielsweise indem es sie durch Übergeben ausspuckt oder sie lokalisiert und zerstört). Unser Verhaltens-Immunsystem zielt dagegen darauf ab, die Aufnahme solcher Krankheitserreger von vornherein zu verhindern. Weil Exkremente, offene Wunden, Infektionen und Erbrochenes voller Krankheitserreger stecken, haben wir ein natürliches Ekelgefühl vor dem Anblick und Geruch entwickelt und gehen ihnen aus dem Weg. Menschen, die die offenen Wunden anderer Menschen interessant oder anziehend fanden, hatten geringere Chancen zu überleben und sich fortzupflanzen. Auf diese Weise hat die Evolution dafür gesorgt, dass unser natürliches Ekelgefühl uns schützt.

Krankheitserreger unterscheiden sich hinsichtlich ihres Ansteckungsgrades erheblich voneinander, und unsere Psyche wurde von der Evolution fein darauf eingestimmt, Keime zu meiden, die besonders gefährlich für uns sind. Nehmen wir folgendes Gedankenexperiment als Anschauungsbeispiel: Stellen Sie sich vor, dass Sie sich in einem Flugzeug befinden und in der Toilettenschlange anstehen. Als Sie an der Reihe sind, fällt Ihnen auf, dass die Person, die gerade die Toilette verlässt, einen verlegenen Gesichtsausdruck aufgesetzt hat. Sie gehen hinein, heben den Klodeckel an und erkennen sofort, warum er so seltsam geguckt hat: Überall sind Hinweise auf seine Magen-Darm-Probleme zu sehen.

Folgende Frage: Wann wäre diese Situation ekliger für Sie: wenn es Ihr eigener Bruder wäre, der Durchfall hätte, oder der Unbekannte von Platz 21C? Die meisten Menschen finden so etwas abstoßender, wenn es sich bei dem Verursacher um den Unbekannten von Platz 21C handelt, und das mit gutem Grund: Die Exkremente eines Fremden machen Sie mit einer weitaus höheren Wahrscheinlichkeit krank als die Ihres Bruders. Denn den Keimen Ihres Bruders waren Sie schon sehr viel häufiger ausgesetzt als denen des Fremden und sind daher mit einer höheren Wahrscheinlichkeit immun gegen sie.

Eine Variante dieses Gedankenexperiments wurde mit echten Fäkalien durchgeführt und die Resultate fielen aus wie erwartet. Der unerschrockene Trevor Case von der Macquarie University in Sydney führte mit seinen Kolleginnen und Kollegen eine Studie durch, in der er Mütter mit ihren Babys ins Labor einlud und sie bat, schmutzige Windeln mitzubringen. Die Forscher trennten die Säuglingsexkremente in unterschiedlichen Boxen und baten die Mütter an ihnen zu riechen. Die Mütter konnten zwar nicht sagen, welcher Boxinhalt zu welchem Baby gehörte, aber sie stuften den Geruch der fremden Babyexkremente als ekliger ein als den ihres eigenen Babys. Obwohl sie nicht in der Lage waren, die Exkremente ihres eigenen Babys zu identifizieren, ließ ihr unterbewusstes Verhaltens-Immunsystem sie vor den Exkrementen stärker zurückschrecken, die eine größere Anzahl an für sie unbekannten Krankheitserregern enthielten.

Experimente wie dieses belegen die herausragende Sensibilität des Verhaltens-Immunsystems und damit unsere im Laufe der Evolution entwickelte Fähigkeit, jene Keime zu meiden, die das größte Risiko einer Infektion in sich tragen. Auch die geografische Verteilung von Sprachen, Religionen und Fremdenfeindlichkeit lässt Rückschlüsse auf diese Prozesse zu. Wenn wir uns von den Polen der Erde in Richtung Äquator bewegen, stellen wir fest, dass die Zahl der Sprachen und Religionen zunimmt, und dass die Menschen tendenziell fremdenfeindlicher werden. Man könnte meinen, das eine hätte mit dem anderen nichts zu tun, aber am Ende dienen alle drei Phänomene dazu, verschiedene Gruppen voneinander fernzuhalten. Wenn man nicht die gleiche Sprache spricht, nicht der gleichen Religion angehört und Mitglieder anderer Gemeinschaften nicht mag, ist die Wahrscheinlichkeit, dass man mit anderen interagiert, sehr viel geringer.

Warum nehmen Sprachen und Religionen rund um den Äquator zu und warum gibt es einen Zusammenhang zwischen ihrer Dichte und Fremdenfeindlichkeit? Die Antwort liefern die Keime: Die Zahl der Krankheitserreger ist in den Tropen um einiges höher als in gemäßigten und kalten Klimazonen. Wenn Sie in Schweden leben, stehen Ihre Chancen gut, dass jede Gruppe im Umkreis von 500 Meilen denselben wenigen Krankheitserregern ausgesetzt war wie Sie. Wenn Sie dagegen im Kongo leben, kann es gut sein, dass die Gruppe auf der anderen Seite des Tals mit einem Krankheitserreger in Kontakt gekommen ist, den Ihr eigenes Immunsystem nicht kennt.

Die Menschen in den Tropen merkten mit der Zeit, dass sie häufiger krank wurden, wenn sie mit anderen Gruppen interagierten, und lernten daher, solche Kontakte zu vermeiden. In der vorwissenschaftlichen Welt erschien es durchaus logisch, den Nachbarn für die eigene Krankheit verantwortlich zu machen (was wahrscheinlich teilweise berechtigt war) und ihn deshalb abzulehnen. Misstrauen und Angst hielten also Nachbarn voneinander fern, und wenn Menschen den Kontakt untereinander vermeiden, dann entwickeln sich auch ihre Sprachen und Religionen auseinander. Diese Prozesse verstärken einander und vergrößern so die Gräben zwischen den verschiedenen Gruppen.

Der Einfluss von Krankheitserregern auf die Aufsplittung in unterschiedliche Ansichten, Verhaltensweisen und Glaubensvorstellungen, ist zudem stärker, wenn diese Krankheitserreger von Mensch zu Mensch übertragen werden (zum Beispiel Hepatitis), als wenn sie von Tier zu Mensch übertragen werden (zum Beispiel Malaria). Fremde kulturelle Praktiken stellen nicht nur unsere eigenen kulturellen und religiösen Praktiken infrage, sondern bergen zudem die Gefahr neuer Ansteckungswege. Andere Zubereitungsformen von Essen, andere Initiationsriten und eine andere Heiratspolitik können zu neuen Übertragungswegen von Krankheitserregern führen. Unser im Laufe der Evolution entstandenes Verhaltens-Immunsystem signalisiert uns, dass derartig fremde Praktiken nicht nur anders sind, sondern *falsch*.

Dieses spezielle Immunsystem schützt uns zwar vor Krankheiten, aber die entsprechenden Verhaltensweisen richten sich natürlich nicht direkt gegen die jeweiligen Keime. Ohne dass wir die eigentliche Ursache für unser Verhalten kannten, schützte es uns vor gefährlichen Krankheitserregern. Menschen tendieren dazu, Verhaltensweisen zu moralisieren, die eine wichtige Rolle für die Fortpflanzung und bei der Übertragung von Krankheitserregern spielen. Wenn sie das Risiko einer Krankheitsübertragung bergen, werden bereits leicht abweichende Praktiken als unmoralisch verurteilt. Folglich liegt es nahe, dass Ansteckungsgefahr eine Ursache für Vorurteile ist, also die Feindseligkeit gegenüber Praktiken und Glaubensrichtungen, die sich von unseren eigenen unterscheiden. Sobald andere Gemeinschaften als unmoralisch eingestuft werden, halten sich die Menschen voneinander fern, und wenn es doch zum Kontakt kommt, birgt dieser ein hohes Konfliktpotenzial.

Aus diesen Gründen haben wir gelernt, mit den Mitgliedern unserer Gruppe zu kooperieren, nicht jedoch mit denen anderer Gruppen. Dieses Stammesdenken wird oft als Widerspruch zu unserer kooperativen Natur betrachtet, doch unsere Evolutionsgeschichte zeigt, dass es sich um zwei Seiten einer Medaille handelt. Das Stammesdenken ist zugleich Ursache und Folge unserer kooperativen Natur. Unsere Fähigkeit, für Angehörige unserer Gemeinschaft zu sorgen, hat uns gleichzeitig zu fähigeren Mördern gemacht.

Nachweise für unsere selektive Kooperationsbereitschaft lassen sich viele finden. Am deutlichsten wird dies wohl am Vergleich von Menschen und Schimpansen. Um Anhaltspunkte dafür zu bekommen, wie sich die Anzahl der menschlichen Konflikte im Laufe der Geschichte entwickelt hat, hat Richard Wrangham von der Harvard University körperliche Auseinandersetzungen unter Jäger-und-Sammler-Gemeinschaften in verschiedenen Abstufungen untersucht. Da diese Gemeinschaften nicht auf Gesetze oder Polizeikräfte zurückgreifen können, geben sie Aufschluss darüber, wie hoch die Gewaltbereitschaft des Menschen vor dem Beginn moderner Gesellschaftsformen gewesen sein könnte. Als Wrangham die Zahl der Konflikte innerhalb der Jäger-und-Sammler-Gemeinschaften mit der von Schimpansen verglich, stellte er fest, dass die Wahrscheinlichkeit, auf physische Gewalt zurückzugreifen, innerhalb von Schimpansengruppen um 150 bis 155 Mal höher ist. Im Gegensatz dazu war die Zahl aggressiver und gewalttätiger Handlungen zwischen unterschiedlichen Jäger-und-Sammler-Gemeinschaften und unterschiedlichen Schimpansengruppen annähernd gleich hoch. Unser Auszug in die Savanne machte uns folglich *untereinander* wesentlich liebenswürdiger, hatte aber über die Grenzen unserer kleinen Gemeinschaft *hinaus* keinerlei Auswirkungen.

Trotz dieses evolutionären Wandels gibt es auch innerhalb von Gemeinschaften nach wie vor viele Konflikte und erbitterte Konkurrenz. Menschen streiten um Ressourcen oder sind sich uneins, wie Probleme in einer Gruppe zu lösen sind. Da jeder seine Stellung innerhalb der Gemeinschaft verbessern will, stellt die sexuelle Selektion und das damit einhergehende Kräftemessen die größte Herausforderung für den Zusammenhalt einer Gruppe dar. Sie ist auch oft der Grund für das Auseinanderbrechen von Jäger-und-Sammler-Gemeinschaften, die mehr als 20 oder 30 Individuen umfassen. Dennoch ist die Bedrohung, die fremde Gemeinschaften darstellen, ein wirksames Druckmittel, innere Konflikte zu nivellieren. Unsere Tendenz, uns angesichts einer Bedrohung von außen zusammenzuschließen, war entscheidend für unser Überleben. Innere Konflikte gefährdeten lediglich unsere Stellung innerhalb der Gemeinschaft.

Diese Resultate der evolutionären Entwicklung unserer Psyche haben bis heute einen entscheidenden Einfluss auf nationale und internationale Beziehungen. Noch heute fällt auf, dass der nationale Zusammenhalt schwindet, wenn eine äußere Bedrohung nachlässt. Für das extreme Lagerdenken und das vergiftete politische Klima in den USA sind schon viele Erklärungen herangezogen worden. Aus evolutionswissenschaftlicher Perspektive liegt ein Teil des Problems im Zusammenbruch der Sowjetunion.

Einst wurden Streitigkeiten zwischen den Parteien angesichts der notwendigen Einheit gegenüber einem mächtigen Feind beiseitegeschoben. Mit dem Zusammenbruch der Sowjetunion verschwand die einzige ernsthafte äußere Bedrohung der Vereinigten Staaten und infolgedessen traten innere Konflikte deutlicher zutage. Ohne den drohenden Schatten eines hinreichend mächtigen Gegners sehen die politischen Parteien die größte Gefahr nicht in den Handlungen anderer Staaten, sondern in den konkurrierenden Zielen und Absichten ihrer nationalen Rivalen.

Der unmittelbare Einfluss äußerer Gefahren auf die nationale Stimmung kann Abbildung 8.3 entnommen werden. Das Kurvendiagramm zeigt, wie Präsident Bush nach den Anschlägen vom 11. September 2001 an Rückhalt in der amerikanischen Bevölkerung gewann. Außerdem ist zu sehen, dass die Welle an Zustimmung langsam nachließ, als die wahrgenommene äußere Gefahr abebbte, und mit dem Einmarsch der Vereinigten Staaten in den Irak wieder einen – diesmal kleineren – Höhepunkt erfuhr.

Abbildung 8.3: Zustimmung für den Präsidenten in der Bevölkerung vor und nach den Terroranschlägen von 9/11 und dem Einmarsch in den Irak (Wikimedia Commons)

Wie ich bereits in Kapitel 7 erläutert habe, nutzen unsere Anführer diesen evolutionär entwickelten Aspekt unserer Psyche oft aus, indem sie mögliche Gefahren, die von anderen Gruppen ausgehen, übermäßig hervorheben, um von inneren Problemen oder von ihrer schlechten Politik abzulenken.

Mit dieser Strategie werden Loyalität und Zusammenhalt innerhalb der Gemeinschaft gestärkt, allerdings auf Kosten der Beziehungen *zwischen* den Gruppen (meist werden die Handelsbeziehungen abgebrochen und die Konflikte nehmen zu). Auf diesem Weg kann unser kooperatives Wesen sogar zu mehr Konflikten führen, nämlich *zwischen* unterschiedlichen Gruppen, insbesondere, wenn den Anführern einer Gruppe ihre privilegierte Stellung wichtiger ist als die Belange der Gemeinschaft.

Obwohl unsere Psyche der Kooperation zwischen unterschiedlichen Gruppen Steine in den Weg legt, sind auch Gruppen, die einander misstrauen, in der Lage, miteinander zu kooperieren, um übergreifende Ziele wie Handel und Sicherheit zu verfolgen. In der Vergangenheit und Gegenwart hat es zahlreiche Fälle gegeben, in denen kleinere Gemeinschaften zusammengearbeitet haben, entweder als Koalition gegen einen dritten, mächtigeren Gegner oder zu Gunsten des Handels und übergreifender Heiratsverbindungen. Dieses Verhalten kann als generelle Bevorzugung der eigenen Gemeinschaft beschrieben werden, die mit einer ambivalenten Haltung gegenüber anderen Gemeinschaften einhergeht.

Unsere Ambivalenz in Bezug auf fremde Gruppen zeigt sich in unserer Bereitschaft, andere Gruppen zu mögen oder abzulehnen, je nachdem ob sie als Bedrohung oder Chance wahrgenommen werden. Entscheidend ist, dass im Großen und Ganzen die Ambivalenz überwiegt, und nicht die Ablehnung. Dadurch können wir Chancen als solche erkennen und Koalitionen über die Grenzen unserer Gemeinschaften hinaus bilden, die von gegenseitigem Nutzen sind. Internationale Verträge und Allianzen haben vor allem dann Bestand, wenn die beteiligten Parteien ein gemeinsames Ziel haben: Auf diese Weise wird das Drohpotential zwischen den Gruppen entschärft und Mogeleien werden als kaum möglich oder wenig nutzbringend erachtet (mehr dazu im folgenden Abschnitt).

Relativismus zerstört Beziehungen zwischen unterschiedlichen Gruppen

Wie ich bereits in Kapitel 4 dargelegt habe, wird unser Sinn für Gerechtigkeit davon bestimmt, wie wir in unserem sozialen Netzwerk im Vergleich zu anderen dastehen. Dieser Relativismus ist darauf zurückzuführen, dass unsere Position innerhalb der gesellschaftlichen Hierarchie unseren Reiz als potenziellen Partner entscheidend beeinflusst. Ebenso sind Statusunterschiede *zwischen* Gemeinschaften determinierende Faktoren des individuellen Erfolgs. Als *Homo sapiens* begann, immer entferntere Regionen der Erde zu besiedeln, befanden wir uns mit anderen Gruppen beständig im Kampf um Ressourcen. Im Grunde genommen handelt die Geschichte der Menschheit hauptsächlich von stärkeren Gruppen, die schwächere von beliebten Fisch- und Jagdgründen oder Wasserlöchern vertreiben. Wir bewundern gern die Verwegenheit unserer Vorfahren, die ins Ungewisse auszogen, doch in Wahrheit spiegelt ein Großteil der Ausbreitung des Menschen und sein Entdeckertum wohl eher Verzweiflung als Mut wider. Entdecken bedeutete meistens, dass unsere Vorfahren flohen oder von stärkeren und aggressiveren Nachbarn gezwungen wurden, ihre bevorzugten Gebiete zu verlassen.

Viele Wissenschaftler haben eine romantisch verklärte Sicht auf die Vergangenheit. Sie finden Gefallen an dem Gedanken, dass Gewalt ein Produkt der Moderne, der Isolation und Anonymität des urbanen Lebens ist. Aber wie Steven Pinker bereits in *The Better Angels of Our Nature* (dt. *Gewalt. Eine neue Geschichte der Menschheit*, Frankfurt 2011) darlegte, ist diese Ansicht ein Irrglaube. Wenn wir vor Anbeginn der Moderne so freundlich zueinander gewesen wären, warum finden wir dann so viele Schusswunden an den Überresten früher Menschen? Warum sind Wunden auf der linken Seite des Körpers unter ihnen so verbreitet? Höchst unwahrscheinlich, dass Steine so oft auf die linke Seite unserer Köpfe, auf unseren linken Arm oder auf die linke Seite unserer Rippenbögen fallen. Waffen geführt von rechtshändigen Gegnern hingegen schon. Kein Wunder also, dass so viele unserer Vorfahren ihr Ableben durch Wunden auf der linken Körperhälfte erfuhren.

Weitere Hinweise für die Feindseligkeit zwischen unterschiedlichen Gruppen lassen sich in frühzeitlichen Felsbehausungen im Südwesten Amerikas und zahlreichen anderen Erdteilen finden. Als Besucher fragt man sich, warum um alles in der Welt jemand diesen Ort am Rande steiler Felsen wählt, um seine Kinder großzuziehen, wenn das Tal nebenan doch ein sehr viel einfacheres und komfortableres Leben verspricht? Die Antwort liegt in der Feindseligkeit. Die Menschen entschieden sich für die Felsen von Colorado und New Mexico, weil sie ihnen mehr Sicherheit boten als das Tal nebenan.

In Tälern läuft man zwar nicht Gefahr herunterzustürzen, wenn die Bewohner jedoch ungemütliche Zeitgenossen sind, dann kann das Tal zu einem sehr gefährlichen Ort werden. Behausungen am Steilhang hingegen bieten guten Schutz vor plötzlichen Angriffen auf Kosten alltäglicher Gefahren für Leib und Leben, insbesondere wenn die Menschen im besten Fall wackelige Leitern hatten, um zu ihrem Felsenhaus zu gelangen. Diese gefährlichen Behausungen lassen auf eine auf Flucht beruhende Ausbreitung schließen und zeigen, was es für eine Gemeinschaft bedeutet, wenn eine andere Gruppe mächtiger wird. Relative Gerechtigkeit kann somit in Beziehungen zwischen Gruppen ebenso wichtig sein wie innerhalb der Gemeinschaft.

Infolge der großen Bedeutung relativer Gerechtigkeit haben die Menschen eine Hypersensibilität für möglichen Verrat entwickelt. Diese Sensibilität findet sich in vielen Bereichen der menschlichen Psyche. Einer davon ist die gesteigerte Fähigkeit, Aufgaben zu lösen, wenn sie so formuliert sind, dass es darum geht, Verräter zu entlarven. Im Gegensatz dazu stehen Fragestellungen, die unter allgemeinen Regeln der Logik formuliert wurden. Betrachten wir folgende Aufgabe, die an die Experimente von Leda Cosmides und ihre Kolleginnen und Kollegen von der UC Santa Barbara angelehnt ist. In Abbildung 8.4 sehen wir eine Reihe von Karten, auf denen abgebildet ist, was unterschiedliche Personen zum Frühstück essen oder trinken. Auf der einen Seite sieht man die Getränke, auf der anderen Seite die Nahrungsmittel. Ihre Aufgabe besteht nun darin, mit so wenig umgedrehten Karten wie möglich die Regel »Jeder, der Cerealien isst, trinkt Orangensaft« auf ihre Gültigkeit zu prüfen.

Abbildung 8.4: Prüfung der Regel: »Jeder, der Cerealien isst, trinkt Orangensaft.«

Wie Sie sehen können, isst Jordy Cerealien und Maya Pfannkuchen, aber wir sehen nicht, was die beiden trinken. Sam trinkt Organgensaft und Sophie Kaffee, aber wir sehen nicht, was sie essen. Wenn Sie die Regel, dass jeder, der Cerealien isst, auch Orangensaft trinkt, auf ihre Gültigkeit prüfen wollten (indem Sie so wenig Karten wie möglich umdrehen), wen würden Sie überprüfen? Würden Sie nachsehen, was Jordy und/oder Maya trinken? Oder würden Sie zuerst herausfinden wollen, was Sam und/oder Sophia essen? Cosmides zufolge ist dies eine ziemlich schwer zu lösende Aufgabe, da die Lösung auf formaler Logik beruht. Nehmen Sie sich einen Moment Zeit.

Bevor wir zur Antwort kommen, lassen Sie uns eine alternative Fragestellung mit einbeziehen, die Cosmides ihren Befragten ebenfalls gab. Diesmal sollen sie herausfinden, ob die vier Personen die Regel »Menschen dürfen keinen Manioksaft trinken, außer sie haben ein Tattoo« verletzen.

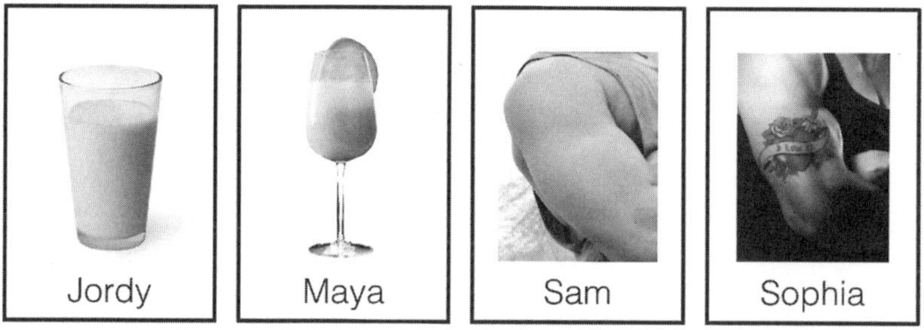

Abbildung 8.5: Prüfung der Regel: »Menschen dürfen keinen Manioksaft trinken, außer sie haben ein Tattoo.«

In diesem Fall sehen wir, dass Jordy Manioksaft trinkt und Maya Orangensaft, aber ob sie Tattoos haben, wissen wir nicht. Dagegen sehen wir, dass Sophia ein Tattoo hat und Sam keines, aber wir wissen bei keinem von beiden, was sie trinken. Wenn Sie herausfinden wollten, ob eine oder einer der vier die Regel verletzt, dass tätowiert sein muss, wer Manioksaft trinken will (wieder mit so wenig aufgedeckten Karten wie möglich), bei wem würden sie nachsehen? Laut Cosmides sollte dies eine vergleichsweise einfach zu lösende Aufgabe sein. Nehmen Sie sich einen Moment zum Überlegen.

Kehren wir zur ersten Aufgabe zurück. Vielleicht haben Sie wie die meisten Teilnehmenden in Cosmides' Experiment Jordy überprüft, um sicherzugehen, dass er Orangensaft *trinkt*, aber vielleicht haben Sie es versäumt sicherzugehen, dass Sophia *keine* Cerealien isst. Sie trinkt Kaffee, und sollte sie dazu Cerealien essen, dann verletzt sie die Regel, dass jeder, der Cerealien isst, auch Orangensaft trinkt. Folglich ist es entscheidend, bei beiden nachzusehen, um zu prüfen, ob die Regel auch angewendet wird. Was Maya trinkt, ist unerheblich, da niemand gesagt hat, dass Menschen, die Pfannkuchen frühstücken, keinen Orangensaft trinken dürfen. Aus dem gleichen Grund interessiert uns auch nicht, was Sam isst. Sogar bei Teilnehmenden, die am Ende die richtige Lösung präsentieren, erfordert die Aufgabe ein bisschen Konzentration.

Im Gegensatz dazu finden die meisten Leute die zweite Aufgabe zu Manioksaft und Tattoos wesentlich einfacher, da sie unsere im Laufe der Evolution entwickelte Neigung bedient, nach Verrätern Ausschau zu halten. Die meisten überprüfen Jordy, um sicherzugehen, dass er ein Tattoo hat, und Sam, um nachzuprüfen, ob er heimlich Manioksaft trinkt, obwohl er keines hat. Sie kümmern sich nicht um Maya, da die Regel für sie als Orangensafttrinkerin irrelevant ist, und es ist ihnen auch egal, was die tätowierte Sophia trinkt, schließlich darf sie unter anderem auch Manioksaft trinken, muss es aber nicht.

Ein und dieselbe Aufgabe, die Menschen Probleme bereitet, wenn sie in logischen Regeln formuliert wird, wird plötzlich ganz einfach, wenn sie als Vorschrift daherkommt. Wir sind nicht gut in formaler Logik, aber die Evolution hat sichergestellt, dass wir sehr gut darin sind, Verräter ausfindig zu machen. Das Experiment legt nahe, dass wir ständig die Möglichkeit in Betracht ziehen, verraten zu werden. Wittern wir einen Verstoß, dann werden unsere kognitiven Mechanismen angeregt, effektiver zu arbeiten. Was für Beziehungen zwischen verschiedenen Gruppen wichtig ist: Diese gesteigerte kognitive Sensibilität für möglichen Verrat verschwindet, wenn Menschen sich in einer Situation befinden, in der sie einen Verrat für ausgeschlossen halten.

Inwiefern beeinflusst die Sorge des Menschen um relative Gerechtigkeit und Verrat den angestrebten Weltfrieden und die globale Sicherheit? Diese misstrauische Besorgnis führt zu dem ernüchternden Ergebnis, dass Verhandlungen von Gruppen, Gemeinschaften und Nationen um Friedensverträge oder selbst Handelsabkommen von den beiderseitigen Bemühungen lahmgelegt werden zu verhindern, dass die Gegenseite den besseren Deal macht. Da unser Gerechtigkeitsempfinden *relativ* ist, reicht es beiden Seiten nicht, eine Verbesserung ihres jeweiligen Status quo zu erzielen. Vielmehr darf eine Vereinbarung keine der beiden Parteien besser davonkommen lassen. Wenn bei einer Partei der Eindruck entsteht, dass der Vertrag dem Partner mehr Vorteile bringt, platzen die Vertragsverhandlungen, selbst wenn die Vertragsinhalte für die jeweilige Partei eine Verbesserung der gegenwärtigen Situation mit sich bringen würden.

Diese Besorgnis um ein relatives Resultat wird durch unsere Hypersensibilität gegenüber einem möglichen Verrat noch gesteigert. Die Beteiligten befinden sich in ständiger Sorge, dass die Gegenseite betrügt oder den Verpflichtungen des Vertrags nicht nachkommt. Wenn es ums Betrügen geht, sind Menschen derart empfindlich, dass sie beim leisesten Verdacht schnell überreagieren und sofort ihre eigenen Verpflichtungen über Bord werfen, um der Gegenseite ja keinen relativen Vorteil zu bieten. Wenn beispielsweise zwei Länder ein befristetes Abkommen zur Einstellung von Atomwaffentests schließen, sich aber gegenseitig des Verrats verdächtigen, werden sehr wahrscheinlich beide wieder geheime Tests durchführen, um im nuklearen Wettrüsten nicht zurückzufallen. Jede Art von Vereinbarung kann in Windeseile an unzureichenden Mechanismen, Verrat aufzudecken, oder mangelnder Autorität, Strafen durchzusetzen, scheitern.

Zwar können internationale Richtlinien beschlossen werden, die Verstöße ahnden, für gewöhnlich sind souveräne Staaten jedoch nicht gewillt, in supranationale Abkommen einzuwilligen, die für sie mit Sanktionen verbunden sein könnten. Um ein aktuelles Beispiel zu nennen: China ratifizierte 1996 das Seerechtsübereinkommen der Vereinten Nationen, weigerte sich jedoch im Jahr 2016, die Entscheidung des Ständigen Schiedshofes in Den Haag zu akzeptieren, die die Rechtmäßigkeit seiner Ansprüche im Südchinesischen Meer zurückwies. Der chinesische Außenminister ließ in einer Stellungnahme verlauten, dass das Gerichtsurteil »keine bindende Kraft hat«. China steht damit bei Weitem nicht allein da. Wenn es darum geht, internationalen Institutionen Gerichtsbarkeit über ihre Handlungen einzuräumen, zeigte die US-Regierung bereits ähnlichen Widerwillen. Natürlich bestätigen einige Ausnahmen diese Regel, schließlich gibt es zahlreiche Handels- und Rüstungsabkommen. Doch meistens entstehen solche Verträge auf einer vorhandenen Vertrauensbasis und gehen nicht der Vertrauensbildung voraus, oder sie entstehen in Bereichen, in denen die Interessen gegnerischer Parteien übereinstimmen.

In diesem Fall können Technologien, die jedweden Betrug verhindern, eine Lösung bieten und Vereinbarungen ermöglichen, die andernfalls am gegenseitigen Misstrauen scheitern würde. So wäre es beispielsweise ein Leichtes für Staaten, ihre Nuklearanreicherungen im Verborgenen fortzusetzen, während die Vertragspartner rätseln würden, ob sie betrogen werden und demzufolge nicht auch ihre eigene Anreicherung heimlich weiter vorantreiben sollten. Als Antwort auf diese unsichere Situation haben Physiker nachgewiesen, dass die Herstellung von Plutonium auf Satellitenbildern zu sehen ist, da sie Veränderungen der Atmosphäre hervorruft. Damit haben wir klare Beweise, wenn ein Staat gegen das Atomabkommen verstößt. Nachweise dieser Art können ein Wettrüsten verhindern, das sich niemand wünscht, aber zu dem sich jeder gezwungen sieht, um nicht abgehängt zu werden.

Die Menschen lernten, sich selbst und andere zu täuschen

Räuber-Beute-Interaktionen enden unweigerlich tödlich: Entweder wird einer zur Mahlzeit oder der andere verhungert. Im Gegensatz dazu wird Konkurrenz zwischen Tieren derselben Gattung generell durch eine Körpersprache ausgetragen, die darauf abzielt, den Stärkeren auszumachen, *bevor* der Konflikt eskaliert und zu Verletzungen führt. Es ist weder im Interesse des Siegers noch des Verlierers, tatsächlich um Ressourcen zu kämpfen, da selbst der Stärkere dabei verwundet werden kann. Vielmehr geht es beiden darum herauszufinden, wer gewinnen würde, wenn es zum Kampf käme, mit dem Ergebnis, dass sich derjenige, der sich als Verlierer herauskristallisiert, sofort unterwirft oder flieht. Nur wenn die Rivalen sich als gleich stark erweisen, kann ein Ressourcenkonflikt in einen physischen Kampf ausarten.

Konkurrenzkämpfe unter Artgenossen hängen daher selten von tatsächlicher Kraft ab. Vielmehr dient die schiere Androhung von Gewalt als Abschreckung vor dem eigentlichen Konflikt. Auseinandersetzungen unter Menschen folgen letztlich denselben Prinzipien, allerdings mit dem Unterschied, dass die vielen Kriege darauf hindeuten, dass beide Seiten sich hier besonders häufig nicht einigen können, wer aus einem hypothetischen Kampf als Sieger hervorgehen würde.

Da bei eskalierenden Konflikten meist beide Seiten einen hohen Preis zahlen, ist das Kräftemessen zwischen Artgenossen für gewöhnlich eine übertriebene Zurschaustellung der eigenen Waffen in der Absicht, den Rivalen einzuschüchtern und zum Rückzug zu bewegen. Wenn ein Kampf keinen derart hohen Tribut von beiden Rivalen fordern würde, gäbe es diese Übertreibung nicht. Nehmen wir an, dass wir uns um das letzte Stück Kuchen streiten und ich mich für stärker halte als Sie. Ich könnte Ihnen einfach einen Faustschlag versetzen, um meine Annahme auf die Probe zu stellen. Doch weil ich damit rechnen muss, dass Sie zurückschlagen, hat dieser Test einen hohen Preis: Insbesondere wenn Sie sich wider Erwarten doch als stärker erweisen als ich, komme ich mit viel Glück nur mit einer Schramme davon. Dieses Risiko bei Konkurrenzkämpfen ermöglicht eigentlich unterlegenen Individuen ihre vermeintliche Stärke in einem Schaukampf übertrieben zu inszenieren und ihre Schwäche unter den Teppich zu kehren, ohne dabei ertappt zu werden. Imponiergehabe und Übertreibung lassen sich im gesamten Tierreich finden. Zum Beispiel stellen Elche und Hyänen ihre Nackenhaare auf, um größer zu wirken, und bei Krebsen haben sich unnötig große Scheren ausgebildet, die sie gar nicht mit Muskeln ausfüllen können.

Wie wir in Kapitel 5 festgestellt haben, ist ein übersteigertes Selbstbild auch unter den Menschen allgegenwärtig. Viele von uns halten sich für besser, stärker, schneller und attraktiver, als es der traurigen Realität entspricht. Selbstüberschätzung trägt wesentlich zur Eskalation von Konflikten bei, da der letztendliche Verlierer eingangs glaubt, als Sieger hervorgehen zu können. Im amerikanischen Bürgerkrieg dachten zum Beispiel beide Seiten, dass sie den Krieg in ein paar Monaten und mit wenigen Opfern gewinnen könnten. Dieses falsche Selbstbild führte im Endeffekt zu mehr als 600 000 Toten. Zusammen mit unserer mangelnden Kooperationsbereitschaft gegenüber anderen Gruppen ist der unbedingte Glaube an den eigenen Sieg die treibende Kraft hinter Konflikten.

Selbstüberschätzung führt also dazu, dass unterlegene Parteien ihre Niederlage nicht frühzeitig erkennen. Doch seit der Entwicklung nuklearer Waffen wurde eine neue Realität geschaffen, in der Menschen die abschreckende Wirkung derartiger Megawaffen schätzen, ohne sie je anwenden zu müssen. Der größte Vorteil von Atomwaffen scheint im beiderseitigen Wissen zu liegen, dass im Falle von Kampfhandlungen selbst der Sieger unerträglichen Schaden nehmen würde. Damit können beide Seiten weiterhin ihren Sieg prophezeien, ohne den Konflikt eskalieren zu lassen.

Aufgrund der Selbsttäuschung denken die Menschen nicht nur, dass sie stärker und schlauer sind, als es eigentlich der Fall ist, sondern auch, dass ihre eigenen Handlungen vermeintlich moralischer sind als das nach außen hin identische Verhalten anderer. Wenn ich mir zum Beispiel ein zweites Stück Kuchen genehmige, während Sie leer ausgehen, kann ich mir einreden, dass mein offensichtlicher Egoismus einfach nur eine Nachlässigkeit war. Schließlich war mir gar nicht aufgefallen, dass Sie noch keinen Nachtisch hatten – auch das ist eine Form des Selbstbetrugs. Wenn Sie sich mir gegenüber genauso verhalten würden, wäre ich dagegen empört über Ihre schlechten Manieren und Ihre Maßlosigkeit.

Weil ich dazu tendiere, meine eigenen Beweggründe in einem positiven Licht zu sehen, werde ich meine Handlungen stets als moralisch korrekter bewerten als Ihre, selbst wenn Sie und ich exakt die gleichen Verhaltensweisen an den Tag legen. Diese spezifische Form des Selbstbetrugs ist ein fundamentaler Bestandteil der menschlichen Natur und hat uns, wie auch der Selbstbetrug im Allgemeinen, geholfen, andere davon zu überzeugen, dass wir das Herz am rechten Fleck tragen, selbst wenn unsere Handlungen eine andere Sprache sprechen. Gemäß unserer selektiv-kooperativen Veranlagung erweitern wir unsere Heuchelei auf Angehörige unserer eigenen Gemeinschaft, gehen mit unserer Höflichkeit jedoch nicht so weit, diese auf andere Gruppen auszuweiten.

So kommt es, dass wir den Intentionen unserer Gruppe vertrauen, aber die Intentionen anderer Gruppen misstrauisch in Zweifel ziehen. Um wieder zu unserem nuklearen Beispiel zurückzukehren: Obwohl im Besitz eines großen Arsenals an Atomwaffen, meinen die Amerikaner zu »wissen«, dass sie diese niemals einsetzen würden, außer natürlich zur Verteidigung. Ja, für die Amerikaner ist es sonnenklar, dass dieses Atomwaffenarsenal selbstverständlich zur Abschreckung und nicht aus einer aggressiven Haltung heraus angelegt wurde. Dieses Vertrauen bringen die Amerikaner anderen Staaten jedoch nicht entgegen. In ihren Augen ist es ebenso sonnenklar, dass der Iran keinen Bedarf an nuklearen Waffen haben kann, außer mit der Absicht, Unruhe im Nahen Osten zu stiften. Diese vermeintlichen »Tatsachen« sind für Amerikaner so offensichtlich, dass sie, wenn andere Staaten eine aggressive Haltung abstreiten oder die Selbsteinschätzung der USA hinterfragen, dies als verlogen oder hinterlistige strategische Haltung einstufen. Nun spielt sich die Geschichte aus der Perspektive der US-Gegner natürlich spiegelverkehrt ab, demzufolge sind ihnen die Behauptungen der USA höchst suspekt.

Wir halten fest: Der Mensch entwickelte zwar eine hohe Kooperationsfähigkeit, aber der zugrunde liegende Selektionsdruck war der Kampf ums Überleben. Unsere kooperative Natur bildete sich heraus, um uns zu erbitterten Konkurrenten zu machen, und aus diesem Grund dürfte es nicht weiter überraschen, dass wir nicht automatisch mit Mitgliedern anderer Gruppen kooperieren. Vielmehr waren andere Gruppen oft eine ernsthafte Bedrohung für unsere Vorfahren und die Kooperation über Gemeinschaftsgrenzen hinaus beruht daher auf einer sehr seltenen Form des Vertrauens. Vor dem Hintergrund, dass Gerechtigkeit relativ ist, wird dieses Vertrauen zwischen Gruppen immer wieder gefährdet. Es geht verloren, wenn wir meinen, dass eine andere Gruppe mehr von einer Vereinbarung profitiert als wir, selbst wenn diese Vereinbarung uns ganz klar einen größeren Vorteil verschafft als gar keine. Und zu guter Letzt nehmen wir die Beweggründe unserer Gemeinschaft aufgrund unseres trügerischen Selbstbildes grundsätzlich positiv wahr, während uns die gleichen Beweggründe anderer Gemeinschaften höchst verdächtig erscheinen. Wir sind nicht gewillt, anderen berechtigte Zweifel zuzugestehen, werden aber misstrauisch, wenn sie uns keine berechtigten Zweifel zugestehen.

All diese psychologischen Faktoren blockieren unsere Fähigkeit und unsere Bereitschaft, dauerhaften Frieden und Sicherheit mit Mitgliedern anderer ethnischer Gruppen, Religionen und Nationen zu erreichen. Zugleich zeigt sich unsere Psyche höchst sensibel für ihre Umgebung. Unsere evolutionäre Erfolgsgeschichte verdienen wir der hohen Anpassungsfähigkeit des menschlichen Geistes und unseres Verhaltens. Folglich können die Barrieren, die diese tief sitzenden psychologischen Tendenzen dem Frieden in den Weg stellen, überwunden werden. Nicht, indem wir sie bestärken oder leugnen, sondern durch Strukturen, Prozesse und Vereinbarungen, die die Interessen vormals feindlicher Gruppen vereinen oder durch Vereinbarungen und Verifizierungsstrategien das gegenseitige Misstrauen aufheben.

Menschen suchen nur dann nicht mehr paranoid nach Anzeichen für einen möglichen Betrug, wenn ihre Interessen mit denen anderer Gruppen übereinstimmen, oder wenn sie den Vertrag für betrugssicher halten. In diesem Fall neigen sie auch nicht mehr dazu, selbst die Vereinbarung zu unterwandern. Oft ist es sehr schwierig, die Interessen unterschiedlicher Gruppen zu vereinen, insbesondere wenn diese Gruppen auf einen langjährigen Konflikt zurückblicken. Dennoch können zahlreiche gesellschaftliche Kräfte mobilisiert werden und im Laufe der Zeit auf dieses Ziel hinarbeiten. Zunehmende Demokratisierung, ein wachsendes Bewusstsein und ein größeres Verständnis für andere Kulturen durch intensiveren Austausch sind einige von vielen möglichen gesellschaftlichen Veränderungen, die Gruppen zur Kooperation und weg vom Konflikt führen.

Der wachsende Zusammenschluss der internationalen Gemeinschaft durch Reisen, Handel und Tourismus (ebenso durch die zunehmende Vernetzung via Internet) birgt das Potenzial, anstelle einzelner Stämme, Ethnien, Länder oder Religionen in sehr vielen Menschen eine übergeordnete Identität als Mitmenschen zu stiften. Wenn die Bündelung von Interessen und die Verschiebung gesellschaftlicher Grenzen sich als unmöglich erweisen, kann mit dem wissenschaftlichen Fortschritt Vertragsbruch zunehmend verhindert werden. In Kombination mit Vereinbarungen, die auf einer realistische Einschätzung unserer evolutionären Psychologie basieren, können so Bedingungen geschaffen werden, die Vertrauen durch Kontrolle möglich machen.

Teil 3

Die Vergangenheit nutzen, um die Zukunft zu verbessern

9

Warum die Evolution das Glück »erfand«

Eines Freitagmorgens im Jahr 2007 bekamen Pendler in der U-Bahn von Washington, D.C. etwas Einmaliges geboten. Die *Washington Post* hatte den weltberühmten Violinisten Joshua Bell im Zuge eines psychologischen Tests gebeten, in einem U-Bahnhof in der Innenstadt zu spielen. Zu einer Tageszeit, zu der Tausende Pendler durch den Eingang direkt vor ihm strömten, spielte Joshua Bell beinahe 45 Minuten lang klassische Musik auf seiner Stradivari. Am Ende erwiesen sich die umfassenden Vorkehrungen, die die Zeitung für den Fall getroffen hatte, dass die Menge außer Kontrolle geriet, als hinfällig. Nur sieben Personen blieben länger als eine Minute stehen, um Bell spielen zu hören.

Was die Pendler nicht wussten: Auf der ganzen Welt geben Menschen ein Vermögen aus, um Bell in Sinfonien Geige spielen zu hören. Sie werfen sich in ihre schönste Abendgarderobe und kämpfen um einen Parkplatz, um dem Meister aus großer Entfernung zu lauschen. Das Experiment und sein Ergebnis haben für viel Wirbel gesorgt. Wie kann ein und derselbe Mann so gefragt sein und gleichzeitig so vollkommen ignoriert werden? Der *Washington Post* zufolge war Bell »ein Gemälde ohne Rahmen«: Im Kontext des U-Bahnhofs konnten die Leute mit seiner Musik nichts anfangen und wussten sie deshalb auch nicht zu schätzen. Sicherlich ist an dieser Erklärung etwas dran. Schließlich geht der Preis für ein Gemälde durch die Decke, wenn wir annehmen, dass es sich um einen Picasso handelt, und fällt wieder ins Bodenlose, wenn es sich als Fälschung herausstellt, ohne dass sich an dem Gemälde selbst auch nur ein Pinselstrich geändert hätte. Aber Kontext ist hier nur die halbe Wahrheit. Ob durch Zufall oder mit Absicht, die *Post* stieß mit ihrem kleinen Versuch auf ein tief verwurzeltes Merkmal der menschlichen Psyche.

Zur Erklärung kann ein klassisches psychologisches Experiment aus den frühen 1970er-Jahren herangezogen werden. John Darley und Dan Batson fragten sich, warum in der Geschichte vom Barmherzigen Samariter niemand dem armen Kerl half, nachdem er ausgeraubt und verprügelt worden war. Jesus erzählte diese Parabel, um zu zeigen, dass alle Menschen Brüder sind und auch das kleinste Licht einen wichtigen gesellschaftlichen Beitrag leisten kann. (Samariter waren damals eine geächtete Minderheit.) Darley und Batson zogen eine andere Lehre aus der Geschichte und überlegten, ob der Samariter möglicherweise deshalb der Einzige war, der half, weil er einfach nichts Besseres zu tun hatte. Der Levit und der Priester waren wichtigere Persönlichkeiten als der Samariter, und die Tatsache, dass sie an dem Bedürftigen vorbeiliefen, legt nahe, dass andere Pflichten ihre Zeit in Anspruch nahmen. Darley und Batson entwarfen ein Experiment, in dem sie prüfen wollten, ob Eile einen Einfluss auf unsere Hilfsbereitschaft hat. Auch wenn die beiden Wissenschaftler im Grunde herzlich nette Menschen sind, konzipierten sie zum Beweis ihrer Vermutung einen Versuchsaufbau mit wahrhaft sadistischen Zügen.

Sie trugen Studierenden aus ihrem Seminar auf, einen kurzen Vortrag über mögliche Lehren aus der Parabel vom Barmherzigen Samariter vorzubereiten. Den Studierenden wurde jeweils eine der drei folgenden Informationen gegeben: 1. Sie hätten jede Menge Zeit, um ins Büro zu kommen und ihren Vortrag auf Tonband aufnehmen zu lassen. 2. Sie hätten gerade eben genug Zeit dafür. 3. Sie müssten sich beeilen, weil sie schon spät dran seien. Die Studierenden eilten los, um ihre Vorträge zu halten und begegneten auf dem Weg einem Menschen, der Hilfe benötigte.

Darley und Batson hatten einen Schauspieler engagiert, der stöhnend auf dem Boden lag, und zwar an einer Stelle, an der die Studierenden, die gleich einen Vortrag darüber halten wollten, wie wichtig es ist, anderen Menschen zu helfen, beinahe über ihn fielen. Die entscheidende Frage war natürlich, wie viele von ihnen der Empfehlung folgen würden, die sie kurz darauf in ihrem Vortrag ihren Mitmenschen geben wollten. Ganz wie Darley und Batson es vorausgesehen hatten, waren die Studierenden, die in Eile waren, weitaus weniger geneigt zu helfen. Am erstaunlichsten ist jedoch, dass unabhängig von den drei Bedingungen nur 53 Prozent der Studierenden auch nur anhielt, um den Mann zu fragen, ob mit ihm alles okay sei.

Das bemerkenswerte Versagen der Studierenden hilfebedürftigen Menschen zu helfen, gibt uns einen Hinweis darauf, warum die Pendler in der Washingtoner U-Bahn an Joshua Bell vorbeiliefen: In beiden Fällen waren sie mit ihren Gedanken in der Zukunft. Ich glaube, dass viele der Studierenden den Hilfebedürftigen gar nicht wirklich wahrgenommen haben. Sicherlich haben sie ihn gesehen, schließlich sind einige von ihnen über ihn hinweggestiegen, aber sie grübelten so sehr darüber nach, wie sie andere Menschen überzeugen könnten, hilfsbereit zu sein, dass sie ihm kaum Beachtung schenkten. Auf ähnliche Weise überhörten viele Pendler in der Washingtoner U-Bahn Joshua Bells Geige wahrscheinlich unter dem Summen ihrer eigenen Gedanken. Sie waren vollauf davon eingenommen, wie sie mit ihrem schwierigen Chef umgehen sollten oder ihrem Kollegen, der immer ihr Mittagessen aus dem Kühlschrank stahl.

Wie ich in Kapitel 6 dargelegt habe, hat uns die Fähigkeit, in Gedanken durch die Zeit zu reisen und komplexe Pläne für die Zukunft zu schmieden, einen enormen Selektionsvorteil verschafft. Da wir infolgedessen jedoch gedanklich viel Zeit in der Zukunft verbringen und von der Gegenwart abgelenkt werden, hat dieser Vorteil seinen Preis. Vielen Menschen gelingt es nicht, die Annehmlichkeiten und Herausforderungen des unmittelbaren Moments zu schätzen, weil sie dem *Hier und Jetzt* wenig Beachtung schenken. Ich spreche aus eigener Erfahrung: Ich kann Ihnen gar nicht sagen, wie oft mir der Geschmack eines leckeren Snacks vollkommen entgangen ist, weil ich mit dem Kopf schon bei der nächsten Vorlesung, unserem nächsten Urlaub oder einem weiteren Strafzettel wegen erhöhter Geschwindigkeit war, und wie ich ihn diesmal bloß meiner Frau erklären sollte.

Unsere Tendenz in der Zukunft zu leben und die Gegenwart außer Acht zu lassen, ist in der Tat ein Problem, auch wenn zahlreiche weltweite Bewegungen zu mehr Achtsamkeit belegen, dass viele Menschen sich dem stellen. Die meisten Meditationstechniken lehren das Leben im unmittelbaren Moment. Ein sehr löbliches Ziel, aber unglaublich schwer zu erreichen, weil es im Widerspruch zu einer Fähigkeit steht, die uns über Millionen von Jahren gute Dienste geleistet hat. Wenn die Pflichten oder Annehmlichkeiten der Gegenwart nicht gerade so überwältigend sind, dass sie uns an das Hier und Jetzt fesseln, haben wir große Schwierigkeiten, unsere Gedanken an die Zukunft zum Schweigen zu bringen.

Im Gegensatz dazu zeigen meine Hunde keinerlei Anzeichen dieses inneren Konflikts. Sie leben im Moment, weil sie nicht in der Lage sind, in die Zukunft zu denken. Sie genießen jede Streicheleinheit, die ich ihnen gebe, egal, ob wir gerade mit dem Abendessen fertig sind oder zum Tierarzt fahren. Den morgigen Tag zu planen, ist nicht gerade ihre Stärke, und deshalb unterliegt ihr Leben eher meiner Kontrolle als ihrer eigenen. Wie so oft gibt uns die Evolution eine Sache in die Hand und nimmt uns gleichzeitig eine andere. Und das bringt uns zu der wichtigsten aller Fragen …

Warum können wir nicht immer glücklich sein?

Ich habe mich oft gefragt, wie es wohl wäre, im Lotto zu gewinnen und plötzlich mehr Geld zu haben als ich ausgeben kann. Zwar werde ich ohnehin nie gewinnen, weil ich gar kein Lotto spiele, aber viele Menschen tun es, ohne dass ihr Traum vom Lottogewinn jemals wahr wird. Das ist nicht weiter schlimm. Es mag zwar schwer zu glauben sein, aber Lottogewinner sind für gewöhnlich nicht glücklicher, als sie es vor ihrem Gewinn waren. Im Gegenteil, viele sind sogar um einiges *un*glücklicher. Vielleicht nicht am Tag nach ihrem Gewinn – das ist ein ziemlich guter Tag –, aber ein, zwei Jahre später haben sie sich an ihre neue Normalität gewöhnt und ihr Glücksempfinden ist wieder auf dem Stand wie zu der Zeit, bevor sie das große Los zogen. Vielleicht fahren sie ein schickeres Auto, aber ihre Gedanken kreisen darum, dass sie im Stau stehen.

Schlimmer noch, für viele von ihnen hat der unerwartete Geldsegen neue Sorgen mit sich gebracht. Plötzlich tauchen Familie und Freunde auf und erwarten, dass sie ihr Glück mit ihnen teilen. Nach ihrem Gewinn von über 224 Millionen US-Dollar in der Lotterie von Missouri kommentierte Sandra Hayes: »Ich musste Gier und Bettelei ertragen … All diese Menschen, die man geliebt hat, verwandeln sich plötzlich in Vampire, die dir das Blut aus den Adern saugen wollen.«

Die traurige Wahrheit ist, dass wir zwar alle Träume haben, aber dass es uns selten glücklicher macht, wenn sie in Erfüllung gehen. Erfolg bringt neue Herausforderungen mit sich. Das deutsche Sprichwort »Vorfreude ist die schönste Freude« kommt der Wahrheit viel näher als Disneys »glücklich bis an ihr Lebensende«.

Warum spielt die Evolution ein so mieses Spiel mit uns? Erst lässt sie uns träumen, dass wir für immer glücklich sind, wenn wir nur unsere Ziele erreichen, und dann versagt sie, wenn es darum geht, diese Emotionen auch zu liefern? Einige machen die moderne Welt, und wie sehr wir uns von unserem früheren Leben entfernt haben, dafür verantwortlich (mehr dazu später), doch es steckt mehr dahinter. Der Ackerbau hat uns zwar große Veränderungen beschert, von denen viele unser Glück trüben, doch auch als unsere Vorfahren noch Jäger und Sammler waren, gelang es ihnen nicht, dauerhaft glücklich zu sein.

Die Antwort liegt in einer schlichten Tatsache begründet: Die Evolution schert sich nicht wirklich darum, ob wir glücklich sind. Was zählt, ist unser Fortpflanzungserfolg. Glück ist nur ein Mittel, um uns anzuspornen, das Beste für die Weitergabe unserer Gene zu tun.

Nehmen wir zwei hypothetische Vorfahren und nennen sie Thag und Crag. Sie sitzen während des Pleistozäns in ihrer Höhle, essen Eidechsenschwänze und träumen davon, ein Mammut zu erlegen. Sich über einen gefrorenen Gletscher zu kämpfen, nur um einem so gefährlichen Tier gegenüberzustehen, ist eine ziemlich gewaltige Aufgabe. Aber nehmen wir in unserem hypothetischen Szenario einmal an, dass die beiden ihren Traum verwirklicht und das Biest mit bloßen Händen erlegt haben – gut, das ist vielleicht wirklich zu unwahrscheinlich; sagen wir, sie sind die Anführer der Jagd. Wie erwartet sind beide unfassbar glücklich und werden von ihren jeweiligen Clans gefeiert.

Stellen Sie sich vor, was passieren würde, wenn Thag überglücklich bleibt, während Craig innerhalb einer Woche wieder in seinen anfänglichen Gemütszustand zurückfällt. Thag hält es nicht mehr für nötig loszuziehen und etwas zu erlegen. Er ist vollkommen damit zufrieden, sich in der Höhle zurückzulehnen und den Ruhm seiner Jagd zu ernten. Craig dagegen hat schon wieder der Hunger gepackt, er hat ein neues Ziel. Sein anhaltender Ehrgeiz wird ihn von seinem gemütlichen Fell holen und zurück auf das Eis treiben. Dies wird erneut zu Erfolgen führen, die ihn zu einem attraktiven Partner machen und sein Ansehen im Clan weiter steigern. Jetzt werden seine anerkennenden Freunde vielleicht sogar dafür sorgen, dass sein Schlafplatz etwas näher ans Feuer rückt.

An unserem glücklichen Hippie Thag werden sie dagegen schnell das Interesse verlieren, da er durch seine Untätigkeit für die Gruppe wenig Nutzen hat. Schon bald wird niemand mehr seine Mammutgeschichte hören wollen. Stattdessen werden die Leute die uralte Frage stellen: »Was hast du eigentlich in letzter Zeit für mich getan?« Ihm wird das relativ egal sein – schließlich ist er trotz allem uneingeschränkt glücklich –, aber trotzdem wird er die sozialen Folgen zu spüren bekommen und bei der Fortpflanzung weniger erfolgreich sein. Demnach wird es in der nachfolgenden Generation weniger kleine Thags geben. Wir sehen also an unserem Heldenepos von Thag und Crag, dass die Unfähigkeit dauerhaft glücklich zu sein, unsere Vorfahren zu immer neuen Ziele antrieb, was umgekehrt bedeutet, dass Menschen vom Schlage Crags mehr Nachkommen in der nächsten Generation hinterließen.

Wenn wir heute die motivationalen Auswirkungen von Glück über einen längeren Zeitraum hinweg untersuchen, werden ähnliche Muster deutlich. Wirklich glückliche Menschen sind selten Erfolgstypen, ganz einfach, weil sie die Notwendigkeit nicht sehen. Ted Turner hat es so formuliert: »Sie werden kaum einen Karrieremenschen finden, der nicht zumindest teilweise von einem Gefühl der Unsicherheit angetrieben wird.« Wie wir der Abbildung 9.1 entnehmen können, stützen die Zahlen Teds Aussage. Sie zeigt das Verhältnis von früh geäußertem Lebensglück zu späterem Gehalt, wie Shigehiro Oishi und seine Kolleginnen und Kollegen von der University of Virginia es dokumentiert haben.

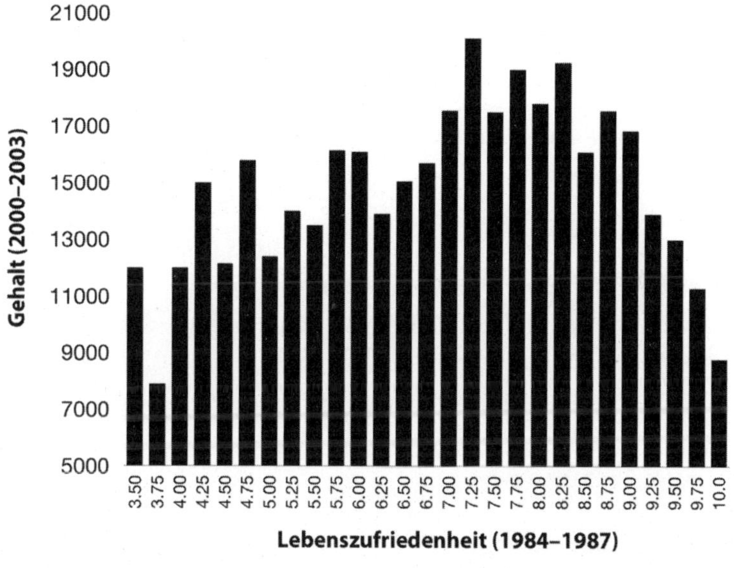

Abbildung 9.1: Verhältnis von früh geäußertem Lebensglück und späterem Gehalt (übernommen aus Oishi et al., 2007)

Auf der linken Seite des Graphen sehen wir, dass Menschen, die Mitte der Achtziger unglücklich waren (auf der X-Achse erfasst), in den frühen

2000ern weniger Geld verdienen (auf der Y-Achse erfasst) als ihre glücklicheren Landsleute. Das sollte nicht weiter überraschen, schließlich haben glückliche Menschen mehr Energie und sind anziehender als traurige Menschen, und das hilft zweifellos beim Geldverdienen.

Wichtiger für unsere aktuelle Frage ist, dass die halbwegs glücklichen Personen, die wir direkt in der Mitte des Graphen sehen, fünfzehn Jahre später am meisten Geld verdienen, während das Gehalt der ganz Glücklichen auf der rechten Seite eher dem der Unglücklichen ähnelt. Ein bisschen Spaß ist offenbar wichtig für Erfolg im Leben, aber zu viel Glückseligkeit führt zu einem finanziellen Desaster. Aus diesem Grund machte die Evolution uns einigermaßen glücklich mit gelegentlichen Höhenflügen, die aber bald wieder auf unser individuelles Maß an Glücksempfinden zurückfallen. Zahlreiche selbsternannte Experten wollen uns glauben machen, dass ein maximales Glücksempfinden unser höchstes Ziel sein sollte. Doch aus evolutionärer Perspektive ist es weder möglich noch wünschenswert, ein derartiges Ziel tatsächlich zu erreichen.

Glück hat sich aus einem ganz bestimmten Grund entwickelt – damit wir ausziehen und Mammuts erlegen. Doch es ist weit mehr als ein bloßer Antrieb. Auch in der Verbindung von Körper und Geist spielt es eine entscheidende Rolle. Bevor wir uns also der Frage zuwenden, was uns glücklich macht, sollten wir etwas Zeit darauf verwenden, warum Glück auch für die unverbesserlichsten Griesgrame unter uns wichtig ist.

Glück und Gesundheit

Vor etwa zehn Jahren erhielt ich eines späten Abends einen unerwarteten Anruf auf dem Handy. Weil der Anruf aus Übersee kam und die Verbindung dementsprechend schlecht war, konnte ich den Namen des Anrufers nicht verstehen, aber ich bekam mit, dass er Anthropologe war und schnappte etwas wie Rutgers University auf. Nach einem etwas schleppenden Smalltalk erzählte er mir, dass er für ein Sabbatjahr nach Berlin eingeladen worden war, und nun wollte er, dass ich im folgenden Jahr mitkäme. Ich habe zwar nichts gegen Menschen, die in Berlin ein Sabbatjahr machen – ich bin sogar von beidem ein großer Fan –, doch ich habe meine Verpflichtungen und lehnte die ungewöhnliche Anfrage höflich ab. Dabei dämmerte mir langsam, dass der Mann am anderen Ende der Leitung Robert Trivers war.

Ich hatte die Ehre, ihn auf einer kleinen Konferenz fünf Jahre vor besagtem Telefonat kennenzulernen. Obwohl ich in den darauffolgenden Jahren nur selten Gelegenheit hatte, mit ihm zu sprechen, erkannte ich seine unverkennbar raue Stimme selbst durch die schlechte Telefonverbindung wieder. Dass es Trivers war, der mich zu einem Sabbatjahr einlud, änderte natürlich alles. Ich hielt die Hand über den Hörer und fragte meine Frau, was sie von einem Sabbatjahr in Berlin hielt. Ihr gefiel die Idee, und ich sagte ihm, dass er auf mich zählen könne.

Im Oktober 2008 kamen wir an dem wundervollen Berliner Wissenschaftskolleg an. Unser Plan sah vor, dass ich sechs Monate lang mit Trivers an seiner Theorie zum Selbstbetrug (siehe Kapitel 5) arbeiten sollte. Trivers ist nicht nur berühmt für seinen Scharfsinn, legendär ist auch sein launischer Charakter – Sie müssen sich hier nicht auf mein Wort verlassen; lesen Sie einfach seine Autobiografie *Wild Life* –, und in dieser Hinsicht kannte ich ihn nicht gut. Deshalb sah ich unserer Zusammenarbeit mit gemischten Gefühlen entgegen. Am Ende kamen wir zwar fabelhaft miteinander aus, doch wir hatten einen schwierigen Start.

In einem unserer ersten Treffen stellte Trivers die Vermutung auf, dass unser Immunsystem uns als Bank dienen könne – ich hatte zwar keine Ahnung, was er damit meinte, aber ich nickte nachdenklich. Weiter sagte er, dass wir im Laufe der Evolution gelernt hätten, uns mit zunehmendem Alter positiven Gedanken zuzuwenden, um unser Immunsystem am Laufen zu halten. (Auch hier war ich nicht sicher, worauf er hinauswollte.) Mir war bewusst, dass ältere Menschen sich eher an die guten als die schlechten Dinge im Leben erinnern, während jüngere Erwachsene Gutes und Schlechtes gleich gut in Erinnerung behalten. Die Psychologie erklärt diesen Sachverhalt für gewöhnlich mit der vorherrschenden Theorie, dass ältere

Menschen sich darüber im Klaren sind, dass ihnen nur noch eine begrenzte Zeit auf unserem Planeten bleibt. Deshalb geben sie positiven emotionalen Erfahrungen den Vorrang (wie Studierende, die gerade ihren Abschluss machen und ihre Freunde zurücklassen werden). Mir hatte diese Theorie immer eingeleuchtet, und ich fand, dass Trivers mit seiner Idee auf dem Holzweg war. Ich wusste auch, dass die Evolution vor der Fortpflanzung einen stärkeren Einfluss auf die Menschen hat als danach. Deshalb erschien mir eine evolutionäre Erklärung für zunehmenden Altersoptimismus unwahrscheinlich.

Nach einer längeren und hitzigen Diskussion (und noch längeren Erklärungen), überzeugte Bob mich, dass seine Idee einen Testlauf wert war. Wie ich schon im Prolog angeführt habe, spielten Großeltern in unserer vormedizinischen Vergangenheit eine entscheidende Rolle für das Überleben ihrer Enkel (mehr dazu später), was wiederum nahelegt, dass ihre Lebensdauer wichtig für die Enkel ist. Tatsächlich treten zahlreiche Anpassungen des Menschen erst mit zunehmendem Alter auf, wie zum Beispiel genetische Veränderungen, die uns vor Alzheimer und anderen Formen neurologischen Verfalls, die nur ältere Menschen betreffen, schützen. Diese Befunde lassen vermuten, dass die Evolution auch die Motivationssysteme älterer Menschen geformt hat, um sie so lang wie möglich am Leben zu halten.

Doch was genau meinte Trivers, als er vom Immunsystem als Bank sprach? Warum sollten ältere Menschen dort einzahlen und was hat das alles mit der Bedeutung von Glück in Verbindung mit Gesundheit zu tun? Lassen Sie mich diese Fragen der Reihe nach beantworten.

Berechnet man die energetischen Kosten von Entwicklung und Erhalt, dann ist das Gehirn unser teuerstes Organ. Rund um die Uhr fordert es 20 Prozent unserer metabolischen Energie, und zwar unabhängig davon, ob wir mathematische Aufgaben lösen oder vor Wiederholungen unserer Lieblingsserie sitzen. Aufgrund seines konstant hohen Verbrauchs können wir keine Energie vom Gehirn abzweigen, wenn unser Bedarf einmal den verfügbaren Vorrat übersteigt. Unsere Muskeln hingegen verbrauchen im aktiven Zustand weit mehr Energie als in einer Ruhephase. Das heißt, wir können uns Energie von ihnen leihen, indem wir uns hinsetzen und entspannen. Das Problem an dieser Strategie ist allerdings, dass die meisten energieaufwendigen Notsituationen, mit denen unsere Vorfahren konfrontiert waren, eine unmittelbare Reaktion der Muskeln verlangten. Da Hinsetzen eine schlechte Idee ist, wenn ein Mammut auftaucht, konnten sie sich im Notfall keine Energie von den Muskeln ausleihen.

Das bringt uns zu unserem Immunsystem. Zwar brummt auch das unter einem großen metabolischen Energieaufwand vor sich hin, dieser ist jedoch überwiegend für einen zukünftigen Bedarf vorgesehen, statt einen unmittelbaren zu decken. Da stets eine riesige Anzahl an Immunzellen durch unseren Körper wandert, können wir uns jederzeit eine vorübergehende Produktionspause leisten, wenn unser Vorrat an metabolischer Energie zur Neige geht. Wenn unser Körper mehr Energie braucht, als er aus dem Vorrat bereitstellen kann, ist die Immunfunktion eines der ersten Dinge, die geopfert werden.

Wann hatten unsere Vorfahren einen dringenden Energiebedarf? Vor hungrigen Säbelzahntigern oder einer Horde schlagender Feinde weglaufen wären gute Beispiele. Wenn Sie den heißen Atem eines Säbelzahntigers im Nacken spüren, während sie die letzten Meter zu einem nahen Baum rennen, müssen Sie nicht wirklich Energie darauf verschwenden, mehr Immunzellen gegen die morgige Erkältung zu bilden. Was Sie tun müssen, ist, all ihre Energiereserven in ihre Beine zu pumpen, in der Hoffnung, dass Sie noch lang genug leben, um die nächste Erkältung oder den nächsten Schnupfen zu erleben. Weil Wegrennen und um sein Leben kämpfen nicht gerade zu unseren schönsten Momenten zählen, hat die Evolution sich dies zunutze gemacht und unsere Körperfunktionen an unsere psychische Verfassung gekoppelt.

Als Ergebnis hat sich ein Immunsystem entwickelt, das auf Hochtouren läuft, wenn wir glücklich sind, aber seine Prozesse drastisch verlangsamt, wenn wir es nicht sind. Aus diesem Grund kann langanhaltende Traurigkeit uns durch die immunsenkenden Auswirkungen buchstäblich umbringen, und deshalb ist Einsamkeit im hohen Alter tödlicher als Rauchen. Tatsächlich kommen Sie mit über 65 Jahren besser weg, wenn Sie mit ihren Freunden rauchen, trinken und zu viel essen, als wenn sie alleine zu Hause sitzen.

Vor diesem Hintergrund stellte Trivers die Hypothese auf, dass ältere Menschen eine Strategie entwickelt haben, um diesen Zusammenhang zwischen Glück und Gesundheit auf den Kopf zu stellen. Um ihre Immunfunktionen zu stärken, konzentrieren sie sich auf die positiven Dinge des Lebens. Diese Strategie ist aus zwei Gründen sinnvoller für ältere Menschen als für jüngere. Erstens haben ältere Menschen ein schwächeres Immunsystem und die Gefahr von Tumoren oder Krankheitserregern ist bei ihnen größer als für jüngere Menschen. Zweitens haben ältere Menschen schon einen reichen Erfahrungsschatz und müssen dem unmittelbaren Geschehen um sie herum nicht so viel Aufmerksamkeit schenken. Wenn ältere Leute es zum Beispiel mit einer mürrischen Bankangestellten oder einem gestressten Flugbegleiter zu tun haben, können sie auf eine ganze Bibliothek an ähnlichen Erfahrungen zurückgreifen und der Situation erfolgreich begegnen, ohne viele Gedanken darauf zu verschwenden. Mit dem Ergebnis, dass sie über einige Unannehmlichkeiten im Leben gelassen hinwegsehen können.

Als ich aus Berlin zurück in mein Labor an der University of Queensland kam, präsentierte ich diese Hypothese meiner Mitarbeiterin Julie Henry, und zusammen mit Trivers fragten wir meine Studentin Elise Kalokerinos, ob sie nicht Lust hätte, die These im Rahmen ihres PhDs auf den Prüfstand zu stellen. Elise fand Gefallen an der Idee und sie setzte sich daran, einen Versuch zu entwickeln, um die Hypothese empirisch zu testen. Im Laufe des folgenden Jahres lud sie jüngere und ältere Erwachsene ins Labor ein und zeigte ihnen Fotos von schönen Dingen wie Körbchen voller Welpen, und Fotos von hässlichen oder schrecklichen Dingen wie Flugzeugabstürze. Dann testete sie ihr Erinnerungsvermögen an die Fotos. Tatsächlich erinnerten sich unsere Probanden über 65 Jahre besser an die Welpen als an die Flugzeugabstürze (was darauf schließen lässt, dass sie den positiven Dingen mehr Aufmerksamkeit schenkten), während unsere jüngeren Probanden beides gleich gut in Erinnerung behielten.

Daraufhin bat Elise unsere älteren Probanden ein oder zwei Jahre später noch einmal ins Labor, um ihre Immunfunktion im Blut zu testen. Das Immunsystem ist riesig. Wir beschlossen, uns in dieser ersten Studie auf eine Gruppe weißer Blutkörperchen namens CD4+s zu beschränken. Diese Blutkörperchen setzen die Abwehrkräfte in Gang, indem sie andere weiße Blutkörperchen (B-Zellen genannt) dazu anregen, Antikörper zu bilden. Elise stellte fest, dass ein besseres Erinnerungsvermögen für positive Bilder ein oder zwei Jahre später mit einer höheren Anzahl an CD4+-Körperchen und einer geringeren Aktivierung[50] von CD4+-Körperchen einherging.

Eine hohe Anzahl *vorrätiger* CD4+-Körperchen deutet für gewöhnlich auf eine gute Immunfunktion im Falle einer Infektion hin. Dagegen lässt eine hohe Zahl *aktivierter* Zellen darauf schließen, dass die Person gerade eine Infektion abwehrt und demzufolge gesundheitlich geschwächt ist. Mit anderen Worten: Je schöner ihre Erinnerungen, desto gesünder waren die Probanden im nächsten oder übernächsten Jahr. Diese Wechselwirkung von Erinnerungsvermögen und weißen Blutkörperchen lässt die Vermutung zu, dass positives Denken und Erinnern unser Immunsystem stärkt.

Diese Ergebnisse passen nicht zu der psychologischen Theorie von Altersoptimismus als Folge eines gesteigerten Bewusstseins älterer Menschen, dass ihnen nur noch wenig Zeit auf unserem Planeten bleibt. Sie stimmen jedoch mit jenen Untersuchungen überein, die gezeigt haben, dass das Glücksempfinden einen großen Einfluss auf die Gesundheit und Länge des Lebens hat. Untersuchungen, in denen Menschen bewusst Erkältungsviren ausgesetzt wurden, haben beispielsweise ergeben, dass glückliche Menschen, die sozial gut vernetzt sind, weniger anfällig für die Erkältung waren als unglückliche Menschen, die sozial isolierter leben. Darüber hinaus genasen glückliche und sozial umsorgte Menschen schneller, nachdem sie im Namen der Wissenschaft absichtlich krank gemacht wurden.

Dieses Phänomen lässt sich übrigens auch bei unseren Cousins und Cousinen, den Primaten, beobachten. Wilde Affen in den marokkanischen Bergen, die engere freundschaftliche Bande knüpfen, zeigen angesichts kalter Witterung oder Aggressionen durch Artgenossen ein geringeres physiologisches Stresslevel (das heißt reduzierte Steroidhormone in ihren Exkrementen). Wir halten fest, dass Freundschaft und sozialer Rückhalt sowohl für uns als auch für Affen eine Schlüsselrolle für ein funktionierendes Immunsystem spielen.

Zu meinen Lieblingsbeispielen für diesen Effekt zählt ein Versuch von Jan Kiecolt-Glaser und ihren Kolleginnen und Kollegen von der Ohio State University. Im Rahmen ihrer Studie luden sie an zwei unterschiedlichen Tagen Paare in ihr Labor ein und fügten ihnen mit einem speziellen Vakuumsauger Blasen an der Innenseite ihrer Unterarme zu. Nachdem sie den Probanden acht Blasen zugefügt hatten, entfernten sie die oberste Hautschicht auf den Blasen und bedeckten sie mit einem winzigen Plastikbehälter. (Ich weiß, das klingt furchtbar, aber angeblich ist es gar nicht so schlimm, wie es sich anhört.) Diese Plastikbehälter dienten als künstliche Blasenkammern, in denen die Wissenschaftlerinnen und Wissenschaftler nun die Entzündungsflüssigkeit sammelten, um im Laufe des Versuchs die Immunreaktion der Zellen zu untersuchen.

Bei ihrem ersten Besuch wurden die teilnehmenden Paare gebeten, ihre Beziehungsgeschichte zu erzählen. Beim zweiten Besuch wurden sie aufgefordert, sensiblere Themen, die Gegenstand wiederkehrender Konflikte sind, zu diskutieren (etwa Finanzen oder Schwiegereltern). Die Versuchsleitenden hielten sich aus den Gesprächen weitestgehend heraus und nahmen sie lediglich für eine spätere Analyse auf. Trotz des halb-öffentlichen Kontextes redeten die Paare überraschend frei heraus (beispielsweise »Du bist nur nett zu mir, weil du nachher Sex mit mir haben willst«, »Du bist mit Absicht gemein zu mir«).

Das Experiment förderte einige interessante Ergebnisse zutage. Erstens dauerte es nach den Konfliktsitzungen länger als nach den ersten, positiveren Sitzungen, bis die Blasen verheilt waren. Zweitens dauerte die Heilung bei den Paaren, die in den Konfliktsitzungen aggressiv miteinander umgingen, ganze *zwei* Tage länger. Und drittens spiegelte die Immunaktivität der Blutkörperchen in der Blasenflüssigkeit den Heilungsprozess wider.

Nach hitzigen Auseinandersetzungen stiegen die Entzündungswerte, während sie sich nach friedlicheren Diskussionen kaum veränderten.

Diese körperliche Reaktion in Form von Entzündungen kann zu Herz-Kreislauf-Erkrankungen, Diabetes und andere Krankheiten führen. Eine glückliche Ehe verlängert demzufolge unsere Lebensdauer, wohingegen eine unglückliche Beziehung und Einsamkeit unser Leben verkürzen. Diese Erkenntnisse erklären außerdem, warum auch für Menschen, die glücklich allein leben, regelmäßige soziale Kontakte und gute Freundschaften wichtig sind. Zwar unterscheiden sich die Menschen sehr darin, wie viele Freundschaften sie pflegen und wie oft sie ihre Freunde sehen, doch alle haben miteinander gemein, dass sie soziale Bindungen brauchen, um gesund und glücklich zu sein.

Was ist also der evolutionäre Sinn von Glück? Wie Sie sehen können, gibt es keine eindeutige Antwort auf diese Frage. Glück spornt uns zwar an, Dinge zu tun, die uns helfen zu überleben und uns fortzupflanzen, doch es ist kein Selbstzweck. Die Evolution opfert unsere Glücksgefühle, um andere Ziele zu erreichen; diejenigen von uns, die weder Schmerz noch Verzweiflung empfinden, sind in ihrer Lernfähigkeit, schlechte Menschen, Situationen oder Einfälle zu meiden, stark eingeschränkt. Weil die Lehren aus fehlgeschlagenen Plänen bedeutsamer sein können als die Vorteile, die uns Erfolge einbringen, sind negative Emotionen in Wahrheit ebenso wichtig wie positive (wenn nicht sogar wichtiger).

Wir haben im 5. Kapitel erfahren, dass unser Glücksempfinden für andere ersichtlich ist und dass die Signalfunktion einen Einfluss darauf hat, ob andere Menschen uns als potenziellen Partner, Verbündeten oder Feind einstufen. Glück spielt also auch als soziale Emotion eine wichtige Rolle. Außerdem signalisieren Glücksgefühle unserem eigenen Körper, dass jetzt ein guter Zeitpunkt wäre, um Energie für die Heilung und Prävention von Krankheiten zu aufzuwenden.

10

Unsere evolutionär geprägten Bedürfnisse und das Glück

Nachdem wir den evolutionären Sinn von Glück diskutiert haben, können wir uns nun der Frage zuwenden, *was* uns eigentlich genau glücklich macht. Da die Evolution unsere Motivationssysteme geformt hat, sollten wir uns die daraus entstandenen Bedürfnisse einmal näher ansehen, um herauszufinden, was ein gutes Leben ausmacht.

Wenn man sich unsere Grundbedürfnisse vergegenwärtigt, könnte man meinen, dass der evolutionäre Leitfaden zum menschlichen Glück auf ein dünnes Faltblatt passt, oder vielleicht sogar aus einer simplen Gleichung besteht:

Nahrung + Sex = Glück

An dieser Gleichung ist zweifellos etwas dran, aber beim näheren Hinsehen wird die ganze Geschichte dann doch etwas komplexer. Glück mag davon abhängen, dass man seine evolutionären Bedürfnisse befriedigt, aber oft widersprechen diese Bedürfnisse einander, und man braucht eine gute Portion Weisheit und muss sich selbst gut kennen, um sie miteinander in Einklang zu bringen. Am deutlichsten wird diese Herausforderung an unseren beiden wichtigsten Lebenszielen: der Fortpflanzung und dem Überleben. Obwohl uns beides gelingen muss, damit wir unsere Gene an die nächste Generation weitergeben können, ist die Fortpflanzung die Hauptwährung der Evolution. Der einzige Wert des Überlebens besteht hingegen darin, die Fortpflanzung zu ermöglichen.

Der Umgang mit unseren evolutionär geprägten Bedürfnissen wird außerdem von zahlreichen weiteren komplexen Verhaltensmustern erschwert, einige davon uralt und andere moderner Natur. Dabei sind unsere ursprünglichsten Bedürfnisse zwar universell, doch unsere Strategien, ihnen nachzukommen, sind es nicht. Für viele Arten gibt es nur einen Weg, im Leben voranzukommen. Das Männchen des Mistkäfers muss in der Lage sein, einen Ball aus Dung zu rollen, der sein eigenes Körpergewicht um ein Vielfaches übersteigt. Ein Elchbulle muss seinen Rivalen im Zweikampf mit einem harten Kopfstoß auf den Hintern setzen. Was die Strategien bei uns Menschen angeht, sind der Fantasie dagegen keine Grenzen gesetzt. Lege ich meine Haare in Locken, glätte oder schneide ich sie? Bleiche ich meine Zähne oder investiere ich lieber in eine Zahnspange? Posiere ich für mein Tinder-Profilfoto lieber neben meiner Briefmarkensammlung oder meiner Boxtrophäe? Wenn wir glücklich werden wollen, müssen wir herausfinden, wie wir unsere *gesamten* Eigenschaften – unsere Persönlichkeit, unsere Vorlieben und unsere besonderen Fähigkeiten – dafür einspannen können. Jeder von uns ist auf seine ganz individuelle Art auf der Suche nach dem Weg zum Glück.

Ein eher modernes Problem besteht darin, dass in unserer hochtechnisierten Welt immer neue Tricks erfunden werden, um den Weg zum Glück abzukürzen – »phänotypische Schwächen« nennt Trivers das. Obwohl es äußerst angenehm ist, ihnen nachzugeben, sind diese phänotypischen Schwächen in Wirklichkeit nur ein Ersatz für unsere im Laufe der Evolution entwickelten Neigungen. Alkohol und Drogen, Fernsehen und sogar Kartoffelchips sind alles phänotypische Schwächen. Sie ahmen uralte Freuden nach, ohne zu den Resultaten zu führen, die die ihnen zugrunde liegenden, ursprünglichen Handlungen sinnvoll und damit vergnüglich gemacht haben. (Denken Sie beispielsweise daran, welchen Unterschied es macht, ob man die Serie *Friends* guckt oder echte Freunde hat.)

Wem die Vorstellung, dass Menschen durch evolutionär geprägte Bedürfnisse gelenkt werden, zu deterministisch erscheint, der möge sich in Erinnerung rufen, dass wir hinsichtlich unserer kognitiven Fähigkeiten die anpassungsfähigste Spezies auf dem Planeten sind. Wie ich in Kapitel 2 erläutert habe, muss der Mensch eine außergewöhnliche Fülle an Informationen verarbeiten, um zu überleben und im Leben voranzukommen. Mehr als jedes andere Tier sind wir in der Lage, unser Leben selbst zu bestimmen. Was nicht bedeutet, dass uns alles, was wir tun, glücklich macht – oft ist das nicht so. Es bedeutet einfach, dass wir selbst entscheiden können, wie viel Bedeutung wir Glück in unserem Leben einräumen und welches der beste Weg ist, um glücklich zu werden. Die menschliche Natur vor dem Hintergrund unserer evolutionären Vergangenheit zu betrachten, kann dabei helfen, Glück an sich besser zu verstehen und vielleicht auch zu finden.

Ein evolutionärer Leitfaden zum Glück

In der Evolution geht es allem voran um Fortpflanzung. Diese einfache Tatsache hat jedoch zu zwei weit verbreiteten Irrtümern geführt. Erstens wird fälschlicherweise angenommen, dass wir eigene Kinder zeugen müssen, wenn wir unsere Gene weitervererben wollen. In Wahrheit können wir aus evolutionärer Perspektive jedoch ebenso erfolgreich sein, wenn wir zum Fortpflanzungserfolg unserer Verwandten beitragen. Das Ziel, ein guter Onkel oder eine gute Tante zu werden, kann ebenso aus einem Evolutionsdruck heraus entstanden sein, wie der Anspruch, gute Eltern zu sein. Das Resultat ist schließlich mehr oder weniger dasselbe. Auch die Nichten und Neffen zu fördern führt schließlich zur Weitergabe einer Kopie unserer Gene in die nächste Generation.

Der zweite weit verbreitete Irrglaube ist, dass die Evolution in uns den Wunsch geweckt hat, uns fortzupflanzen. In Wahrheit handelt es sich um zwei verschiedene Paar Schuhe. Dass Evolution an Fortpflanzung gekoppelt ist, bedeutet nicht, dass die Menschen den Wunsch entwickelten, Kinder zu haben. Während eines Großteils unserer evolutionären Entwicklung hatten wir keine Ahnung, dass sexuelle Beziehungen Kinder hervorbringen. Mit einem Kinderwunsch wäre der Evolution somit nicht geholfen gewesen. Daher entwickelten wir einen starken Wunsch nach Sex, gepaart mit einer zärtlichen Neigung gegenüber allen Kindern, die wir gezeugt haben (denn wir sind eine Spezies, die auf elterliche Fürsorge angewiesen ist). Dieser Cocktail aus sexuellem Begehren und Fürsorge brachte uns an denselben Punkt, den wir erreicht hätten, wenn uns die Evolution mit einem Kinderwunsch und dem Wissen, wie sie gezeugt werden, ausgestattet hätte. Die unschlagbare Kombination aus Sexualtrieb und Fürsorge funktioniert bei uns wie auch bei jedem anderen Säugetier (oder zumindest jedem anderen weiblichen Säugetier; geteilte elterliche Fürsorge kommt bei unseren haarigen Cousins und Cousinen eher selten vor).

Man könnte nun einwenden, dass der Wunsch nach Sex ohne Kinderwunsch eine ziemlich ineffiziente Angelegenheit ist. Vollkommen zu Recht. Menschen praktizieren (wie andere Primaten auch) alle möglichen Formen von »verschwendetem« Sex, der nicht zur Fortpflanzung führt. Solange wir jedoch genug Energie in die reproduktionsfähigen Formen von Sex stecken, können wir diese Verschwendung leicht verschmerzen.

Da Sex für die Fortpflanzung eine zentrale Rolle spielt, trägt eine hohe sexuelle Aktivität (vor allem, wenn Sie es mit jemandem einrichten können, den Sie gern haben) maßgeblich zu einem guten Leben bei. Sexuelle Aktivität allein führt jedoch noch nicht zum Fortpflanzungserfolg und daher auch nicht zu einem glücklichen Leben. Die schier endlos lange Abhängigkeitsphase von Menschenkindern sorgt dafür, dass elterliche Fürsorge entscheidend für eine gelungene Fortpflanzung ist. Bei genauerem Hinsehen sind Kinder so schwierig aufzuziehen, dass Eltern der Aufgabe allein nicht gewachsen sind. Deshalb »erfand« die Evolution die Großeltern.

Wie ich bereits eingangs im Prolog angeführt habe, fand Lahdenperä mit ihren Kolleginnen und Kollegen heraus, dass unsere Vorfahren größere Chancen hatten, das Erwachsenenalter zu erreichen und als Mütter in kurzer Zeit viele Kinder zu gebären, wenn sie von einer Großmutter unterstützt wurden. Wie kam es zur evolutionären »Erfindung« der Großmutter? Indem die Evolution Frauen davon abhielt, mehr Kinder zu zeugen, als ein Großteil ihres Lebens noch vor ihnen lag, schuf sie die Möglichkeit, dass sie sich auf ihre Enkel statt auf ihre Kinder konzentrierten.[51] So entstand die Menopause.

In Abbildung 10.1 sehen wir einen von Susan Alberts von der Duke University und ihren Kolleginnen und Kollegen dokumentierten Vergleich von Menschen und anderen Primaten. Sie fanden heraus, dass die Tendenz der Frau, lange über die fruchtbare Phase hinaus zu leben, unter den Primaten einzigartig ist. Die anderen Menschenaffen und kleineren Affen gruppieren sich auf dem Graphen allesamt um die diagonale Linie herum, was bedeutet, dass sie bis zu ihrem Tod fruchtbar sind. Nehmen wir zum Beispiel die Schimpansenweibchen. Sie gebären, bis sie etwa 40 Jahre alt sind, und dies ist auch das Alter, in dem die Ältesten von ihnen sterben. Bei den Menschen wurden Daten von der Jäger- und Sammlerkultur der !Kung aufgezeichnet. Da sie kaum Zugang zu moderner medizinischer Versorgung haben, können sie uns besser Aufschluss darüber geben, wie unsere Vorfahren gelebt haben, als Menschen in Industrienationen. Die Grafik zeigt, dass die ältesten !Kung-Frauen, die Kinder gebären, maximal Anfang 40 sind. Dagegen sterben die meisten von ihnen erst mit Mitte 70. Wenn die Rolle der Großmutter überflüssig wäre, dann stünden wir hier vor einer sehr seltsamen evolutionären Entwicklung. (Wir erinnern uns, überleben nur um des Lebens willen ist in der Evolution nicht vorgesehen.)

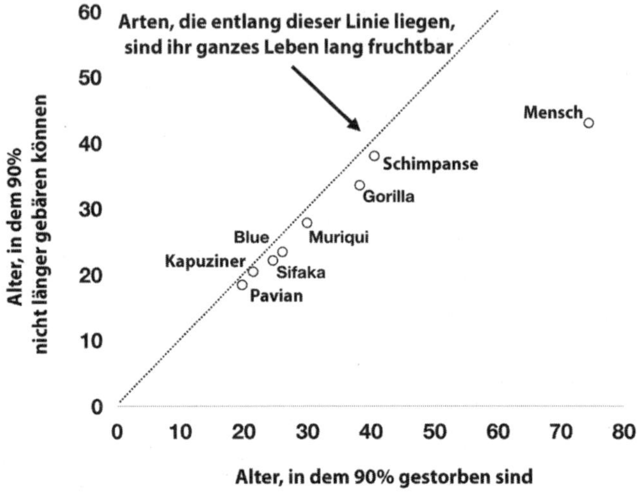

Abbildung 10.1: Langlebigkeit und Fruchtbarkeit bei Frauen und verschiedenen weiblichen Primaten (Alberts et. al., 2013)

Unsere Kinder und Enkel mit aufzuziehen und zu erziehen ist somit eine wichtige Quelle für Glück und Zufriedenheit im Leben. Das bedeutet nicht, dass die Evolution uns dazu verdammt hat, jeden Moment mit ihnen zu genießen – als meine Kinder noch jünger waren, konnte ich den Montagmorgen und ihren Aufbruch in die Schule kaum erwarten. Vielmehr bedeutet es, dass wir ein großes Glücksgefühl dabei empfinden, wenn wir beobachten, wie sie ihr Leben meistern. Ein paar Minuten beim Highschool-Abschluss oder der Hochzeit Ihres Kindes reichen, um dieses Argument hinreichend zu belegen.

Mein nächster Punkt mag erst einmal sexistisch klingen: In Kapitel 4 habe ich bereits argumentiert, dass Frauen biologisch betrachtet zwangsläufig viel mehr in die Zeugung und die Erziehung von Kindern investieren als Männer. Deshalb ist es umso wahrscheinlicher, dass Kindererziehung (und die der Enkel) für die Lebenszufriedenheit von Frauen eine größere Rolle spielt. Trotzdem ist es zweifellos im Interesse beider Geschlechter, ihren Nachkommen und nahen Verwandten das Überleben zu erleichtern. Sich in die Dienste der Familie zu stellen ist demzufolge für alle Beteiligten eine Glücksquelle. Auch wenn der Alltag mit Kindern nicht immer nur schön ist, verschafft uns das Wissen, das Beste für sie getan zu haben, große Befriedigung.

Wahrscheinlich wirkt dieses Rezept für ein gutes Leben – Sex haben und sich Mühe in der Erziehung geben – auf den ersten Blick ziemlich banal. Doch in Wahrheit gestaltet sich die Fortpflanzung weitaus komplizierter. Einer der schwierigsten Gesichtspunkte menschlicher Fortpflanzung ist zunächst einmal die Partnerwahl. Einen dauerhaften Partner zu finden setzt voraus, dass wir unsere Vorlieben bis weit in die Zukunft voraussehen können. Man bedenke nur, wie viel Kopfzerbrechen uns schon ein Outfit oder eine Frisur für den morgigen Tag bereitet – und wir bekommen eine Ahnung, wie schwer diese Aufgabe tatsächlich ist.

Diese schier unmögliche Aufgabe wird für eine Spezies wie die unsere noch dadurch erschwert, dass wir langjährige Bindungen eingehen und die Partnerwahl eine *gemeinsame* Entscheidung ist. Wären wir ein lachender Laubfrosch (übrigens ein echter australischer Frosch, wissenschaftlicher Name: *Litoria peronii*), dann könnte sich jedes Weibchen (beziehungsweise jede Frau) mit dem schönsten Männchen (beziehungsweise Mann) paaren, schließlich besteht seine Aufgabe lediglich darin, die Eier zu befruchten. Wir hingegen müssen zusammenarbeiten, um unseren Nachwuchs aufzuziehen. Deshalb kann sich eine Frau nicht einfach den attraktivsten Mann aussuchen und umgekehrt. Die begrenzte Verfügbarkeit dieses Typs und die gleichberechtigte Partnerwahl ziehen unweigerlich Kompromisse nach sich und setzen voraus, dass wir Zugeständnisse machen. Und natürlich sind unterschiedliche Menschen bereit, unterschiedliche Kompromisse einzugehen, wenn sie einen Partner suchen. Manche legen mehr Wert auf einen liebevollen Charakter, andere auf gemeinsame Werte und wiederum anderen sind vor allem Intelligenz, Aussehen oder Vermögen wichtig.

Am einfachsten lösen wir das Problem natürlich, indem wir so anziehend wie möglich sind und damit die Chancen erhöhen, dass unsere

Liebe erwidert wird. Aus diesem Grund regt die Evolution uns an, Dinge zu tun, die unsere Attraktivität steigern und idealerweise die Person, mit der wir Sex und Kinder haben wollen, an uns binden. Mit anderen Worten: Wir versuchen genau das zu sein, was das andere Geschlecht sucht.

Wonach das andere Geschlecht sucht, scheint oft ein großes Mysterium, doch in Wahrheit sind wir gar nicht so unergründlich. Männer und Frauen suchen in ihrem Partner überwiegend dieselben Dinge: Ein liebevoller und großzügiger Charakter steht meist ganz oben auf der Liste, und es schadet auch nicht, zudem noch sexy, humorvoll und intelligent zu sein. Aber wie ich schon in Kapitel 4 zu Bedenken gegeben habe, reicht es nicht aus, einfach nur intelligent oder sexy zu sein. Entscheidend ist, dass wir intelligent*er* und sexy*er* sind als die Leute um uns herum, sonst sind wir trotzdem nur die zweite Wahl. Wir müssen vielleicht nicht überall der oder die Beste sein, aber wir müssen mit unseren Stärken punkten. In meinem Fall bedeutete das, dass meine 1,70 Meter hoch aufragende Statur in Kombination mit einem 9-Zoll-Basketballkorb meine Erfolgsaussichten als Basketballspieler gen Null sinken ließen, weshalb ich nie viel Energie in das Spiel steckte. Im Tennis sah es dagegen etwas vielversprechender aus, und ich verbrachte durchaus einige Zeit auf dem Court in der (allerdings vergeblichen) Hoffnung, mich zu verbessern.

Dabei möchte ich betonen, dass ich auf dem Court nie nach Perfektion strebte, um ein Mädchen zu erobern (auch wenn mir die lässige Collegejacke und alles, wofür sie stand, durchaus in den Sinn kamen). Ich war der festen Überzeugung, dass ich Tennis aus Leidenschaft für den Sport spielte. Doch letzten Endes ist es eigentlich egal, was wir für unsere Motivation halten. Wichtig sind die Folgen unserer Handlungen. Wenn ein guter Tennisspieler für andere Menschen besonders attraktiv ist, dann hat sich meine »Leidenschaft für den Sport« entwickelt, weil sie meinen Reproduktionserfolg steigert.

Der Ehrgeiz, die Menschen um uns herum zu übertreffen, mündet oft im Streben nach vollendeter Leistung. Vollendung ist deshalb so wichtig, weil einzigartige Fähigkeiten uns aus der Menge der möglichen Partner und

Partnerinnen hervorheben und attraktiver machen. Doch das Streben nach Meisterschaft kann einen hohen Preis haben, da uns die zugrunde liegende, ständige Sorge um unseren relativen gesellschaftlichen Status in eine hedonistische Tretmühle befördern kann. Während wir darum kämpfen, mit Familie Jones Schritt zu halten (und damit meine ich sie zu übertreffen), verblasst jede vollbrachte Leistung rasend schnell. Wie schon unser Vorfahre Crag setzen wir die Latte immer höher: Sobald wir die Familie Jones übertroffen haben, schielen wir auf die Smiths. Wenn wir nicht *mehr* haben als alle anderen, machen uns typische Erfolgsmarker wie Wohlstand nicht unbedingt glücklich. Das legt nahe, dass wir in Wahrheit hinter gesellschaftlichem Status, und nicht hinter Geld her sind. Zwei interessante Erkenntnisse veranschaulichen diesen Punkt:

Studien an Affen haben gezeigt, dass mehr Dopamin (die Belohnungsdroge der Evolution) ausgeschüttet wird, wenn sie an der Spitze der Hierarchie angelangt sind. Aufgrund ihres erhöhten Dopaminspiegels haben Alphatiere beispielsweise keine Freude mehr an Kokain (eine Droge, die das Dopaminsystem als Trittbrettfahrer nutzt). Wenn man diesen Affen Kokain und Salzwasser anbietet, zeigen sie keine bestimmte Präferenz. Dagegen haben rangniedrige Affen eine geringe Dopaminausschüttung und werden zu leidenschaftlichen Koksern. Datenerhebungen wie diese stützen die allseits bekannte Annahme, dass ein hoher Status glücklich und ein niedriger traurig macht.

Was das Geld angeht, so hat man festgestellt, dass bei Menschen, die nicht in unmittelbarer Armut leben, die Wechselbeziehung zwischen Wohlstand und Glück gar nicht so groß ist. Wichtiger ist die Beobachtung, dass ein allgemeiner Anstieg des gesellschaftlichen Wohlstands (über Armut hinaus) den Einzelnen *nicht* glücklicher macht. Zack. Noch deutlicher wird es, wenn man die allgemeine Lebenszufriedenheit in den USA der Kaufkraft in den letzten 55 Jahren gegenüberstellt (vergleiche Abbildung 10.2). Wie aus den Kurvenverläufen hervorgeht, hatte die erhebliche Steigerung des bevölkerungsweiten Wohlstands (das heißt unter Berücksichtigung der Inflation) keine Auswirkungen auf ihr Glücksempfinden.

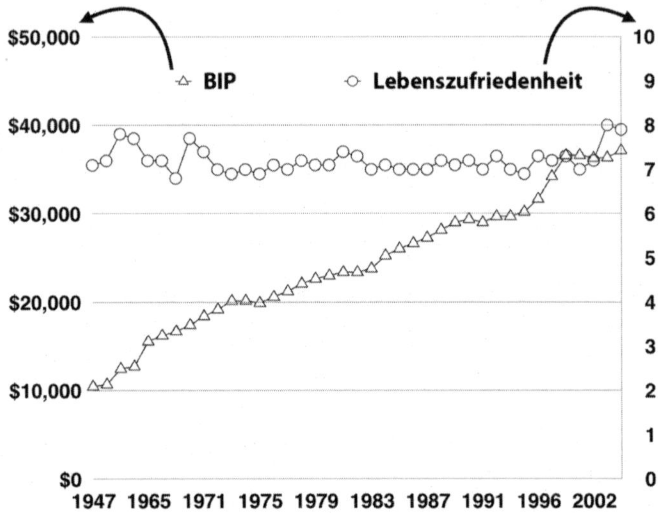

Abbildung 10.2: Realeinkommen (unter Berücksichtigung der Inflation) und Lebenszufriedenheit in den USA

Aus den Daten lässt sich schließen, dass mein Heimkino, die Arbeitsplatte aus Granit und das Cabrio mich nur glücklicher machen, wenn *Sie* das alles *nicht* besitzen. Mit anderen Worten, diese Dinge möchte ich nur haben, um mich über andere zu erheben. Ob bewusst oder unbewusst: Ich möchte an die Spitze der Horde gelangen, um meine Chancen bei der Partnerwahl zu steigern. Der Fernseher, die Arbeitsplatte und das Auto sind eigentlich nichts als Trivialitäten, doch weil ich das nicht weiß, begehre ich sie, arbeite hart, um sie zu erwerben, und werde eines Tages vielleicht sogar ihr gleichgültiger Eigentümer.[52]

Leider ist es sehr schwer, der hedonistischen Tretmühle zu entkommen. Die Jahrmillionen sexueller Selektion haben die Sorge um gesellschaftlichen Status so tief in unsere Psyche eingebrannt, dass es für die meisten von uns unmöglich ist, sie einfach zu ignorieren oder gar auszuschalten. Sich des Problems bewusst zu werden ist jedoch schon ein erster Schritt in die richtige Richtung und kann uns dabei helfen, unsere Aufmerksamkeit auf Aspekte des Lebens zu richten, die uns nachhaltiger zufriedenstellen. Dadurch werden wir auch zu besseren Eltern und Freunden. Selbst wenn wir blind für unsere eigenen Statusbemühungen sind, besitzen wir die Fähigkeit, die Tretmühle bei anderen wahrzunehmen und mehr Verständnis für sie aufzubringen. Wenn wir mitbekommen, dass Freunde oder Familienangehörige sich viele Gedanken machen, wie sie im Vergleich zu anderen abschneiden, können wir sensibler auf ihre Unsicherheit eingehen, anstatt sie einfach nur zu fragen, warum es sie so sehr kümmert, was andere Leute tun und lassen.

Befreien können wir uns von der tief verwurzelten Sorge um gesellschaftlichen Status womöglich nie. Doch eine Lösung wäre, eher Geld für Aktivitäten als für materielle Dinge auszugeben, und damit Tätigkeiten und Erlebnisse anstelle von Besitztümern zu mehren. Wenn Sie ähnlich ticken wie ich, dann mag Ihnen das zunächst widersprüchlich erscheinen: teure Aktivitäten sind doch egoistisch und ausschweifend. Ich erinnere mich noch gut, wie schuldig ich mich gefühlt habe, als ich zu Highschool-Zeiten meine gesamten Ersparnisse für einen Skiurlaub ausgab, während ich mein einziges Sofa auf der Straße gefunden hatte. Noch auf dem Weg zum Flughafen nagte das schlechte Gewissen an mir und ich fragte mich, ob ein Möbelstück nicht die nachhaltigere Investition gewesen wäre als ein Urlaub in Aspen. Aber am Ende war es genau umgekehrt: Der Skiurlaub war die nachhaltigere Investition. Bis heute erfüllt mich mein Skiurlaub von '87 mit Freude. Meine Freunde und ich schwelgen gern in Erinnerungen an unsere tolle gemeinsame Zeit, und die Sofagarnitur aus Polyester, die ich damals im Auge hatte, hätte meine Frau inzwischen ohnehin längst wieder verbannt.

Untersuchungen von Leaf Van Boven und Thomas Gilovich von der Cornell University zeigen, dass ich damit nicht allein bin. Wie in Abbildung 10.3 zu sehen ist, steigern Investitionen in Erlebnisse die Zufriedenheit wesentlich mehr als Ausgaben für materielle Besitztümer, und zwar je teurer desto besser. Interessanterweise verhält sich das selbst bei ein und demselben Objekt so, wenn es um der Aktivität willen gekauft wurde (ich liebe es, meinen neuen Jaguar über kurvige Landstraßen zu steuern) statt aus rein materiellen Bedürfnissen (ich möchte ein schickes Auto besitzen).

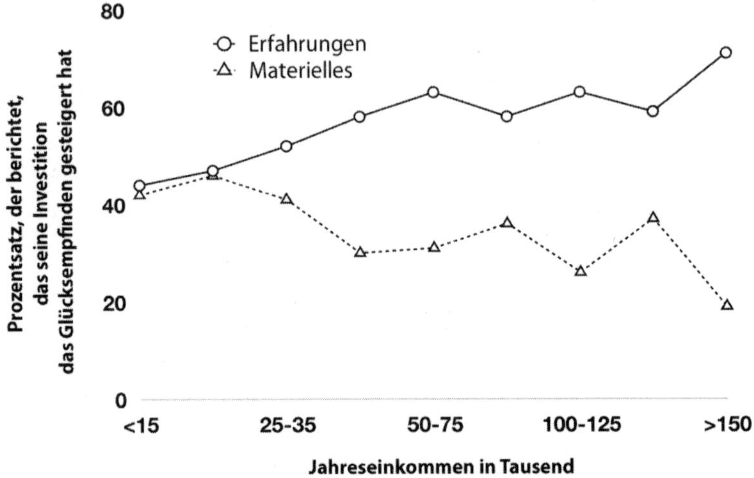

Abbildung 10.3: Die Wirkung von Investitionen in materielle Dinge versus Erlebnisse auf das Glücksempfinden (übernommen aus Van Boven und Gilovich, 2003)

Wenn Sie also das nächste Mal nicht wissen, wohin mit Ihrem Geld, dann denken Sie daran, dass Erlebnisse die bessere hedonistische Investition sind. Während materielle Dinge ihren Reiz verlieren, sobald wir uns im Streben nach gesellschaftlichem Aufstieg neue Ziele setzen, werden unsere Erfahrungen ein Teil von uns. Positive Erlebnisse werden zu Geschichten, die wir unseren Freunden und unserer Familie erzählen – unsere schönsten Erinnerungen, die uns auch im späteren Leben noch lange glücklich machen.

Glück und Überleben

Alle Lebewesen haben das Ziel zu überleben und viele unserer Gefühlsreaktionen haben sich durch ihren unschätzbaren Wert im Kampf ums Überleben entwickelt. Wir lieben Fett, Zucker und Salz, weil sie im Lebensraum unserer Vorfahren selten vorkamen, für ihr Überleben jedoch sehr wichtig waren. Nachts laufen wir ängstlich durch den Wald, weil wir uns normalerweise auf unser wichtigstes Sinnesorgan, die Augen, viel mehr verlassen als auf Nase und Ohren. Im Dunkeln ist unser Sehvermögen jedoch eingeschränkt, und wir laufen Gefahr, vom Jäger zum Gejagten zu werden. Weil der Ausschluss aus der Gemeinschaft für unsere Vorfahren einem Todesurteil gleichkam, leben wir in ständiger Sorge, dass unsere Freunde oder Nachbarn uns ablehnen könnten. Am heimischen Herd fühlen wir uns am sichersten, weil unsere Vorfahren hier Schutz vor Raubtieren und den Elementen der Natur suchten. All diese emotionalen Vorlieben sind schon wesentlich älter als der *Homo sapiens* selbst.

Obwohl es überaus wichtig ist, wird das Ziel des Überlebens oft vom Fortpflanzungstrieb ausgehebelt. Ein eindrückliches Beispiel ist der Alterungsprozess. Im Großen und Ganzen werden wir alt und sterben, weil wir kostbare biologische Ressourcen in unsere Bemühungen stecken, mögliche Sexualpartner anzulocken, sie bei uns zu halten und Kinder mit ihnen zu zeugen. Wenn die Selektion unseres genetischen Materials in Hinblick auf Langlebigkeit statt auf Fortpflanzung stattgefunden hätte, dann hätte die Evolution längst dafür gesorgt, dass wir unsere Ressourcen für die Pflege und Reparatur unseres biologischen Gewebes aufwenden und dadurch nicht wenige Jahrzehnte, sondern Jahrhunderte überdauern. Im Grunde ist ein solches Szenario durchaus denkbar, schließlich ermöglicht Langlebigkeit einen längeren Fortpflanzungszeitraum und demzufolge mehr Nachkommen. Doch durch die weite Verbreitung von Raubtieren und Parasiten ist die Strategie der Langlebigkeit wenig erfolgversprechend. Da unsere Vorfahren nur selten ein hohes Alter erreichten (wir erinnern uns an Abbildung 8.1), wäre der energetische Aufwand für ein langes Leben verschwendet gewesen. Unsere biologischen Ressourcen waren in unmittelbaren Paarungsstrategien viel besser investiert, aus diesem Grund setzen sich auch Eigenschaften selektiv durch, die in jungen Jahren dabei helfen, sich fortzupflanzen, selbst wenn sie uns im Alter umbringen.

Ein solches Phänomen kann beim e4-Allel des ApoE-Gens beobachtet werden, von dem vermutet wird, dass es das Risiko erhöht, später an Alzheimer zu erkranken. Paradoxerweise wird dieses Allel auch mit besseren kognitiven Fähigkeiten im jüngeren Alter in Verbindung gebracht. Folglich ist das tödliche Gen aufgrund der Vorteile, die es uns in jungen Jahren verschafft, weit verbreitet. Die evolutionäre Tendenz, das Leben in den Dienst der Fortpflanzung zu stellen und im Zweifel auch zu opfern, erklärt auch, warum wir so viele selbstzerstörerische Neigungen haben, die man auch als psychische Äquivalenten zum e4-Allel des ApoE-Gens bezeichnen könnte.

Zu den weithin bekanntesten Beispielen zählen wohl die Risikobereitschaft und Konfliktfreudigkeit unter Männern, auch bekannt als »testosterone poisoning« oder einfach männliche Dummheit. In den meisten Industriegesellschaften ist demografisch der größte Risikofaktor die Kombination aus jung und männlich. Basierend auf den Forschungen von Ian Owens am Imperial College in London stellt Abbildung 10.4 durch Unfälle und Morde verursachte Todesfälle in den USA der späten 1990er-Jahre in Relation zum Alter dar. Daraus geht hervor, dass das Risiko für Männer, nach der Pubertät in gewaltsamen Konflikten, Autounfällen oder einer anderen Form tödlicher Unfälle zu sterben, wesentlich höher ist als bei Frauen.

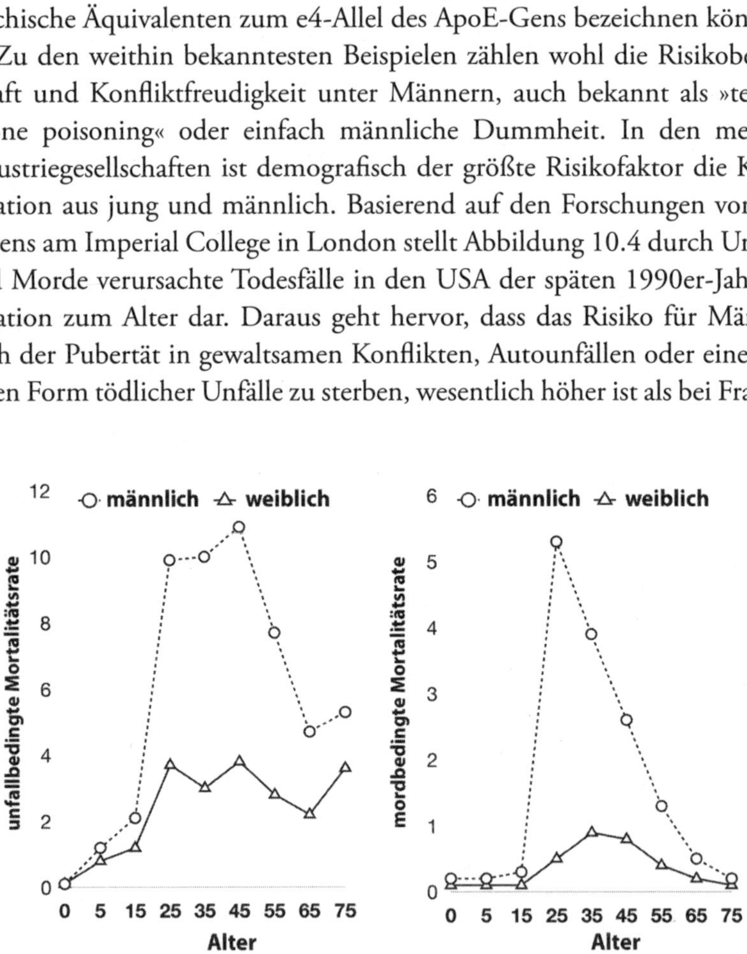

Abbildung 10.4: Unfalltote und Mordopfer unter Frauen und Männern in den USA. Die Y-Achse zeigt die jährlichen Todesfälle pro 100 000 Einwohner. (übernommen aus Owens, 2002)

Was vielen nicht bewusst ist: Männliche Dummheit ist in Wahrheit eine Anpassungsstrategie an die anspruchsvolle Partnersuche von Frauen. Männliche Risikobereitschaft und Konfliktfreudigkeit sind das Ergebnis sexueller Selektion. Nun könnte man einwenden, dass Frauen doch meistens die Ersten sind, die zum Ausdruck bringen, wie unattraktiv sie das stereotyp männliche Gebaren finden. Lassen Sie es mich erklären.

Die männliche Abstammung kann anhand unseres Y-Chromosoms zurückverfolgt werden (bei Frauen anhand des Y-Chromosoms des Vaters); die weibliche Abstammung anhand der mitochondrialen DNA, die allein die Mutter vererbt. Würde man dies als ein groß angelegtes Experiment durchführen, so würde man am Ende feststellen, dass in der Abstammung des einzelnen Menschen mehr Frauen zu finden sind als Männer. Unmöglich, möchte man sofort einwenden. Dazu gehören schließlich immer zwei. Des Rätsels Lösung ist, dass einige Männer viele Partnerinnen haben und Väter vieler Kinder sein können. Auch wenn das nicht auf alle Männer zutrifft, können sie einerseits viel mehr Kinder haben als Frauen und laufen andererseits Gefahr, in dem Ringelreihen rund um die Partnerwahl gänzlich leer auszugehen.

Indem sie Risiken auf sich nehmen, haben Männer die Chance, vom Mönch zum Casanova zu werden. Sie haben eine größere Risikobereitschaft entwickelt, weil sie einen höheren Fortpflanzungserfolg verspricht. Wenn wir an das 4. Kapitel zurückdenken, so erinnern wir uns, dass Risikobereitschaft zum Ausdruck bringen soll, wie kräftig und fähig ein Mensch ist. Wenn sich das Risiko auszahlt und er gewinnt, hat er seine Überlegenheit und seine Fähigkeiten unter Beweis gestellt. Wenn er scheitert und überlebt, zeugt das von seiner Widerstandsfähigkeit. Wenn er scheitert und stirbt, nun, das ist dann wohl auch ein Indiz. Gemäß der Annahme, dass Männer nur handeln, um Frauen zu beeindrucken, soll ihre Risikobereitschaft den Frauen als eine Art Qualitätsmerkmal dienen. Diese These ist im Tierreich bereits hinreichend belegt worden, doch Richard Ronay und ich wollten versuchen, auch Nachweise bei den Menschen zu finden.

Wenn man eine neue Annahme auf ihre Gültigkeit testet, beginnt man erst einmal im Kleinen. Deshalb baten wir in unserem ersten Versuch einige

Männer, digitale Ballons an einem Computer aufzupumpen. Jede Pumpbewegung brachte ihnen Geld ein, steigerte jedoch gleichzeitig das Risiko, dass der Ballon platzte und sie alles verloren. Wie wir vermutet hatten, pumpten die Männer den E-Ballon länger auf, nachdem sie Fotos von attraktiven Frauen gesehen hatten. Wahrscheinlich denken Sie genau wie wir damals: Ganz nett für den Anfang, doch nicht gerade ein eindrucksvoller Beweis für eine hohe Risikobereitschaft.

Für unser nächstes Experiment kauften wir bei eBay ein paar Elektroschockbälle, so genannte »shock balls«. Ein ganz erquickliches Spiel, bei dem ein elektrisch geladener Ball hin und wieder Leuchtzeichen von sich gibt und demjenigen, der ihn in der Hand hält, einen elektrischen Stromschlag versetzt. Wir wollten die shock balls ähnlich wie zuvor die digitalen Ballons verwenden. Für jede Sekunde, die die Männer den Ball in der Hand hielten, bekamen sie Geld, doch mit einem Stromschlag war alles verloren. Zwar trat auch bei diesem Spiel der erwartete Effekt ein: Die Männer behielten den Ball länger in der Hand, nachdem sie Fotos attraktiver Frauen gesehen hatten. Doch wir waren mit dem Maß an Risikobereitschaft, das diese Aufgabe erforderte, immer noch nicht zufrieden. Stromschläge von shock balls in Kauf zu nehmen, stellt keine allzu großen Anforderungen an Stärke oder Widerstandsfähigkeit.

Das Problem bei derartigen Experimenten ist, dass wir eine ernst zu nehmende Risikobereitschaft kaum im Labor untersuchen können, weil es gemeinhin als unethisch gilt, Menschen im Eifer der Wissenschaft einem Verletzungsrisiko auszusetzen. Wir kreisten eine ganze Weile um dieses Problem, bis Richard eine großartige Idee hatte: Warum führen wir die Studie nicht einfach an Skateboardern durch? Schließlich riskieren sie freiwillig eine ganze Menge. Uns bleibt nichts weiter zu tun, als mit einer attraktiven Frau aufzutauchen und zu beobachten, ob das einen Unterschied macht.

Gesagt, getan. Wir engagierten eine wunderschöne Assistentin und machten einen Ausflug zum Skatepark. Beim ersten Durchlauf des Experiments ging ein Wissenschaftler zu einem Skateboarder und fragte, ob er ihn bei zehn Versuchen an einem Trick filmen dürfe, den er gerade übte, aber noch nicht beherrschte. Im zweiten Durchlauf wurde derselbe Skateboarder entweder von einem Wissenschaftler oder aber von unserer attraktiven Assistentin angesprochen, ob er oder sie noch einmal zehn Versuche an einem Trick filmen dürfe. Nachdem die Skateboarder ihre zweite Runde vorgeführt hatten, nahmen wir Speichelproben, um ihren Testosteronwert zu messen.

Wie erwartet war der Testosteronwert in Anwesenheit der Assistentin höher, und je mehr er anstieg, desto risikofreudiger wurden die Skateboarder bei ihren Versuchen. Dadurch stürzten sie häufiger, hatten gleichzeitig aber auch mehr Erfolge. Beides diente ihren Absichten. Gelangen ihnen die Tricks, dann führten sie ihre Fähigkeiten vor, und endeten sie im Sturz, dann stellten sie ihre Widerstandsfähigkeit unter Beweis. Natürlich registrierten unsere Versuchsteilnehmer ihre blutenden Ellbogen und Knie lediglich mit einem achtlosen Schulterzucken und lehnten unser ethisches Angebot von Helmen und Kniepads vor Beginn des Experiments ab.

Was sagt dieser Konflikt zwischen Überleben und Fortpflanzung über unser eigentliches Thema Glück aus? Die erste Lehre aus den Experimenten ist, dass die Risikobereitschaft und andere leichtsinnige Dinge, die junge Männer tun, kein »krankhaftes« Verhalten oder Zeichen ihrer Entwurzelung in der modernen Welt sind, noch verdienen sie eine der vielen anderen Bezeichnungen, die ihnen oft gegeben werden. Es handelt sich vielmehr um Strategien, die sich im Laufe der Evolution entwickelt haben und für unsere Vorfahren, wenn nicht sogar in unserer modernen Welt, absolut plausibel und für ihren Fortpflanzungserfolg förderlich waren.

Die zweite Lehre ist, dass jeglicher Versuch, unsere Söhne, Brüder und Freunde daran zu hindern, unnötige Risiken auf sich zu nehmen, ungefähr so sinnvoll ist, wie gegen den Wind zu pinkeln. Jungen Männern die Möglichkeit zu nehmen, sich zu messen und zu beweisen, ist keine gute Idee und kann wahrscheinlich ein böses Ende nehmen. In jungen Männern arbeitet ein Jahrmillionen alter Evolutionsdruck, der sie, ausgehend von den Testikeln, zu Risiken und Wettkampf antreibt. Am besten ist es wohl, das Risiko nicht gänzlich zu eliminieren, sondern wirklich gefährliche in gemäßigtere Situationen zu überführen, die ebenfalls Nervenkitzel und Wettkampf bieten. Sportarten, in denen jedes Verletzungsrisiko ausgeschlossen ist, werden diesen Drang wohl kaum befriedigen. Sportarten, in denen die meisten Verletzungen nicht allzu schlimm ausfallen, sind ein idealer Ersatz für wirklich gefährliche Risiken und Konflikte.

Kooperation und Konkurrenz

Als unsere Vorfahren den Regenwald verließen und in die Savanne auszogen, waren sie gezwungen, sich an die neuen Gegebenheiten anzupassen. Wie ich bereits in Kapitel 1 erläutert habe, war unsere gesteigerte Kooperationsfähigkeit dabei der Schlüssel zum Überleben. Während wir lernten mit anderen zu kooperieren, entwickelten wir gleichzeitig sensible Mechanismen, Verräter zu entlarven, und eine starke emotionale Haltung gegenüber Schmarotzern. Wir alle kennen die Wut und den berechtigten Ärger, den wir verspüren, wenn andere sich auf unsere Kosten einen Vorteil verschaffen. Diese evolutionär geprägte Gefühlsreaktion erklärt den anhaltenden Streit um unser Sozialsystem und die unversöhnlichen Positionen, ob dadurch nun faule Leute begünstigt werden, die sich auf Kosten der Einzahler ein schönes Leben machen, oder Menschen, die einfach Pech gehabt haben und Sympathie und Unterstützung verdienen.

Unsere Empörung über Betrug und Verrat stellt sicher, dass andere Mitglieder unserer Gruppe ehrlich mit uns kooperieren. Doch sie entspringt außerdem einem grundlegenden Kooperationsziel. Wir mögen keine Leute, die nur mit uns kooperieren, nachdem wir ihnen geholfen haben, oder die eine Gegenleistung erwarten. Wir mögen Menschen, die freundlich, hilfsbereit und großzügig sind und um der Kooperation willen mit uns kooperieren. Im Gegenzug bedeutet das natürlich, dass andere Menschen *uns* aus demselben Grund mögen (oder nicht mögen). Demzufolge hatten Menschen, die gern kooperieren, einen evolutionären Vorteil. Das erklärt auch, warum wir oft Dinge mit Fremden teilen, von denen wir keine Gegenleistung zu erwarten haben.

Für Wirtschaftswissenschaftler ist es ein Rätsel, warum Menschen etwas mit Fremden teilen. Ihre Verwunderung rührt von einem falschen Verständnis unserer Evolutionsgeschichte. Es kann der Eindruck entstehen, dass wir uns ausnutzen lassen. Doch auch wenn die Großzügigen unter uns hin und wieder ausgenutzt werden, gehen sie im Großen und Ganzen als Gewinner hervor. Sie sind allerorts viel beliebter als Geizhälse und berechnende Menschen. Wenn die als Jäger und Sammler lebenden Hadza in Tansania ihr Lager abbrechen und in unterschiedliche Richtungen davonziehen, haben die Großzügigen unter ihnen viele Gefolgsleute, während die Geizhälse Gefahr laufen, allein dazustehen. Wenn die Matu in Australien morgens auf die Jagd gehen, werden die Großzügigen stets zuerst als Jagdpartner ausgewählt, selbst wenn sie nicht die besten Jäger sind. Die Geizhälse werden hingegen oft vergessen und zurückgelassen. Das Gleiche kann man übrigens bei Hirten in den peruanischen Anden beobachten und bei allen anderen Menschen auf der Erde, von denen wir die notwendigen Daten haben.[53]

Infolge dieses Evolutionsdrucks wurden wir zu bereitwilligen Helferinnen und Helfern, die kooperieren, ohne darüber nachzudenken: Kooperation ist unsere automatische Reaktion, wenn Menschen Hilfe brauchen, es sei denn, wir sind gerade mit unseren Gedanken in der Zukunft, vergleiche das Experiment rund um den Barmherzigen Samariter in Kapitel 9. In Experimenten, in denen die Teilnehmenden vor die Wahl gestellt werden, ob sie mit anderen kooperieren oder fliehen, entscheiden sie sich schneller für Kooperation, auch wenn Flucht die vernünftigere Wahl wäre. Das Gleiche können wir beobachten, wenn Menschen gezwungen sind, Spontanentscheidungen zu treffen: die meisten wählen die Kooperation.

Ich weiß noch genau, wie begeistert ich war, als diese Studie zu spontaner Hilfsbereitschaft veröffentlicht wurde. Endlich konnte ich mir mein komplett idiotisches und mir bis dato vollkommen rätselhaftes Verhalten erklären, das ich einige Jahre zuvor an den Tag gelegt hatte, als ich das Leben eines Kindes für eine 40-Cent-Eiscremekugel riskierte. Vor etwa zwölf Jahren fuhr ich mit meiner Frau und unseren zwei kleinen Kindern auf einer Rolltreppe nach unten und hielt dabei eine McDonald's-Eistüte in der Hand, die ich ihnen gerade gekauft hatte. Just in dem Moment, in dem wir die Rolltreppe betraten, hörte ich eine Frau unten schreien. Als ich in ihre Richtung sah, erblickte ich zwei kleine Kinderhände, die sich an den Gummirand der aufwärts fahrenden Rolltreppe klammerten. Vom Kind selbst war nichts zu sehen. Da realisierte ich, dass es *außen* an der Rolltreppe nach oben fuhr und offensichtlich schon zu hoch war, um sich fallen zu lassen. Eine lebensbedrohliche Situation, denn die Rolltreppe verlief über zwei Stockwerke und nach zwei Dritteln kam eine dekorative Säule, die den eher schwachen Klammergriff des Kindes bald lösen würde.

Es war ein Leichtes über die Brüstung auf die andere Rolltreppe zu springen. Dann rannte ich hinunter und kam bei dem Kind an, kurz bevor es die Säule erreicht hatte. Es wog so gut wie nichts und ich konnte es mit Leichtigkeit am Arm hochziehen. So weit, so gut. Doch hier kommt der dämliche Teil der Geschichte: Ich riskierte es, das ganze Manöver zu vermasseln, weil ich auf Autopilot geschaltet hatte und mich offensichtlich in einem Stadium blinder Hilfsbereitschaft befand.

Denn während ich die Rolltreppe nach unten rannte, behielt ich meine Eiswaffel in der Hand, statt sie einfach über die Brüstung zu werfen oder auf die Rolltreppe fallen zu lassen, und als ich nach dem Arm des Jungen griff, klemmte ich sie mir in den kleinen Finger. Ich bin mir sicher, dass dieses ganze Prozedere mich um wenige Augenblicke verlangsamte, und ganz sicher war es auch schwieriger, den Arm des Jungen zu greifen, während ich gleichzeitig versuchte, mein Eis nicht fallen zu lassen. Außerdem hätte ich dieses Eis fast mitten ins Gesicht bekommen, als der Vater des Jungen, der seine Frau hatte schreien hören und inzwischen zur Stelle war, sah, wie ich die Rolltreppe mit ihrem kleinen Jungen im Arm und einer Eiswaffel in der Hand hochfuhr.

Ich kann nur mutmaßen, was ihm durch den Kopf gegangen sein muss, doch glücklicherweise entschied er sich, sein Urteil für sich zu behalten und hinterherzulaufen, um mir das Kind abzunehmen. Als die ganze Aufregung vorüber war, saß ich dort, starrte entgeistert auf das Eis in meiner Hand und konnte nicht glauben, wie ich so dumm hatte sein können. Im Nachhinein betrachtet war meine geistesgegenwärtige Reaktion, dem Jungen zu helfen, Teil eines Automatismus. Ohne die kognitive Leistung, die Kosten und Nutzen abzuwägen, die das Festhalten der Eiswaffel mit sich bringt, war ich ganz automatisch den allgemeinen Regeln der Höflichkeit gefolgt, die schließlich besagen, dass man kein Essen auf den Boden fallen lässt. Tatsächlich gibt es so viele Fälle fehlgeschlagener Rettungsversuche, dass mehrere Staaten (auch in den USA) die »Gesetze des Barmherzigen Samariters« eingeführt haben, die gescheiterte Helfer und Helferinnen vor Gericht schützen, wenn sie alles nur noch schlimmer gemacht haben.[54]

Wir haben einen starken Wunsch, mit anderen zu kooperieren, und das Ergebnis dieser treibenden Kraft in der Evolution sind Motivationssysteme, die darauf eingestellt sind, anderen zu helfen. Wir wollen, dass unsere Enkel zum Sonntagsessen vorbeikommen, und es bereitet uns Freude, Familie und Freunden beizustehen. Jüngst ergab eine Werteerhebung in mehr als 100 Ländern, dass für die meisten Menschen die Familie das Wichtigste in ihrem Leben ist. Das ist aus evolutionärer Perspektive vollkommen logisch. Doch die selbstlose Zufriedenheit, die wir empfinden, wenn wir mit anderen kooperieren, erstreckt sich auch über unsere Verwandten und engen Freunde hinaus auf unsere ganze Gemeinschaft.

Wie ich in Kapitel 3 angeführt habe, sind unsere Gemeinschaften heutzutage viel größer als diejenigen, in denen wir uns evolutionär entwickelt haben. Aber die psychologischen Prinzipien, die uns an unsere Gemeinschaft binden, wirken noch auf dieselbe Weise. In dieser Hinsicht haben wir uns keinen Millimeter von unserem Jäger-und-Sammler-Ich entfernt. Nach wie vor spielt die Integration in unsere Gemeinschaft eine Schlüsselrolle für ein gutes Leben. Unglücklicherweise wurde mit wachsendem Wohlstand und zunehmender Abhängigkeit von Technologien der Zusammenhalt untereinander geschwächt. Wir verlassen uns nicht mehr so sehr aufeinander wie früher und haben infolgedessen unsere Einbindung in die Nachbarschaft und größere Gemeinschaft unwissentlich gestört.

Manchen Menschen fällt es leicht, sich in neue Gruppen zu integrieren, und sie werden durch häufige Ortswechsel nicht in ihrem Wohlbefinden beeinträchtigt. Diese Menschen sind extrovertiert: Sie genießen die Gesellschaft von Leuten, die sie nicht kennen, und sehen neue Bekanntschaften als Chance. Introvertierten Menschen fällt es hingegen schwer, sich in eine unbekannte Gruppe zu integrieren, sie finden es unangenehm, viele neue Leute auf einmal kennenzulernen. Deshalb hat der Umzug in ein neues Stadtviertel, eine andere Stadt oder ein anderes Land einen größeren Einfluss auf ihr Wohlbefinden. Eine gelungene Vernetzung in der eigenen Gemeinschaft ist zwar für alle wichtig, doch wie das soziale Netz aufgebaut wird, ist von Mensch zu Mensch verschieden. Extrovertierten fällt es leicht, ihre Zelte abzubrechen und durch das Land oder die Welt zu reisen, wohingegen jede dieser Veränderungen im Leben eines introvertierten Menschen schwerer wiegt. Aus diesem Grund müssen sie vorsichtig abwägen, ob sich der Aufwand lohnt, wenn sich beispielsweise neue Karriereaussichten oder Ausbildungsmöglichkeiten in einer anderen Gemeinschaft auftun.

Der entstehende »Kostenaufwand« ist für sie nicht einfach nur ein vorübergehender Anflug von Trübsal. Wie wir im letzten Kapitel erfahren haben, sind Glücksgefühle auch ein Signal für den Körper, das Immunsystem auf Höchstleistung zu fahren. Wiederkehrende Traurigkeit hat somit weitreichende Folgen für die Gesundheit. Wie wichtig die Integration in eine Gemeinschaft ist, kann der Abbildung 10.5 aus einer Studie von Shigehiro Oishi und Ulrich Schimmack entnommen werden.

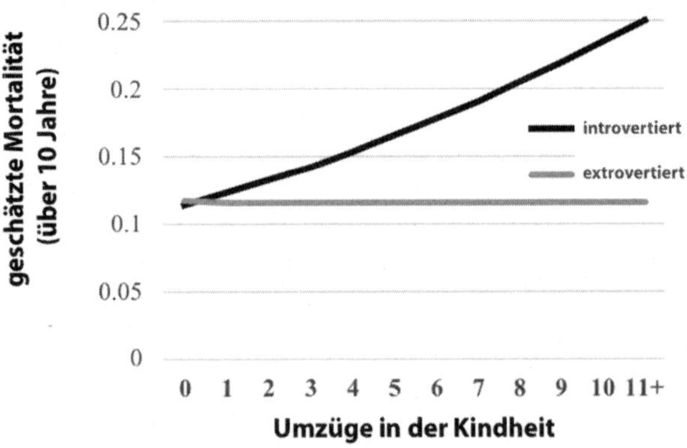

Abbildung 10.5: Umzüge in der Kindheit und Sterblichkeit von 60- bis 70-jährigen Introvertierten und Extrovertierten (übernommen aus Oishi und Schimmack, 2010)

Der Kurvenverlauf zeigt, dass häufige Umzüge in der Kindheit die Gesundheit introvertierter Menschen nachhaltig schädigt. Obwohl die Schäden in ihrer Kindheit stattfinden, lassen die Daten darauf schließen, dass sie sich nie ganz davon erholen. Unter Introvertierten, die als Kinder oft umziehen mussten, wurde in ihrem späteren Leben eine höhere Sterblichkeit dokumentiert, während extrovertierte Menschen von Umzügen in ihrer Kindheit anscheinend nicht beeinträchtigt werden. Die Daten spiegeln wider, welch hohen Preis wir zahlen, wenn wir den Kontakt zu unserer Gemeinschaft abbrechen. Doch natürlich bemühen sich die meisten von uns, neue Bindungen einzugehen und aufrechtzuerhalten. Aktiver Teil einer Gemeinschaft zu sein und anderen Mitgliedern in Not zu helfen, verschafft uns Zufriedenheit im Leben. Das erklärt auch, warum die gleichen Menschen, die staatliche Sozialhilfe entschieden ablehnen, sich oft außerordentlich großzügig und hilfsbereit gegenüber schicksalsgeplagten Mitgliedern ihrer eigenen Gemeinschaft zeigen. Wenn sie sich sicher sind, dass echte Not herrscht und sie nicht ausgenutzt werden, bemühen sich Leute jeglicher politischen Couleur, ihren Mitmenschen zu helfen.

Spenden unterstützen Bedürftige, doch wichtiger ist am Ende das Gefühl, dass man seinen Teil zur Unterstützung der eigenen Gemeinschaft beigetragen hat. Wir müssen für unsere Gemeinschaft einen Nutzen haben – wenn unsere Vorfahren für ihre Gemeinschaft keinen Nutzen hatten, riskierten sie gesellschaftliche Ächtung und damit den Tod – und der offensichtlichste Weg, sich wertvoll zu machen, besteht darin, mehr zu produzieren, als man der Gemeinschaft kostet. Diese Rechnung geschieht zwar ganz unbewusst, doch sie führt dazu, dass wir unseren Teil zur Gesellschaft beitragen. Wenn jemand Sie fragt, wie Sie nach Ihrem Ableben in Erinnerung bleiben möchten, dann versteckt sich dahinter in Wahrheit die Frage, was Sie für Ihre Gemeinschaft getan haben.

Glück und Lernen

Wie ich im Laufe dieses Buches immer wieder erwähnt habe, lernen Menschen das meiste, was sie zum Überleben und für einen erfolgreichen Lebensweg wissen müssen, aktiv. Wenn wir geboren werden, wissen wir so gut wie nichts. Unser Gehirn ist nur halb fertig, doch wenn wir warten würden, bis aus dem Teig ein ganzer Kuchen wird, wäre es schon zu groß, um noch durch den Geburtskanal zu passen. Deshalb müssen wir eine ungewöhnlich lange Entwicklungsphase durchlaufen, bis wir überlebensfähige und vollwertige Mitglieder unserer Gemeinschaft sind. Im Gegensatz zum Beispiel zu den Jungtieren der Gnus, die schon kurz nach der Geburt vor einem Raubtier fliehen können, sind wir über ein Jahrzehnt lang für so gut wie jeden eine leichte Beute.

Unsere lange Entwicklungsphase wird beinahe vollständig davon bestimmt, die Überlebensstrategien unserer Gruppe zu erlernen. In Kapitel 2 habe ich angeführt, dass unsere besondere Anpassungsfähigkeit es uns ermöglicht hat, die ganze Welt zu besiedeln. Doch diese außergewöhnliche Anpassungsfähigkeit impliziert, dass wir uns nicht auf angeborenes Wissen oder Überlebensinstinkte verlassen können. Deshalb wurden Lernprozesse im Laufe der Evolution eng mit unseren Motivationssystemen verknüpft: alle Menschen lieben es zu lernen. Die treibende Kraft dahinter ist die Neugierde. Egal, welcher Kultur wir angehören und wo wir leben: wir empfinden Befriedigung, wenn wir etwas Neues gelernt haben und nun beherrschen. Das ist ein universelles Phänomen.

Dass unsere Motivation vor allem durch Neugier gelenkt wird, ist gemeinhin bekannt. Doch es gibt zwei weitere Lernformen (und damit zwei wichtige Glücksquellen im Leben), die viele nicht als solche erkennen: spielen und Geschichten erzählen. Den Spieltrieb finden wir bei allen Menschen ebenso wie unter unseren Verwandten, den Säugetieren. Gespielt wird bei Tieren insbesondere vor Erreichen des Erwachsenenalters. Im Spiel lernen sie wichtige Regeln und Strategien für ihr weiteres Leben. Darüber hinaus lernen Menschen- wie Tierkinder schon jetzt, miteinander zu kooperieren, da ihnen bereits diese frühen, positiven Interaktionen zeigen, wer etwas zurückgibt und wer nicht. Im Spiel lernen männliche Jungtiere, um Weibchen zu konkurrieren, sie lernen Strategien, um in der Hierarchie der Erwachsenen aufzusteigen, und natürlich Beutetiere zu fangen und Raubtieren zu entkommen. Katzenjunge tun nichts lieber, als in Schaukämpfen aufeinander loszugehen, und auch kleine Jungs machen das für ihr Leben gern. Alle Kinder verbringen Stunden mit ausgedachten Spielen, Sport und Wettkämpfen. Da wir Menschen hinsichtlich der unglaublichen Fülle an Informationen, die wir lernen müssen, einzigartig sind, hat sich unser Spieltrieb bis ins Erwachsenenalter erhalten. Ohne Spiele ist das Leben nur halb so schön.

Spielen ist für alle Säugetiere (und auch den ein oder anderen Vogel und für Reptilien) wichtig, doch unsere Gewohnheit, Geschichten zu erzählen, ist einzigartig unter den Lebewesen. Ein großer Vorteil der menschlichen Lernfähigkeit ist das Lernen von anderen. Unsere überragenden kommunikativen Fähigkeiten ermöglichen uns, das Lernen und die Leistung anderer in unser Verständnis von der Welt mit einzubeziehen. Die älteste und wichtigste Form dieses Lerntyps ist unsere reiche orale Erzähltradition. Sie ist bei allen Kulturen zu finden, und ihre Ursprünge reichen bis in die Zeit zurück, als unsere jagenden und sammelnden Vorfahren am Ende eines langen Tages ums Feuer saßen und sich gegenseitig mit Geschichten über ihre Erlebnisse unterhielten. Das Geschichtenerzählen am Feuer spielt bei Jäger- und Sammlergemeinschaften übrigens nach wie vor eine wichtige Rolle; dies sind Momente, in denen die unmittelbaren ökonomischen und sozialen Belange des Tagesgeschehens beiseitegeschoben werden und die Menschen sich abstrakteren Gedanken, Regeln und Lehren zuwenden, um ein produktives Leben in ihrer Gemeinschaft zu schaffen.

Gute Geschichtenerzähler gewannen durch ihr Unterhaltungstalent und ihre Rolle als Lehrmeister an Status in der Gruppe. Heutzutage wird diese Rolle von Comedians, Talkshow-Moderatoren, Filmemachern, Politikern, Imamen, Rabbis, Schriftstellern, Akademikern oder Politexperten teils beiderlei Geschlechts eingenommen, die unterhalten, informieren oder Regeln des sozialen Miteinanders vermitteln. Da das Hören vom Leid anderer Menschen eine gefahrlose Methode darstellt, die schwierigen und teils mit einem hohen Preis bezahlten Lehren aus dem Leben anderer für unser eigenes zu nutzen, entwickelten alle Menschen eine Vorliebe für Geschichten. Und schließlich verbindet das Erzählen die Mitglieder einer Gemeinschaft, indem sie als Zuhörerschaft Erfahrungen austauschen, sich als Teil einer gemeinsamen Realität wahrnehmen und ein allgemeines Wissen, wie wir die Welt begreifen, teilen.

Wenn ich zum Beispiel erzähle, dass ich bei einem Springsteen-Konzert aus Versehen in ein Waschbecken gepinkelt habe, dann teilen meine Zuhörer meine Beschämung und lachen mit mir. Ich fühle mich anerkannt und meine Verbindung mit der Gruppe ist ein bisschen enger geworden. Wenn ich wiederum den wundervollen, schockierenden oder beängstigenden Geschichten meiner Freunde lausche und gespannt bin, wie sie ausgehen, dann lerne ich, was zu tun ist, sollte ich mich jemals in einer ähnlichen Situation wiederfinden. Zuhören und Geschichtenerzählen sind deshalb zwei wichtige Bausteine für Glück und Zufriedenheit im Leben.

Glück, Persönlichkeit und Entwicklung

Wie ich bereits in diesem Kapitel angerissen habe, gibt es bei Menschen viele Wege zum Erfolg und demzufolge auch mehr als einen Pfad zum Glück. Wenn ich groß und stark bin, kann ich womöglich durch meine sportlichen Erfolge oder andere physische Wettkämpfe eine Partnerin auf mich aufmerksam machen. Wenn ich dagegen eher klein und schwach bin, sollte ich wohl besser auf meinen Humor oder meine Liebenswürdigkeit setzen. Unterschiede bezüglich Muskelkraft, Intelligenz und Persönlichkeit führen auch zu unterschiedlichen Berufswegen. Menschen verfolgen meistens die Strategie, Tätigkeiten zu wählen, die am besten zu ihren individuellen Stärken und Schwächen passen. Da unsere Motivationssysteme eng mit unseren Erfolgsaussichten und unserem Beliebtheitsgrad in der Gruppe verknüpft sind, werden wir Menschen bei ganz unterschiedlichen Tätigkeiten glücklich. Wenn ich begabter in Kunst bin als im Sport, dann finde ich wahrscheinlich mehr Freude am Malen als am Fußballspielen.

Unsere individuellen Eigenschaften verändern sich jedoch im Laufe des Lebens. Für Kinder ist es sehr schwierig, etwas zur Gemeinschaft beizutragen. Deshalb sind für das Glück eines Kindes vor allem Aktivitäten untereinander und die Anerkennung ihrer Eltern und Angehörigen wichtig. Da ihre einzigartigen Charaktereigenschaften von anderen für gewöhnlich stärker wahrgenommen werden als ihre durchschnittlichen, ist ihre Selbstwahrnehmung daran gebunden, wie sie sich in ihrer Gruppe positiv voneinander unterscheiden.

Demzufolge beginnen Menschen schon in der Kindheit, sich auf ihre individuellen Talente zu konzentrieren und diejenigen weiterzuentwickeln, die am meisten Produktivität in ihrem späteren Leben versprechen. Doch weil Kinder eine ganz eigene Sicht der Dinge haben, kann das in eine seltsame Richtung gehen. Ich weiß noch, wie meine Tochter gerade lesen lernte, indem sie zuhörte, während ich ihrem älteren Bruder bei den Hausaufgaben half. Ich versuchte, damit vor ihrem Vorschullehrer anzugeben. »Was hast du gestern gelernt?«, fragte ich, als wir mit ihrem Lehrer zusammensaßen. Für einen Moment sah sie verdutzt drein, doch dann hellte sich ihre Miene auf und sie verkündete: »Ich habe gelernt, die Stange bei der Feuerwehr runterzurutschen!« Das Beispiel verdeutlicht, dass Kinder positive Unterschiede oft ganz anders wahrnehmen als Erwachsene.

Als Erwachsene wird unser Beitrag zur Gemeinschaft jedoch wichtig, und wir beginnen, auf Fähigkeiten zu setzen, die wir uns im Streben nach einem höheren Status und Anerkennung in unserer Gruppe angeeignet haben. Diese Fähigkeiten bleiben bei den meisten von uns im jungen und mittleren Erwachsenenalter gleich, verändern sich jedoch, wenn wir älter werden. Ab jetzt baut der Körper ab. Um ihre schwächer werdenden physischen Fähigkeiten auszugleichen, haben ältere Menschen einen größeren Wissensschatz, was sie zur Zeit unserer Vorfahren zu wertvollen Mitgliedern der Gemeinschaft machte.

Leider wird das Wissen älterer Menschen in unserer modernen, schnelllebigen Welt zunehmend überflüssig. Doch der Evolutionsdruck, der von uns fordert, einen Beitrag zur Gemeinschaft zu leisten, wird im Alter nicht weniger, und viele ältere Menschen versuchen, neue Wege zu finden. Themen wie Erbschaft und die Pflege anderer gewinnen an Bedeutung, da sie auf diesen Gebieten weiter mit der Gemeinschaft verbunden bleiben und sie unterstützen können. Auf unserer Suche nach dem guten Leben sollte man bedenken, dass es zwar verlockend klingt, sich zurückzulehnen und die Füße hochzulegen, aber dass das Rentnerdasein wesentlich erfüllender ist, wenn wir einen Weg finden, anderen zu helfen. In Zeiten, in denen wir unter der Last der Arbeit und anderen Verpflichtungen ächzen und kaum Zeit für uns finden, klingt ein endloser Urlaub nach einem tollen Plan. Doch lassen Sie sich nicht von den vielen Ruhestandsbroschüren, die ausschließlich angenehme Aktivitäten versprechen, in die Irre führen – das tut den meisten von uns längst nicht so gut, wie es sich anhört.

Die Fallstricke einer modernen Welt

Über das gute Leben nachzudenken mag ein dezidiert moderner Zeitvertreib sein, doch der Weg dorthin führt über uralte Strategien, mit denen bereits unseren Vorfahren erfolgreich waren. Sex und Nahrung, Elternschaft und Spiele, Lernerfolge und Erzählen, Freundschaft und Familie, Heim und Herd, Gemeinschaft und unser Beitrag – wie schon in unserer evolutionären Vergangenheit sind sie auch heute noch die Schlüssel zu Erfolg und Glück. Doch die moderne Welt hält viele neue Möglichkeiten bereit. Dabei ist oft nicht klar, ob die moderne Version mit dem Original mithalten kann.

So haben zum Beispiel Film und Fernsehen viele Aspekte des Geschichtenerzählens ersetzt. Beide sind zweifellos höchst unterhaltsame Tätigkeiten, doch zum Geschichtenerzählen gehört viel mehr als lediglich ein paar Erlebnisse aneinanderzureihen. Film und Fernsehen schaffen nicht die gleiche soziale Verbundenheit wie Gespräche (es sei denn, wir sitzen später zusammen und reden darüber). In gewissem Maße sind Filme und Fernsehen lediglich phänotypische Schwächen (wie Kartoffelchips). Schließlich zählen die wenigsten Leute Fernsehsendungen zu ihren Glücksquellen im Leben, egal wie sehr sie ihre Lieblingsserie mögen. Verschiedene Berichte anekdotischer Evidenz weisen darauf hin, dass Bücher da eher einen bleibenden Einfluss hinterlassen. Wenn das stimmt, liegt die Vermutung nahe, dass die imaginativen und sprachlichen Prozesse, die in unserem Gehirn ablaufen, wenn jemand etwas erzählt, das wir nicht direkt erleben können, ein entscheidender Teil des Geschichtenerzählens sind. Doch weil Lesen für gewöhnlich eine einsame Tätigkeit ist, bleiben selbst Bücher weniger in Erinnerung und reichen nicht an Geschichten heran, die wir erzählen und erzählt bekommen.

Andere Erfindungen unserer modernen Welt, die wichtige, uralte Erfahrungen imitieren, sehen dagegen noch blasser aus und sind noch weniger befriedigend. Da sie direkt das Belohnungszentrum des Gehirns ansteuern, ohne eine körperliche Ursache oder ein Erlebnis zu bieten, aus der sich die Freude speist, gehören Drogen und Alkohol wohl zu den prominentesten Beispielen für phänotypische Schwächen. Dicht gefolgt von Fast Food, weil die darin enthaltenen Zutaten Zucker, Fett und Salz etwas sind, wonach unsere Vorfahren verzweifelt suchten, die wir uns heute jedoch im Überfluss zuführen. Traurig, aber wahr, wir haben heutzutage mit dem zu kämpfen, was einst ein heilsames Ziel war: so viel Zucker, Fett und Salz wie möglich zu essen.

Der Preis, den wir zahlen, wenn wir zu viel des Guten haben, bringt uns zur letzten Lehre unserer Evolutionsgeschichte, die ich noch hervorheben möchte. Langjährige Partnerschaften waren für unsere Vorfahren das beste Rezept, um erfolgreich ihre Kinder großzuziehen, und erfüllen uns bis heute mit Zufriedenheit. Wenn wir sie mit einer geeigneten Person eingehen, haben wir beste Chancen auf eine anhaltende Steigerung unseres Glücksempfindens. Doch weil sowohl Männer als auch Frauen einen größeren Fortpflanzungserfolg haben, wenn sie ihr genetisches Material auf mehr als einen Korb verteilen, stattete uns die Evolution gleichzeitig mit einer Vorliebe für neue Partner aus.

In der Umgebung unserer Vorfahren waren neue Partner allerdings rar gesät, schließlich verbrachten sie ihr ganzes Leben in derselben kleinen Gemeinschaft. Wir hingegen leben in einer Welt, in der neue Partner – genau wie Fett, Salz und Zucker – im Überfluss vorhanden sind und uns ständig in Versuchung führen, unsere bestehende Beziehung zu beenden, um eine neue, aufregendere einzugehen. Doch da der Reiz des Neuen per Definition schnell verfliegt, wird natürlich auch die neue Beziehung bald Normalität werden und uns irgendwann nicht mehr zufriedenstellen. Erstaunlicherweise hält diese ziemlich offensichtliche Tatsache die Menschen heutzutage nicht davon ab, die Partner ihrer monogamen Beziehung immer häufiger zu wechseln.

Den meisten Menschen fällt es leichter, eine Versuchung zu meiden als ihr zu widerstehen. Tatsächlich entkommen für gewöhnlich diejenigen dem Reiz des Neuen, die sich der Versuchung gar nicht erst aussetzen. So halten Ehen in ländlichen Gebieten im Schnitt länger als in den Städten, und bei einem Nobody meist sehr viel länger als bei einem Promi. Auf der ganzen Welt träumen Menschen von Ruhm und Anerkennung. Doch wenn man bedenkt, welch ein turbulentes Leben voller Scheidungen viele berühmte Persönlichkeiten führen, verspricht ein Leben als Nobody doch viel mehr Glück.

Zehn Schritte zu einem guten Leben

Würde Ihnen jemand erklären, dass Sie in nur zehn Schritten zu vollkommenem Glück gelangen, können Sie getrost davon ausgehen, dass Sie an der Nase herumgeführt werden. Wie ich ausführlich dargelegt habe, existiert so etwas wie dauerhaftes Glück nicht, und außerdem sind die Wege zum Glück von Mensch zu Mensch verschieden. Trotzdem kann es uns hin und wieder helfen, sich der Sache mit dem Glück aus evolutionärer Perspektive zu nähern. Sie hilft uns, die Natur des Glück besser zu verstehen. Was ich hier anbiete, sind nicht zehn einfache Schritte zum Glück, sondern ein

Resümee der letzten beiden Kapitel in zehn übergeordneten Punkten, die für ein gutes Leben besonders wichtig sind.

1. **Konzentrieren Sie sich auf die Gegenwart.** Unser Hang, in der Zukunft zu leben, schränkt uns dabei ein, die Gegenwart zu genießen, insbesondere wenn sie unerwartete Freuden bereithält. Wenn es Ihnen nicht gelingt, Freude am Alltag zu finden, dann könnte ein Kurs zu mehr Achtsamkeit oder Meditation helfen. Wer dazu neigt, sich Sorgen um die Zukunft zu machen, reduziert durch einen stärkeren Fokus auf die Gegenwart auch seinen Alltagsstress. In der Gegenwart zu leben ist viel schwieriger als es sich zunächst anhört. Das liegt vor allem daran, dass wir in Momenten der Achtsamkeit eine der wichtigsten Fertigkeiten auszuschalten versuchen, das uns die Evolution in die Hand gegeben hat: die Fähigkeit, unsere Zukunft zu planen.
2. **Suchen Sie nach schönen Momenten.** Es ist zwar fast unmöglich, immer glücklich zu sein, doch das bedeutet nicht, dass man nicht mehr Spaß im Leben haben kann. Wenn wir unsere evolutionär geprägten Bedürfnisse erfüllen, werden wir mit positiven Emotionen belohnt, die von Zufriedenheit bis zu heller Freude reichen. Wir müssen uns nur darauf einstellen, dass diese Gefühle nicht lange währen. Doch wer möchte nicht häufiger kleine Glücksmomente erleben?
3. **Achten Sie auf Ihr Glück, um gesund zu bleiben.** Glück wirkt sich entscheidend auf unsere Gesundheit aus. Wer sein Wohlergehen für etwas opfert, das nicht unglaublich wichtig ist, der sollte sich fragen, wie lang diese Situation schon anhält und wie die Zukunft aussieht. Ein vorübergehendes Opfer können wir verkraften, doch ein dauerhafter Verlust der Lebenszufriedenheit sollte unbedingt vermieden werden. Wenn Ihre Lebensfreude permanent anderen Zielen zum Opfer fällt, dann sollten Sie versuchen, einen Zeitplan zu erstellen und sich daran halten. Ansonsten wachen Sie vielleicht eines Tages

auf und stellen fest, dass ihr vorübergehendes Opfer nun schon Jahre anhält, und dass Ihre Freude und Ihre Gesundheit der Vergangenheit angehören.

4. **Sammeln Sie nicht Dinge, sondern Erlebnisse.** Ihre schönsten Erlebnisse werden ein Teil von Ihnen; die schönsten Dinge, die sie besitzen, setzen dagegen Staub an oder wandern irgendwann in den Müll. Wenn Ihr Erinnerungsvermögen allerdings so schlecht ist wie meines, dann haben Sie vielleicht Schwierigkeiten, sich all die tollen Erlebnisse wieder ins Gedächtnis zu rufen und laufen am Ende Gefahr, sich nur an wenig zu erinnern. Dafür gibt es eine einfache Lösung: Schießen Sie Fotos oder erstehen Sie auf Ihren Reisen oder Abenteuern das ein oder andere Erinnerungsstück. Mit einem Souvenir in Ihrem Wohnzimmer oder auf Ihrem Schreibtisch können Sie sich diese Zeiten wieder und wieder in Erinnerung rufen und noch oft über Ihre gescheiterten Abenteuer lachen.
5. **Geben Sie Essen, Freunden und Partnerschaften den Vorzug.** Dies sind die drei grundlegenden Dinge für unser alltägliches Glück. Man beachte, dass ich hier ganz bewusst *nicht* Geld oder Freiheit aufzähle. Es ist zwar nichts dabei, viel Geld zu haben und unabhängig zu sein, doch die Jagd danach sollte auf keinen Fall die Gelegenheiten, gutes Essen, Sex und die Gesellschaft von Freunden zu genießen, durchkreuzen. Denn diese drei Dinge gehören zu den schönsten Erfahrungen, die ein gutes Leben ausmachen.
6. **Kooperieren Sie.** Mit Verwandten, Freunden und Kollegen zusammenzuarbeiten, um gemeinsame Ziele zu erreichen, ist eine der wichtigsten Quellen für Zufriedenheit im Leben. Was Sie am Ende gemeinsam erreichen, wird Sie zwar nicht dauerhaft glücklich machen, doch die Kooperation selbst stellt eine Belohnung dar und bietet eine stabile Basis für Lebenszufriedenheit. Glück kommt nicht nur von Spaß und Freizeit, sondern auch von Arbeit und Produktivität, insbesondere wenn Sie zugleich Ihr evolutionäres Bedürfnis, mit anderen zu kooperieren, befriedigen. Natürlich ist nicht jede

kleine Aufgabe von Bedeutung, schließlich ist das Leben eine endlose Schufterei. Doch mit Leuten zusammenzuarbeiten, denen Sie vertrauen und die Sie wertschätzen, macht das Ganze um einiges leichter.

7. **Werden Sie Teil einer Gemeinschaft.** Überlegen Sie sich gut, ob sie Ihre Zelte abbrechen und anderswo aufschlagen. Wir haben eine natürliche Neugier entwickelt, neue Menschen und Orte kennenzulernen. Doch man muss seine alten Freunde nicht aufgeben, um dem Ruf des Neuen zu folgen. Selbst wer unter einem sehr ausgeprägten Fernweh leidet, sollte versuchen, den Kontakt zur Gemeinschaft aufrechtzuerhalten.
8. **Lernen Sie Neues.** Lernen ist ein lebenslanger Quell des Glücks, und Spielen und Geschichtenerzählen sind wiederum zwei sehr wichtige Formen des Lernens. Egal ob als Kinder oder junge Erwachsene, im mittleren Alter oder als Rentner, wir genießen es in allen Lebensphasen, uns neue Dinge anzueignen. Wenn Sie Ihre Aktivitäten sorgfältig auswählen, können Sie bis ins hohe Alter Lernprozesse erleben und genießen.
9. **Nutzen Sie Ihre Stärken.** Viele Wege führen zum Glück, doch fast alle entspringen persönlichen Stärken, die sich im Laufe der Zeit allerdings verändern können. Für die meisten sind Veränderungen erst einmal beunruhigend, weil sie von uns verlangen, uns vom Bekannten zum Unbekannten und vom Vorhersehbaren zum Unvorhersehbaren zu bewegen. Aus diesem Grund halten viele Menschen zu lange an Jobs oder Hobbys fest, die ihnen einst lagen, aber jetzt nicht mehr zu ihnen passen. Wenn Sie etwas gern machen, bedeutet das keinesfalls, dass das für immer so bleibt. Der Wandel Ihrer Glücksquellen gibt Ihnen vielleicht zu verstehen, dass Ihr altes Leben nicht mehr zu Ihnen passt und es an der Zeit ist, etwas zu verändern.
10. **Begeben Sie sich auf die Suche nach primären Quellen.** Die moderne Welt bietet zahlreiche Glücksversprechen, die den ursprünglichen Quellen ähneln, sich am Ende jedoch als unzureichende Kopie

herausstellen. Einige sind ganz in Ordnung (zum Beispiel Fernsehen und Filme), andere richten mehr Schaden an, als dass sie nutzen (zum Beispiel Alkohol, Drogen und Fast Food), doch keine von ihnen ist so gut wie das Original. Ganz oben auf der Liste unserer Spezies steht die gemeinsame Zeit mit der Familie als das beste Rezept zum Glück.

Nachwort

Die Evolution ist kein kuschelig-warmes Konzept. Darüber, wer gewinnt, entscheidet allein die Zahl der Nachkommen, ganz egal wie dieses Ziel erreicht wird. Deshalb ist es nicht weiter verwunderlich, dass der Weg dorthin oft brutal ist. Ich erinnere mich noch genau an eine Tierdokumentation im Fernsehen, in der ein Rudel Hyänen ein Zebrafohlen Glied für Glied zerriss, ohne sich die Mühe zu machen, es vorher zu töten. Mir war danach flau im Magen, doch für die Hyänen war es nur eine kleine Zwischenmahlzeit. Ich bin mir sicher, dass sie, nachdem sie das letzte Fitzelchen verschlungen hatten, keinen weiteren Gedanken darauf verschwendeten. Tiere, die eine effektive Lösung für die Herausforderungen ihres Lebens finden, geben ihre Gene an die nächste Generation weiter und damit den Lösungsweg – ob sie nun grausame Jäger sind wie die Hyänen oder niedliche Vegetarier wie das Zebrafohlen, das sie verspeist haben. Grausam und liebenswert, gut und böse, moralisch und unmoralisch – all das sind gedankliche Konstrukte des Menschen, die in der Natur so nicht existieren. Die Evolution kennt keine Moral.

Warum erzähle ich Ihnen das? Weil der Evolutionsdruck, der in einer solchen Welt herrscht, uns ein weitaus schlimmeres Los hätte bescheren können. Unsere Cousins, die Schimpansen, kümmern sich bei Weitem nicht so umeinander, wie wir es tun, ebenso wenig wie unsere Cousins zweiten Grades, die Paviane. Wenn Sie Robert Sapolskys wunderbares Buch *A Primate's Memoir* über das Leben der Paviane in der Savanne zur Hand nehmen, werden Sie sehen, dass das Leben eines Pavians nicht sonderlich schön ist, wenn Sie nicht gerade das Alphatier sind. Alle anderen schikanieren ununterbrochen den Artgenossen, der in der Hierarchie eine Stufe unter ihnen steht. Ihre Lösungen für die Herausforderungen eines Lebens in der Savanne hätten genauso gut unsere eigenen sein können, doch zum Glück entwickelten die *Australopithecina* die Fähigkeit, zu ihrem eigenen Schutz mit ihrer Gruppe zusammenzuarbeiten. Der *Homo erectus* entwickelte die lose Kooperation seiner Vorfahren weiter zu echter Arbeitsteilung, und die daraus resultierende gegenseitige Abhängigkeit lieferte uns eine Überlebensstrategie, die nicht nur effektiv, sondern auch liebenswert ist.

Am meisten beunruhigt am Konzept der Evolution, dass der Zufall eine so große Rolle spielt. Die Existenz unserer Gattung ist das Ergebnis eines groß angelegten Würfelspiels, in dem jeder Wurf uns weiter zu dem machte, was wir heute sind. Die kleinsten Störungen haben in der Welt unserer Vorfahren alles verändert. Wenn unsere Eltern in einer anderen Nacht Leidenschaft füreinander empfunden hätten oder ein anderes Spermium das Rennen gewonnen hätte, um das Ei zu befruchten, dann würde ich Ihnen das hier nicht schreiben und Sie würden es nicht lesen. Die Wahrscheinlichkeit, dass einer von uns die Chance bekam zu leben, ist verschwindend gering, und dennoch sind wir beide hier. Richard Dawkins formuliert es in seinem faszinierendem Buch *Der entzauberte Regenbogen*[55] so: »Wir alle müssen sterben, das heißt, wir haben Glück gehabt.«

Doch allein die Tatsache, dass wir die Chance zum Leben bekamen, bedeutet noch nicht, dass wir Glück gehabt haben. Viele Tiere führen ein Leben, auf das ich verzichten könnte. Nicht etwa, weil es tragisch endet wie im Falle des Zebrafohlens, sondern weil ihr Leben ein endloser Kampf ist. Stellen Sie sich vor, Sie wären eine Möwe und würden ihr gesamtes Leben damit verbringen, sich mit anderen Möwen um Krabben zu streiten. Wir haben Glück gehabt, weil wir durch einen seltsamen Zufall ein freundliches Miteinander entwickelt haben.

Unsere kooperative Natur ist auch Voraussetzung für die Entwicklung unseres außerordentlichen Gehirns. Unser soziales Miteinander machte uns einerseits zu intelligenten Individuen, doch was viel wichtiger ist: Es verband uns im Geiste mit anderen Menschen, sodass wir unser Wissen und unsere Macht enorm vergrößern konnten. Mit dem Ergebnis, dass wir schon vor langer Zeit unsere Feinde, die Raubtiere der Savanne, übertrafen und inzwischen die meisten Krankheitserreger im Schach halten, die eine größere Bedrohung darstellen, als die Raubtiere es je waren. Zum ersten Mal in der Geschichte der Menschheit begraben wir nicht mehr die Hälfte unserer Kinder, bevor sie erwachsen werden. Die Evolution kennt kein Erbarmen. Doch diejenigen von uns, die das Glück haben, in stabilen Demokratien zu leben, haben von dem Gebrauch gemacht, was die Evolution uns in die Hand gegeben hat, um ein nie dagewesenes, sicheres und zufriedenstellendes Leben zu führen. Auch wenn wir mit einer Psyche ausgestattet wurden, die ständig auf der Suche nach etwas Besserem ist, wird uns in einem Moment des Innehaltens bewusst, dass man kaum mehr verlangen kann.

Danksagung

Die Kooperationsfähigkeit, die wir in der Savanne entwickelten, beförderte uns nicht nur an die Spitze der Nahrungskette, sondern begründete auch unseren Wissensdrang. Wie alle Menschen bin ich das Resultat vieler Lehrer, Mentoren und Mitarbeiter, und dieses Buch ist ein riesiges Gemeinschaftsprojekt. Ich hätte es niemals allein schreiben können, und das habe ich auch gar nicht versucht. Zunächst einmal schulde ich meiner Agentin von Aevitas Creative, Lauren Sharp, einen großen Dank dafür, dass sie auf Grundlage eines fünfzehnminütigen Podcasts in der *Harvard Business Review* den Kontakt gesucht hat und mich als Erste ermunterte, dieses Buch zu schreiben. Lauren half mir auch bei der Entwicklung des Projekts. Außerdem bin ich meinen Lektorinnen von Harper Wave zu großem Dank verpflichtet: Hannah Robinson, die großartige redaktionelle Arbeit leistete. Jenna Dolan, die meine Rechtschreibung häufiger rettete, als ich zugeben möchte. Und Sarah Murphy, die an einem Teil des Buches arbeitete, bevor sie eine andere Stelle annahm. Und natürlich danke ich maßgeblich Karen Rinaldi von Harper Wave, dass sie dieses Buch finanziell ermöglicht hat.

Nicht nur meine Agentin und Lektorinnen haben eine wichtige Rolle gespielt, auch meine Freunde und Familie haben mich unterstützt und mussten unzählige Entwürfe ertragen, die noch zu blamabel waren, um sie Lauren und Hannah zu zeigen. Ich beginne mit der Frau, die am meisten zu leiden hatte (und das nicht nur, weil ich sonst Ärger bekommen würde): Courtney hat den ersten Entwurf jedes einzelnen Kapitels gelesen und mich darauf hingewiesen, wenn ihr etwas zu langweilig oder unklar war. Doch vor allem versuchte sie, mir dabei zu helfen, das Ganze etwas unterhaltsamer und weniger akademisch zu formulieren (aka trocken und öde). Nachdem Courtney sie gelesen hatte, wanderten die Kapitel zu einer langen Liste von Freunden und Verwandten, denen ich ein großes Dankeschön schulde: Roy Baumeister, Rob Brooks, Adam Bulley, Steve Fein, Mickey Inzlicht, Pamela Krones, Matt Lieberman, Dave Marshall, Elizabeth Marx, Glen McBride, Amanda Niehaus, Sam Pearson, Tiko Shah, Thomas Suddendorf und Meris Van de Grift, Arndt, Cathy, Frank, Karin, Marianne, Maya, Paul und Ted vH, und natürlich Henry Wellmann, Robbie Wilson, Matti Wilks und Brendan Zietsch. Dieses Buch ist durch sie um einiges besser geworden.

Ich habe das Glück, in einem exzellenten Team von Wissenschaftlerinnen und Wissenschaftlern an der University of Queensland zu arbeiten, insbesondere im Zentrum für Psychologie und Evolution. Die Ideen, auf denen dieses Buch aufbaut, entstanden überwiegend in Diskussionen, Präsentationen und Debatten im Zentrum, und ich bin den Kolleginnen und Kollegen sowie den Besuchern des letzten Jahrzehnts überaus dankbar, allen voran Thomas Suddendorf und Brendan Zietsch. Und zu guter Letzt bin ich meinen akademischen Mitstreiterinnen und Mitstreitern zu Dank verpflichtet, deren wissenschaftliche Beiträge die Basis für einen Großteil dieses Buches bilden. Ohne sie wäre dieses Buch nicht entstanden.

Quellenangaben

Vorwort

Christophe Boesch, »Cooperative Hunting in Wild Chimpanzees«, in: *Animal Behaviour* 48, 1994, S. 653–67.
Sandi R. Copeland, Matt Sponheimer, Darryl J. de Ruiter, Julia A. Lee-Thorp, Daryl Codron, Petrus J. le Roux, Vaughan Grimes und Michael P. Richards, »Strontium Isotope Evidence for Landscape Use by Early Hominins«, in: *Nature* 474, 2011, S. 76–78.
Kim R. Hill, Robert S. Walker, Miran Božičević, James Eder, Thomas Headland, Barry Hewlett, A. Magdalena Hurtado, Frank Marlowe, Polly Wiessner und B. Wood, »Co-Residence Patterns in Hunter-Gatherer Societies Show Unique Human Social Structure«, in: *Science* 331, 2011, S. 1286–89.
Ralf Kittler, Manfred Kayser und Mark Stoneking, »Molecular Evolution of *Pediculus humanus* and the Origin of Clothing«, in: *Current Biology* 13, 2003, S. 1414–17.
Mirkka Lahdenperä, Virpi Lummaa, Samuli Helle, Marc Tremblay und Andrew F. Russell, »Fitness Benefits of Prolonged Post-Reproductive Lifespan in Women«, in: *Nature* 428, 2004, S. 178–81.
Randolph M. Nesse, George C. Williams, *Warum wir krank werden.* München 1997.
Alex Thornton, Katherine McAuliffe, »Teaching in Wild Meerkats«, in: *Science* 313, (2006): 227–29.
Michael Tomasello, *Eine Naturgeschichte der menschlichen Moral.* Berlin 2016.
William von Hippel, David M. Buss. *Do Ideologically Driven Scientific Agendas Impede the Understanding and Acceptance of Evolutionary Principles in Social Psychology?,* in: Lee Jussim and Jarret T. Crawford (Hg.), *The Politics of Social Psychology. Frontiers in Psychology series.* New York 2017.
Fan Yang, You-Jung Choi, Antonia Misch, Xin Yang und Yarrow Dunham, »In Defense of the Commons: Young Children Negatively Evaluate and Sanction Free-Riders.«, in: *Psychological Science* Juli 2018, https://doi.org/10.1177%2F09567 97618779061.

Kapitel 1: Die Vertreibung aus dem Paradies

Benjamin J. Ashton, Amanda R. Ridley, Emily K. Edwards und Alex Thornton, »Cognitive Performance Is Linked to Group Size and Affects Fitness in Australian Magpies«, in: *Nature* 554 , 2018, S. 364–67.

Lucy A. Bates, Katito N. Sayialel, Norah W. Njiraini, Joyce H. Poole, Cynthia J. Moss und Richard W. Byrne, »African Elephants Have Expectations About the Locations of Out-of-Sight Family Members«, in: *Biology Letters* 4, 2008, S. 34–36.

Paul M. Bingham, »Human Evolution and Human History: A Complete Theory«, in: *Evolutionary Anthropology* 9, 2000, S. 248–57.

Christophe Boesch, »Cooperative Hunting in Wild Chimpanzees.«, in: *Animal Behaviour* 48, 1994, S. 653–67.

»The Effects of Leopard Predation on Grouping Patterns in Forest Chimpanzees.«, in: *Behaviour* 117, 1991, S. 220–42.

William H. Calvin, »Did Throwing Stones Shape Hominid Brain Evolution?«, in: *Ethology and Sociobiology* 3, 1982, S. 115–24.

Yves Coppens, »East Side Story: The Origin of Humankind«, in: *Scientific American* 270, 1994, S. 88–95.

Robin H. Crompton, Todd C. Pataky, Russell Savage, Kristiaan D'Août, Matthew R. Bennett, Michael H. Day, Karl Bates, Sarita Morse und W. I. Sellers, »Human-Like External Function of the Foot, and Fully Upright Gait, Confirmed in the 3.66 Million Year Old Laetoli Hominin Footprints by Topographic Statistics, Experimental Footprint-Formation and Computer Simulation«, in: *Journal of the Royal Society Interface* 9, 2012, S. 707–19.

Raymond A. Dart, »*Australopithecus africanus*: The Man-Ape of South Africa«, in: *Nature* 115, 1925, S. 195–99.

Robin I. Dunbar, Susanne Shultz, »Evolution in the Social Brain«, in: *Science* 317, 2007, S. 1344–47.

Uta Frith, Cris Frith, »The Social Brain: Allowing Humans to Boldly Go Where No Other Species Has Been«, in: *Philosophical Transactions of the Royal Society B* 365, 2010, S. 165–75.

Ian C. Gilby, »Meat Sharing Among the Gombe Chimpanzees: Harassment and Reciprocal Exchange«, in: *Animal Behaviour* 71, 2006, S. 953–63.

Brian Hare, Michael Tomasello, »Chimpanzees Are More Skillful in Competitive than in Cooperative Cognitive Tasks«, in: *Animal Behaviour* 68, 2004, S. 571–81.

Donna Hart, Robert W. Sussman, *Man the Hunted: Primates, Predators, and Human Evolution*. Boulder 2005.

Nicholas Humphrey, »The Social Function of Intellect«, in: P. P. G. Bateson, R. A. Hinde (Hg.), *Growing Points in Ethology*, Cambridge 1976, S. 303–13.

Barbara Isaac, »Throwing and Human Evolution«, in: *African Archaeological Review* 5, 1987, S. 3–17.

Kunio Kaiho, Naga Oshima, »Site of Asteroid Impact Changed the History of Life on Earth: the Low Probability of Mass Extinction«, in: *Scientific Reports* 7, 2017, S. 148–55.
Adriaan Kortlandt, *New Perspectives on Ape and Human Evolution*. Amsterdam 1972.
Matthew D. Lieberman, *Why Our Brains Are Wired to Connect*. New York 2013.
Mary W. Marzke, »Joint Functions and Grips of the *Australopithecus afarensis* Hand, with Special Reference to the Region of the Capitate«, in: *Journal of Human Evolution* 12, 1983, S. 197–211.
Steven Pinker, »The Cognitive Niche: Coevolution of Intelligence, Sociality, and Language«, in: *Proceedings of the National Academy of Sciences* 107, 2010, S. 8993–99.
Lauren E. Powell, Karin Isler und Robert A. Barton, »Re-Evaluating the Link Between Brain Size and Behavioural Ecology in Primates«, in: *Proceedings of the Royal Society B* 284, 2017, S. 1765.
Jill D. Pruetz, Paco Bertolani, »Savanna Chimpanzees, *Pan troglodytes verus*, Hunt with Tools«, in: *Current Biology* 17, 2007, S. 412–17.
Jill D. Pruetz, Stacy Lindshield, »Plant-Food and Tool Transfer Among Savanna Chimpanzees at Fongoli, Senegal«, in: *Primates* 53, 2012, S. 133–45.
Neil T. Roach, Madhusudhan Venkadesan, Michael J. Rainbow und Daniel E. Lieberman, »Elastic Energy Storage in the Shoulder and the Evolution of High-Speed Throwing in *Homo*«, in: *Nature* 498, 2013, S. 483–87.
Michael Tomasello, *Eine Naturgeschichte der menschlichen Moral*. Berlin 2016.
A. Whiten, R. W. Byrne, »Tactical Deception in Primates.«, in: *Behavioral and Brain Sciences* 11, 1988, S. 233–73.
Kipling D. Williams, *Ostracism: The Power of Silence*. New York 2002.
Richard W. Young, »Evolution of the Human Hand: The Role of Throwing and Clubbing«, in: *Journal of Anatomy* 202, 2003, S. 165–74.

Kapitel 2: Jenseits von Afrika

Roy F. Baumeister, *The Cultural Animal: Human Nature, Meaning, and Social Life*. New York 2005.
Francesco Berna, Paul Goldberg, Liora K. Horwitz, James Brink, Sharon Holt, Marion Bamford und Michael Chazan, »Microstratigraphic Evidence of In Situ Fire in the Acheulian Strata of Wonderwerk Cave, Northern Cape Province, South Africa«, in: *Proceedings of the National Academy of Sciences* 109, 2012, S. E1215–E1220.
Christophe Boesch, »Teaching Among Wild Chimpanzees.«, in: *Animal Behaviour* 41, 1991, S. 530–32.
Robert Boyd, Peter J. Richerson, »Culture and the Evolution of the Human Social Instincts«, in: S. Levinson, N. Enfield (Hg.), *Roots of Human Sociality*. Oxford 2006, S. 453–77.
Fernando Diez-Martín, Policarpo Sánchez Yustos, David Uribelarrea del Val, Enrique Baquedano, Darren F. Mark, Audax Mabulla, José Yravedra et al., »The Origin of the

Acheulean: The 1.7 Million-Year-Old Site of FLK West, Olduvai Gorge (Tanzania)«, in: *Scientific Reports* 5, 2015, S. 17839.

Xiao P. Ding, Henry M. Wellman, Yu Wang, Genye Fu und Kang Lee, »Theory-of-Mind Training Causes Honest Young Children to Lie«, in: *Psychological Science* 26, 2015, S. 1812–21.

Manuel Domínguez-Rodrigo, »Hunting and Scavenging by Early Humans: The State of the Debate«, in: *Journal of World Prehistory* 16, 2002, S. 1–54.

Ian T. Fiddes, Gerrald A. Lodewijk, Meghan Mooring, Sofie R. Salama, Frank M. J. Jacobs, D. Haussler et al., »Human-Specific NOTCH2NL Genes Affect Notch Signaling and Cortical Neurogenesis«, in: *Cell* 173, 2018, S. 1356–69.

Rosalia Gallotti, Margherita Mussi. »The Unknown Oldowan: ~1.7-Million-Year-Old Standardized Obsidian Small Tools from Garba IV, Melka Kunture, Ethiopia.«, in: *PLoS One* 10, Nr. 12, 2015, S. e0145101, https://doi.org/10.1371/journal.pone.0145101.

Ann Gibbons, »Why Humans Are the High-Energy Apes«, in: *Science* 352, 2016, S. 639.

Naama Goren-Inbar, Adrian Lister, Ella Werker und Mario Chech, »A Butchered Elephant Skull and Associated Artifacts from the Acheulian Site of Gesher Benot Ya'aqov, Israel«, in: *Paléorient*, 1994, S. 99–112.

Alexander H. Harcourt, »Human Phylogeography and Diversity«, in: *Proceedings of the National Academy of Sciences* 113, 2016. S. 8072–78.

Sonia Harmand, Jason E. Lewis, Craig S. Feibel, Christopher J. Lepre, Sandrine Prat, Arnaud Lenoble, Hélène Roche et al., »3.3-million-year-old Stone Tools from Lomekwi 3, West Turkana, Kenya«, in: *Nature* 521, 2015, S. 310–15.

Joseph Henrich, *The Secret of Our Success: How Culture Is Driving Human Evolution, Domesticating Our Species, and Making Us Smarter*. Princeton 2015.

Victoria Horner, Andrew Whiten, »Causal Knowledge and Imitation/Emulation Switching in Chimpanzees (Pan troglodytes) and Children (Homo sapiens)«, in: *Animal Cognition* 8, 2005, S. 164–81.

Christopher Krupenye, Fumihhiro Kano, Satoshi Hirata, Josep Call und Michael Tomasello, »Great Apes Anticipate That Other Individuals Will Act According to False Beliefs.«, in: *Science* 354, 2016, S. 110–14.

Dani Nadel, Avinoam Danin, Robert C. Power, Arlene M. Rosen, Fanny Bocquentin, Alexander Tsatskin, O. Barzilai et al., »Earliest Floral Grave Lining from 13,700–11,700-y-old Natufian Burials at Raqefet Cave, Mt. Carmel, Israel«, in: *Proceedings of the National Academy of Sciences* 110, 2013, S. 11774–78.

Steven Pinker, *Gewalt: Eine neue Geschichte der Menschheit*. Frankfurt am Main 2011.

William A. Roberts, »Are Animals Stuck in Time?«, in: *Psychological Bulletin* 128 (2002): 473–89.

Hélène Roche, Anne Delagnes, Jean-Philip Brugal, Craig Feibel, Mzalendo Kibunjia, Vincent Mourre und Pierre-Jean Texier, »Early Hominid Stone Tool Production and Technical Skill 2.34 MYR Ago in West Turkana, Kenya«, in: *Nature* 399, 1999, S. 57–60.

Ceri Shipton, Mark Nielsen, »Before Cumulative Culture«, in: *Human Nature* 26, 2015, S. 331–45.
Dietrich Stout, Erin Hecht, Nada Khreisheh, Bruce Bradley und Thierry Chaminade, »Cognitive Demands of Lower Paleolithic Toolmaking«, in: *PLoS One* 10, Nr. 4, 2015, S. e0121804.
Thomas Suddendorf, *Der Unterschied: Was den Mensch zum Menschen macht*. Berlin 2014.
Thomas Suddendorf, Michael. C. Corballis, »The Evolution of Foresight: What Is Mental Time Travel, and Is It Unique to Humans?«, in: *Behavioral and Brain Sciences* 30, 2007, S. 299–313.
Ikuo Suzuki, David Gacquer, Roxane Van Heurck, Devesh Kumar, Marta Wojno, Angéline Bilheu, Adèle Herpoel, et al., »Human-Specific NOTCH2NL Genes Expand Cortical Neurogenesis Through Delta/Notch Regulation«, in: *Cell* 173 , 2018, S. 1370–84.
Daniel Sznycer, John Tooby, Leda Cosmides, Ronit Porat, Shaul Shalvi und Eran Halperin, »Shame Closely Tracks the Threat of Devaluation by Others, Even Across Cultures«, in: *Proceedings of the National Academy of Sciences*, 2015, S. 14699.
Robert Trivers, »The Evolution of Reciprocal Altruism«, in: *Quarterly Review of Biology* 46, 1971, S. 35–57.
Brandon C. Wheeler, »Monkeys Crying Wolf? Tufted Capuchin Monkeys Use Anti-Predator Calls to Usurp Resources from Conspecifics«, in: *Proceedings of the Royal Society of London B: Biological Sciences* 276, 2009, S. 3013–18.
Polly W. Wiessner, »Embers of Society: Firelight Talk Among the Ju/'Hoansi Bushmen«, in: *Proceedings of the National Academy of Sciences* 111, 2014, S. 14027–35.
Richard Wrangham, *Feuer fangen. Wie uns das Kochen zum Menschen machte – eine neue Theorie der menschlichen Evolution*. München 2009.
Richard Wrangham, Rachel Carmody, »Human Adaptation to the Control of Fire«, in: *Evolutionary Anthropology: Issues, News, and Reviews* 19, 2010, S. 187–99.

Weiterführende Literatur:

William von Hippel, Thomas Suddendorf, »Evolutionary Foundations of Social Psychology.« in: Paul A. Van Lange, E. Tory Higgins und Arie Kruglanski (Hg.), *Social Psychology: The Handbook of Basic Principles* (unveröffentlich).

Kapitel 3: Getreide, Städte, Könige

Daron Acemoğlu und James A. Robinson, *Warum Nationen scheitern: Die Ursprünge von Macht, Wohlstand und Armut*. Frankfurt am Main 2013.
Alberto F. Alesina, Paola Giuliano und Nathan Nunn, »On the Origins of Gender Roles: Women and the Plough«, in: *Quarterly Journal of Economics* 128 , 2013, S. 469–530.
Nalini Ambady, Frank J. Bernieri und Jennifer A. Richeson, »Toward a Histology of Social

Behavior: Judgmental Accuracy from Thin Slices of the Behavioral Stream«, in: *Advances in Experimental Social Psychology* 32, 2000, S. 201–71.

Cristophe Boehm, *Hierarchy in the Forest: The Evolution of Egalitarian Behavior*. Cambridge 2009.

Ruth Bollongino, Olaf Nehlich, Michael P. Richards, Jörg Orschiedt, Mark G. Thomas, Christian. Sell, Joachim Burger et al., »2000 Years of Parallel Societies in Stone Age Central Europe«, in: *Science* 342, 2013, S. 479–81.

Ann Gibbons, »How Sweet It Is: Genes Show How Bacteria Colonized Human Teeth«, in: *Science* 339, 2013, S. 896–97.

Andrew Lawler, »Uncovering Civilization's Roots«, in: *Science* 335, 2012, S. 790–93.

Marta M. Lippi, Bruno Foggi, Biancamaria Aranguren, Annamaria Ronchitelli und Anna Revedin, »Multistep Food Plant Processing at Grotta Paglicci (Southern Italy) Around 32,600 cal BP«, in: *Proceedings of the National Academy of Sciences* 112, 2015, S. 12075–80.

Li Liu, Sheahan Bestel, Jinming Shi, Yanhua Song und Xingcan Chen, »Paleolithic Human Exploitation of Plant Foods During the Last Glacial Maximum in North China«, in: *Proceedings of the National Academy of Sciences* 110, 2013, S. 5380–85.

Yolanda Martins, George Preti, Christina Crabtree, Tamar Runyan, Aldona A. Vainius und Charles J. Wysocki, »Preference for Human Body Odors Is Influenced by Gender and Sexual Orientation«, in: *Psychological Science* 16, 2005, S. 694–701.

Siobhán M. Mattison, Eric A. Smith, Mary K. Shenk und Etha. E. Cochrane, »The Evolution of Inequality«, in: *Evolutionary Anthropology: Issues, News, and Reviews* 25, 2016, S. 184–99.

Richard Nisbett, Doy Cohen, *Culture of Honor: The Psychology of Violence in the South*. Boulder 1996.

Heather Pringle, »The Ancient Roots of the 1%«, in: *Science* 344, 2014, S. 822–25.

Christina Starmans, Mark Sheskin und Paul Bloom, »Why People Prefer Unequal Societies«, in: *Nature Human Behaviour* 1, 2017, S. 1–7.

George Willcox, »The Roots of Cultivation in Southwestern Asia«, in: *Science* 341, 2013, S. 39–40.

Bruce Winterhalder, »Work, Resources and Population in Foraging Societies«, in: *Man*, 1993, S. 321–40.

Tatiana Zerjal, Yali Xue, Giorgio Bertorelle, R. Spencer Wells, Weidong Bao, Suling Zhu, Pu Li et al., »The Genetic Legacy of the Mongols« in: American Journal of Human Genetics 72, 2003, S. 717–21.

Kapitel 4: Sexuelle Selektion und soziales Vergleichen

Juliane Bräuer, Daniel Hanus, »Fairness in Non-human Primates?«, in: *Social Justice Research* 25, 2012, S. 256–76.

Sarah F. Brosnan, Frans. B. De Waal, »Monkeys Reject Unequal Pay«, in: *Nature* 425, 2003, S. 297–99.

Culum Brown, Martin P. Garwood und Jane E. Williamson, »It Pays to Cheat: Tactical Deception in a Cephalopod Social Signaling System«, in: *Biology Letters,* 2012, S. 729–32.
David M. Buss, David P. Schmitt, »Sexual Strategies Theory: An Evolutionary Perspective on Human Mating«, in: *Psychological Review* 100, 1993, S. 204.
Charles Darwin, *Die Abstammung des Menschen und die geschlechtliche Zuchtwahl.* Stuttgart 1871.
Jan M. Engelmann, Jeremy B. Clift, Esther Herrmann und Michael Tomasello, »Social Disappointment Explains Chimpanzees' Behaviour in the Inequity Aversion Task«, in: *Proceedings of the Royal Society B* 284, 2017, https://doi/10.1098/rspb.2017.1502
Andrew Galperin, Martie G. Haselton, David A. Frederick, Joshua Poore, William von Hippel, David M. Buss und Gian C. Gonzaga, »Sexual Regret: Evidence for Evolved Sex Differences«, in: *Archives of Sexual Behavior* 42, 2013, S. 1145–61.
Ilyana Kuziemko, Ryan W. Buell, Taly Reich und Michael I. Norton, »›Last-Place Aversion‹: Evidence and Redistributive Implications«, in: *Quarterly Journal of Economics* 129, 2014, S. 105–49.
Kristin L. Leimgruber, Alexandra G. Rosati und Laurie R. Santos, »Capuchin Monkeys Punish Those Who Have More«, in: *Evolution and Human Behavior* 37, 2016, S. 236–44.
Abraham Tesser, »Toward a Self-Evaluation Maintenance Model of Social Behavior«, in: *Advances in Experimental Social Psychology* 21, 1988, S. 181–27.
Robert Trivers, *Parental Investment and Sexual Selection*, in: Bernard Campbell (Hg). *Sexual Selection and the Descent of Man.* New York 1972.
Christopher von Rueden, Michael Gurven und Hillard Kaplan, »Why Do Men Seek Status? Fitness Payoffs to Dominance and Prestige«, in: *Proceedings of the Royal Society of London B: Biological Sciences* 278, 2010, S. 2223–32.
Amotz Zahavi, »Mate Selection: A Selection for a Handicap«, in: *Journal of Theoretical Biology* 53, 1975, S. 205–14.

Kapitel 5: Homo Socialis

Cameron Anderson, Sebastien Brion, Don A. Moore und Jessica A. Kennedy, »A Status-Enhancement Account of Overconfidence«, in: *Journal of Personality and Social Psychology* 103, 2012, S. 718–35.
Christophe Boehm, *Moral Origins: The Evolution of Virtue, Altruism, and Shame.* New York 2012.
Sarah Boysen, Gary G. Berntson, »Responses to Quantity: Perceptual Versus Cognitive Mechanisms in Chimpanzees (*Pan troglodytes*)«, in: *Journal of Experimental Psychology: Animal Behavior Processes* 21, 1995, S. 82.
William Brady, Julian. A. Wills, John T. Jost, Joshua A. Tucker und Jay J. Van Bavel, »Emotion Shapes the Diffusion of Moralized Content in Social Networks«, in: *Proceedings of the National Academy of Sciences* 114, 2017, S. 7313–18.

Peter H. Ditto, David F. Lopez, »Motivated Skepticism: Use of Differential Decision Criteria for Preferred and Nonpreferred Conclusions«, in: *Journal of Personality and Social Psychology* 63, 1992, S. 568–84.

Nicholas Epley, Erin Whitchurch, »Mirror, Mirror on the Wall: Enhancement in Self-Recognition«, in: *Personality and Social Psychology Bulletin* 34, 2008, S. 1159–70.

Andrew Guess, Brendan Nyhan und Jason Reifler, »Selective Exposure to Misinformation Evidence from the Consumption of Fake News During the 2016 U. S. Presidential Campaign« unveröffentlichtes Manuskript, Dartmouth College, 2018.

Jason R. Hall, Edward M. Bernat und Christopher J. Patrick, »Externalizing Psychopathology and the Error-Related Negativity«, in: *Psychological Science* 18, 2007, S. 326–33.

Curtis H. Hardin, E. Tory Higgins, *Shared Reality: How Social Verification Makes the Subjective Objective,* in: Richard M. Sorrentino, E. Tory Higgins (Hg.), *Handbook of Motivation and Cognition, Vol. 3: The Interpersonal Context*, New York 1996, S. 28–84.

Chip Heath, Chris Bell und Emily Sternberg, »Emotional Selection in Memes: The Case of Urban Legends«, in: *Journal of Personality and Social Psychology* 81, 2001, S. 1028.

Matthew D. Lieberman, Naomi I. Eisenberger, »The Dorsal Anterior Cingulate Cortex Is Selective for Pain: Results from Large-Scale Reverse Inference«, in: *Proceedings of the National Academy of Sciences* 112, 2015, S. 15250–55.

Hugo Mercier, Dan Sperber, »Why Do Humans Reason? Arguments for an Argumentative Theory«, in: *Behavioral and Brain Sciences* 34, 2011, S. 57–74.

Walter S. Mischel, Yuichi. Shoda und Monica L. Rodriguez. »Delay of Gratification in Children«, in: *Science* 244, 1989, S. 933.

F. A. Moss, T. Hunt, K. T. Omwake und M. M. Ronning, *George Washington University Social Intelligence Test*. Washington 1925.

Sean C. Murphy, Fiona K. Barlow und William von Hippel, »A Longitudinal Test of Three Theories of Overconfidence«, in: *Social Psychological and Personality Science* 9, Nr. 3, 2017, S. 353–63.

Sean C. Murphy, William von Hippel, Shelli L. Dubbs, Michael J. Angilletta Jr., Robbie S. Wilson, Robert Trivers und Fiona K. Barlow, »The Role of Overconfidence in Romantic Desirability and Competition«, in: *Personality and Social Psychology Bulletin* 41, 2015, S. 1036–52.

Tanya Schlam, Nicole L. Wilson, Yuichi Shoda, Walter Mischel und Ozlem Ayduk, »Preschoolers' Delay of Gratification Predicts Their Body Mass 30 Years Later«, in: *Journal of Pediatrics* 162, 2013, S. 90–93.

Megan K. Smith, Robert Trivers und William von Hippel »Self-Deception Facilitates Interpersonal Persuasion«, in: *Journal of Economic Psychology* 63, 2017, S. 93–101.

Ruth Strang, »An Analysis of Errors Made in a Test of Social Intelligence«, in: *Journal of Educational Sociology* 5, 1932, S. 291–99.

Thomas Suddendorf, *Der Unterschied: Was den Mensch zum Menschen macht*. Berlin 2014.

Michael Tomasello, Malinda Carpenter, Josep Call, Tanya Behne und Henrike Moll, »Understanding and Sharing Intentions: The Origins of Cultural Cognition«, in: *Behavioral and Brain Sciences* 28, 2005, S. 675–91.

William von Hippel, Karen Gonsalkorale, »›That Is Bloody Revolting!‹ Inhibitory Control of Thoughts Better Left Unsaid«, in: *Psychological Science* 16, 2005, S. 497–500.
William von Hippel, W., Richard Ronay, Ernest Baker, Kathleen Kjelsaas und Sean C. Murphy, »Quick Thinkers Are Smooth Talkers: Mental Speed Facilitates Charisma«, in: *Psychological Science* 27, 2016, S. 119–22.
William von Hippel, Robert Trivers, »The Evolution and Psychology of Self-Deception«, in: *Behavioral and Brain Sciences* 34, 2011, S. 1–16.
Sean P. Wojcik, Arpine Hovasapian, Jesse Graham, Matt Motyl und Peter H. Ditto, »Conservatives Report, but Liberals Display, Greater Happiness«, in: *Science* 347, 2015, S. 124346.

Kapitel 6: Homo Innovatio

Simon Baron-Cohen, »Autism and the Technical Mind«, in: *Scientific American* 307, 2012, S. 72–75.
Simon Baron-Cohen, Patrick Bolton, Sally Wheelwright, Liz Short, Genevieve Mead, Alex Smith und Victoria Scahill, »Does Autism Occur More Often in Families of Physicists, Engineers, and Mathematicians?«, in: *Autism* 2, 1998, S. 296–301.
Simon Baron-Cohen, Sally Wheelwright, Richard Skinner, Joanne Martin und Emma Clubley, »The Autism-Spectrum Quotient (AQ): Evidence from Asperger Syndrome/High-Functioning Autism, Males and Females, Scientists and Mathematicians«, in: *Journal of Autism and Developmental Disorders* 31, 2001, S. 5–17.
Christophe Boehm, *Hierarchy in the Forest: The Evolution of Egalitarian Behavior*. Cambridge 2009.
John T. Cacioppo, Stephanie Cacioppo, Gian C. Gonzaga, Elizabeth L. Ogburn und Tyler J. Van derWeele, »Marital Satisfaction and Break-ups Differ Across On-line and Off-line Meeting Venues«, in: *Proceedings of the National Academy of Sciences* 110, 2013, S. 10135–40.
Scott D. Gest, Sandra A. Graham-Bermann und Williard W. Hartup, »Peer Experience: Common and Unique Features of Number of Friendships, Social Network Centrality, and Sociometric Status«, in: *Social Development* 10, 2001, S. 23–40.
Paola Giuri, Myriam Mariani, Stefano Brusoni, Gustavo Crespi, Dominique Francoz, Alfonso Gambardella, Bart Verspagen et al., »Inventors and Invention Processes in Europe: Results from the PatVal-EU Survey«, in: *Research Policy* 36, 2007, S.1107–27.
Maxie Gluckman, Scott P. Johnson, »Attentional Capture by Social Stimuli in Young Infants«, in: *Frontiers in Psychology* 4, 2013, S. 527.
Jane Goodall, *Wilde Schimpansen. Verhaltensforschung am Gombe-Strom.* Reinbek 1991.
Yuval Noah Harari, *Eine kurze Geschichte der Menschheit.* München 2013.
Janice M., Erin R. Siebert und Kim Wallen, »Sex Differences in Rhesus Monkey Toy Preferences Parallel Those of Children«, in: *Hormones and Behavior* 54, 2008, S. 359–64.

Matthew D. Lieberman, *Social: Why Our Brains Are Wired to Connect.* New York 2013.
David Lubinski, Camilla P. Benbow und Harrison J. Kell, »Life Paths and Accomplishments of Mathematically Precocious Males and Females Four Decades Later«, in: *Psychological Science* 25, 2014, S. 2217–32.
Svetlana Lutchmaya, Simon Baron-Cohen, »Human Sex Differences in Social and Non-Social Looking Preferences, at 12 Months of Age«, in: *Infant Behavior and Development* 25, 2002, S. 319–25.
Erin B. McClure, »A Meta-analytic Review of Sex Differences in Facial Expression Processing and Their Development in Infants, Children, and Adolescents«, in: *Psychological Bulletin* 126, 2000, S. 424.
Corinne A. Moss-Racusin, John F. Dovidio, Victoria L. Brescoll, Mark J. Graham und Jo. Handelsman, »Science Faculty's Subtle Gender Biases Favor Male Students«, in: *Proceedings of the National Academy of Sciences* 109, 2012, S. 16474–79.
Martine T. Roelfsema, Rosa A. Hoekstra, Carrie Allison, Sally Wheelwright, Carol Brayne, Fiona E. Matthews und Simon Baron-Cohen, »Are Autism Spectrum Conditions More Prevalent in an Information-Technology Region? A School-Based Study of Three Regions in the Netherlands«, in: *Journal of Autism and Developmental Disorders* 42, 2012, S. 734–39.
Gijsbert Stoet, David C. Geary, »The Gender-Equality Paradox in Science, Technology, Engineering, and Mathematics Education«, in: *Psychological Science* 29, 2018, S. 581–93.
Rong Su, James Rounds und Patrick I. Armstrong, »Men and Things, Women and People: A Meta-Analysis of Sex Differences in Interests«, in: *Psychological Bulletin* 135, 2009, S. 859–84.
Thomas Suddendorf, *Der Unterschied: Was den Mensch zum Menschen macht.* Berlin 2014.
Karla C. Van Meter, Lasse Engbo Christiansen, Lora D. Delwiche, Rahman Azari, Tim E. Carpenter und Irva Hertz-Picciotto, »Geographic Distribution of Autism in California: A Retrospective Birth Cohort Analysis«, in: *Autism Research* 3, 2010, S. 19–29.
William von Hippel, Eric von Hippel, Jeroen P. De Jong und Stephen Flowers, »Comparing Business and Household Sector Innovation in Consumer Products: Findings from a Representative Study in the United Kingdom«, in: *Management Science* 58, 2012, S. 1669–81.
Ming-Te Wang, Jacquelynne S. Eccles und Sarah Kenny, »Not Lack of Ability but More Choice: Individual and Gender Differences in Choice of Careers in Science, Technology, Engineering, and Mathematics«, in: *Psychological Science* 24, 2013, S. 770–75.
Wendy M. Williams, Stephen J. Ceci, »National Hiring Experiments Reveal 2:1 Faculty Preference for Women on STEM Tenure Track«, in: *Proceedings of the National Academy of Sciences* 112, 2013, S. 5360–65.

Weiterführende Literatur:

William von Hippel, Thomas Suddendorf, »Did Humans Evolve to Innovate with a Social Rather than Technical Orientation?«, in: *New Ideas in Psychology* 51, 2018, S. 34–39.

Kapitel 7: Elefanten und Paviane

Daron Acemoğlu und James A. Robinson, *Warum Nationen scheitern: Die Ursprünge von Macht, Wohlstand und Armut*. Frankfurt am Main 2013.

Elizabeth A. Archie, Thomas A. Morrison, Charles. A. H. Foley, Cynthia. J. Moss und Susan C. Alberts, »Dominance Rank Relationships Among Wild Female African Elephants, Loxodonta africana«, in: *Animal Behaviour* 71, 2006, S. 117–27.

L. L. Betzig, »Despotism and Differential Reproduction: A Cross-Cultural Correlation of Conflict Asymmetry, Hierarchy, and Degree of Polygyny«, in: *Ethology and Sociobiology* 3, 1982, S. 209–21.

Matthew Bidwell, »Paying More to Get Less: Specific Skills, Matching, and the Effects of External Hiring Versus Internal Promotion«, in: *Administrative Science Quarterly* 56, 2011, S. 369.407.

Charleen R. Case, Jon K. Maner, «Divide and Conquer: When and Why Leaders Undermine the Cohesive Fabric of Their Group«, in: *Journal of Personality and Social Psychology* 107, 2014, S. 1033–50.

Napoleon A. Chagnon, *Noble Savages: My Life Among Two Dangerous Tribes—the Yanomamö and the Anthropologists*. New York 2013.

Guy Cowlishaw, R. I. M. Dunbar, »Dominance Rank and Mating Success in Male Primates«, in: *Animal Behavior* 41, 1991, S. 1045–56.

R. Inglehart, C. Haerpfer, A. Moreno, C. Welzel, K. Kizilova, J. Diez-Medrano,
M. Lagos, P. Norris, E. Ponarin, B. Puranen et al. (Hg.), »World Values Survey: Wave 6 (2010–2014)«, Madrid: JD Systems Institute, 2014, http://www.worldvaluessurvey.org/WVSDocumentationWV6.jsp.

David W. Lawson, Susan H. James, Esther Ngadaya, Bernard Ngowi, Sayoki G. Mfinanga und Monique B. Mulder, »No Evidence That Polygynous Marriage Is a Harmful Cultural Practice in Northern Tanzania«, in: *Proceedings of the National Academy of Sciences* 112, 2015, S. 13827–32.

Steve Loughnan, Peter Kuppens, Jüri Allik, Katalin Balazs, Soledad de Lemus, Kitty Dumont, Rafael Gargurevich, István Hidegkuti, Bernhard Leidner, Lennia Matos, Joonha Park., Anu Realo, Junqi Shi, Victor Sojo, Yuk-Yue Tong, Jeroen Vaes, Philippe Verduyn, Victoria Yeung und Nick Haslam, »Economic Inequality Is Linked to Biased Self-Perception«, in: *Psychological Science* 22, 2011, S. 1254–58.

Jon K. Maner, Nicole L. Mead, »The Essential Tension Between Leadership and Power: When Leaders Sacrifice Group Goals for the Sake of Self-Interest«, in: *Journal of Personality and Social Psychology* 99, 2010, S. 482–97.

Frank Marlowe, *The Hadza: Hunter-Gatherers of Tanzania*. Berkeley 2010.

Karen McComb, Cynthia Moss, Sarah M. Durant, Lucy Baker und Soila. Sayialel, »Matriarchs as Repositories of Social Knowledge in African Elephants«, in: *Science* 292, 2001, S. 491–94.

Karen McComb, Graeme Shannon, Sarah M. Durant, Katito Sayialel, Rob Slotow, Joyce Poole und Cynthia Moss, »Leadership in Elephants: The Adaptive Value of Age«, in: *Proceedings of the Royal Society B: Biological Sciences* 278, 2001, S. 3270–76.

Richard Ronay, Janneke K. Oostrom, Nale Lehmann-Willenbrock und Mark Van Vugt, »Pride Before the Fall: (Over) Confidence Predicts Escalation of Public Commitment«, in: *Journal of Experimental Social Psychology* 69, 2017, S. 13–22.

Robert Sapolsky, *A Primate's Memoir: A Neuroscientist's Unconventional Life Among the Baboons*. New York 2007.

Robert Wright, *The Moral Animal: Why We Are the Way We Are: The New Science of Evolutionary Psychology*. New York 1994.

Weiterführende Literatur:

Richard Ronay, William W. Maddux und William von Hippel, »Inequality Rules: Resource Distribution and the Evolution of Dominance- and Prestige-Based Leadership«, in: *Leadership Quarterly* (im Druck).

Kapitel 8: Der Ärger mit dem Stammesdenken

Marilynn B. Brewer, »The Psychology of Prejudice: Ingroup Love and Outgroup Hate?«, in: *Journal of Social Issues* 55, 1999, S. 429–44.

Trevor I. Case, Betty M. Repacholi und Richard J. Stevenson, »My Baby Doesn't Smell as Bad as Yours: The Plasticity of Disgust«, in: *Evolution and Human Behavior* 27, 2006, S. 357–65.

Napoleon Chagnon, »Life Histories, Blood Revenge, and Warfare in a Tribal Population«, in: *Science* 239, 1988, S. 985.

Leda Cosmides, H. Clark Barrett und John Tooby, »Adaptive Specializations, Social Exchange, and the Evolution of Human Intelligence«, in: *Proceedings of the National Academy of Sciences* 107, 2010, S. 9007–14.

Corey L. Fincher, Randy Thornhill, »Assortative Sociality, Limited Dispersal, Infectious Disease and the Genesis of the Global Pattern of Religion Diversity«, in: *Proceedings of the Royal Society of London B: Biological Sciences* 275, 2008, S. 2587–94.

»A Parasite-Driven Wedge: Infectious Diseases May Explain Language and Other Biodiversity«, in: *Oikos* 117, 2008, S. 1289–97.

Luke Glowacki, Richard Wrangham, »Warfare and Reproductive Success in a Tribal Population«, in: *Proceedings of the National Academy of Sciences* 112, 2015, S. 348–53.

Lawrence H. Keeley, *War Before Civilization: The Myth of the Peaceful Savage*. New York 1997.

Sarah Mathew, Robert Boyd, »Punishment Sustains Large-Scale Cooperation in Prestate Warfare«, in: *Proceedings of the National Academy of Sciences* 108, 2011, S. 11375–80.

Steven Pinker, *Gewalt: Eine neue Geschichte der Menschheit,* Frankfurt am Main 2011.

Aufklärung jetzt: Für Vernunft, Wissenschaft, Humanismus und Fortschritt. Eine Verteidigung. Frankfurt am Main 2018.
Mark Schaller, »The Behavioural Immune System and the Psychology of Human Sociality«, in: *Philosophical Transactions of the Royal Society B: Biological Sciences*, 366, 2011, S. 3418–26.
Mark Schaller, Steven L. Neuberg, »Danger, Disease, and the Nature of Prejudice(s)«, in: *Advances in Experimental Social Psychology* 46, 2012, S. 1.
Randy Thornhill, Corey L. Fincher, Damian R. Murray und Mark Schaller, »Zoonotic and Non-Zoonotic Diseases in Relation to Human Personality and Societal Values: Support for the Parasite-Stress Model«, in: *Evolutionary Psychology* 8, 2010, DOI: 147470491000800201.
Piercarlo Valdesolo, David DeSteno, »The Duality of Virtue: Deconstructing the Moral Hypocrite«, in: *Journal of Experimental Social Psychology* 44, 2008, S.1334–38.
»Moral Hypocrisy«, in: *Psychological Science* 18, 2007, S. 689–90.
Michael L. Wilson, Richard W. Wrangham, »Intergroup Relations in Chimpanzees«, in: *Annual Review of Anthropology* 32, 2003, S. 363–92.
Robbie S. Wilson, Michael J. Angilletta Jr., Rob S. James, Carlos Navas und Frank Seebacher, »Dishonest Signals of Strength in Male Slender Crayfish (*Cherax dispar*) During Agonistic Encounters«, in: *The American Naturalist* 170, 2007, S. 284–91.
Brian Wood, David P. Watts, John C. Mitani und Kevin E. Langergraber, »Favorable Ecological Circumstances Promote Life Expectancy in Chimpanzees Similar to That of Human Hunter-Gatherers«, in: *Journal of Human Evolution* 105, 2017, S. 41–56.
Richard W. Wrangham, Luke Glowacki, »Intergroup Aggression in Chimpanzees and War in Nomadic Hunter-Gatherers«, in: *Human Nature* 23, 2012, S. 5–29.
Hui Zhang, Frank N. von Hippel, »Using Commercial Imaging Satellites to Detect the Operation of Plutonium-Production Reactors and Gaseous- Diffusion Plants«, in: *Science and Global Security* 8, 2000, S. 261–313.

Weiterführende Literatur:

William von Hippel, »Evolutionary Psychology and Global Security«, in: *Science and Global Security* 2, 2007, S. 28–41.

Kapitel 9: Warum die Evolution das Glück »erfand«

Roy F. Baumeister, Ellen Bratslavsky, Catrin Finkenauer und Kathleen D. Vohs, »Bad Is Stronger than Good«, in: *Review of General Psychology* 5, 2001, S. 323–70.
Deborah D. Danner, David A. Snowdon und Wallace V. Friesen, »Positive Emotions in Early Life and Longevity: Findings from the Nun Study«, in: *Journal of Personality and Social Psychology* 80, 2001, S. 804–13.

John M. Darley, C. Daniel Batson, »›From Jerusalem to Jericho‹: A Study of Situational and Dispositional Variables in Helping Behavior«, in: *Journal of Personality and Social Psychology* 27, 1973, S. 100.
Daniel T. Gilbert, Timothy D. Wilson, »Prospection: Experiencing the Future«, in: *Science* 317, 2007, S. 1351–54.
Elise K. Kalokerinos, William von Hippel, Julie D. Henry und Robert Trivers, »The Aging Positivity Effect and Immune Functioning: Positivity in Recall Predicts Higher CD4 Counts and Lower CD4 Activation« in: *Psychology and Aging* 29, 2014, S. 636–41.
Janice K. Kiecolt-Glaser, Timothy J. Loving, Jeffrey R. Stowell et al., »Hostile Marital Interactions, Proinflammatory Cytokine Production, and Wound Healing«, in: *Archives of General Psychiatry* 62, 2005, S. 1377–84.
Shigehiro Oishi, Ed Diener und Richard E. Lucas, »The Optimum Level of Well-Being: Can People Be Too Happy?«, in: *Perspectives on Psychological Science* 2, 2007, S. 346–60.

Kapitel 10: Unsere evolutionär geprägten Bedürfnisse und das Glück

Susan C. Alberts, Jeanne Altmann, Diane K. Brockman, Marina Cords, Linda M. Fedigan, Anne Pusey, Anne M. Bronikowski et al., »Reproductive Aging Patterns in Primates Reveal That Humans Are Distinct«, in: *Proceedings of the National Academy of Sciences* 110, 2013, S. 13440–45.
Coren L. Apicella, Frank W. Marlowe, James H. Fowler und Nicholas A. Christakis, »Social Networks and Cooperation in Hunter-Gatherers«, in: *Nature* 481, 2012, S. 497–501.
Rebecca B. Bird, Eleanor A. Power, »Prosocial Signaling and Cooperation Among Martu Hunters«, in: *Evolution and Human Behavior* 36, 2015, S. 389–97.
David M. Buss, »The Evolution of Happiness«, in: *American Psychologist* 55, 2000, S. 15–23.
»Sex Differences in Human Mate Preferences: Evolutionary Hypotheses Tested in 37 Cultures«, in: *Behavioral and Brain Sciences* 12, 1989, S. 1–14.
E. H. Corder, A. M. Saunders, W. J. Strittmatter, D. E. Schmechel, P. C. Gaskell, G. W. Small, A. D. Roses, J. L. Haines und M. A. Pericak-Vance, »Gene Dose of Apolipoprotein E Type 4 Allele and the Risk of Alzheimer's Disease in Late Onset Families«, in: *Science* 261, 1993, S. 921–23.
Richard A. Easterlin, »Will Raising the Incomes of All Increase the Happiness of All?«, in: *Journal of Economic Behaviour and Organization* 27, 1994, S. 35–47.
Moshe Hoffman, Erez Yoeli und Martin A. Nowak. «Cooperate Without Looking: Why We Care What People Think and Not Just What They Do«, in: *Proceedings of the National Academy of Sciences* 112, 2015, S. 1727–32.
John Hunt, Robert Brooks, Michael D. Jennions, Michael J. Smith, Caroline L. Bentsen und Luc F. Bussiere, »High-Quality Male Field Crickets Invest Heavily in Sexual Display but Die Young«, in: *Nature* 432, 2004, S. 1024–27.

Inglehart, R., C. Haerpfer, A. Moreno, C. Welzel, K. Kizilova, J. Diez-Medrano,
M. Lagos, P. Norris, E. Ponarin, B. Puranen et al. (Hg.), »World Values Survey: Wave 6 (2010–2014)«, Madrid: JD Systems Institute, 2014, http:// www.worldvaluessurvey.org/ WVSDocumentationWV6.jsp.

Drake Morgan, Kathleen A. Grant, H. Donald Gage, Robert. H. Mach, Jay R. Kaplan, Osric Prioleau, Susan H. Nader, Nancy Buchheimer, Richard L. Ehrenkaufer und Michael A. Nader. «Social Dominance in Monkeys: Dopamine D2 Receptors and Cocaine Self-Administration«, in: *Nature Neuroscience* 5, 2002, S. 169–74.

Shigehiro Oishi, Ulrich Schimmack, »Residential Mobility, Well-Being, and Mortality«, in: *Journal of Personality and Social Psychology* 98, 2010, S. 980–94.

Ian P. Owens, »Sex Differences in Mortality Rate«, in: *Science* 297, 2002, S. 2008–9.

Anthony D. Pellegrini, Peter K. Smith (Hg.), *The Nature of Play: Great Apes and Humans.* New York 2005.

David G. Rand, Joshua D. Greene und Martin A. Nowak, »Spontaneous Giving and Calculated Greed«, in: *Nature* 489, 2012, S. 427–30.

Richard Ronay, William von Hippel, »The Presence of an Attractive Woman Elevates Testosterone and Physical Risk-Taking in Young Men«, in: *Social Psychological and Personality Science* 1, 2010, S. 57–64.

Leaf van Boven, Thomas Gilovich, »To Do or to Have? That Is the Question«, in: *Journal of Personality and Social Psychology* 85, 2003, S. 1193–302.

Jason A. Wilder, Zahra Mobasher und Michael F. Hammer, »Genetic Evidence for Unequal Effective Population Sizes of Human Females and Males«, in: *Molecular Biology and Evolution* 21, 2004, S. 2047–57.

Weiterführende Literatur:

William von Hippel, Karen Gonsalkorale, »Evolutionary Imperatives and the Good Life.«, in Joseph P. Forgas, Roy Baumeister (Hg.), *The Social Psychology of Living Well.* New York 2018.

Nachwort

Richard Dawkins, *Der entzauberte Regenbogen: Wissenschaft, Aberglaube und die Kraft der Phantasie.* Reinbek 2002, S. 17.

Robert Sapolsky, *A Primate's Memoir: A Neuroscientist's Unconventional Life Among the Baboons.* New York 2007.

Michael Tomasello, *Eine Naturgeschichte der menschlichen Moral.* Berlin 2016.

Register

Die Seitenzahlen der Abbildungen sind kursiv gesetzt

F

G

H

I

J

K

Anmerkungen

1 Menschen und Schimpansen haben einen gemeinsamen Urahnen, doch wir wissen nicht genau, wie dieser Urahne aussah. Fossilienfunde sprechen stark dafür, dass unsere gemeinsamen Großeltern sehr viel mehr den heutigen Schimpansen ähnelten als uns. Deshalb bezeichne ich unsere gemeinsamen Vorfahren als *schimpansenartig* oder *schimpansenähnlich*.

2 Raymond Dart: »Australopithecus africanus, the man-ape of South Africa«, in: *Nature* 115, S. 195–199, 1925, S. 198.

3 Mit Ausgrenzung (Ostrazismus) meine ich die ursprüngliche griechische Bedeutung des Begriffs, der die Verbannung aus der eigenen Gruppe bezeichnet. Psychologen benutzen den Begriff oft für Situationen, in denen ein Mensch nicht beachtet oder behandelt wird, als wäre er nicht da. Dieses Begriffsverständnis zielt auf eine psychologische Form der Verbannung, die mit Sicherheit unangenehm ist, aber für das Überleben andere Konsequenzen hat, als wenn man in einer urzeitlichen Umgebung abserviert wird.

4 Soziale Herausforderungen spielen auch für die kognitiven Fähigkeiten von zahlreichen anderen Arten eine Rolle. Zum Beispiel können Elefanten die Aufenthaltsorte ihrer Gruppenmitglieder über große Entfernungen hinweg bestimmen, und kleine Elstern werden zu klügeren Erwachsenen, wenn sie in größeren Gruppen leben.

5 In seinem Buch *Social: Why Our Brains Are Wired to Connect* (2013) erweitert Matthew Lieberman dieses Argument, um zu zeigen, dass das menschliche Gehirn auf eine sehr umfassende Weise so verdrahtet ist, dass es als soziales Werkzeug dienen kann.

6 Der Name Oldowan bezieht sich auf den Ort ihrer ursprünglichen Entdeckung durch Louis und Mary Leakeys Team in der Olduvai-Schlucht in Tansania.

7 Benannt nach der französischen Stadt Saint-Acheul, wo diese Werkzeuge hundert Jahre vor jenen Ausgrabungen gefunden wurden, die die Leakeys in Tansania durchführten.

8 Natürlich hatten *Australopithecus* und *Homo habilis* keine Kleidung und schon gar keine Taschen, und vielleicht fanden sie es schon deshalb einfacher, neue Steinwerkzeuge herzustellen, als die alten mitzuschleppen.

9 Einige Leser werden Zweifel an dieser These anmelden, indem sie zurecht darauf hinweisen, dass Eichhörnchen, Buschhäher und viele andere Tierarten Futter verstecken

und auf unterschiedliche Art und Weise für ihre Zukunft vorsorgen. Bei keinem dieser Tiere gibt es jedoch Hinweise darauf, dass sie ihre zukünftigen Bedürfnisse tatsächlich verstehen. Vielmehr scheint sich bei ihnen das Verstecken als instinktives Verhalten entwickelt zu haben, also ohne Voraussicht und ohne ein Verständnis dafür, warum sie sich so verhalten, wie sie es tun (ähnlich wie weibliche Schimpansen sich so entwickelt haben, dass sie ihre Geburtsgruppe verlassen, um Inzucht zu vermeiden). Diese Themen werden in Thomas Suddendorfs Buch *Der Unterschied. Was den Mensch zum Menschen macht* (Berlin 2014) im Detail erörtert.

10 Ich gebe zu, dass das kaum als Antwort durchgeht.

11 Was schon deshalb in Ordnung ist, weil dieses wichtige Ereignis wahrscheinlich ohnehin mehr als eine Ursache hatte.

12 Die Beherrschung des Feuers ermöglichte außerdem die meisten modernen Erfindungen, vom Schmelzen von Metallen über die Erfindung der Dampfmaschine bis zum Auto und zum Raketentreibstoff – aber natürlich kam es dazu erst sehr viel später …

13 Zwar entwickeln auch andere Menschenaffen eine abgespeckte Version von Theory of Mind, aber diese zeigt sich nur unregelmäßig und hauptsächlich in Konkurrenzsituationen. So greifen bei den Schimpansen Alphamännchen andere Männchen an, die ihre Stellung in der Hierarchie bedrohen könnten und isolieren sie, sobald sie den Eindruck bekommen, dass sie versuchen, sich mit anderen zu verbünden. Es gibt jedoch keinerlei Hinweise darauf, dass Schimpansen auch nur Rudimente von Theory of Mind einsetzen, um durch Zusammenarbeit Ergebnisse zu erzielen, die allen nützen.

14 Nahrungsmittel wie die Sagopalme machen überdeutlich, warum europäische Forschungsreisende in einer Umgebung ums Leben kommen konnten, in der die einheimische Bevölkerung mehr als genug zu essen hatte.

15 Kinder haben normalerweise mit etwa vier Jahren ein gutes Verständnis von Theory of Mind.

16 Während meiner Arbeit an diesem Buch wurden zwei Aufsätze veröffentlicht, die die mögliche Rolle von NOTCH2NL-Genen für das menschliche Gehirnwachstum beleuchten. In unserer Linie tauchten diese Gene vor etwa drei bis vier Millionen Jahren zum ersten Mal auf, gerade zu dem Zeitpunkt, als das Gehirn unserer Vorfahren in kleineren und größeren Sprüngen zu wachsen begann. Bevor wir uns unsere sozial-kognitive Nische geschaffen hatten, hätten uns diese Gene mehr gekostet, als sie wert waren – und wären deshalb kaum weitergegeben worden. Nachdem wir jedoch mit der Arbeitsteilung angefangen hatten, überwog der Gewinn in Bezug auf die soziale Leistungsfähigkeit, der durch größere Intelligenz ermöglicht wurde, bei Weitem die gewachsenen Stoffwechselkosten, die die Gehirnwachstums-Gene mit sich brachten.

17 Vielleicht fragen Sie sich manchmal, ob der Anbruch des digitalen Zeitalters für uns nicht ein ähnlich schlechter Deal ist. Bis vor Kurzem hingen unsere Telefone an Festnetzleitungen, und wenn man jemandem schreiben wollte, musste man einen Brief mit der Post verschicken. In jenen Tagen bekam ich täglich ein paar Anrufe von Freunden – nie-

mand machte sich die Mühe anzurufen, wenn man vermutlich sowieso unterwegs war – und jeden Tag ein oder zwei Briefe. Mobiltelefone, das Internet und E-Mail ermöglichen es uns, ununterbrochen in Kontakt zu bleiben, doch diese Verbindung hat ihren Preis. Ich finde es toll, dass ich meine Familie, meine Freunde, meine Kollegen und Studenten so leicht erreichen kann, aber die unverzögerte globale Kommunikation bedeutet auch, dass etwa 100 mal am Tag auf meinem Smartphone oder Laptop Nachrichten aufpoppen, die mit der Arbeit zu tun haben. Genau wie die ersten Bauern hatte ich keine Ahnung, was mich erwarten würde, als ich mir vor 30 Jahren ein E-Mail-Konto zulegte. Ich war mir recht sicher, dass es mein Leben einfacher machen würde. Inzwischen bin ich mir da nicht mehr ganz so sicher, aber einfach auszusteigen, ist auch nicht einfach.

18 Selbstverständlich gibt es einige Ausnahmen von dieser Regel. So verteidigen zum Beispiel zu bestimmten Jahreszeiten männliche Gnus ihr Stück Grasland gegen andere männliche Gnus (nicht aber gegen andere Pflanzenfresser wie Zebras oder Impalas) und nutzen ihr Territorium, um Weibchen anzulocken.

19 Während seines Eroberungszuges vergewaltigte Dschingis Khan sich seinen Weg einmal quer durch Asien; er und seine Nachkommen hatten darüber hinaus zahlreiche Nebenfrauen. Beides legt nahe, dass seine Gene in der Mongolei und den angrenzenden Gebieten überrepräsentiert sind. Genetiker fanden auf dem Y-Chromosom ein ungewöhnliches Gen, das ausschließlich im Gebiet des mongolischen Eroberungsfeldzuges vorkam. Dieses Gen konnte bis auf 1000 Jahre zurückverfolgt werden, und man geht aufgrund von historischen Berichten davon aus, dass es vor 800 Jahren von Dschingis Khan selbst verbreitet wurde.

20 Ich sollte aber erwähnen, dass einige Gesellschaften hochgradig spezialisierte Formen der Arbeitsteilung entwickelt haben, die es den Leuten ermöglicht haben, auch ohne Städte, ja sogar ohne eine existierende Landwirtschaft zu Spezialisten zu werden. Solche Kulturen entwickeln zwar echtes Expertentum, aber sie bieten im Hinblick auf die Gebiete der Spezialisierung wenig Wahlmöglichkeit und Vielfalt. In solchen Gesellschaften kann man sich nicht einfach aussuchen, Künstler oder Steinmetz zu werden, weil das nun einmal der eigenen Leidenschaft entspricht. Es ist eher so, dass es eine Notwendigkeit für diese spezielle Rolle geben muss und kulturelle Regeln dann anzeigen, dass eine bestimmte Person dafür geeignet ist. Was außerdem erwähnt werden sollte, ist, dass Expertentum auf einem selbst gewählten Gebiet zwar die Entwicklung von Städten voraussetzt, man jedoch nicht mehr unbedingt in einer Stadt leben muss, um sich zum Experten zu entwickeln. Sobald moderne Transportmittel zur Verfügung stehen, können sich Menschen, unabhängig davon, wo sie leben, ihren eigenen Interessen widmen.

21 Ein Nullsummenspiel ist ein Wettbewerb oder eine Verhandlung mit feststehendem Gewinn, bei denen also die Gewinne des einen automatisch die Verluste des anderen sind. Einen Kuchen aufzuteilen, ist ein Nullsummenspiel: Wenn ich ein großes Stück nehme, stehen Sie mit einem kleineren da.

22 Man kam zwar mit Fremden in Berührung, wenn man auf unbekannte Gruppen stieß, aber diese Situationen waren hochgradig gefährlich und hatten mit der zwanglosen Interaktion heutiger Stadtbewohner nichts zu tun.

23 Robert L. Trivers: »Parental investment and sexual selection«, in: Bernard Grant Campbell (Hrsg.): *Sexual Selection and the Descent of Man. 1871-1971.* London 1972.

24 Ich habe nicht wirklich die Stoffwechselenergie, die man braucht, um eine Portion Spermien zu produzieren, mit der gegengerechnet, die neun Monate Schwangerschaft und zwei Jahre Stillzeit erfordern, sondern einfach nur eine große Zahl gewählt. Vermutlich ist aber die Differenz sehr viel größer als eine Million zu eins.

25 Wobei das Essen von Fäkalien wohl auch schon unsere Chancen auf eine Verabredung verringert.

26 In diesem speziellen Fall war es natürlich ein aussagekräftiges Signal für *Katrins* Intelligenz.

27 Obwohl es sehr viel weniger Untersuchungen zu Partnerpräferenzen und sexuellen Gewohnheiten unter Mitgliedern der LGBTQ-Gemeinschaft gibt, zeichnen die existierenden Forschungsergebnissee ein ähnliches Bild. Beispielsweise haben meine Kollegen und ich herausgefunden, dass Männer, egal, ob sie heterosexuell, bisexuell oder schwul waren, tendenziell verpasste sexuelle Gelegenheiten mehr bereuten als schlechten Sex. Dagegen neigten Frauen unabhängig davon, ob sie heterosexuell, bisexuell oder lesbisch waren, mehr dazu, schlechten Sex zu bereuen als verpasste Gelegenheiten zum Sex.

28 Der Wunsch, unsere Bewusstseinsinhalte mit anderen Menschen zu teilen, ist in Thomas Suddendorfs Buch *Der Unterschied. Was den Mensch zum Menschen macht* (Berlin 2013) eine der beiden wesentlichen Eigenschaften, die der Autor als genuin menschlich ausmacht. Mehr dazu in Kapitel 6.

29 Eine Methode, die es Wissenschaftlern erlaubt, Stoffwechselaktivitäten in verschiedenen Gehirnregionen zu beobachten.

30 Der SAT (Scholastic Assessment Test) ist ein standardisierter Test, mit dessen Hilfe sich die Studierfähigkeit von Bachelorbewerbern an US-Universitäten und Colleges messen lässt.

31 Ich denke zwar wirklich gern an meine Schulzeit zurück, aber heutige Besucher unseres Schulhofs im Alaska der 1970er- und 1980er-Jahre kämen sich wahrscheinlich vor, als wären sie in der *Herr-der-Fliegen*-Grundschule gelandet. Unter unseren Lehrern herrschte die Annahme, dass die Minusgrade bis zum Ende der Pause schon dafür sorgen würden, dass unsere blutigen Nasen aufhören würden zu bluten, weshalb sie uns unsere Differenzen so lösen ließen, wie wir es für angebracht hielten. Meine Schulzeit hat mich über das Leben der Jäger und Sammler so einiges gelehrt: Auch wir mussten uns irgendwie selbst durchschlagen und konnten auf das Eingreifen einer überparteilichen Autorität wenig Hoffnung setzen.

32 Jedenfalls, was den Blickwinkel der Menschen aus ihrem jeweils eigenen Lager betrifft, der einem natürlich immer wichtiger ist.

33 Ich selbst habe keine Ahnung, warum Liberale glücklicher sein sollten als Konservative, aber ein paar Erklärungsmöglichkeiten fallen mir ein. Konservative wünschen sich normalerweise, dass die Welt so bleibt, wie sie ist oder war, und unsere Welt verändert sich rasant. Vielleicht macht sie das unglücklich. Als Wojcik seine Studie durchführte, war Barack Obama US-Präsident; vielleicht waren deshalb die Liberalen glücklicher. Man kann sich noch zahlreiche andere Möglichkeiten denken, aber der Punkt, auf den es hier ankommt, ist, dass Konservative behaupten, glücklicher zu sein als Liberale, während die Untersuchungsergebnisse zeigen, dass sie es nicht sind. Man muss natürlich im Kopf behalten, dass Konservative für Selbstbetrug nicht anfälliger sind als Liberale, weil Selbstbetrug nun einmal eine grundlegende menschliche Eigenschaft ist. Es ist nur einfach so, dass Konservative mehr davon haben, wenn sie sich selbst einreden, dass sie glücklich sind, und in der Konsequenz strengen sie sich ein bisschen mehr an, glücklich zu wirken, wenn sie gefragt werden.

34 Diese Studie könnte unethisch wirken, weil Ditto und seine Kollegen die Teilnehmerinnen und Teilnehmer unnötigem Stress aussetzten. Es war jedoch so, dass Ditto die Probanden direkt im Anschluss an das Experiment in den Zweck der Studie einweihte und sie darüber aufklärte, dass er die Krankheiten und den Test zu diesem Zweck erfunden hatte. Also ja, ein bisschen Stress hatten die Leute schon, jedoch nur für die kurze Zeit, in der sie an dem Experiment teilnahmen.

35 Es mag erst einmal seltsam erscheinen, einer breiten Öffentlichkeit eine solche Frage zu stellen, aber ein überraschender Prozentsatz wichtiger Erfindungen wurde dadurch gemacht, dass Menschen Objekte für ihren eigenen Gebrauch verändert haben. Eines meiner Lieblingsbeispiele stammt aus dem Jahr 1911, als Ray Harroun sich entschloss, beim ersten 500-Meilen-Rennen von Indianapolis seinen Wagen ganz allein, das heißt, ohne mitfahrenden Mechaniker, zu lenken. Er musste dazu eine Methode finden, die Autos hinter sich im Blick zu behalten, was normalerweise die Aufgabe des Mechanikers war. Dafür baute er etwas in sein Auto ein, das heute als der erste Rückspiegel gilt und überzeugte auf diese Weise die Veranstalter, dass es keineswegs zu gefährlich war, das Rennen allein zu fahren. (Das Indy i00 wurde damals auf einem Untergrund aus Ziegelsteinen gefahren, und Jahre später bekannte Harroun, dass er durch den stark wackelnden Rückspiegel nicht das Geringste hatte sehen können – was ihn nicht davon abhielt, das Rennen trotzdem zu gewinnen.) Ein etwas alltäglicheres Beispiel für eine Nutzer-Erfindung ist das Skateboard, das in den 1940er-Jahren von amerikanischen und europäischen Jugendlichen erfunden wurde, indem sie einfach ihre Rollschuhe auseinandernahmen und die Räder unter Kisten oder Bretter montierten.

36 In früheren Zeiten mögen Rollkoffer nicht besonders nützlich gewesen sein, weil man sie durch den Matsch oder über Kopfsteinpflaster hätte ziehen müssen. Doch zumindest seit dem Jahr 1870 wären solche Koffer ausgesprochen nützlich gewesen, nämlich auf den großen Bahnsteigen der Welt, wie zum Beispiel in New York, London und Ber-

lin. Und trotzdem hat es noch rund 100 Jahre gedauert, bis jemand auf die Idee für diese simple Erfindung kam.

37 Eine kurze Google-Suche spuckt alle möglichen klugen und einfachen Erfindungen aus: eine Mischung aus Kinderwagen und Rutscheauto, einen Zitrus-Sprüher, der einfach aus einer Sprühdüse mit spitzem Ende besteht, das man in eine Zitrone oder Limette rammt. Eine Pizzaschere mit Spachtel am unteren Ende, mit dem man die Stücke gleich hochnehmen und auf die Teller verteilen kann, eine Gabel mit geriffelten Zinken, von denen die aufgerollten Spaghetti nicht so leicht hinunterrutschen.

38 In seinem Buch *Eine kurze Geschichte der Menschheit* (München 2015) schreibt Yuval Harari, dass unsere Tendenz, auch über unsere unmittelbaren Herkunftsgruppen hinaus miteinander zu kooperieren, mit unserer Fähigkeit erklärt werden kann, ausgefeilte Geschichten zu erzählen. In Hararis eigenen Worten: »Wenn man versuchen würde, Tausende von Schimpansen auf dem Platz des Himmlischen Friedens, auf der Wall Street, im Vatikan oder im Hauptquartier der Vereinten Nationen zusammenzupferchen, wäre das Ergebnis ein furchtbarer Tumult. Dagegen versammeln sich *Sapiens* regelmäßig zu Tausenden auf solchen Plätzen. Gemeinsam schaffen sie geordnete Strukturen – wie Handelsnetze, Massenfeierlichkeiten und politische Institutionen – die sie isoliert nie hätten aufbauen können. Der wahre Unterschied zwischen uns und den Schimpansen besteht in dem geheimnisvollen Klebstoff, der Individuen, Familien und Gruppen aneinander bindet. Es ist dieser Klebstoff, der uns zum Herrn der Schöpfung gemacht hat.«

39 Lassen Sie uns nicht vergessen, dass sich die Grenze zwischen sozialen und technischen Erfindungen eher fließend gestaltet. So ist zum Beispiel Facebook eine spektakuläre soziale Erfindung, doch gleichzeitig auch eine bemerkenswerte technische Leistung. Das soziale Netzwerk befindet sich damit mehr auf der Mitte des sozial-technischen Kontinuums, als die Warteschlange (eine ausschließlich soziale Lösung für das Problem, wer als Nächstes drankommt) oder die Glühbirne (eine ausschließlich technische Lösung für das Problem unerwünschter Dunkelheit).

40 Diese Beobachtung gilt auch für introvertierte Menschen. Fast jeder ist gern mit anderen zusammen, Schüchterne bloß weniger häufig und mit einem kleineren Kreis von engeren Freunden.

41 Die Autismus-Raten schwanken stark nach Zeit und Ort (was schon für sich selbst genommen ein wichtiges, aber bisher nur unzureichend erforschtes Phänomen ist), und es ist nicht gerade einfach, für das große und unübersichtliche Silicon Valley genaue Zahlen zu bekommen. Eine Studie von Baron-Cohen und seinen Kolleginnen und Kollegen verglich jedoch das »Silicon Valley der Niederlande« (Eindhoven, wo 30 Prozent der Arbeitsplätze aus dem IT Sektor stammen) mit zwei anderen, etwa gleich großen holländischen Städten (Utrecht und Haarlem). Sie stellten fest, dass in Eindhoven auf 1000 Einwohner 23 Autisten kommen, in Utrecht 6 und in Haarlem 8.

42 Unabhängig von den Gründen ist es wichtig, im Kopf zu behalten, dass die räumlichen und sprachlichen Fähigkeiten von Männern und Frauen sich mehr überschneiden als unterscheiden.

43 Ungeachtet des alten Witzes: Wie bekommst du einen Diplompsychologen von der Veranda? – Bezahl ihm einfach die Pizza.

44 Tatsächlich ist es möglich, dass Geschlechterunterschiede in den College-Abschlussraten sich bald als ein sehr viel größeres Problem erweisen werden, als Geschlechterunterschiede bei der Teilhabe im mathematisch-naturwissenschaftlichen Bereich. In den Vereinigten Staaten schließen seit dem späten 20. Jahrhundert Frauen mit größerer Wahrscheinlichkeit das College ab als Männer. Einerseits kann man solche Statistiken als berechtigten Ausgleich für ein historisches Unrecht betrachten, wenn man bedenkt, dass einige der besten Colleges über lange Zeit keine Frauen aufgenommen haben. Andererseits heiraten Frauen selten schlechter ausgebildete Männer, sodass auseinanderlaufende Abschlussraten in absehbarer Zukunft Beziehungsprobleme verursachen könnten. Und weil die Ehe gut für Männer ist und unverheiratete Männer schlecht für die Gesellschaft sind, könnte dieser Bildungsunterschied in absehbarer Zeit zu allen möglichen individuellen und gesellschaftlichen Störungen führen.

45 Weil es tatsächlich keinerlei Studien zum Thema »Soziale Erfindungen« gibt, muss der Gedanke, dass Frauen, was soziale Neuerungen angeht, erfinderischer sind als Männer, zum jetzigen Zeitpunkt als unüberprüfte Hypothese betrachtet werden.

46 Es mag für ihren Lebenswandel irrelevant sein, aber die Hadza leben in der Wiege der Menschheit, in eben jener afrikanischen Savanne, in der sich unsere Vorfahren wiederfanden, nachdem sie die Bäume verlassen mussten.

47 Gemeinschaften, in denen Polygynie herrscht, hat man oft dafür kritisiert, dass (wie bei den Yanomami) die Frauen schlecht behandelt werden, wobei aber in einigen polygynen Gemeinschaften (wie bei den Sukuma und Rangi im Norden Tansanias) die Männer durchaus einwandfrei mit ihren Frauen umgehen. In diesen Gemeinschaften profitieren die Frauen vom Reichtum ihrer Ehemänner, und normalerweise wird für sie und ihre Kinder gut gesorgt, weshalb sie sich oft dafür entscheiden, lieber die zweite oder dritte Ehefrau eines reichen Mannes zu werden, als die erste Frau eines armen Mannes. Entsprechend sind mittellose Männer, wie Robert Wright in seinem Buch *Diesseits von Gut und Böse. The moral animal. Die biologischen Grundlagen unserer Ethik* (München 1999) aufzeigt, in polygynen Gesellschaften stets die Verlierer: Weil sie sich keine Frau leisten können, müssen sie ihr Leben allein verbringen.

48 Ich möchte hier weder nahelegen, dass alle Geschäftsführer großer Unternehmen Paviane sind, noch dass die wirklich gut bezahlten Geschäftsführer notwendig dem Pavian-Stil zuneigen. Tatsächlich gibt es in der Unternehmenswelt viele bemerkenswerte Beispiele für Chefs, die an einem elefantischen Führungsstil orientiert sind und sehr gut verdienen. Dennoch tummeln sich in Wirtschaft und Politik bei Weitem zu viele Paviane (und zwar obwohl Angestellte, Aktionäre und Wähler es gern anders hätten),

und es ist das Ziel dieses Kapitels zu untersuchen, welche psychischen Voraussetzungen dieser beklagenswerten Situation zugrunde liegen.

49 Paviane gewinnen außerdem oft dadurch Gefolgsleute, dass sie den Leuten versprechen, sie bei ihrer Karriere zu unterstützen. So sagte etwa Donald Trump während seines Wahlkampfes immer wieder: »Wir werden so oft gewinnen, dass Sie das Gewinnen irgendwann satt haben.« »America First« ist nebenbei gesagt natürlich ein ausgesprochener Pavian-Slogan: Wir werden so lange mit unseren militärischen und ökonomischen Muskeln spielen, bis wir bekommen, was wir wollen – egal, wie hoch der Preis für Unbeteiligte ist.

50 Aktivierte CD4+-Zellen bekämpfen Infektionen. Vor ihrer Aktivierung sind sie einfach als Notfallvorrat vorhanden.

51 Man bedenke, dass Frauen zu der Zeit noch keine Kontrolle über ihre Fruchtbarkeit hatten.

52 Ich behaupte hier nicht, dass wir unbedingt herausstechen wollen. Das ist nämlich nicht der Fall. Vielmehr wollen wir uns in die Gemeinschaft einfügen, wohlgemerkt jedoch an der Spitze der Hierarchie, und nicht am Boden.

53 Wenn ich darüber nachdenke, wie oft mir meine Freunde im Laufe der Jahre geholfen haben, merke ich, dass es mir viel bedeutet hat und in Erinnerung geblieben ist, wenn ihre Hilfe nicht aus berechnendem Kalkül geschah. Einmal habe ich zum Beispiel meinen Freund Sid im College besucht und aus Versehen all mein Geld ausgegeben, bevor ich eine Fahrkarte nach Hause gekauft hatte. Als ich Sid um Hilfe bat (der übrigens ständig pleite war), schob er die Hand in die Jeans und gab mir alles, was er noch an Bargeld hatte. Wie viel, war ihm vollkommen egal, und er machte sich auch nicht die Mühe, es zu zählen.

54 Wie hätte ich mich zum Beispiel vor Gericht erklären sollen, wenn ich das Kind statt der Eiswaffel fallen gelassen hätte?

55 Dawkins, Richard: *Der entzauberte Regenbogen: Wissenschaft, Aberglaube und die Kraft der Phantasie*, Reinbek bei Hamburg 2002.

Über den Autor

William von Hippel wuchs in Alaska auf. Er promovierte an der University of Michigan und lehrte anschließend an der Ohio State University, bevor er nach Australien ging, wo er heute Professor für Psychologie an der Universität von Queensland ist. Er hat mehr als Hundert Artikel, Essays und Bücher veröffentlicht und seine Forschungsergebnisse wurden in *New York Times*, *USA Today*, *The Economist*, *BBC*, *Le Monde*, *El Mundo*, *Der Spiegel* und *The Australian* vorgestellt. Er lebt mit seiner Frau und zwei Kindern in Brisbane, Australien.